Vorwort

Dialogmarketing boomt – bereits mehr als 400.000 Menschen arbeiten in Deutschland in dieser Branche, Tendenz steigend. Mit den beiden neuen Ausbildungsberufen „**Servicefachkraft für Dialogmarketing**" und „**Kaufmann/-frau für Dialogmarketing**" steht seit 2006 nun auch eine eigene branchenspezifische Ausbildung zur Verfügung. Bei der inhaltlichen Konzeption wurde dabei in vielen Bereichen Neuland betreten, so dass sich die neue Ausbildung doch erheblich von den traditionellen kaufmännischen Ausbildungsberufen abhebt. Mitarbeiter im Dialogmarketing sind mit rasch wechselnden Einsatzgebieten, Projekten und Rahmenbedingungen konfrontiert. Die Ausbildungsberufe im Dialogmarketing zeichnen sich daher durch ein breites Grundlagenwissen aus, bei dem in besonderer Weise die Methoden- und Sozialkompetenz betont wird. Um den daraus resultierenden Herausforderungen für Lehrer, Auszubildende und Prüflinge gerecht zu werden, haben wir – ein Autorenteam aus Schule und Berufspraxis – die dreiteilige Reihe „Ausbildung im Dialogmarketing" konzipiert. Unser Leitgedanke ist dabei, stets die notwendige fachtheoretische Fundierung auf schülergerechtem Niveau mit den konkreten betrieblichen Arbeitsabläufen und Dialogprozessen zu verknüpfen.

Das vorliegende Lehrbuch zeichnet sich durch eine **enge Verzahnung des Rahmenlehrplans mit der Ausbildungsordnung** aus. Dadurch ist neben dem Einsatz im Unterricht auch eine solide Vorbereitung für die Zwischen- und Abschlussprüfung gewährleistet. Die durchgängige Berücksichtigung der Prüfungsinhalte kommt auch denjenigen Lesern zu Gute, die bereits im Dialogmarketing tätig sind und sich einer externen Prüfung unterziehen möchten.

Der vorliegende erste Band deckt die **Lernfelder 1 bis 5** des KMK-Rahmenlehrplans und damit den kompletten Stoff bis zur Zwischenprüfung ab.

Jedes Kapitel eines Lernfeldes beginnt mit einer einführenden Handlungssituation und Arbeitsaufträgen. Nach dem Sachinhalt runden eine Zusammenfassung und zahlreiche Übungsaufgaben das jeweilige Kapitel ab. Verweise auf andere Lernfelder finden sich in der Randspalte. Ein hoher Praxisbezug ist durch zahlreiche Gesprächssituationen, Beispiele und Praxistipps gegeben.

Um der Verschiedenheit der Ausbildungsbetriebe Rechnung zu tragen, basieren die Beispiele und Situationen des Buches auf zwei unterschiedlichen Modellunternehmen – der *Dialogfix GmbH* und der *KommunikativAktiv KG* – die eine weitgehende Identifizierung der Auszubildenden mit den betrieblichen Situationen ermöglichen.

Lassen Sie uns ins Gespräch kommen …

Saarbrücken, Frühjahr 2007   Joachim Weiß
Michael Kleer
Sebastian Engel

Geleitwort

Obwohl der Callcenter-Markt seit Jahren boomt, steht er vor einer entscheidenden Wende. Der massenhafte Kundenkontakt im Inbound und Outbound verlangt nach neuer Qualität. Nicht mehr Erreichbarkeit und Freundlichkeit stehen im Vordergrund, sondern die qualitativ hochwertige Beratung mit Ethik und Herz, Emotionsarbeit mit Sachverstand. Spezialisierte Dialogprofis entscheiden über enorme Werte im Unternehmen. Von ihnen hängt es ab, ob Kunden begeistert bleiben oder abwandern bzw. welche Produkte und Dienstleistungen gekauft werden.

Von einfachen Serviceabteilungen haben sich die Callcenter weiterentwickelt zu Schaltstellen für den wirtschaftlichen Erfolg ihrer Unternehmen. Dazu ist ein neuer und besser ausgebildeter Mitarbeiterkreis gefragt. Die neuen Ausbildungsberufe im Dialogmarketing bieten dazu eine hervorragende Basisqualifikation in den kaufmännischen, kommunikativen und marketingrelevanten Bereichen. Aus vielen tausend Kundenkontakten per E-Mail, Fax, Internet und vor allem per Telefon nehmen die Callcenter-Spezialisten einen unermesslichen Erfahrungsschatz mit in ihre berufliche Zukunft.

Neben den praktischen Erfahrungen im Kundenkontakt benötigen die Dialogmarketingexperten eine fundierte Wissensbasis, um im Beruf erfolgreich bestehen zu können. Bislang fehlte es allerdings an einem maßgeschneiderten und zielgruppengerechten Lehrwerk für den dazu notwendigen Kompetenzerwerb in den beiden neuen Ausbildungsberufen. Diese Lücke schließt sich jetzt. Ich danke den Autoren für ihren innovativen und wertvollen Beitrag zur Verbesserung der „Ausbildung im Dialogmarketing" und wünsche der Lehrbuchreihe eine breite Resonanz im Unterricht und in der betrieblichen Aus- und Weiterbildung.

Gerald Schreiber
Geschäftsführender Gesellschafter
defacto call center GmbH, Erlangen

Inhaltsverzeichnis

Lernfeld 1

Die Ausbildung im Dialogmarketing mitgestalten

1 Den Ausbildungsbetrieb präsentieren / 13
1.1 Entscheidungsprozesse / 14
  1.1.1 Unternehmensziele / 14
  1.1.2 Entscheidungsfindung / 16
  1.1.3 Unternehmensführung / 23
  1.1.4 Unternehmenskultur / 28
1.2 Organisationsprozesse / 33
  1.2.1 Aufbauorganisation / 33
  1.2.2 Leitungssysteme / 34
  1.2.3 Ablauforganisation / 38
1.3 Rechtsformen / 40
  1.3.1 Grundbegriffe / 40
  1.3.2 KG / 41
  1.3.3 GmbH / 42
1.4 Zusammenarbeit mit externen Institutionen / 43

2 Rechtliche Rahmenbedingungen in der Ausbildung und der Arbeitswelt / 47
2.1 Duale Ausbildung / 48
  2.1.1 Organisation der Ausbildung / 48
  2.1.2 Abschluss des Ausbildungsvertrages / 50
  2.1.3 Rechte und Pflichten während der Ausbildung / 51
  2.1.4 Beendigung des Ausbildungsvertrages / 51
2.2 Schutzgesetze / 52
  2.2.1 Jugendarbeitsschutzgesetz / 52
  2.2.2 Arbeitszeitgesetz / 53
  2.2.3 Mutterschutzgesetz / 54
  2.2.4 Schwerbehindertenrecht / 55
  2.2.5 Arbeitsschutzgesetz / 55
2.3 Betriebliche Mitbestimmung / 56
  2.3.1 Betriebsrat / 56
  2.3.2 Jugend- und Auszubildendenvertretung / 58
2.4 Tarifrecht / 58
  2.4.1 Tarifverträge / 59
  2.4.2 Betriebsvereinbarung / 60
  2.4.3 Einzelarbeitsvertrag / 61

2.5 Soziale Sicherung / 61
   2.5.1 Zweige der gesetzlichen Sozialversicherung / 61
   2.5.2 Probleme der gesetzlichen Sozialversicherung / 64
   2.5.3 Private Vorsorge / 65

3   Arbeitsplatz und Arbeitsorganisation / 67
3.1 Arbeitsplatzgestaltung / 68
3.2 Arbeitsaufträge strukturieren / 75
3.3 Ablagesysteme / 77
3.4 Vordrucke und Formulare / 81
3.5 Informationsmanagement / 83

**4   Sicherheit, Gesundheits- und Umweltschutz
am Arbeitsplatz** / 91
4.1 Arbeitsschutz / 91
4.2 Erste Hilfe / 93
4.3 Brandschutz / 94
4.4 Umweltschutz / 96

5   Arbeits- und Lerntechniken / 101
5.1 Zeitmanagement / 102
5.2 Gruppenarbeit / 105
5.3 Moderation / 108
5.4 Brainstorming / 109
5.5 Mind-Map-Methode / 110
5.6 Rollenspiel / 111
5.7 Lerntypen / 113
5.8 Lerngrundsätze / 113

Lernfeld 2

Dienstleistungen im Dialogmarketing analysieren und vergleichen

1   Bedeutung und Funktion des Dialogmarketings / 116
1.1 Entwicklung der Dialogmarketingbranche / 117
   1.1.1 Historische Entwicklung / 118
   1.1.2 Die Branche heute / 119
   1.1.3 Internationaler Vergleich / 122
1.2 Der Weg zur Dienstleistungsgesellschaft / 124
   1.2.1 Das Sektorenmodell der Volkswirtschaft / 124
   1.2.2 Sachleistungen und Dienstleistungen / 127
1.3 Dialogmarketing im Marketing-Mix / 128
   1.3.1 Instrumente im Marketing-Mix / 128
   1.3.2 Klassisches Marketing und Dialogmarketing / 130

2   Leistungen der Dialogmarketingbranche / 133
2.1 Unternehmen im Dialogmarketing / 134
   2.1.1 Typologie der Unternehmensformen / 134
   2.1.2 Vom Callcenter zum Communication-Center / 137
   2.1.3 Frontoffice und Backoffice / 139
2.2 Das Leistungsspektrum im Dialogmarketing / 140

2.2.1 Leistungen im Inbound-Bereich / 140
2.2.2 Leistungen im Outbound-Bereich / 142
2.2.3 Kundenorientierung und Service / 144
2.2.4 Unternehmensvergleich / 147
2.3 Mitarbeiter im Dialogmarketing / 148
2.3.1 Vielfalt der Berufsbezeichnungen / 148
2.3.2 Anforderungen an die Mitarbeiter / 150
2.3.3 Ausbildungsberufe / 151
2.3.4 Aufstieg und Weiterbildung / 154

3 Präsentieren im Dialogmarketing / 156
3.1 Vorbereitungsschritte / 157
3.2 Visualisierung / 159
3.3 Präsentationsmedien / 164
3.4 Durchführung / 168
3.5 Nachbereitung /169

Lernfeld 3

Mit Kundinnen und Kunden kommunizieren

1 Texte formulieren, gliedern und gestalten / 172
1.1 Texte nach DIN 5008 verfassen / 173
1.2 Kundenorientiert formulieren / 179
1.3 Textbausteine und Standardformulierungen / 180
1.4 E-Mail Gestaltung / 181

2 Kommunikationspsychologie / 185
2.1.1 Kommunikationsmittel / 186
2.1.2 Das Sender-Empfänger Modell / 188
2.1.3 Die fünf Axiome der Kommunikation nach Watzlawick / 190
2.1.4 Die vier Seiten einer Nachricht nach Schulz von Thun / 195
2.1.5 Die Transaktionsanalyse nach Berne / 201
2.1.6 Das Johari-Fenster / 213
2.1.7 Die Bedürfnispyramide nach Maslow / 215

3 Rhetorische Mittel einsetzen / 219
3.1 Grundlagen der klassischen Rhetorik / 220
3.2 Techniken der Gesprächsführung / 222
3.2.1 Argumentationstechnik / 222
3.2.2 Fragetechnik / 231
3.2.3 Zuhören / 237
3.2.4 Gesprächsstörer und Gesprächsförderer / 240
3.2.5 Sprechausdruck / 243
3.2.6 Körpersprache / 245

4 Kundentypen und Sprachverhalten berücksichtigen / 249
4.1 Kundentypologie / 250
4.2 Sprachverhalten von Kunden / 253

5 Stimme und Sprechen / 256
5.1 Physiologische Grundlagen / 257
5.2 Belastungen im Arbeitsalltag / 258
5.3 Stimmstörungen erkennen und beheben / 259

6 Stressmanagement / 261
6.1 Stressoren im Arbeitsalltag / 261
6.2 Stressbewältigungsstrategien / 263

Lernfeld 4

Simultan Gespräche führen, Datenbanken nutzen und Informationen verarbeiten

1 Kommunikationsanlagen nutzen / 265
1.1 Telefonie / 266
  1.1.1 Telefonnetze / 266
  1.1.2 Telefonkonferenzen / 268
1.2 Betriebsübliche Medien / 269
  1.2.1 Anrufbeantworter / 269
  1.2.2 Voicemail / 270
  1.2.3 Telefax / 270
  1.2.4 Netzwerke / 271
  1.2.5 Internet / 272
  1.2.6 Intranet / 276
  1.2.7 Unified Messaging / 277
1.3 Branchenspezifische Besonderheiten / 277
  1.3.1 TK-Anlage / 278
  1.3.2 ACD (Automatic Call Distribution) / 278
  1.3.3 IVR (Interactive Voice Response) / 279
  1.3.4 CTI (Computer Telephony Integration) / 280
  1.3.5 Skill Based Routing / 281
  1.3.6 Outbound Dialer / 281

2 Betriebssysteme und Software / 283
2.1 Betriebssysteme / 283
2.2 Standardsoftware / 284
2.3 Branchensoftware / 289

3 Informationsnetze und -dienste nutzen / 292
3.1 Fernsprechdienste / 292
3.2 Mobilfunk / 298
3.3 Internetnutzung / 301

4 Datenbanken nutzen / 308
4.1 Funktionsweise einer Datenbank / 309
4.2 Nutzungsmöglichkeiten / 311
4.3 Relationale Datenbank / 311

5 Datensicherung und IT-Sicherheit / 313
5.1 Bedrohungen / 313

5.1.1 Schadenverursachende Software / 314
5.1.2 Spam / 315
5.1.3 Phishing / 316
5.1.4 Manipulation und Umwelteinflüsse / 317
5.2 Schutzmaßnahmen / 318
5.2.1 Passwortsicherheit / 318
5.2.2 Antivirenprogramme / 320
5.2.3 Firewall / 322
5.2.4 Spamfilter / 324
5.2.5 IT-Richtlinien / 324
5.2.6 Physikalischer Schutz / 326
5.2.7 Backup / 326

6 Datenschutz / 327
6.1 Bundesdatenschutzgesetz / 328
6.2 Betriebliche Umsetzung / 332

Lernfeld 5

Kundinnen und Kunden im Dialogmarketing betreuen und binden

1 Professionelle Gesprächsführung im Beratungsgespräch / 337
1.1 Die vier Schritte im Beratungsgespräch / 339
1.1.1 Begrüßung und Kontaktaufbau / 339
1.1.2 Bedarfsermittlung / 341
1.1.3 Beratung und Lösung / 343
1.1.4 Gesprächsabschluss / 349
1.2 Der Gesprächsleitfaden / 352

2 Kundendaten erfassen und pflegen / 356
2.1 Die Kundendatenbank / 357
2.2 Die Daten von neuen Kunden erfassen / 359
2.3 Die Daten von Bestandskunden pflegen / 360
2.4 Multitasking / 362

3 Instrumente der Kundenbindung / 363
3.1 Customer Relationship Management (CRM) / 365
3.1.1 Aufgaben des CRM / 366
3.1.2 Einsatz und Integration von CRM im Unternehmen / 367
3.1.3 CRM-Datenbanken und Software / 369
3.2 Zufriedenheitsbefragungen / 369
3.3 Weitere Instrumente der Kundenbindung / 370

4 Besondere Gesprächssituationen bearbeiten / 373
4.1 Beschwerden / 374
4.1.1 Professionelles Beschwerdemanagement / 375
4.1.2 Schritte des Beschwerdemanagements / 377
4.1.3 Positives Formulieren / 381

4.1.4 Unfaire Gesprächsmethoden / 382
4.1.5 Die zehn Fehler im Beschwerdegespräch / 384
4.2 Haltegespräche / 385
4.2.1 Schritte im Haltegespräch / 386
4.2.2 Widrigkeiten im Haltegespräch / 386
4.2.3 Kulanz und wirtschaftliches Prinzip / 387
4.3 Kundenrückgewinnung / 387
4.3.1 Anlässe zur Kundenrückgewinnung / 388
4.3.2 Schritte der Kundenrückgewinnung / 389

5 Erfolgsmessung im Dialogmarketing / 393
5.1 Erfolgskennzahlen im Inbound / 394
5.1.1 Average Handle Time (AHT) / 394
5.1.2 Servicelevel / 394
5.1.3 Lost Calls / 395
5.1.4 First Call Resolution (FCR) / 396
5.1.5 Verkaufsquote / 396
5.2 Erfolgskennzahlen im Outbound / 397
5.2.1 Ausschöpfungsquote / 397
5.2.2 Erfolgsquote / 398
5.2.3 Stornoquote / 398
5.2.4 Festbestellquote / 399
5.2.5 Break-Even-Point (BEP) / 399

6 Zahlungsverkehr im Dialogmarketing / 402
6.1 Bonitätsprüfung und Wirtschaftsauskünfte / 402
6.1.1 Bonitätsrelevante Daten / 403
6.1.2 Wirtschaftsauskunfteien / 404
6.1.3 Datenschutz / 405
6.2 Zahlungsmöglichkeiten für Kunden / 406
6.2.1 Barzahlung / 407
6.2.2 Halbbare Zahlung / 407
6.2.3 Bargeldlose Zahlung / 410
6.2.4 Kartenzahlung / 412
6.2.5 Finanzierung / 415

7 Warenlieferungen disponieren / 417
7.1 Unternehmenseigene Zustellung / 418
7.2 Zustellung durch die Deutsche Post AG / 418
7.3 Zustellung durch private Dienstleister / 421

8 Produkt- und Dienstleistungskenntnisse / 424
8.1 Wissensbereiche / 425
8.2 Informationsquellen / 426

Glossar / 430

Bildquellenverzeichnis / 433

Sachwortverzeichnis / 434

Einleitung

Thomas Müller und Julia Lauer treffen sich am Einschulungstag im Foyer der Berufsschule. Thomas und Julia kennen sich bereits von der Realschule und stellen überrascht fest, dass beide eine Ausbildung im Dialogmarketing beginnen. Neugierig tauschen sie sich über ihre Ausbildungsbetriebe aus:

Thomas hat seine Ausbildung bei der **Dialogfix Service GmbH** begonnen, einer Tochterfirma der Dialogfix AG, eines weltbekannten Herstellers von Hard- und Software.

Die Dialogfix GmbH bearbeitet dabei den gesamten Servicebereich des Konzerns, wie z. B.:
- Bestellannahme
- Support
- Beschwerdemanagement
- Kundenbindung
- Messung der Kundenzufriedenheit etc.

Im Service werden die Medien Telefon, Fax, Brief, E-Mail und Chat genutzt. Der Telefonservice findet dabei schwerpunktmäßig im Inbound statt, teilweise arbeitet Dialogfix aber auch im Outbound.

Das Unternehmen wurde 1996 gegründet, nachdem die Muttergesellschaft entschieden hatte, den gesamten Servicebereich auszulagern. Zu Beginn arbeiteten bei Dialogfix 20 Mitarbeiter im Support, mittlerweile beschäftigt das Unternehmen über 400 Mitarbeiter. Die meisten davon sind in Teams zwischen 8 und 20 Mitarbeitern in der Abteilung Kundenservice beschäftigt. Daneben gibt es noch vier Zentralabteilungen. Die Geschäftsführung der Dialogfix GmbH wird von der Stabsstelle Öffentlichkeitsarbeit unterstützt.

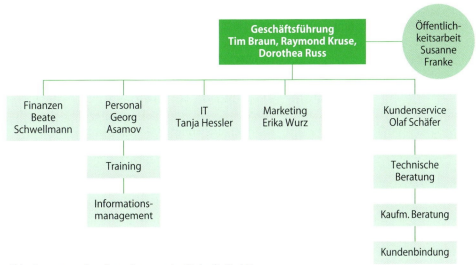

Abb.: Auszug aus dem Organigramm der Dialogfix GmbH

Thomas ist in seiner Ausbildung zum Kaufmann für Dialogmarketing der Abteilung Kundenservice zugeordnet und soll gemäß Ausbildungsplan alle Servicebereiche kennen lernen. Neben Thomas hat auch **Daniel** Zimmermann seine Ausbildung bei Dialogfix begonnen. Er hat bereits eine Ausbildung zum Bürokaufmann abgebrochen und hat sich nun für eine Ausbildung als Servicefachkraft für Dialogmarketing entschieden.

Um der wachsenden Mitarbeiterzahl der Dialogfix GmbH Rechnung zu tragen, ist das Unternehmen bereits mehrfach in größere Räumlichkeiten umgezogen und befindet sich inzwischen in einem firmeneigenen Gebäude am Stadtrand in einem Gewerbegebiet.

Ein festgelegtes Auftreten und Design der Konzernmarke Dialogfix sowie eine einheitliche Kommunikation und einheitliches Auftreten aller Mitarbeiter im Kundenkontakt sollen das Bild des Unternehmens nach außen spiegeln. Jeder Kunde oder Partner, der Kontakt mit dem Unternehmen hat oder die Räumlichkeiten besucht, soll ein einheitliches und positives Bild von Dialogfix bekommen.

Außerdem engagiert sich das Unternehmen in verschiedenen sozialen Projekten. Diese Aktionen dienen einerseits der guten Sache, andererseits aber auch einem guten Image.

Julia hat ihre Ausbildung als Servicefachkraft für Dialogmarketing bei der **KommunikativAktiv KG** begonnen. Das Unternehmen ist als externes Callcenter für verschiedene Auftraggeber in unterschiedlichen Projekten tätig. Der Name KommunikativAktiv tritt daher kaum auf, da das Unternehmen im Namen der jeweiligen Auftraggeber agiert.

Je nach Auftrag sind Mitarbeiter von KommunikativAktiv im Inbound oder im Outbound tätig, eine besondere Kernkompetenz hat das Unternehmen aber mittlerweile im Outbound gewonnen.

Seit längerem arbeitet KommunikativAktiv auch für Dialogfix. Anrufe, die zu Spitzenzeiten bei Dialogfix nicht bewältigt werden können, werden dann weitergeleitet. Auch spezielle Aufträge, wie z. B. das Mahn- und Inkassowesen, hat Dialogfix an KommunikativAktiv vergeben.

Für das 1999 gegründete Unternehmen arbeiten 80 fest angestellte Mitarbeiter sowie – je nach Bedarf und aktueller Auftragslage –, auch Aushilfskräfte und Studenten. KommunikativAktiv hat mittlerweile drei Etagen in einem Geschäftshaus in der Innenstadt angemietet. Die beiden Gründer Hans Herrmann und Reinhold Groß führen das Unternehmen in der Rechtsform der Kommanditgesellschaft. Die beiden sind aktiv am Tagesgeschäft beteiligt und treffen alle wichtigen unternehmerischen Entscheidungen selbst. Sie haben auch entscheidend das Unternehmensleitbild geprägt.

KommunikativAktiv zeichnet sich durch eine sehr flache Hierarchie aus. Neben einer kleinen Verwaltungsabteilung, die z. B. für die Personalverwaltung und die Buchhaltung zuständig ist, sind die anderen Mitarbeiter im Telefonservice tätig. Je nach Projekt werden Teams in unterschiedlicher Größe gebildet. Damit kann KommunikativAktiv rasch auf neue Aufträge und geänderte Anforderungen seiner Auftraggeber reagieren.

1 Den Ausbildungsbetrieb präsentieren

- *Einstiegssituation*

Die Geschäftsleitung der Dialogfix GmbH sitzt im Meeting zusammen. Einer der wichtigsten Tagesordnungspunkte lautet „Ausbildungsberuf Dialogmarketing". Es soll entschieden werden, wie viele Auszubildende im nächsten Jahr eingestellt werden und wie das Unternehmen die Ausbildung gestaltet. Wie so häufig vertreten Personalchef Georg Asamov und die Leiterin der Abteilung Finanzen, Beate Schwellmann, unterschiedliche Standpunkte.

Beate Schwellmann: „Wir können maximal 2–3 Auszubildende einstellen, und das auch nur unter der Bedingung, dass die Ausbildung nicht von mehreren Führungskräften gestaltet wird. Maximal einen Teamleiter kann ich für die Betreuung abstellen. Unser Ziel für das nächste Jahr ist es, die Kosten zu senken, da können wir uns einfach nicht mehr leisten."

Georg Asamov: „Frau Schwellmann, verlieren Sie mal nicht unser Unternehmensleitbild aus den Augen. Dialogfix hat auch eine soziale Verantwortung, nicht nur eine finanzielle. Denken Sie doch nur mal an die schlechte Presse, die wir in den letzten Monaten hatten, da können wir dringend mal wieder einen guten Artikel gebrauchen! Außerdem kosten Auszubildende nicht nur Geld, sie bringen ja auch Leistung."

Beate Schwellmann: „Sie reden schon wie der Ausbildungsberater von der IHK, der liegt mir auch ständig in den Ohren, dass wir mehr ausbilden müssen. Ich frage mich wirklich, auf wessen Seite Sie stehen, Herr Asamov."

Da schaltet sich Tim Braun, einer der Geschäftsführer, ein: „Bitte, hören Sie jetzt auf zu streiten. Bevor ich in dieser Angelegenheit weiterdiskutiere, möchte ich von Ihnen eine objektive Entscheidungsvorlage sehen. Bitte erledigen Sie das bis zu unserem nächsten Meeting."

■ Arbeitsaufträge

1. *Diskutieren Sie in der Klasse, welche Ziele ein Unternehmen verfolgen kann.*

2. *Bilden Sie zwei Gruppen. Erarbeiten Sie Argumente, die die Sichtweise des Personalchefs bzw. die Sichtweise der Finanzchefin unterstützen.*

3. *Welche Möglichkeiten der Entscheidungsfindung werden in Ihrem Ausbildungsbetrieb eingesetzt? Welche davon sind geeignet, den Konflikt in der vorliegenden Situation zu lösen?*

4. *Stellen Sie die Informationen zusammen, die Sie bislang über die Dialogfix GmbH erhalten haben. Berücksichtigen Sie dabei auch die Einleitung. Vergleichen Sie das Ergebnis mit Ihrem Ausbildungsbetrieb.*

1.1 Entscheidungsprozesse

1.1.1 Unternehmensziele

Boom-Branche Callcenter hart umkämpft

„Der Callcenter-Markt ist hart umkämpft", sagt Marketing-Bereichsleiter Stefan Grieneisen von DB Dialog. „Leerlauf muss vermieden werden." Der Personaleinsatzplan werde genau auf die Spitzenzeiten abgestimmt. Die meisten Anrufe kommen vor- mittags gegen 9 Uhr und nachmittags gegen 16 Uhr. (…) Die DB Dialog ist weiter auf Wachstumskurs.

Quelle: Berliner Morgenpost, 27.02.2007

Bevor ein Unternehmen eine Entscheidung über den Einsatz von knappen Ressourcen, wie z. B. Finanzmitteln oder der menschlichen Arbeitskraft, treffen kann, müssen klare **Unternehmensziele** definiert werden. Nur so ist ein wirtschaftlicher Einsatz der Mittel zu gewährleisten. Die Festlegung der Unternehmensziele ist grundsätzlich Gegenstand eines Entscheidungsprozesses in der Unternehmensleitung, der jedoch auch von verschiedenen **externen Faktoren** beeinflusst werden kann.

1 | 1.4 Folgende Unternehmensziele werden unterschieden:
- Sachziele
- Wirtschaftliche Ziele

- Soziale Ziele
- Ökologische Ziele

Sachziele

Als Sachziel wird der Zweck bzw. das Betätigungsfeld eines Unternehmens bezeichnet. Es geht also um die Frage, **was** das Unternehmen macht. Das Sachziel muss z. B. bei der Gründung eines Unternehmens in das Handelsregister eingetragen werden und ist somit für jedermann einsehbar.

Beispiel

Sachziel der Dialogfix GmbH ist der Vertrieb und Support von Hard- und Software über die Kommunikationsmedien Telefon, Chat, E-Mail und Brief.

Wirtschaftliche Ziele

Die wirtschaftlichen (ökonomischen) Ziele eines Unternehmens können unterschieden werden in
- Leistungsziele, z. B. Produktpalette, Marktanteil
- Finanzziele, z. B. Stärkung der Eigenkapitalbasis, Bildung von Rücklagen
- Erfolgsziele, z. B. Umsatz, Rentabilität

Beispiel

Dialogfix möchte im nächsten Jahr den Marktanteil beim Vertrieb von Finanzsoftware von 10 % auf 12 % steigern (Leistungsziel), die Gewinnrücklagen um 20 % erhöhen (Finanzziel) und den Umsatz in der Sparte „Drucker" um 5 % ausbauen (Erfolgsziel).

Soziale Ziele

Die sozialen Ziele eines Unternehmens beziehen sich vorrangig auf das Verhältnis zwischen dem Unternehmen und den eigenen Mitarbeitern. Im Mittelpunkt stehen dabei Maßnahmen der Arbeitsplatzschaffung, -erhaltung und -gestaltung. Darüber hinaus können sich die Ziele auch auf die Übernahme von sozialer Verantwortung gegenüber anderen Menschen und gesellschaftlichen Gruppen außerhalb des eigenen Unternehmens beziehen.

Beispiel

Dialogfix möchte langfristig die Arbeitsplätze der eigenen Mitarbeiter sichern, Auszubildende sollen bei entsprechender Leistung in ein festes Arbeitsverhältnis übernommen werden. Außerdem engagiert sich Dialogfix in verschiedenen Aktionen für die Arbeit von UNICEF, dem Kinderhilfswerk der Vereinten Nationen.

Ökologische Ziele

Die ökologischen Ziele drücken die Verantwortung eines Unternehmens gegenüber der Umwelt aus. In diesem Zusammenhang ist oft vom Prinzip der **Nachhaltigkeit** die Rede, d. h., die Unternehmen richten ihre Entscheidungen so aus, dass diese langfristig im Einklang mit der Umwelt stehen. Das umweltschonende Verhalten eines Unternehmens kann sich z. B. in der Verwendung umweltfreundlicher Produkte, dem Einsatz energiesparender Geräte oder der umweltgerechten Abfallentsorgung äußern.

> Beispiel
> Dialogfix benutzt im Büro und in der Kundenkorrespondenz ausschließlich Papier aus ökologischer, nachhaltiger Forstwirtschaft.

Zielharmonie und Zielkonflikt

Da jedes Unternehmen verschiedene Ziele gleichzeitig verfolgt, spricht man von einem **Zielsystem**, das erreicht werden soll. Im Zielsystem werden alle aufgestellten Unternehmensziele gebündelt. Wenn sich die betrieblichen Ziele gegenseitig ergänzen, spricht man von **Zielharmonie**, der gemeinsamen Erreichung verschiedener Ziele steht nichts im Wege. Wenn aber unterschiedliche Ziele im Gegensatz zueinander stehen, also Ziel A nur erreicht werden kann, wenn man Ziel B dafür aufgibt, spricht man von einem **Zielkonflikt**. In einem solchen Fall muss in einem Unternehmen entweder einem der Ziele Priorität eingeräumt oder ein Kompromiss gefunden werden.

> Beispiel
> Durch das angestrebte Umsatzwachstum können die Arbeitsplätze gesichert und erweitert werden (Zielharmonie). Der Einsatz des vergleichsweise teuren Papiers geht jedoch zulasten der Rentabilität (Zielkonflikt).

1.1.2 Entscheidungsfindung

Entscheidungsarten

Auf allen Ebenen des Unternehmens, von der Unternehmensleitung bis zum einzelnen Mitarbeiter, werden regelmäßig **Entscheidungen** getroffen.

Bei jedem Entscheidungsprozess steht derjenige, der die Entscheidung zu treffen hat, vor der Frage, welche der Wahlmöglichkeiten die Richtige ist. Wichtig ist, dass der Führungskraft oder dem Mitarbeiter genügend Informationen über die Alternativen sowie über die möglichen Auswirkungen der Entscheidung zur Verfügung stehen.

Entscheidungen der **Unternehmensführung** beziehen sich dabei oft auf Planung, Zielsetzung, Steuerung, Realisierung, Analyse und Strategiefindung. Entscheidungsanlässe können die Wahl des Standortes, der Rechtsform, der Geschäftsfelder, der Aufbau- und Ablauforganisation oder Investitionsentscheidungen sein.

Der betriebliche Entscheidungsprozess lässt sich grundsätzlich in
- strategische Entscheidungen und
- operative Entscheidungen

aufteilen.

Strategische Entscheidungen

Von strategischen Entscheidungen spricht man, wenn sich die Entscheidung langfristig auf das Unternehmen, dessen Zielsetzung oder Entwicklung auswirkt. Diese Entscheidungen werden von langer Hand geplant und vorbereitet, die Auswirkungen betreffen Handlungen und Ergebnisse, die in der Zukunft liegen.

Beispiel

Das Management von Dialogfix entscheidet sich, in den nächsten zwei Jahren 50 % der E-Mail- und Briefbearbeitung an einen Outsourcing-Partner abzugeben.

Operative Entscheidungen

Eine operative Entscheidung liegt dann vor, wenn eine Entscheidung im Tagesgeschäft getroffen wird. Die Auswirkungen sind kurzfristig spürbar und haben meist keine langfristigen Konsequenzen. Der Anlass ist in der Regel aktuell und nicht vorhersehbar.

Beispiel

An einem Montagmorgen liegen zahlreiche Krankmeldungen vor. Daher entscheidet der verantwortliche Teamleiter von Dialogfix, mehrere Mitarbeiter anzurufen, die eigentlich frei haben, um sie als Unterstützung anzufordern.

Methoden der Entscheidungsfindung

Werden Entscheidungen von einer Einzelperson getroffen, spricht man von einer **Einzelentscheidung**, sind mehrere Personen in den Prozess eingebunden, von einer **Gruppen-** oder **Teamentscheidung**.
Einem Mitarbeiter, einer Führungskraft oder einer Gruppe stehen verschiedene Methoden zur Verfügung, mit deren Hilfe Entscheidungsprozesse effektiv gestaltet werden können.

Um eine Entscheidung treffen zu können, ist es zunächst wichtig zu wissen,
- was mit der Entscheidung erreicht werden soll (**Ziele**),
- welche **Einflussfaktoren** wichtig sind,

- welche **Alternativen** zur Verfügung stehen und
- welche **Konsequenzen** die einzelnen Alternativen nach sich ziehen.

Außerdem sollte immer klar sein, ob die Entscheidung selbst getroffen werden kann oder ob die Konsequenzen so nachhaltig sind, dass die Entscheidung an eine höhere Instanz weitergegeben werden muss.

Im nächsten Schritt werden dann Kriterien entwickelt, mit denen die eigentliche Entscheidung vorbereitet wird. Hierzu werden relevante Daten und Fakten gesammelt und ausgewertet. Das Ergebnis wird als **Entscheidungsgrundlage** herangezogen.

Folgende Methoden sind zur Entscheidungsfindung geeignet:
- CAF (Consider all Facts)
- PMI (Plus-Minus-Interesting)
- Gewichtetes PMI
- Entscheidungsmatrix
- Bewertete Entscheidungsmatrix
- Intuitive Entscheidungsfindung

Name	Vorgehensweise	Bewertung
CAF (Consider all Facts/ Beachte alle Fakten) Bei dieser Methode geht es zunächst darum, alle entscheidungsrelevanten Daten und Fakten aufzulisten.	Es werden ohne Nummerierung oder Gewichtung alle wichtigen Einflussfaktoren für die Entscheidung aufgeschrieben.	Der Vorteil dieser Methode liegt in der umfassenden Sammlung der relevanten Informationen. Dadurch kann die Entscheidungssituation besser erkannt und eingeschätzt werden. Allerdings ist die Methode noch nicht dazu geeignet, tatsächlich eine Entscheidung herbeizuführen. Daher dient CAF eher dazu, die Grundlage für weitere Entscheidungsmethoden – z. B. für ein PMI – zu legen.
Beispiel	Ein Teamleiter von Dialogfix steht vor der Entscheidung, ob er einen Auszubildenden in sein Team aufnehmen soll. Er hat einen Tag Bedenkzeit und soll dann der Unternehmensleitung seine Entscheidung mitteilen. Er bereitet seine Entscheidungsfindung mit einem CAF vor und listet folgende Faktoren auf: – Teamgröße – Betreuungsaufwand – Einsatzgebiete des neuen Mitarbeiters – Schulungsaufwand – Reaktionen des funktionierenden Teams auf einen neuen Mitarbeiter – Leistungsänderung des Teams – Zusätzlicher Aufwand durch Azubi-Status, benötigt mehr Leitung – Neue und anspruchsvolle Aufgabe für einen Teamleiter – Pluspunkte bei der Unternehmensleitung	

Name	Vorgehensweise	Bewertung
PMI (Plus-Minus-Interesting/Plus-Minus-Methode) Bei einem PMI werden alle positiven und negativen Folgen einer Entscheidung gegenüber gestellt, um dann die Alternativen besser abschätzen zu können.	Beim PMI wird die Aufmerksamkeit nacheinander gezielt für jeweils zwei bis drei Minuten erst auf die positiven und dann auf die negativen Aspekte einer anstehenden Entscheidung gelegt, dann wird das Ergebnis aufgeschrieben. Positive Aspekte werden mit einem + gekennzeichnet negative mit einem –. Aspekte, die man weder als positiv noch als negativ einstufen kann, werden mit einem i (interessant) versehen. Damit möglichst viele Einflussfaktoren der jeweiligen Entscheidung bekannt sind und für das PMI berücksichtigt werden können, sollten vorher ein CAF oder ein **Brainstorming** erfolgen.	Der Vorteil des PMI liegt in der Gegenüberstellung der positiven und negativen Aspekte. Der Nachteil dieser Methode ist, dass sie dann aber kein klares Ergebnis liefert. Auch wenn 10 Punkte auf der Negativseite und nur drei Punkte auf der Positivseite stehen, kann es sein, dass gerade diese drei Positivpunkte den Ausschlag geben.
Beispiel	Nachdem der Teamleiter die Entscheidung, ob er einen Azubi in sein Team aufnehmen soll mit einem CAF vorbereitet hat, fertigt er ein PMI an: Pluspunkte: + Ansehen bei der Unternehmensleitung + Neue und anspruchsvolle Aufgabe + Größeres Team bedeutet mehr Flexibilität Minuspunkte: – Betreuungsaufwand – Zusätzlicher Aufwand durch Azubi-Status – Viel Zeit für das Anlernen des Azubis Interessant: i: Reaktion des bisherigen Teams? i: Einsatzgebiet des Azubis? i: Leistungsänderung (Nach oben oder unten?)	

1 | 5.4

Name	Vorgehensweise	Bewertung
Gewichtetes PMI Das gewichtete PMI ist eine erweiterte Variante des einfachen PMI. Hier werden die einzelnen Positiv- und Negativaspekte mit einer Gewichtung versehen, um als Ergebnis eine klare Antwort zu erhalten.	Die einzelnen Plus- und Minusaspekte werden mit einer Zahl zwischen 1 und 6 bewertet, je nach Bedeutung des jeweiligen Aspekts. 6 bedeutet „sehr wichtig" und 1 „gar nicht wichtig". Hinter dem jeweiligen Punkt wird die Zahl aufgeschrieben. Für einen wichtigen Aspekt werden z. B. fünf Punkte und für einen weniger bedeutenden Aspekt z. B. nur zwei Punkte vergeben. Dann werden alle Punkte auf der Plusseite addiert und mit den addierten Punkten der Minusseite verglichen. Ist das Ergebnis auf einer der Seiten größer, hat man eine klare Entscheidungsvorlage.	Der Vorteil dieser Methode ist, dass ein genaues rechnerisches Ergebnis geliefert wird. Die Entscheidung wird dadurch sehr stark vorgegeben. Nachteilig ist der größere Aufwand in der Vorbereitung im Vergleich zum einfachen PMI.
Beispiel	Der Teamleiter fertigt nun ein gewichtetes PMI an:	

Plus	Gewicht	Minus	Gewicht	Interessant
Ansehen bei der Unternehmensleitung	5	Betreuungsaufwand	3	Reaktion des Teams?
Neue und anspruchsvolle Aufgabe	4	Aufwand durch Azubi-Status	4	Einsatzgebiet des Azubis?
Mehr Flexibilität durch größeres Team	5	Zeit für das Anlernen des Neuen	3	Leistungsänderung?
Summe	14	Summe	10	

In diesem Fall spricht das gewichtete PMI für die Aufnahme des Auszubildenden in das Team.

Name	Vorgehensweise	Bewertung
Entscheidungs-matrix Die Entscheidungs-matrix bewertet nicht wie das PMI einzelne positive oder negative Aspekte für eine Entschei-dung, sondern hilft, verschiedene Ent-scheidungs*alternati-ven* gegenüberzu-stellen. Bei dieser Methode steht am Ende ganz klar fest, für welche der mögli-chen Alternativen eine Entscheidung zu treffen ist.	Als Erstes werden die entscheidungs-relevanten Kriterien aufgestellt. Das sind natürlich für jede Entscheidungs-situation andere Kriterien. Dabei ist zu beachten, dass für jedes Kriterium nur positive Aspekte aufgestellt werden. Beispiel: Ein Team der Personalabtei-lung steht vor der Auswahl eines neuen Mitarbeiters aus drei möglichen Kandi-daten. Wenn ein Kriterium z. B. die Fachkompetenz ist, dann kann nur for-muliert werden: Je mehr Fachkompe-tenz, desto besser. Ein weiteres Kriteri-um darf dann nicht lauten: Je weniger schlechte Noten, desto besser, sondern müsste ebenso positiv formuliert sein: Je mehr gute Noten, desto besser. Bei der eigentlichen Durchführung geht es darum, für jede der Alternativen die einzelnen Aspekte zu bewerten. Dies passiert mit Punkten von 1 bis 6. 6 Punkte werden vergeben, wenn das Kriterium bei einer Entscheidungsalter-native optimal erfüllt ist und 1 Punkt, wenn es gar nicht erfüllt wird. Es wer-den dann alle Aspekte für jede der möglichen Alternativen entsprechend bewertet und danach die Punkte zusammengezählt. Die Alternative mit den meisten Punkten wird dann als Ent-scheidung ausgewählt.	Der Vorteil dieser Methode ist, dass sie ein klares Ergebnis für eine der möglichen Alternativen liefert. Allerdings kann keine Gewichtung der einzelnen Aspekte vorgenommen werden. Jeder Aspekt hat die gleiche Relevanz für das Ergebnis.
Beispiel	Beim Einstellungsverfahren haben es drei Kandidaten in die engere Wahl geschafft. Die Verantwortlichen stellen eine Entscheidungsmatrix auf.	

Aspekte	Kandidat A	Kandidat B	Kandidat C
Fachkompetenz	5	4	3
Kommunikationsfähigkeit	2	6	3
Auftreten	2	5	2
Erfahrung	6	2	2
Schulnoten	6	3	3
Summe:	**21**	**20**	**13**

Nach dieser Entscheidungsmatrix kann hier Kandidat A knapp gegenüber Kandidat B als die bessere Alternative angesehen werden. Sollte das Unter-nehmen aber z. B. Kommunikationsfähigkeit als wichtiger ansehen als Schulnoten, dann liefert die Entscheidungsmatrix nicht das optimale Ergebnis.

Name	Vorgehensweise	Bewertung
Die bewertete Entscheidungsmatrix Bei der bewerteten Entscheidungsmatrix werden die einzelnen Aspekte der zur Wahl stehenden Alternativen gewichtet. Somit beeinflussen nicht alle Aspekte das Ergebnis gleichermaßen.	Zunächst wird eine (einfache) Entscheidungsmatrix angefertigt. Dann wird eine weitere Spalte eingefügt, in der die prozentuale Gewichtung des einzelnen Aspektes eingetragen wird. Die wichtigsten Kriterien bekommen eine höhere Prozentzahl als die weniger wichtigen. Alle Prozentzahlen addiert müssen in der Summe 100 % ergeben. Die durchschnittliche Wichtigkeit für ein Kriterium ergibt sich, indem man 100 % durch die Anzahl der Kriterien teilt. In einem zweiten Schritt werden dann die verteilten Punkte (1–6) mit der jeweiligen Gewichtung multipliziert. So erhält man eine gewichtete Note. Zum Schluss bildet man die Summe der jeweils gewichteten Noten. Wie auch bei der einfachen Entscheidungsmatrix ist die Alternative mit dem höchsten Gesamtergebnis der Gewinner.	Die bewertete Entscheidungsmatrix liefert ein klares Ergebnis unter Berücksichtigung aller Aspekte, ohne dabei aus den Augen zu verlieren, dass einzelne Aspekte unterschiedlich wichtig sein können. Diesem fundierten Ergebnis liegt allerdings ein vergleichsweise hoher Aufwand zugrunde.
Beispiel	Da die Entscheidung zwischen den Kandidaten A und B sehr knapp war, sollen sie nochmals unter Gewichtung der einzelnen Aspekte betrachtet werden. Hierzu wird eine bewertete Entscheidungsmatrix angefertigt.	

	Gewicht	Kandidat A		Kandidat B	
Aspekte		Note	Ergebnis	Note	Ergebnis
Fachkompetenz	20 %	5	1	4	0,8
Kommunikationsfähigkeit	30 %	2	0,6	6	1,8
Auftreten	25 %	2	0,5	5	1,25
Erfahrung	15 %	6	0,9	2	0,3
Schulnoten	10 %	6	0,6	3	0,3
Summe:	100 %	21	3,6	20	4,45

Hier schneidet Kandidat B deutlich besser ab, da die Aspekte Kommunikationsfähigkeit und Auftreten stärker gewichtet werden als Schulnoten und Erfahrung.

Name	Vorgehensweise	Bewertung
Intuitive Entschei-dungsfindung Entscheidungen können nicht nur systematisch und rational getroffen werden, sondern auch intuitiv, also „aus dem Bauch heraus". Von einer intuitiven Entscheidung spricht man, wenn zur Entscheidungsfindung weder einzelne Aspekte analysiert noch das für und Wider abgewogen werden. Basis für intuitive Entscheidungen ist die Erfahrung und das Unterbewusstsein jedes Einzelnen.	Bei der intuitiven Entscheidung wird das Wissen des Unterbewusstseins genutzt. Das menschliche Unterbewusstsein hat viel mehr Erfahrungen, Eindrücke und Erlebnisse gespeichert, als der Mensch bewusst abrufen kann. Diese Informationen sind aber trotzdem vorhanden und können vom Unterbewusstsein in Beziehung gesetzt werden. Wenn man Zugang zu diesem Wissen bekommt, können Entscheidungen aus diesem Wissen heraus gefällt werden, weil man dann bewusste und (vormals) unbewusste Informationen in der Entscheidung berücksichtigen kann.	Klarer Vorteil der intuitiven Entscheidung ist, dass sie sehr schnell und ohne lange Bedenkzeit getroffen werden kann. Außerdem benötigt man nur wenige Informationen, um eine Entscheidung herbeizuführen. Problematisch ist allerdings, dass Entscheidungen dieser Art oft nicht rational und logisch begründet sind, sondern alleine auf dem subjektiven und emotionalen Wahrnehmen einer Person beruhen. Die mangelnde Nachvollziehbarkeit der Entscheidung kann zudem die Akzeptanz schmälern. Gerade strategische Entscheidungen sollten deshalb nicht intuitiv getroffen werden.
Beispiel	Ein Teamleiter wird von einem seiner Mitarbeiter kurzfristig nach einem Tag Urlaub gefragt. Alle Aspekte, Vor- und Nachteile und äußeren Einflussfaktoren, wie z. B. das aktuelle Anrufaufkommen sprechen gegen den Wunsch des Mitarbeiters. Der Teamleiter hat aber das Gefühl, dass dieser Tag Urlaub extrem wichtig für den Mitarbeiter ist und dass es besser ist, den Urlaub zu gewähren, auch wenn vieles dagegen spricht. Also stimmt er dem Ersuchen zu.	

1.1.3 Unternehmensführung

Um die aufgestellten Unternehmensziele zu erreichen, bekommen Unternehmenseinheiten, Gruppen, Teams und schließlich der einzelne Mitarbeiter Teilziele zugewiesen. Für die jeweilige Umsetzung der Teilziele sind in jedem Unternehmen auf den verschiedensten Hierarchieebenen **Führungskräfte** eingesetzt.

Die Aufgabe der Führungskraft ist es, die Ziele des einzelnen Mitarbeiters mit den Unternehmenszielen in Einklang zu bringen. Neben sachlichen und betriebswirtschaftlichen Faktoren spielt hierbei auch die soziale Komponente, also der einzelne Mitarbeiter, eine entscheidende Rolle.

Führungsstile

> **Definition**
>
> Als Führungsstil wird die **persönliche** Art und Weise bezeichnet, wie die einzelne Führungskraft den Umgang mit den ihr unterstellten Mitarbeitern gestaltet. Die langfristigen Auswirkungen des Führungsstils für das gesamte Unternehmen sind dabei nicht zu unterschätzen.

Rüder Führungsstil senkt Produktivität

Führungskräfte, die ihre Untergebenen in übertriebener Weise unter Druck setzen, müssen auf lange Sicht mit schlechten Leistungen rechnen. „Wer Mitarbeiter durch Druck, Drohung oder Erpressung dazu bringt, gegen ihren Willen etwas zu tun, bekommt nur 50 % der möglichen Leistung", berichtet der Verlag für die Deutsche Wirtschaft in Bonn. Dabei beruft er sich auf Aussagen von Norbert Copray, Experte der Deutschen Fairness Stiftung in Frankfurt am Main. Das Motiv von Vorgesetzten, die ihre Mitarbeiter nach „Rambo-Art" behandelten,

sei häufig Angst. Sie seien unfähig, mit diesem Gefühl umzugehen. Copray empfiehlt Führungskräften daher Selbsreflexion und Kritikfähigkeit. Sie sollten besser „natürliche Autorität" ausstrahlen. Ein daraus folgender Führungsstil motiviere Mitarbeiter, selbstständig zu arbeiten. Nur wenn die Kollegen das Gefühl vermittelt bekämen, dass ihre Arbeit gewertschätzt werde, identifizierten sie sich mit dem Unternehmen.

Quelle: www.n24.de, 24.01.2007

In der betrieblichen Praxis hat sich im Laufe der Zeit eine Vielzahl von Führungsstilen entwickelt. Die folgenden wesentlichen Führungsstile sollen näher betrachtet werden:

- Autoritäre Führung
- Kooperative Führung
- Laisser-faire-Führung
- Situative Führung

Autoritäre Führung

Die Führungskraft trifft Entscheidungen, ohne die Mitarbeiter dabei einzubeziehen. Es werden Arbeitsanweisungen und Anforderungen formuliert, die von den Untergebenen umzusetzen sind, notfalls unter Druck. Von den Untergebenen wird **bedingungsloser Gehorsam** erwartet, Widerspruch und Kritik gegenüber der Führungskraft sind nicht gestattet. Ein autoritärer Vorgesetzter wird bei einem Fehler des Mitarbeiters eher eine Strafe verhängen, als ihm eine Hilfestellung anzubieten.

Die Vorteile des autoritären Führungsstils liegen in der Geschwindigkeit, in der Entscheidungen getroffen werden, sowie in dem hohen Maß an Kontrolle einzelner Unternehmenseinheiten bzw. Mitarbeiter. Durch autoritäre Führung kann zwar eine **Leistungssteigerung** in einem Team oder einer Abteilung erreicht werden, diese ist aber meist nur von kurzer Dauer.

Der autoritäre Führungsstil ist häufig durch die fehlende Motivation der Mitarbeiter gekennzeichnet. Da sich einzelne Mitarbeiter kaum einbringen können, geht ein erhebliches Potenzial an Ideen und Kreativität verloren. Wenn der Vorgesetzte falsche Entscheidungen trifft, kann das Team dem nicht entgegenwirken. Fällt der Vorgesetzte aus, fehlt der einzige Entscheidungsträger.

Kooperative Führung

Bei diesem Führungsstil bezieht der Vorgesetzte seine Mitarbeiter in die Entscheidungsfindung sowie in die Zieldefinitionen mit ein. Teilweise werden Entscheidungsprozesse und Verantwortlichkeiten an die Mitarbeiter delegiert. **Diskussionen** und **Verbesserungsvorschläge** sind erlaubt und erwünscht. Wenn ein Mitarbeiter Fehler begeht, wird er in der Regel nicht bestraft, sondern unterstützt.

Vorteile dieser Variante sind ein hohes Maß an Motivation der einzelnen Mitarbeiter und eine daraus resultierende **Kreativität** des ganzen Teams. Durch **Delegation** einzelner Aufgaben und des damit verbundenen Kompetenzaufbaus kann die Führungskraft entlastet werden.

Nachteile können durch eine **sinkende Entscheidungsgeschwindigkeit** entstehen. Möglicherweise kommt es zu längeren Debatten und zu Disziplinschwierigkeiten unter den Mitarbeitern.

Laisser-faire-Führung

Der Vorgesetzte lässt seine Mitarbeitern gewähren und gibt ihnen sehr viele **Freiheiten**. Die Mitarbeiter können ihre Arbeit selbst organisieren, ohne dass die Führungskraft in das Geschehen aktiv eingreift oder überwachend tätig wird. Es erfolgt weder eine Hilfestellung noch eine Bestrafung.

Vorteile dieses Stils sind die eigenständige Arbeitsweise sowie die Freiheit der Mitarbeiter, eigene Entscheidungen zu treffen. Bei diesem Führungsstil sind jedoch mangelnde Disziplin, ein hohes Maß an Unordnung sowie **Kompetenzstreitigkeiten** unter den Mitarbeitern an der Tagesordnung.

Situative Führung

Je nach Situation setzt die Führungskraft den passenden Führungsstil ein bzw. wechselt je nach Bedarf den eigenen Stil.

> **Beispiel**
>
> Der Teamleiter von Thomas nutzt bei Teammeetings, in denen es um die Erreichung der Unternehmensziele geht, viel Raum für Diskussionen. Die Mitarbeiter können eigene Ideen zur Zielerreichung einbringen sowie Fragen stellen. In dieser Situation nutzt er den kooperativen Stil.
>
> Während einer Situation, in der aufgrund einer Mailing-Aktion 60 % mehr Kunden anrufen als erwartet, ordnet er für alle Mitarbeiter seines Teams Überstunden an. Diskussionen darüber lässt er nicht zu. In dieser Situation greift er auf die autoritäre Führung zurück.

Führungstechniken

Während beim Führungsstil die persönliche Art der Mitarbeiterführung des Vorgesetzten im Mittelpunkt steht, geht es bei den Führungstechniken (auch **Führungsprinzipien** genannt) um in sich geschlossene **organisatorische Techniken** zur Lösung von Führungsaufgaben.

> *Praxistipp*
> Aufbauend auf den gebräuchlichen englischsprachigen Bezeichnungen sind die Führungstechniken auch als **Management-by-Techniken** bekannt.

Folgende Führungstechniken können unterschieden werden:

Management by objectives (Führen durch Zielvereinbarung)

Bei dieser Methode werden die strategischen Ziele des Gesamtunternehmens umgesetzt, indem Ziele für jede Organisationseinheit und auch für jeden Mitarbeiter formuliert werden. Diese Ziele werden in der Regel für den Mitarbeiter schriftlich festgehalten und nach Ablauf einer vereinbarten Zeit auf Zielerreichung überprüft. Sobald das Unternehmen neue Ziele vorgibt, können auch neue Ziele für den einzelnen Mitarbeiter formuliert werden.

Die Formulierung der Ziele erfolgt bei dieser Variante unter Einbeziehung des Mitarbeiters, er kann sich bei der Formulierung selbst einbringen. Hierbei werden die Ziele konkret der Position sowie den Fähigkeiten des einzelnen Mitarbeiters angepasst, ohne dabei den Bezug zu den Unternehmenszielen zu verlieren. Zur Zielereichung wird dem Mitarbeiter ein Ermessensspielraum eingeräumt, innerhalb dessen er alleine Entscheidungen treffen kann, um seine Ziele zu erreichen.

Die für das Team oder den einzelnen Mitarbeiter gültigen Ziele werden „**SMART**" formuliert:

S – Spezifisch (genau abgegrenzt und verständlich)
M – Messbar (die Zielerreichung kann geprüft werden)
A – Aktiv beeinflussbar (erreichbar)
R – Realistisch (umsetzbar)
T – Terminiert (mit einer Zeitvorgabe versehen)

> **Beispiel**
> Im Rahmen der halbjährlichen Mitarbeitergespräche werden bei Dialogfix zwischen Teamleiter und Mitarbeiter individuelle Ziele vereinbart. Diese bauen auf der Auswertung des vergangenen Mitarbeitergesprächs auf und dokumentieren die Entwicklung des Mitarbeiters.

Management by results (Führen durch Ergebnisorientierung)

Erfolgt die Führung nach dieser Technik, werden dem Mitarbeiter seine Ziele sowie umzusetzenden Ergebnisse durch die Führung klar vorgegeben. Dies passiert durch die Vorgabe eindeutiger Kennzahlen, wie zum Beispiel Stückzahlen, Callzeiten, Verkaufszahlen etc. Die zu erzielenden Ergebnisse für den Mitarbeiter werden schriftlich festgehalten. Die Einhaltung der Vorgaben wird dann von der Führungskraft durch einen Soll-Ist-Vergleich regelmäßig überwacht.

Im Vergleich zu Management by objectives zeichnet sich diese Führungstechnik durch eine stärker autoritäre Ausrichtung aus, da die Mitarbeiter deutlich weniger Mitbestimmungsmöglichkeiten über die Ziele haben. Der Kontrollgedanke wird durch den häufigen Einsatz von Checklisten, Tabellen, Rankings etc. unterstützt.

Beispiel

Im Rahmen eines zweiwöchigen Outbound-Projekts hat KommunikativAktiv einen Bestand von 10.000 Adressen erhalten. Ziel ist es, 90 % der Adressen zu erreichen und bei 20 % einen Vertragsabschluss zu erzielen. Diese Ziele werden von der Unternehmensleitung auf die einzelnen Teams und schließlich auf die einzelnen Mitarbeiter heruntergebrochen. Das Team mit der höchsten Abschlussquote erhält einen Sonderbonus. Der aktuelle Stand wird täglich im Intranet veröffentlicht.

Management by exception (Führen nach dem Ausnahmeprinzip)

Die Mitarbeiter haben bei dieser Methode für alle vorher festgelegten Routineaufgaben vollständige Entscheidungsgewalt, die Führungskraft kommt nur bei Ausnahmefällen zum Einsatz. Dies führt zu einer deutlichen Entlastung der Führungskraft im operativen Tagesgeschäft. Dazu ist es jedoch notwendig, die Weisungs- und Entscheidungskompetenzen der einzelnen Entscheidungsträger klar abzugrenzen und Regeln für den Informationsfluss aufzustellen.

Beispiel

Bei der Kundenrückgewinnung von ehemaligen Abonnenten der Antivirensoftware haben die Mitarbeiter von Dialogfix die Entscheidungskompetenz, eine Gutschrift bis zu einer Höhe von 20 EUR vorzunehmen. Darüber hinausgehende Gutschriften müssen vom Teamleiter genehmigt werden.

Management by delegation (Führen durch Aufgabenübertragung)

Dieses Prinzip besagt, dass klar abgegrenzte einzelne Aufgaben und Aufgabenbereiche der oberen Hierarchieebenen und die damit verbundenen Entscheidungskompetenzen auf die unteren Ebenen bis hin zum einzelnen Mitarbeiter übertragen werden. Die Führungsverantwortung des Vorgesetzten bleibt nach wie vor bestehen, ein Eingriff erfolgt aber lediglich bei erkennbaren Fehlentwicklungen. Management by delegation basiert auf einem kooperativem Führungsstil.

Beispiel

Die Mitarbeiter bei Dialogfix können die Lage ihrer Pausenzeiten frei wählen. Lediglich bei einem erkennbaren Serviceengpass greift der Teamleiter regulierend ein.

Daraus abgeleitet hat sich das **Management by decision rules.** Ergänzend werden hier für die delegierten Aufgaben klare Entscheidungsregeln vorgegeben.

1.1.4 Unternehmenskultur

Definition
Als Kultur wird die **Summe der Überzeugungen**, die eine Gemeinschaft, ein Volk oder eine Gruppe im Laufe ihrer gemeinsamen Geschichte geschaffen hat, beschrieben. Diese Überzeugungen werden entwickelt, um den Zusammenhalt der Gruppe zu gewährleisten und gemeinsam gegen externe Einflüsse vorzugehen. Dabei wird die Kultur durch Regeln, Gesetze und Normen innerhalb dieser Gruppe beeinflusst.

Elemente der Unternehmenskultur

Auch ein Unternehmen ist geprägt von Regeln und Normen, die in einer hierarchischen Ordnung funktionieren und die das Handeln einer bestimmten Gruppe von Menschen (allen Mitarbeitern) regeln. Daher spricht man in diesem Fall von einer Unternehmens- oder Organisationskultur.

Die Unternehmenskultur wird durch folgende Elemente geprägt:
- Unternehmensziele
- Normen und Werte
- Kommunikation
- Rituale
- Vorbilder

1 | 1.1.1 Unternehmensziele

Einen starken Einfluss auf die Unternehmenskultur üben die festgelegten Unternehmensziele aus. Je nachdem, welche Schwerpunkte sich ein Unternehmen setzt, wird sich auch das Handeln innerhalb der Organisation entwickeln.

Normen und Werte

Je nach Ausrichtung des Unternehmens sind verschiedene Normen und Werte wichtig. Aus diesen Werten entstehen dann Regeln, die die Kultur maßgeblich beeinflussen.

Beispiel

Basierend auf dem Leitsatz *„Zufriedene Kunden und zufriedene Mitarbeiter sind unser Kapital"* hat Dialogfix Standards für den Umgang mit Kunden aufgestellt: Reklamationen sind ernst zu nehmen, Kunden sind freundlich und entgegenkommend zu behandeln etc.

Kommunikation

Eine weitere Einflussgröße ist die Kommunikation. Worüber wird im Unternehmen gesprochen? Wie wird kommuniziert, wie ist der Umgangston? Welche Informationen werden an die Mitarbeiter weitergegeben?

Rituale

Rituale sind typische Praktiken, die sich in einem Unternehmen ständig wiederholen, z. B.
– Gestaltung von Betriebsfeiern und Teamevents
– Vorbereitung und Ablauf von Meetings
– Kleiderordnung

Vorbilder

Als Vorbilder werden Menschen innerhalb einer Organisation bezeichnet, die die Werte und Normen des Unternehmens verkörpern. Dazu gehören z. B. charismatische Führungskräfte oder Unternehmensgründer. Vorbilder können als Leitfiguren von anderen Mitarbeitern dienen und beeinflussen somit auch deren Handeln.

Vereinen sich die Elemente der Unternehmenskultur zu einem harmonischen Ganzen, spricht man auch von der **Unternehmensidentität** oder **Corporate Identity** eines Unternehmens.

Corporate Identity

> **Definition**
> Die Corporate Identity (CI) repräsentiert die Gesamtheit der „Charaktereigenschaften" eines Unternehmens.

Das Konzept der CI entstand aus der Idee, dass Unternehmen wie Persönlichkeiten wahrgenommen werden und ähnlich wie solche handeln können. Insofern wird einem Unternehmen eine fast menschliche „Persönlichkeit" zugesprochen bzw. es wird als Aufgabe der Unternehmenskommunikation angesehen, einem Unternehmen eine solche Identität zu geben.

Die Identität einer Person ergibt sich für den Beobachter üblicherweise aus der optischen Erscheinung sowie der Art und Weise zu sprechen und zu handeln. Betrachtet man ein

Unternehmen als einen menschlichen Akteur, so lässt sich seine Identität mit einer Kombination aus schlüssigem Handeln, Kommunizieren und visuellem Auftreten übermitteln. Falls alle Teile ein einheitliches Ganzes ergeben, entsteht eine stabile Wahrnehmung eines Akteurs mit einem kennzeichnenden Charakter.

Corporate Identity besteht aus den folgenden Elementen:

1. **Corporate Design/Einheitliches Design**
   Das Corporate Design bezeichnet die sichtbare Identität des Unternehmens, also z. B. Form und Farbe des Logos. Zunehmend wird dies durch weitere sinnlich wahrnehmbare Merkmale wie den akustischen Auftritt ergänzt. So kann ein Unternehmen etwa eine eindeutige Erkennungsmelodie in Werbespots verwenden.

2. **Corporate Communication/Einheitliche Kommunikation**
   Die Corporate Communication umfasst die gesamte Unternehmenskommunikation, egal ob diese an den Kunden gerichtet ist oder intern abläuft.

3. **Corporate Image/Einheitliches Image**
   Unternehmens-Image ist die Wahrnehmung eines Unternehmens von Außenstehenden hinsichtlich Kultur, Leistungsangebot und Erfolg des Unternehmens.

4. **Corporate Behavior/Einheitliches Handeln**
   Zum Corporate Behavior gehört das Verhalten der Mitarbeiter gegenüber dem Kunden, untereinander sowie zu Partnern oder Lieferanten.

> **Beispiel**
>
> Dialogfix gestaltet die Corporate Identity u. a. anhand der folgenden Richtlinien:
>
> **Logo und Design**
> Das wichtigste Erkennungsmerkmal von Dialogfix ist das einprägsame Logo der Firma. Das Logo ist überall zu finden: Auf Briefen und E-Mails, auf der Webseite des Unternehmens sowie auf Bildern überall in den Büroräumen. Die Mitarbeiter tragen sogar Schlüsselbänder, auf denen das Logo abgedruckt ist.

dialogfix GmbH

> Dialogfix hat in einem Regelwerk genau festgelegt, wie das Unternehmen sich nach außen optisch präsentiert. Dieses **Regelwerk** (Styleguide) kommt bei jeder optischen Präsentation des Unternehmens zum Einsatz. Dabei spielt es keine Rolle, ob sich das Unternehmen an seine Kunden oder an seine Mitarbeiter wendet.
>
> *Auszug aus dem Styleguide:*
> - *Einsatz, Aussehen, Position und Größe des Firmenlogos*
> - *Die Schriftart ist Arial*

- *Die Schriftgröße bei Überschriften ist 14, bei Text 11*
- *Das Logo wird immer farbig abgedruckt bzw. angezeigt (einzige Ausnahme ist die Faxkommunikation)*

So werden der Internetauftritt von Dialogfix, alle Werbebroschüren und Kundenanschreiben nach diesen Regeln erstellt. Aber auch die Programme oder Intranetseiten, die nur von den Mitarbeitern eingesehen werden, entsprechen genau diesem Regelwerk.

Kommunikation
Auch zu diesem Thema hat das Unternehmen genaue Regeln im Styleguide hinterlegt. So ist zum Beispiel genau festgelegt:
- Wie der Kunde am Telefon angesprochen wird.
- Wie man sich in Briefen oder bei Telefonaten von Kunden verabschiedet.
- Wie oft der Name des Kunden genannt wird.
- Wie die Meldeformel bei Hotlinecalls lautet.
- Wie das Unternehmen auf Beschwerden reagiert.
- Welche Inhalte im Zusammenhang mit dem Unternehmen genannt werden dürfen.

Unternehmensleitbild

Eine explizite Ausformulierung der häufig unterschwellig wirkenden Unternehmenskultur und der Unternehmensidentität wird auch als **Unternehmensleitbild** bezeichnet. Im Leitbild finden sich sowohl Angaben zur Unternehmenskultur als auch zur Unternehmensphilosophie (Gesellschafts- und Menschenbild, Normen und Werte) und zu den angestrebten Unternehmenszielen. Nach diesem Leitbild handeln das Unternehmen und seine Mitarbeiter. Das Unternehmensleitbild wirkt dabei sowohl nach innen als auch nach außen: Nach außen stellt es eine **Orientierung** und Positionierung gegenüber Kunden, Partnern, externen Institutionen und Mitbewerbern dar. Nach innen hat es eine **Integrationsfunktion** für die Mitarbeiter, durch die das tägliche Miteinander geprägt wird.

Praxistipp
In vielen Unternehmen wird mittlerweile statt von „Unternehmensleitbild" von einem **„Mission Statement"** gesprochen.

Damit das Unternehmensleitbild die angestrebten Effekte erzielen kann, ist es unabdingbar, dass es mit Leben gefüllt wird. Nicht selten verbergen sich dahinter lediglich leere Worthülsen, die im Tagesgeschäft ohne Bedeutung bleiben. Daher sollte immer darauf geachtete werden, dass Unternehmensleitbild und tatsächliches Handeln eine **stimmige Einheit bilden**, die von allen Mitarbeitern gelebt wird.

Wie unterschiedlich Unternehmensleitbilder ausgestaltet sein können, zeigt ein Vergleich von Dialogfix und KommunikativAktiv:

Beispiel 1: Auszug aus dem Unternehmensleitbild der Dialogfix GmbH

dialogfix GmbH

Zufriedene Kunden und zufriedene Mitarbeiter sind unser Kapital.

Dieser Leitsatz verpflichtet uns zur ständigen Weiterentwicklung und definiert unseren täglichen Arbeitsauftrag.

Wir erfüllen unsere Aufgaben im Team – geplant und zielorientiert, ressourcenschonend und mit hoher Qualität.

Wir verpflichten uns dem Umweltschutz und treffen Maßnahmen, sparsam mit natürlichen Ressourcen umzugehen.

Die individuellen Wünsche und die Zufriedenheit unserer Kunden haben höchste Priorität.

Wir pflegen einen kooperativen Führungsstil und geben unseren Mitarbeitern die Chance, sich ständig weiterzuentwickeln.

Im Zuge unserer flachen Hierarchien sind alle Mitarbeiter über alle Ebenen per Du, ein Zeichen unseres starken Gemeinschaftsgefühls.

Wir begegnen allen Menschen mit Freundlichkeit und Respekt, unabhängig von Hautfarbe, Herkunft, Religion oder sozialem Status.

Wir arbeiten wirtschaftlich, um unsere Zukunft zu sichern.

Beispiel 2: Auszug aus dem Unternehmensleitbild der KommunikativAktiv KG

Die KommunikativAktiv KG ist ein im deutschsprachigen Raum tätiges Unternehmen der Callcenterbranche. Unser Kerngeschäft ist die erfolgsorientierte Kundenberatung für namhafte Auftraggeber.

Jegliche Aktivität ist mit unserem Qualitätsmanagement verknüpft. Diese Richtlinien sind eine wichtige Basis für unseren wirtschaftlichen Erfolg. Unternehmensleitung und Mitarbeiter leben dieses Qualitätsmanagement täglich und sehen es als einen steten Ansporn für kontinuierliche Verbesserungen in den Arbeitsprozessen. So können wir unseren Auftraggebern eine 100 %-Zufriedenheitsgarantie bieten.

Jeder Mitarbeiter erhält vielfältige Unterstützung zur optimalen Ausführung seiner Tätigkeit sowie zur persönlichen und beruflichen Weiterentwicklung. Mit nachvollziehbaren Karrierewegen bietet KommunikativAktiv jedem leistungswilligen Mitarbeiter außergewöhnliche Entwicklungsmöglichkeiten.

Wir bewerten unsere Mitarbeiter nach Einsatz, Leistung und Durchsetzungskraft – nicht nach Alter, Geschlecht, Herkunft oder Vorbildung.

Durch diese Grundsätze wurde KommunikativAktiv zu einem wachstumsstarken Anbieter in einem hart umkämpften Markt. Sie sind die Basis für ein weiteres robustes Wachstum.

1.2 Organisationsprozesse

Unternehmen im Dialogmarketing zeichnen sich durch die besondere Bedeutung der **Mitarbeiter** und der eingesetzten **Arbeitsmittel** und **technischen Hilfsmittel** aus. Um einen kundenorientierten und wirtschaftlichen Einsatz dieser Ressourcen zu gewährleisten, sind einige organisatorische Voraussetzungen zu erfüllen. In der betrieblichen Organisation lässt sich dabei grundsätzlich zwischen der Aufbau- und die Ablauforganisation unterscheiden. Die **Aufbauorganisation** beschäftigt sich dabei vorrangig mit der Strukturierung eines Unternehmens in organisatorische Einheiten, z. B. in Stellen, Teams und Abteilungen. Bei der **Ablauforganisation** geht es hingegen um die Ermittlung und Definition von Arbeitsprozessen und Prozessabläufen unter Berücksichtigung von Raum, Zeit, Mitarbeitern, Technik und Arbeitsmitteln.

2 | 2.3
4 | 1

Die Aufbauorganisation und die Ablauforganisation stehen dabei in einem engen Abhängigkeitsverhältnis und betrachten die unternehmerischen Prozesse unter verschiedenen Blickwinkeln. Während es bei der Aufbauorganisation um die **Bildung von organisatorischen Einheiten** geht, beschäftigt sich die Ablauforganisation mit dem **Prozess der optimalen Nutzung** dieser Einheiten.

1.2.1 Aufbauorganisation

Der organisatorische Aufbau eines Unternehmens wird oft auch als die „Hierarchie"– also die Rangordnung – in einem Unternehmen bezeichnet. Typisch für Unternehmen im Dialogmarketing ist eine klare und flache Hierarchie. Dadurch ist eine rasche Reaktion auf häufig wechselnde Rahmenbedingungen, z. B. ein neues Projekt oder ein neuer externer Auftraggeber, möglich.

Die organisatorischen Einheiten sowie deren Aufgabenverteilung und Kommunikationsbeziehungen werden meist mittels eines **Organigramms** dargestellt. Ein Organigramm visualisiert dabei die

- Verteilung betrieblicher Aufgaben auf die ausführenden Stellen (z. B. einzelne Mitarbeiter, Teams oder Abteilungen),
- hierarchische Struktur und Weisungsbefugnisse,
- Einordnung von evtl. vorhandenen Stabsstellen,
- personelle Besetzung der einzelnen Stellen.

Der Grad der Detaillierung eines Organigramms kann unterschiedlich sein. So kann z. B. jeder Mitarbeiter des Unternehmens abgebildet werden oder nur die einzelnen Teams oder Abteilungen. Denkbar ist auch, dass in einem Organigramm der Kunde und seine Beziehung zu den einzelnen Stellen ausdrücklich dargestellt wird.

Für die grafische Darstellung von Organigrammen gibt es keine eindeutigen Regelungen, sodass häufig auch unternehmensspezifische Darstellungsweisen zu finden sind. Eine oft genutzte Form verwendet folgende Symbole und Darstellungen:

Symbol	Bedeutung
▭	Ausführende bzw. leitende Stelle
◯	Stabsstelle bzw. Querschnittsfunktion
———	Rangordnung mit vollen Kompetenzen
- - - - - - -	Rangordnung mit eingeschränkten bzw. fachbezogenen Kompetenzen

Abb.: Symbole Organigramm

In einem **Viereck** kann sowohl eine einzelne Person stehen, die eine Stelle innehat, als auch ein Team oder eine Abteilung. Vierecke, die eine Verbindung nach unten haben, üben darüber hinaus die Rolle eines Vorgesetzten aus. **Stabsstellen** werden in Form eines Kreises dargestellt und finden sich meist neben der Managementebene oder einzelnen Abteilungen.

Vorteile bei der Nutzung eines Organigramms sind die klare und übersichtliche Darstellung der Unternehmensstruktur und die eindeutige Regelung von Zuständigkeiten. Ein Organigramm wirkt dadurch sowohl unternehmensintern als auch nach außen. Nachteil bei dieser Darstellungsweise ist die stark vereinfachende und starre, wenig flexible Form.

1.2.2 Leitungssysteme

Um innerhalb eines Unternehmens Aufgaben übertragen zu können und Abstimmungsprobleme zu vermeiden, ist im Rahmen der Aufbauorganisation eine klare Regelung der Weisungsbefugnisse notwendig. Dabei lassen sich grundsätzlich **Einliniensysteme** und **Mehrliniensysteme** unterscheiden, die in der Praxis neben der jeweiligen Grundform auch in einer Vielzahl von Variationen auftreten können.

Einlinienorganisation

Die Grundform der Einlinienorganisation orientiert sich am **Grundsatz der Einheitlichkeit der Auftragserteilung**, d. h. jede Anweisung an eine Stelle kann nur von einer übergeordneten Instanz veranlasst werden. Vorteile dieser straffen Organisation ergeben sich in der klaren Abstufung der Leitungsebenen und der damit verbundenen Rangordnungen. Ebenso zählen eine exakte Kompetenzabgrenzung sowie eine klare Übersicht über die Gliederung der Organisation zu weiteren Vorteilen dieses Leitungssystems.

Nachteilig ist der unter Umständen langwierige Instanzenweg, der den Informationsfluss zwischen den Stellen behindert und für eine mangelnde Dynamik bei Arbeitsprozessen sorgen kann. Ebenso ist häufig eine hohe Belastung der Führungsinstanzen durch Routineaufgaben und fachliche Details zu beobachten. Ein reines Einliniensystem ist daher vor allem für kleinere Unternehmen geeignet.

Abb.: Einliniensystem

Stablinienorganisation

Die Stablinienorganisation ist eine um Stabsstellen erweiterte Form des Einliniensystems. Bei einem Stab handelt es sich um sogenannte **Querschnittsfunktionen**, also Aufgaben, die neben dem eigentlichen Unternehmensgeschäft anfallen und zur Entlastung und Beratung der Führungsebene dienen. Typische Stabsstellen sind z. B. Qualitätsmanagement oder Öffentlichkeitsarbeit. Die Stäbe haben meist keine oder lediglich fachliche Weisungsbefugnis gegenüber dem unterstellten Bereich des Vorgesetzten. Jeder Mitarbeiter hat wie beim Einliniensystem genau einen Vorgesetzten. Durch den Einsatz von Spezialisten wird aber die **Entscheidungsqualität** erhöht und die Abhängigkeit des Vorgesetzten vom unterstellten Bereich verringert. Durch die Einbeziehung von Stabsstellen werden sowohl die Linieninstanzen als auch die Führungskräfte entlastet, ohne in deren Entscheidungskompetenzen einzugreifen.

> Beispiel
> Bei der Dialogfix GmbH ist zur Unterstützung der Geschäftsführung die Stabsstelle Öffentlichkeitsarbeit eingerichtet.

Obwohl die Stabsstellen meist keine ausdrückliche Entscheidungsbefugnis besitzen, ergibt sich in der Praxis aufgrund des Spezialwissens eine gewisse Entscheidungsgewalt. Durch Machtausübung aufgrund von Wissensvorsprüngen gegenüber der zugehörigen Linienstelle kann ein Konfliktpotenzial entstehen.

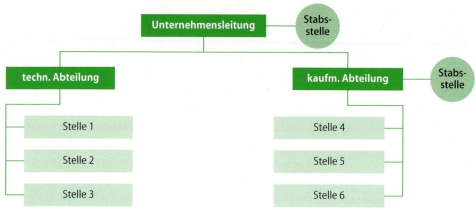

Abb.: Stablinienorganisation

Spartenorganisation

Eine weitere Form der Einlinienorganisation ist die **Divisional-** oder **Spartenorganisation**, die man hauptsächlich bei großen Unternehmen mit verschiedenen Geschäftsbereichen findet. Bei dieser Organisationsform wird das Unternehmen in einzelne **Geschäftsbereiche** (Sparten) – oft mit eigener Ergebnisverantwortung – unterteilt. Die Bildung der Geschäftsbereiche ist meist objektbezogen, z. B. als Unterteilung in Privat- und Geschäftskunden oder als Einteilung nach verschiedenen Produktgruppen.

Kennzeichnend für diese Organisationsform ist die Aufspaltung in **strategische Aufgaben**, die von der Unternehmensleitung wahrgenommen werden und in **operative Aufgaben**, die von der jeweiligen Sparte ausgeführt werden. Die einzelnen Sparten haben dabei meist eine eigene Kosten- und Erlösverantwortung (**Profit-Center**). Dies führt häufig zu einer höheren Motivation der einzelnen Sparten. Durch das eigenständige Arbeiten der einzelnen Sparten erfolgt eine spürbare Entlastung der Unternehmensleitung. Allerdings kann die erhöhte Eigenverantwortung zu Schwierigkeiten führen, wenn einzelne Sparten verstärkt nach Autonomie streben und dies zulasten des Gesamtunternehmens geht. Dem wird in der Praxis meist durch die Einrichtung von Zentralbereichen begegnet, die – ähnlich den Stabsstellen – bestimmte Unternehmensaufgaben, z. B. Personal oder Rechnungswesen, wahrnehmen.

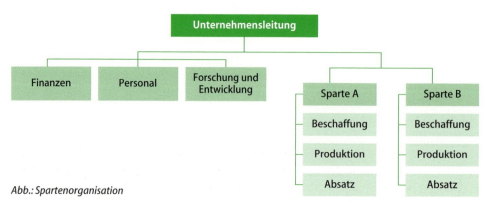

Abb.: Spartenorganisation

Mehrlinienorganisation

Bestimmendes Merkmal der bisher beschriebenen einlinienorientierten Organisationsformen ist die **Einheitlichkeit der Auftragserteilung**, d. h. jeder Mitarbeiter und jede Stelle ist grundsätzlich nur einem Weisungsgeber unterstellt. Die Grundform der Mehrlinienorganisation hingegen folgt dem Prinzip der **Funktionalisierung der Leitung**. Der Weg der Aufträge wird hier nicht durch den Instanzenweg festgelegt, sondern durch die Art der betreffenden Aufgabe. Dies führt dazu, dass der einzelne Mitarbeiter nicht mehr nur von einer Stelle, sondern von vielen Stellen Aufträge erhalten kann. Dadurch wird das **Prinzip des kürzesten Weges** realisiert, da nun der Mitarbeiter direkt mit den betroffen Spezialisten, z. B. aus dem IT-Bereich, verbunden ist. Dies erfordert eine enge Zusammenarbeit und erleichtert die Spezialisierung für die Instanzen sowie die Aneignung von Fachwissen und verkürzt die Informations- und Kommunikationswege zu der untergeordneten Ebene.

Problematisch für den einzelnen Mitarbeiter ist, dass die verschiedenen Anweisungen sich ggf. überschneiden oder widersprechen und sich somit motivations- und leistungshemmend auswirken können. Die Kompetenzen der einzelnen Instanzen lassen sich ebenfalls nicht so scharf trennen. Somit beinhaltet dieses System die Gefahr von **Kompetenzkonflikten** und birgt Probleme bei der Abgrenzung von Zuständigkeiten. Sinnvoll ist diese Organisation daher eher bei kleineren Unternehmen, in denen es relativ wenige Leitungsebenen (z. B. kaufmännische und technische Abteilung) gibt und somit die Vorteile die Nachteile überwiegen.

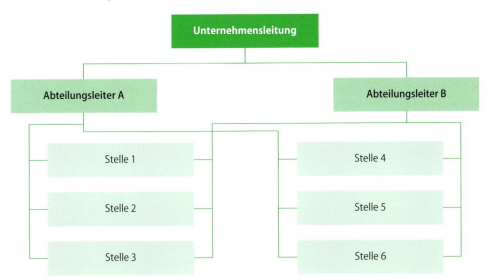

Abb.: Mehrlinienorganisation

Um die Vorteile der Mehrlinienorganisation auch bei großen Unternehmen zu nutzen, wurden im Laufe der Zeit verschiedene Formen der Mehrlinienorganisation entwickelt, wie z. B. die **Matrixorganisation**, die durch die Überlagerung von funktionsorientierten und objektorientierten Organisationsstrukturen, die formal einer Matrix gleichen, gekennzeichnet ist. Eine weitere spezielle Organisationsform, die Elemente der Mehrlinienorganisation aufgreift, ist die **Projektorganisation**.

1.2.3 Ablauforganisation

Im Mittelpunkt der Ablauforganisation steht die **Gestaltung** der Arbeitsprozesse (Arbeitsabläufe), aber auch die **Ausstattung** der Arbeitsprozesse mit den zur Aufgabenerfüllung nötigen Arbeitsmitteln und Informationen.

> **Beispiel**
> Typische **Arbeitsprozesse** bei Dialogfix sind:
> – Bestellannahme
> – Beschwerdemanagement
> – Technischer Support
>
> Typische **Arbeitsmittel** sind
> – Telefon
> – Headset
> – PC

Die Ablauforganisation dient dazu, komplexe betriebliche Handlungsschritte mittels Standardisierung und Routinisierung besser zu beherrschen. Im Dialogmarketing sollen damit insbesondere folgende Ziele erreicht werden:
- Maximierung der Kapazitätsauslastung
- Verringerung der Warte- und Leerlaufzeiten
- Kürzere Gesprächs- und Nachbearbeitungszeiten
- Reduzierung der Kosten der Vorgangsbearbeitung
- Qualitätssteigerung der Vorgangsbearbeitung und der Arbeitsbedingungen
- Optimierung der Arbeitsplatzgestaltung und -anordnung

Die konkrete Ausgestaltung der einzelnen Arbeitsprozesse in der gesamten Ablauforganisation ist von verschiedenen, oft unternehmensspezifischen, Faktoren abhängig:
- Die bislang bestehende Aufbau- und Ablauforganisation des Unternehmens
- Die Qualifikation der Mitarbeiter
- Die zur Verfügung stehenden Arbeitsmittel und Räumlichkeiten
- Rechtliche Rahmenbedingungen (z. B. Unfallverhütung, Datenschutz, Arbeitszeit)
- Erwartungshaltung der Kunden
- Stellung des Unternehmens am Markt
- Unternehmenskultur
- Finanzielle Rahmenbedingungen

Die Darstellung von Prozessen und Tätigkeiten in der Ablauforganisation erfolgt häufig mit einem **Programmablaufplan** (PAP), der auch als **Flussdiagramm** (engl. Flowchart) bezeichnet wird. Dabei wird der Arbeitsablauf in möglichst kleine Einheiten zerlegt und deren Beziehung zueinander dargestellt. Die Symbole für Programmablaufpläne sind teilweise in der DIN 66001 genormt.

Hauptsächlich werden die folgenden Elemente verwendet:

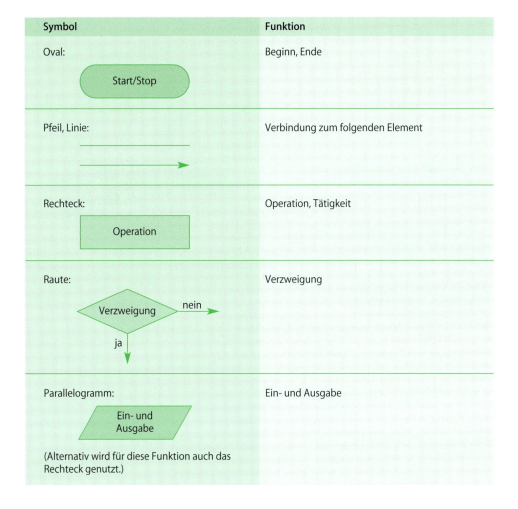

Mit diesen Elementen ist es möglich, prinzipiell jeden denkbaren Arbeitsablauf in einem Unternehmen darzustellen:

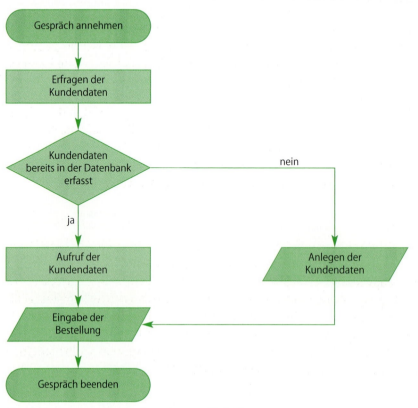

Abb.: PAP, Auszug aus der Bestellannahme von Dialogfix

1.3 Rechtsformen

1.3.1 Grundbegriffe

> *Definition*
> Die Rechtsform ist die **Rechtsverfassung** eines Unternehmens. Sie regelt die Rechtsbeziehungen innerhalb des Unternehmens (Innenverhältnis) und zwischen dem Unternehmen und Dritten (Außenverhältnis).

Zur klaren äußerlichen Unterscheidung sind den einzelnen Rechtsformen der Unternehmen verbindliche Firmenzusätze (**Rechtsformzusätze**) zugeordnet. Eine allgemein verständliche Abkürzung wie KG oder GmbH ist dabei zulässig.

Personen- und Kapitalgesellschaften

Bei einer **Personengesellschaft** schließen sich zwei oder mehr Personen zusammen, um ein Unternehmen zu gründen. Die Gesellschafter der Personengesellschaft haften grundsätzlich mit ihrem gesamten Geschäfts- und Privatvermögen für die Verbindlichkeiten des Unternehmens. Mindestens einer der Gesellschafter leitet das Unternehmen persönlich und vertritt es nach außen. Typische Personengesellschaften sind die **offene Handelsgesellschaft** (OHG) und die **Kommanditgesellschaft** (KG).

Bei der **Kapitalgesellschaft** hingegen haften die Gesellschafter lediglich mit dem eingebrachten Kapitel (**Gesellschaftsvermögen**), es gibt keine persönliche Haftung. Kapitalgesellschaften haben eine eigene Rechtspersönlichkeit (juristische Person), die zahlreichen gesetzlichen Bestimmungen unterliegt. Typische Kapitalgesellschaften sind die **Gesellschaft mit beschränkter Haftung** (GmbH) und die **Aktiengesellschaft** (AG).

Handelsregister

Das Handelsregister ist ein öffentliches Verzeichnis, in dem alle Einzelkaufleute und Unternehmen eines Bezirks – meist eines Amtsgerichtsbezirks – eingetragen sind. Das Handelsregister besteht aus zwei Abteilungen: In der Abteilung A sind Einzelkaufleute und Personengesellschaften eingetragen (**HRA**), in der Abteilung B die Kapitalgesellschaften (**HRB**). Im Handelsregister werden z. B. der Firmenname, der Firmensitz, die vertretungsberechtigten Personen und die Rechtsform eingetragen. Damit erfüllt das Handelsregister in erster Linie eine **Schutzfunktion**, da jeder Interessierte die eingetragenen Information einsehen kann und auf deren Richtigkeit vertrauen kann (§ 9, Abs. 1 HGB).

1.3.2　KG

Die **Kommanditgesellschaft** (KG) zeichnet sich durch zwei Arten von Gesellschaftern aus, von denen es mindestens je einen geben muss:

- Die **Komplementäre** (= Vollhafter) sind die persönlich haftenden Gesellschafter, die mit ihrem gesamten Vermögen haften. Die unternehmerischen Entscheidungen werden alleine von ihnen getroffen. Auch nach außen vertreten nur die Komplementäre die Gesellschaft.
- **Kommanditisten** (= Teilhafter) heißen die Gesellschafter, deren Haftung den Gläubigern gegenüber lediglich auf den Betrag ihrer Kapitaleinlage beschränkt ist. Ihnen stehen gewisse Kontrollrechte zu, so dürfen sie z. B. Bilanzabschriften und Bucheinsichten verlangen.

Bei der Gewinnverteilung bekommt zunächst einmal jeder Gesellschafter 4 % seines Kapitalanteils. Der restliche Gewinn wird in einem angemessenen Verhältnis, das im Gesellschaftsvertrag festgelegt wird, verteilt. Dabei steht den Komplementären, die die

Geschäftsführung innehaben und zudem mit ihrem ganzen Vermögen haften, im Allgemeinen ein größerer Gewinnanteil zu als den Kommanditisten. Die Verteilung eines Verlustes wird im Gesellschaftsvertrag geregelt. Am Verlust darf der Kommanditist aber nur bis zum Betrag seines Kapitalanteils beteiligt werden.

Vorteilhaft bei der KG ist die Möglichkeit zur Aufnahme neuer Gesellschafter. Die Kommanditisten gehen dabei nicht das Risiko ein, auch ihr Privatvermögen bei Verlusten der Gesellschaft zu verlieren. Durch den Eintritt von Kommanditisten erhöht sich das Eigenkapital des Unternehmens, wodurch die Kreditwürdigkeit gestärkt wird. Die unternehmerischen Entscheidungen verbleiben dennoch bei den Komplementären.

> **Beispiel**
> Die beiden Komplementäre Hans Herrmann und Reinhold Groß führen die Geschäfte der KommunikativAktiv KG. Darüber hinaus gibt es noch fünf Kommanditisten, die mit unterschiedlichen Kapitalbeiträgen am Unternehmen beteiligt sind, aber nach außen nicht in Erscheinung treten.

> *Praxistipp*
> Die rechtlichen Grundlagen der KG finden sich in §§ 161 bis 177a HGB.

1.3.3 GmbH

Die **Gesellschaft mit beschränkter Haftung** (GmbH) ist eine Kapitalgesellschaft mit eigener Rechtspersönlichkeit. Das Gesellschaftskapital (Stammkapital) beträgt mindestens 25.000,00 EUR. Stammeinlagen sind die Beiträge der einzelnen Gesellschafter zum Stammkapital. Die Höhe der Stammeinlage kann für die einzelnen Gesellschafter unterschiedlich groß sein. Jeder Gesellschafter muss sich aber mit mindestens 100,00 EUR beteiligen.

Für die Verbindlichkeiten der Gesellschaft haftet grundsätzlich nur die GmbH mit ihrem Gesellschaftsvermögen. Die Gesellschafter haften nicht mit ihrem Privatvermögen. Die Gesellschafter haben Anspruch auf den von der GmbH erzielten Reingewinn. Falls der Gesellschaftsvertrag nichts anderes bestimmt, wird dieser nach dem Verhältnis der Geschäftsanteile verteilt.

Die GmbH hat verschiedene gesetzlich geregelte Organe:
- Durch die **Geschäftsführer** handelt die GmbH.
- Die **Gesellschafterversammlung**, die in der Regel durch die Geschäftsführer einberufen wird, ist das oberste Organ der GmbH. Hier entscheiden die Gesellschafter über alle grundsätzlichen Angelegenheiten.
- Ein **Aufsichtsrat** kann als Kontrollorgan eingerichtet werden. Gesetzlich vorgeschrieben ist er nur für Gesellschaften mit beschränkter Haftung, die mehr als 500 Arbeitnehmer beschäftigen.

Die GmbH wird als Unternehmensform oft gewählt, um die Haftung der Gesellschafter zu begrenzen. Sie ist hauptsächlich bei kleineren und mittleren Unternehmen anzutreffen. Auch die meisten Neugründungen erfolgen als GmbH. Neben der eingeschränkten Haftung hat die GmbH weitere Vorzüge:
- Die Zahl der Gesellschafter ist unbegrenzt.
- Das zur Gründung notwendige Mindestkapital beträgt lediglich 25.000,00 EUR.
- Die gesetzlichen Vorschriften, die für eine GmbH gelten, sind relativ einfach zu erfüllen. Daher kann die GmbH über den Gesellschaftsvertrag den Besonderheiten eines Einzelfalls gut angepasst werden.

Beispiel
Die Dialogfix GmbH wird von den drei Gesellschaftern Tim Braun, Raymond Kruse und Dorothea Russ geführt.

Eine spezielle Unternehmensform stellt die **GmbH & Co. KG** dar. Sie ist eine Personengesellschaft, als deren Komplementär eine Kapitalgesellschaft – nämlich die GmbH – auftritt. Der Unterschied zur KG liegt darin, dass in dieser Gesellschaft eine juristische Person die Unternehmung führt. Dadurch gelingt es, die unmittelbare und unbeschränkte Haftung des Komplementärs in eine mittelbare und beschränkte Haftung zu verwandeln.

Praxistipp
Die rechtlichen Grundlagen der GmbH finden sich im GmbH-Gesetz.

1.4 Zusammenarbeit mit externen Institutionen

Unternehmen im Dialogmarketing agieren in einem Geflecht von unterschiedlichen externen Organisationen, Behörden und Interessenvertretungen. Zusammenarbeit und Berührungspunkte ergeben sich auf den verschiedensten Ebenen:

Institution	Funktion	
Industrie- und Handelskammern	Als Interessenvertreter der gewerblichen Wirtschaft nehmen sie zahlreiche Aufgaben in der Beratung, Wirtschaftsförderung und der Aus- und Weiterbildung wahr.	
Aufsichtsbehörden	Zur Überwachung der verschiedenen **Schutzgesetze** haben die Bundesländer Aufsichtsbehörden eingesetzt. Die Zuordnung ist hier länderspezifisch. Auch die **Gewerbeaufsichtsämter**, die sich z. B. um die Einhaltung der Umweltschutzbestimmungen kümmern, sind länderspezifisch ausgestaltet.	1 | 2.2
Berufsgenossenschaften	Als Träger der gesetzlichen **Unfallversicherung** nehmen sie Aufgaben der Unfallverhütung und der Rehabilitation wahr. Zuständig für die Dialogmarketingbranche ist die **Verwaltungsberufsgenossenschaft**.	1 | 2.5

1 | 2.5	Sozialversicherungsträger	Hier spielen insbesondere die gesetzlichen Krankenkassen eine wichtige Rolle, die den Beitragseinzug für die Zweige der Sozialversicherung übernehmen, für die sowohl Arbeitgeber als auch Arbeitnehmer Beiträge zahlen.
1 | 2.4	Gewerkschaften	Die Interessenvertretung der Arbeitnehmer nimmt zahlreiche Beratungs- und Unterstützungsaufgaben für ihre Mitglieder wahr. Dies reicht vom Rechtsschutz über die betriebliche Mitbestimmung bis zum Abschluss von **Tarifverträgen**. Bedeutendste Gewerkschaft in der Dialogmarketingbranche ist die Dienstleistungsgewerkschaft **Verdi**.
	Berufsvertretungen	Sie sind meist als Verein organisiert und haben das Ziel, die beruflichen, wirtschaftlichen und sozialen Belange ihrer Mitglieder zu fördern, ohne dabei jedoch die gesetzlich verbürgten Aufgaben einer Gewerkschaft wahrzunehmen. Beispiel: Bundesverband Deutscher Versicherungskaufleute e.V.
	Interessenverbände	Unternehmen einer Branche können sich zusammenschließen, um ihre gemeinsamen Interessen gegenüber der Politik und der Öffentlichkeit besser zu kommunizieren. Intern bieten sie für ihre Mitglieder als Netzwerk einen Erfahrungs- und Wissensaustausch an. Die wichtigsten Interessenverbände im Dialogmarketing sind das **Callcenter Forum Deutschland e.V.** und der **Deutsche Direktmarketingverband e.V.**
	Verbraucherzentralen	Die Verbraucherzentralen in den einzelnen Bundesländern bieten Beratung und Information zu Fragen des Verbraucherschutzes und helfen bei Rechtsproblemen. Die Dachorganisation, der Verbraucherzentrale Bundesverband, vertritt die Interessen der Verbraucher gegenüber Politik, Wirtschaft und Gesellschaft auf Bundesebene. Verbraucherzentralen gehen z. B. gegen unlautere Geschäftspraktiken und Werbemaßnahmen vor.
	Presse/Medien	Durch die Berichterstattung der Medien wird das Bild von Unternehmen in der Öffentlichkeit entscheidend mitgeprägt. Presseberichte können neben einzelnen Unternehmen auch ganze Branchen betreffen. Große Unternehmen unterhalten daher eine eigene Abteilung für Öffentlichkeitsarbeit.
	Politik	Durch Änderungen der gesetzlichen Rahmenbedingungen (z. B. Neufassung des Gesetzes gegen unlauteren Wettbewerb) beeinflussen die Entscheidungen der Politik in hohem Maße die Tätigkeit von Unternehmen

Zusammenfassung

- Das **Zielsystem** eines Unternehmens besteht aus Sachzielen sowie wirtschaftlichen, sozialen und ökologischen Zielen. Ergänzen sich die Ziele gegenseitig, spricht man von **Zielharmonie**, widersprechen sie sich, spricht man von **Zielkonflikt**.

- In der betrieblichen Entscheidungsfindung unterscheidet man **strategische Entscheidungen** und **operative Entscheidungen**. Strategische Entscheidungen wirken sich langfristig auf das Unternehmen aus, operative nur kurzfristig.

- Zur **Entscheidungsfindung** können verschiedene Methoden verwendet werden: CAF (Consider all Facts), PMI (Plus-Minus-Interesting), Gewichtetes PMI, Entscheidungsmatrix, Bewertete Entscheidungsmatrix, Intuitive Entscheidungsfindung

- Als **Führungsstil** wird die persönliche Art und Weise bezeichnet, wie die einzelne Führungskraft den Umgang mit den ihr unterstellten Mitarbeitern gestaltet. Folgende Führungsstile werden unterschieden: Autoritäre Führung, Kooperative Führung, Laisser-faire-Führung, Situative Führung.

- Bei den **Führungstechniken** (Führungsprinzipien) handelt es sich um in sich geschlossenen organisatorische Techniken zur Lösung von Führungsaufgaben. Zu den wesentlichen Führungstechniken gehören: Management by objectives, Management by results, Management by exception, Management by delegation

- Die **Unternehmenskultur** als Summe der Überzeugungen und Gemeinsamkeiten eines Unternehmens wird geprägt durch Unternehmensziele, Normen und Werte, Kommunikation, Rituale, Vorbilder.

- Wird ein Unternehmen als eigenständige Persönlichkeit wahrgenommen, spricht man von der **Unternehmensidentität** oder der **Corporate Identity**.

- Eine explizite Ausformulierung der häufig unterschwellig wirkenden Unternehmenskultur und der Unternehmensidentität wird als **Unternehmensleitbild** bezeichnet.

- Die **Aufbauorganisation** beschäftigt sich mit der Strukturierung eines Unternehmens in organisatorische Einheiten, z. B. in Stellen, Teams und Abteilungen. Eine übliche Darstellungsform ist das **Organigramm**.

- Die **Ablauforganisation** umfasst die Gestaltung der Arbeitsprozesse (Arbeitsabläufe) sowie die Ausstattung der Arbeitsprozesse mit den zur Aufgabenerfüllung nötigen Arbeitsmitteln und Informationen. Eine übliche Darstellungsform ist der **PAP**.

- Die **Rechtsform** eines Unternehmens regelt die Rechtsbeziehungen innerhalb des Unternehmens und zwischen dem Unternehmen und Dritten. Grundsätzlich wird unterschieden in **Personengesellschaften** (z. B. die KG) und **Kapitalgesellschaften** (z. B. die GmbH).

- Unternehmen im Dialogmarketing können mit einer Vielzahl **externer Institutionen** in Kontakt stehen: Industrie- und Handelskammern, Aufsichtsbehörden, Berufsgenossenschaften, Sozialversicherungsträger, Gewerkschaften, Berufsvertretungen, Interessenverbände, Verbraucherzentralen, Presse/Medien, Politik.

▪ *Aufgaben*

1. *Ermitteln Sie das Zielsystem Ihres Ausbildungsbetriebes.*

2. *Überlegen Sie, ob es sich bei den nachfolgenden Situationen um operative oder strategische Entscheidungen handelt:*

   - *Dialogfix erweitert die Produktpalette um Mobiltelefone.*

   - *KommunikativAktiv beschließt, im nächsten Jahr zwei Auszubildende einzustellen.*

   - *Das Anrufvolumen bei Dialogfix steigt am Freitagnachmittag unerwartet um 30 % an, es müssen Überstunden gemacht werden.*

   - *Die KommunikativAktiv KG beschließt, einen weiteren Komplementär aufzunehmen.*

   - *Frau Schmitz vom Betriebsrat der KommunikativAktiv hat Geburtstag. Da sie so tierlieb ist, schenken ihr die Kollegen eine Katze aus dem Tierheim.*

   - *Azubi Daniel entscheidet sich in der Kantine für Stammessen B.*

3. Entwerfen Sie eine Entscheidungsvorlage für die Diskussion aus der Einstiegssituation. Schlüpfen Sie dazu in die Rolle von Georg Asamov und fertigen Sie zunächst ein CAF und dann ein gewichtetes PMI an. Die Entscheidung, die vorbereitet werden soll, lautet: „Sollen mehr als 3 Auszubildende im Dialogmarketing eingestellt werden?"

4. Bewerten Sie den nachfolgenden Zeitungsartikel im Hinblick auf die unterschiedlichen Führungsstile. Welche Erklärung haben Sie für das Ergebnis?

Führen Frauen besser?

Frauen sind die besseren Führungskräfte, sie sind teamorientierter, kommunikativer und können besser motivieren – diese weit verbreitete Einschätzung widerlegt eine aktuelle Umfrage des IFAK Instituts, Taunusstein, unter Arbeitnehmerinnen und Arbeitnehmern. Sowohl in der generellen Bewertung des Führungsstils als auch in der Bewertung einzelner Eigenschaften zeigen sich keine Unterschiede zwischen Männern und Frauen. Ob Chef oder Chefin – auch in der Zufriedenheit mit den Vorgesetzten gibt es keine Unterschiede. (…) Entscheidend für die Gesamtbewertung ist dagegen der Führungsstil: Wer einen autoritären Führungsstil an den Tag legt, kommt in der Gesamtbewertung – mit einer Note von 2,72 – schlechter weg als jemand, der einen kollegialen Führungsstil lebt (2,20).

Quelle: www.focus.de, 25.1.2007

5. Ein Teamleiter von Dialogfix steht vor der Aufgabe, die Hälfte der Urlaubsstunden seines Teams für den folgenden Monat abzulehnen, da aufgrund vieler unerwarteter Krankheitsfälle die Mitarbeiter gebraucht werden.

Wie würde der Teamleiter handeln, wenn er

a) den autoritären Führungsstil

b) den kooperativen Führungsstil oder

c) den Laisser-faire-Führungsstil einsetzt?

6. Was versteht man unter Corporate Identity? Aus welchen einzelnen Elementen besteht Corporate Identity? Welche Elemente von Corporate Identity finden sich in Ihrem Ausbildungsbetrieb?

7. Welche Unterschiede im Unternehmensleitbild lassen sich zwischen Dialogfix und KommunikativAktiv festhalten? Achten Sie dabei auf Unternehmensziele, die Rolle der Mitarbeiter und die gewählte Sprache.

8. Stellen Sie in der Klasse die unterschiedlichen Organigramme der Ausbildungs-betriebe gegenüber. Ermitteln Sie jeweils die Organisationsform, die Weisungsbefugnisse und den Informationsfluss.

9. Ihr Ausbildungsbetrieb möchte die Ablauforganisation optimieren. Dazu sollen zunächst die derzeitigen Arbeitsprozesse mit einem PAP dargestellt werden. Sie erhalten die Aufgabe, den Prozess der telefonischen Bestellannahme darzustellen.

10. Welche Eintragungen werden im Handelsregister vorgenommen? Wodurch unterscheiden sich die Abteilungen A und B?

11. Vergleichen Sie die Rechtsformen KG und GmbH anhand folgender Kriterien:

    Mindestgründungskapital, Mindestpersonenzahl bei Gründung, Rechtspersönlichkeit, Geschäftsführung, Haftung, Gewinnverteilung.

    Erstellen Sie dazu eine tabellarische Übersicht.

12. Mit welchen externen Institutionen sind Sie bislang im Rahmen Ihrer Ausbildung in Berührung gekommen? Beschreiben Sie die Beziehung der jeweiligen Institution zu Ihrem Ausbildungsbetrieb.

2 Rechtliche Rahmenbedingungen in der Ausbildung und der Arbeitswelt

■ Einstiegssituation

Einige Tage nach Ausbildungsbeginn bei Dialogfix hat Thomas die Zugangsdaten für seinen E-Mail-Account im Unternehmen bekommen. Nachdem er die Zugangsdaten eingegeben und sein Passwort geändert hat, öffnet sich die Mailbox. „Aha, schon so viel Post … Was haben wir denn da? … Die Personalabteilung, hmmm, … die wollen noch verschiedene Unterlagen von mir haben … Eine Nachricht von der Industrie- und Handelskammer, … was habe ich denn mit denen zu tun? Und was ist das hier, … eine Einladung vom Betriebsrat zu einer Infoveranstaltung am Donnerstag … ‚Rechte und Pflichten in der Arbeitswelt' … Jetzt wird es aber kompliziert …" Thomas ist etwas ratlos. „Am besten, ich frage mal den Daniel, der hat doch schon mal eine Ausbildung als Bürokaufmann angefangen, der kennt sich doch sicher mit diesen Sachen aus."

■ Arbeitsaufträge

1. Welche Unterlagen mussten Sie zu Beginn Ihrer Ausbildung bei der Personalabteilung abgeben?
2. Gibt es in Ihrem Ausbildungsbetrieb einen Betriebsrat? Welche Aufgaben hat der Betriebsrat?
3. Erstellen Sie eine Übersicht von Gesetzen und Vorschriften, die im Laufe Ihrer Ausbildung von Bedeutung sein könnten.

Praxistipp
Der jeweils aktuelle Gesetzesstand findet sich im Internet z. B. auf den Seiten des Bundesministeriums der Justiz unter: www.bundesrecht.juris.de

2.1 Duale Ausbildung

2.1.1 Organisation der Ausbildung

Die Berufsausbildung in Deutschland erfolgt überwiegend im **dualen Ausbildungssystem**. Damit ist gemeint, dass die Ausbildung an zwei voneinander unabhängigen Lernorten stattfindet:

- Die **Berufsschule**, die überwiegend für die fachtheoretischen und allgemein bildenden Inhalte zuständig ist.
- Der **Ausbildungsbetrieb**, der vorwiegend die berufspraktische Ausbildung übernimmt.

Die rechtlichen Rahmenbedingungen sind dabei im **Berufsbildungsgesetz** (BBiG) festgelegt. Durch verschiedene Regelungen ergibt sich in der Praxis eine enge Zusammenarbeit zwischen den beiden Lernorten. Eine wichtige Rolle im Rahmen des dualen Ausbildungssystems nehmen die regionalen **Industrie- und Handelskammern** ein, die sich neben Verwaltungs- und Prüfungsaufgaben auch um die Schlichtung von Problemen in der Ausbildung kümmern.

Die rechtlichen Rahmenbedingungen einer Ausbildung sind vom Gesetzgeber in der **Ausbildungsordnung** festgelegt. Diese enthält die Berufsbezeichnung, Angaben zur Ausbildungsdauer, zum Ausbildungsberufsbild, den Ausbildungsrahmenplan und die Prüfungsanforderungen. Die Ausbildungsordnung ist Grundlage der betrieblichen Ausbildungsplanung. Sie soll eine bundeseinheitliche Ausbildung und gleiche Prüfungsanforderungen sichern sowie zur Kontrolle der betrieblichen Berufsausbildung dienen.

> *Praxistipp*
> Die Ausbildungsordnung für die Ausbildungsberufe im Dialogmarketing sind z. B. über das **Bundesinstitut für Berufsbildung** verfügbar: www.bibb.de

Für einen ersten Überblick über einen Ausbildungsberuf ist vor allem das **Ausbildungsberufsbild** geeignet. Es ist ein kurzer Auszug aus der Ausbildungsordnung und gibt Auskunft über die wesentlichen Qualifikationen, die während der Ausbildung erworben werden.

Der **Ausbildungsrahmenplan** (für den betrieblichen Teil der Ausbildung) ist ein weiterer wesentlicher Teil der Ausbildungsordnung. Der Ausbildungsrahmenplan ist die sachliche und zeitliche Gliederung der zu erwerbenden Kenntnisse und Fertigkeiten. Er gibt für jeden Ausbildungsberuf Auskunft zu den Fragen:

- In welchem Ausbildungsjahr sollen welche Inhalte vermittelt werden?
- Welche Anzahl an Wochen ist pro Ausbildungsinhalt einzuplanen?

In der Ausbildungsordnung wird der jeweilige Ausbildungsverlauf dabei aber nicht in allen Einzelheiten festgelegt. Den Betrieben bleibt vielmehr noch einiger Gestaltungsspielraum, um die eigenen Anforderungen und Gegebenheiten berücksichtigen zu können. Das wesentliche Instrument für diesen Zweck ist der betriebliche Ausbildungsplan. Darin wird für den Auszubildenden auf der Basis des **Ausbildungsrahmenplans** die zeitliche Gliederung der Ausbildung im Betrieb festgelegt.

Grundlage für den schulischen Teil der Ausbildung ist der **Rahmenlehrplan**. In ihm werden die Ausbildungsinhalte bestimmt, die im Berufsschulunterricht vermittelt werden sollen. Für jeden Ausbildungsberuf gibt es einen bundesweiten Rahmenlehrplan der Kultusministerkonferenz, der entweder vom jeweiligen Bundesland übernommen oder in einen eigenen landesspezifischen Lehrplan umgesetzt werden kann.

Praxistipp
Der bundesweite Rahmenlehrplan für die Berufe im Dialogmarketing ist über die **Kultusministerkonferenz** (KMK) verfügbar: www.kmk.org. Sofern vorhanden, finden sich bundesländerspezifische Lehrpläne auf dem jeweiligen Bildungsserver des Kultusministeriums.

Die Erarbeitung neuer oder die Modernisierung bestehender Ausbildungsordnungen und ihre Abstimmung mit den Rahmenlehrplänen der Länder erfolgt in einem mehrstufigen Verfahren, in das die an der beruflichen Bildung Beteiligten, also Arbeitgeber, Gewerkschaften, Bund und Länder, maßgeblich einbezogen sind.

Stellt man fest, dass ein Ausbildungsberuf neu organisiert oder geschaffen werden muss, werden das **Bundesministerium für Wirtschaft** und das **Bundesministerium für Bildung und Forschung** aktiv. Sie legen im Konsens mit den Spitzenorganisationen der Arbeitgeber und Arbeitnehmer die jeweiligen bildungspolitischen Eckwerte fest, die die Grundlage bilden, um den Entwurf der Ausbildungsordnung zu erarbeiten. Gleichzeitig erfolgt eine Abstimmung mit dem Rahmenlehrplan des Sekretariats der Ständigen Konferenz der Kultusminister der Länder (KMK).

Der **Entwurf der Ausbildungsordnung** wird grundsätzlich unter Federführung des Bundesinstituts für Berufsbildung in Zusammenarbeit mit den Sachverständigen, die von den

Spitzenorganisationen der Arbeitgeber und Arbeitnehmer benannt werden, erarbeitet. Der **Entwurf des Rahmenlehrplans** wird von den Sachverständigen der Länder, die von den einzelnen Kultusministerien benannt werden, erarbeitet.

Die inhaltliche und zeitliche Abstimmung der beiden Entwürfe erfolgt u. a. durch die gegenseitige Teilnahme an Sitzungen der Sachverständigen.

2.1.2   Abschluss des Ausbildungsvertrages

Der Ausbildungsvertrag zwischen dem Ausbildenden und dem Auszubildenden muss spätestens zu Beginn der Berufsausbildung schriftlich festgehalten werden. Nach § 11 BBiG sind mindestens folgende Inhalte zu regeln:

Auszug aus § 11 Berufsbildungsgesetz

1. Art, sachliche und zeitliche Gliederung sowie Ziel der Berufsausbildung, insbesondere die Berufstätigkeit, für die ausgebildet werden soll,
2. Beginn und Dauer der Berufsausbildung,
3. Ausbildungsmaßnahmen außerhalb der Ausbildungsstätte,
4. Dauer der regelmäßigen täglichen Ausbildungszeit,
5. Dauer der Probezeit,
6. Zahlung und Höhe der Vergütung,
7. Dauer des Urlaubs,
8. Voraussetzungen, unter denen der Berufsausbildungsvertrag gekündigt werden kann,
9. ein in allgemeiner Form gehaltener Hinweis auf die Tarifverträge, Betriebs- oder Dienstvereinbarungen, die auf das Berufsausbildungsverhältnis anzuwenden sind.

Nach der Unterzeichnung des Ausbildungsvertrages durch den Ausbildenden und den Auszubildenden (ggf. bei Minderjährigen durch den gesetzlicher Vertreter), erhält der Auszubildende umgehend ein Exemplar des Vertrags. Führt der Ausbildende die Ausbildung nicht selbst durch, kann er einen Ausbilder beauftragen, der die Ausbildungsinhalte im Unternehmen vermittelt.

Beispiel

Die **Auszubildende** Julia Lauer hat mit dem **Ausbildenden** KommunikativAktiv KG, vertreten durch die beiden Komplementäre Hans Herrmann und Reinhold Groß, einen Ausbildungsvertrag abgeschlossen. Der Teamleiter Jean Bayard wurde als **Ausbilder** im Unternehmen bestimmt.

2.1.3   Rechte und Pflichten während der Ausbildung

Durch den Abschluss des Ausbildungsvertrages gehen die Vertragspartner verschiedene Pflichten ein, die hauptsächlich in den §§ 14–19 BBiG geregelt sind.

Pflichten des Auszubildenden (= Rechte des Ausbildenden)	Pflichten des Ausbildenden (= Rechte des Auszubildenden)
Sorgfältige Ausführung der übertragenen Aufgaben	Vermittlung der für den Beruf notwendigen Handlungsfähigkeit
Teilnahme an betrieblichen Ausbildungsmaßnahmen, Berufsschulunterricht und Prüfungen	Arbeitsmittel kostenlos zur Verfügung stellen
Weisungen des Ausbildenden befolgen	Urlaubsgewährung
Betriebsordnung der Ausbildungsstätte beachten	Fürsorgepflicht auf verschiedenen Ebenen
Arbeitsmittel und betriebliche Einrichtungen pfleglich behandeln	Zahlung einer angemessenen Ausbildungsvergütung
Schweigepflicht über betriebliche Vorgänge	Erteilung eines Zeugnisses nach Beendigung der Ausbildung

2.1.4   Beendigung des Ausbildungsvertrages

Der Ausbildungsvertrag endet mit dem Ablauf der vereinbarten Ausbildungszeit. Besteht der Auszubildende die **Abschlussprüfung** vor Ablauf der Ausbildungszeit, endet das Ausbildungsverhältnis am Tag der Bekanntgabe des Prüfungsergebnisses. Möchte der Auszubildende vorzeitig zur Abschlussprüfung zugelassen werden, so ist dies bei guten Leistungen möglich. Die Zulassungsentscheidung trifft die zuständige Stelle (IHK). Gemäß § 45 BBiG sind allerdings vorher der Ausbildende und die Berufsschule zu hören.

Soll der Ausbildungsvertrag vor Beendigung der Ausbildungszeit gekündigt werden, so ist grundsätzlich zu unterscheiden, ob dies während oder nach der vertraglich vereinbarten Probezeit (mind. 1 Monat, max. 4 Monate) erfolgt.

- **Kündigung während der Probezeit**
  Für Ausbildenden und Auszubildenden ist eine Kündigung während der Probezeit jederzeit ohne Angabe von Gründen möglich.

- **Kündigung nach der Probezeit**
  Für Ausbildenden und Auszubildenden ist eine fristlose Kündigung möglich, wenn ein wichtiger Grund vorliegt. Ein wichtiger Grund für den Ausbildenden kann z. B. sein, wenn der Auszubildende ständig unpünktlich ist oder dem Berufsschulunterricht unentschul-

digt fernbleibt. Für den Auszubildenden wäre z. B. ein wichtiger Grund, wenn die Ausbildungsvergütung nicht gezahlt oder der Besuch der Berufsschule verwehrt wird.

Nach Beendigung der Ausbildung ist der Ausbilder nach § 16 BBiG verpflichtet, dem Auszubildenden ein **Zeugnis** auszustellen. Dieses Zeugnis muss Angaben über **Art**, **Dauer** und **Ziel der Berufsausbildung** sowie über die erworbenen beruflichen **Fertigkeiten**, **Kenntnisse** und **Fähigkeiten** des Auszubildenden enthalten (einfaches Zeugnis). Auf Wunsch des Auszubildenden können auch Angaben über Verhalten und Leistung während der Ausbildung aufgenommen werden (qualifiziertes Zeugnis).

2.2 Schutzgesetze

Die zahlreichen Schutzgesetze, mit denen Auszubildende und Arbeitnehmer in Kontakt kommen, stellen Mindestansprüche gegenüber dem Arbeitgeber bzw. dem Ausbildenden dar. Sie sind Teil des **sozialen Arbeitsschutzes**. In vielen Fällen gibt es allerdings tarifvertragliche Regelungen oder Betriebsvereinbarungen, die günstigere Regelungen vorsehen.

1 | 4.1

2.2.1 Jugendarbeitsschutzgesetz

Das **Jugendarbeitsschutzgesetz** (JArbSchG) soll jugendliche Auszubildende und Arbeitnehmer vor Überforderungen im Berufsleben schützen. Jugendliche im Sinne dieses Gesetzes sind alle Personen im Alter zwischen 15 und 18 Jahren. Das JArbSchG enthält folgende wesentliche Bestimmungen:

Arbeitszeit

Wöchentlich ist maximal eine Arbeitszeit von 40 Stunden erlaubt. Die tägliche Arbeitszeit darf maximal 8 Stunden betragen, in Ausnahmefällen 8,5 Stunden, wenn dadurch die Wochenarbeitszeit von 40 Stunden nicht überschritten wird. Jugendliche dürfen nur an 5 Tagen in der Woche beschäftigt werden, die beiden Ruhetage sollen dabei aufeinander folgen. An Samstagen, Sonntagen und gesetzlichen Feiertagen dürfen Jugendliche nicht beschäftigt werden. Allerdings sieht das JArbSchG eine Vielzahl von Ausnahmeregelungen für bestimmte Branchen oder in Verbindung mit abweichenden Tarifverträgen oder Betriebsvereinbarungen vor, die im Einzelfall zu beachten sind.

Ruhezeiten

Überschreitet die tägliche Arbeitszeit 4,5 Stunden, so steht Jugendlichen eine Pause von mindestens 30 Minuten zu. Bei mehr als 6 Stunden Arbeitszeit sind es mindestens 60 Minuten. Als Pause gilt dabei nur eine Arbeitsunterbrechung von mindestens 15 Minuten. Nach Beendigung der Arbeitszeit steht Jugendlichen eine ununterbrochene Freizeit von mindestens 12 Stunden zu. Jugendliche dürfen nur von 6 bis 20 Uhr beschäftigt werden, hier sieht das Gesetz aber ebenfalls Ausnahmeregelungen vor.

Berufsschule

Sofern der Unterricht in der Berufsschule vor 9 Uhr beginnt, darf der Jugendliche vorher nicht mehr beschäftigt werden. Umfasst der Unterricht in der Berufsschule mehr als 5 Unterrichtsstunden, so ist der Jugendliche an diesem Tag von der Arbeit freizustellen. Dieser Berufsschultag wird mit 8 Stunden auf die wöchentliche Arbeitszeit angerechnet. Dies gilt allerdings nur einmal in der Woche. Der zweite Berufsschultag wird lediglich mit der tatsächlichen Zeit in der Berufsschule angerechnet (Unterrichtszeit und Pausen), eine Freistellung nach dem Schulbesuch muss nicht mehr erfolgen.

Urlaubsregelungen

Die Mindestdauer des Urlaubs ist vom Alter des Jugendlichen abhängig und beträgt
- mindestens 30 Werktage, wenn der Jugendliche noch nicht 16 Jahre alt ist,
- mindestens 27 Werktage, wenn der Jugendliche noch nicht 17 Jahre alt ist,
- mindestens 25 Werktage, wenn der Jugendliche noch nicht 18 Jahre alt ist.

Als Werktage gelten dabei alle Tage außer Sonn- und Feiertage.

Beschäftigungsverbote

Für **gefährliche Arbeiten** sieht das JArbSchG ein Beschäftigungsverbot für Jugendliche vor. Darunter sind grundsätzlich Arbeiten zu verstehen, die das physische oder psychische Leistungsvermögen des Jugendlichen überfordern oder ihn sittlich gefährden. Weitere gefährliche Arbeiten sind im Einzelfall im Gesetz festgelegt. Dort sind auch Ausnahmeregelungen bei bestimmten Gefahren vorgesehen, sofern diese für die Ausbildung unverzichtbar sind. Ebenfalls verboten ist Akkordarbeit, sofern sie nicht zur Erreichung des Ausbildungsziels notwendig ist.

Gesundheitliche Betreuung

Bevor Jugendliche eine Ausbildung beginnen, muss eine ärztliche Untersuchung erfolgen (**Erstuntersuchung**). Die Untersuchung darf maximal 14 Monate zurückliegen. Ein Jahr nach Ausbildungsbeginn muss eine zweite ärztliche Untersuchung erfolgen (**Nachuntersuchung**). Weitere Nachuntersuchungen sind freiwillig.

2.2.2 Arbeitszeitgesetz

Das Arbeitszeitgesetz (ArbZG) ist die rechtliche Grundlage für die Strukturierung der Arbeitszeit. Es gilt grundsätzlich für alle Arbeitnehmer mit Ausnahme der leitenden Ange-

stellten. Das Gesetz soll die Arbeitnehmer vor Überlastungen schützen und ihre Arbeitskraft erhalten. Die tägliche Arbeitszeit wird auf maximal 8 Stunden begrenzt, wobei zeitlich befristete Ausnahmen bis zu 10 Stunden täglich möglich sind. Bei einer Arbeitszeit von mehr als 6 und weniger als 9 Stunden ist eine Ruhepause von mindestens 30 Minuten vorgesehen, die sich bei einer Arbeitszeit von mehr als 9 Stunden auf mindestens 45 Minuten erhöht. Zwischen zwei Arbeitstagen ist eine Ruhezeit von wenigstens 11 Stunden vorgesehen. Für Nacht- und Schichtarbeit gelten besondere Regelungen.

Sonn- und Feiertagsarbeit ist grundsätzlich untersagt, wird aber durch zahlreiche Ausnahmegenehmigungen de facto ermöglicht. Die einzelnen Bundesländer haben darüber hinaus die Möglichkeit, vom Gesetz abweichende Ausnahmeregelungen zu erlassen. Daher können sich die Regelungen im Einzelfall regional erheblich unterscheiden.

Auszug aus § 13 ArbZG

(...) 5. Die Aufsichtsbehörde hat abweichend von § 9 die Beschäftigung von Arbeitnehmern an Sonn- und Feiertagen zu bewilligen, wenn bei einer weitgehenden Ausnutzung der gesetzlich zulässigen wöchentlichen Betriebszeiten und bei längeren Betriebszeiten im Ausland die Konkurrenzfähigkeit unzumutbar beeinträchtigt ist und durch die Genehmigung von Sonn- und Feiertagsarbeit die Beschäftigung gesichert werden kann.

2.2.3 Mutterschutzgesetz

Das Mutterschutzgesetz (MuschG) soll werdende und stillende Mütter vor übermäßigen Belastungen am Arbeitsplatz schützen. Kern des Gesetzes sind verschiedene Beschäftigungsverbote:
- Körperlich schwere oder gesundheitsgefährdende Arbeiten sind untersagt.
- Die tägliche Arbeitszeit ist auf 8,5 Stunden, bei unter 18-Jährigen auf 8 Stunden, beschränkt. Überstunden sind verboten.
- Nachts zwischen 20 und 6 Uhr sowie an Sonn- und Feiertagen darf keine Beschäftigung erfolgen

- In den letzten sechs Wochen vor dem errechneten Entbindungstermin ist eine Beschäftigung verboten, es sei denn, die werdende Mutter erklärt ausdrücklich, dass sie arbeiten möchte.
- Acht Wochen nach der Entbindung dürfen Frauen nicht beschäftigt werden, auch nicht auf ihren ausdrücklichen Willen hin.

Während der gesamten Schwangerschaft und bis 4 Monate nach der Entbindung darf der Arbeitgeber das Arbeitsverhältnis nicht kündigen. Darüber hinaus sieht das Gesetz finanzielle Regelungen (z. B. Mutterschaftsgeld) vor, damit der (werdenden) Mutter keine finanziellen Einbußen drohen.

2.2.4   Schwerbehindertenrecht

Das ehemalige Schwerbehindertengesetz ist 2001 in das 9. Sozialgesetzbuch (SGB IX) „Rehabilitation und Teilhabe behinderter Menschen" überführt worden. Zahlreiche Einzelvorschriften des Schwerbehindertengesetzes bestehen jedoch unverändert fort. Insgesamt ist das Schwerbehinderenrecht an den allgemeinen Zielen des SGB IX ausgerichtet worden: Förderung der Teilhabe und Selbstbestimmung sowie Vermeidung von Diskriminierung.

Schwerbehinderte genießen einen besonderen **Kündigungsschutz**. Eine Kündigung ohne Zustimmung des zuständigen **Integrationsamtes** ist unwirksam. Arbeitgeber mit mindestens 20 Arbeitsplätzen sind verpflichtet, auf wenigstens 5 % der Arbeitsplätze schwerbehinderte Menschen zu beschäftigen. Erreicht der Arbeitgeber diese Quote nicht, ist eine **Ausgleichsabgabe** zu zahlen, mit der anderweitige Arbeitsplätze für Schwerbehinderte finanziert werden.

2.2.5   Arbeitsschutzgesetz

Dieses Gesetz dient dazu, **Sicherheit** und **Gesundheitsschutz** der Beschäftigten bei der Arbeit durch Maßnahmen des Arbeitsschutzes zu sichern und zu verbessern. Die Verantwortung dafür trägt grundsätzlich der Arbeitgeber. Wichtigstes Grundprinzip ist die **Prävention**, die durch vorbeugendes und planvolles Handeln bei der Gestaltung der Arbeitsbedingungen erreicht werden soll. Dabei sind nicht nur körperliche, sondern auch psychische Belastungen zu berücksichtigen. Mittels einer Gefährdungsbeurteilung hat der Arbeitgeber alle möglichen Gefährdungen eines Arbeitsplatzes oder einer Tätigkeit zu analysieren, zu bewerten und daraus Maßnahmen zur Verbesserung abzuleiten. Das Arbeitsschutzgesetz ist Grundlage für weitere gesetzliche Verordnungen, z. B. für die **Bildschirmarbeitsverordnung** oder die **Arbeitsstättenverordnung**.

1 | 4.1

2.3 Betriebliche Mitbestimmung

Das **Betriebsverfassungsgesetz** (BetrVG) von 1973 regelt die Grundlagen der Zusammenarbeit zwischen der Unternehmensleitung und den beschäftigten Arbeitnehmern, mit Ausnahme der leitenden Angestellten. Im Mittelpunkt des Gesetzes stehen die gewählten betrieblichen Interessenvertretungen, insbesondere der **Betriebsrat** und die **Jugend- und Auszubildendenvertretung**, und deren Rechte.

2.3.1 Betriebsrat

Wahl des Betriebsrats

In einem Unternehmen besteht kein Zwang, einen Betriebsrat zu bilden. Liegen jedoch die notwendigen gesetzlichen Voraussetzungen zur Errichtung eines Betriebsrates vor, darf der Arbeitgeber dies nicht verhindern. Die Rahmenbedingungen zur Wahl und Zusammensetzung des Betriebsrates ergeben sich aus dem BetrVG:

Auszug aus dem BetrVG:

§ 1 Errichtung von Betriebsräten
In Betrieben mit in der Regel mindestens fünf ständigen wahlberechtigten Arbeitnehmern, von denen drei wählbar sind, werden Betriebsräte gewählt. Dies gilt auch für gemeinsame Betriebe mehrerer Unternehmen.

§ 5 Arbeitnehmer
Arbeitnehmer im Sinne dieses Gesetzes sind Arbeiter und Angestellte einschließlich der zu ihrer Berufsausbildung Beschäftigten, unabhängig davon, ob sie im Betrieb, im Außendienst oder mit Telearbeit beschäftigt werden. Als Arbeitnehmer gelten auch die in Heimarbeit Beschäftigten, die in der Hauptsache für den Betrieb arbeiten.

§ 7 Wahlberechtigung
Wahlberechtigt sind alle Arbeitnehmer des Betriebs, die das 18. Lebensjahr vollendet haben. Werden Arbeitnehmer eines anderen Arbeitgebers zur Arbeitsleistung überlassen, so sind diese wahlberechtigt, wenn sie länger als drei Monate im Betrieb eingesetzt werden.

§ 8 Wählbarkeit
Wählbar sind alle Wahlberechtigten, die sechs Monate dem Betrieb angehören oder als in Heimarbeit Beschäftigte in der Hauptsache für den Betrieb gearbeitet haben.

§ 15 Zusammensetzung nach Beschäftigungsarten und Geschlechtern
(1) Der Betriebsrat soll sich möglichst aus Arbeitnehmern der einzelnen Organisationsbereiche und der verschiedenen Beschäftigungsarten der im Betrieb tätigen Arbeitnehmer zusammensetzen.
(2) Das Geschlecht, das in der Belegschaft in der Minderheit ist, muss mindestens entsprechend seinem zahlenmäßigen Verhältnis im Betriebsrat vertreten sein, wenn dieser aus mindestens drei Mitgliedern besteht.

Die Größe des Betriebsrates richtet sich gemäß § 9 BetrVG nach der Zahl der wahlberechtigten Arbeitnehmer. Der gewählte Betriebsrat wählt aus seiner Mitte einen Vorsitzenden.

Beispiel

KommunikativAktiv beschäftigt 80 fest angestellte, wahlberechtigte Mitarbeiter. Somit besteht der Betriebsrat aus 5 Mitgliedern, Frau Schmitz wurde zur Vorsitzenden gewählt.

Aufgaben des Betriebsrats

Der Betriebsrat ist die **Interessenvertretung der Arbeitnehmer**. Er hat auf die Einhaltung der Schutzgesetze für Arbeitnehmer zu achten. Darüber hinaus hat der Betriebsrat abgestufte Rechte in verschieden Bereichen:

1. **Mitbestimmungsrechte:** Betriebliche Entscheidungen werden erst mit der Zustimmung des Betriebsrats wirksam. Der Betriebsrat ist hier gleichberechtigt mit der Unternehmensleitung, ohne seine Zustimmung können mitbestimmungspflichtige Entscheidungen nicht getroffen werden. Dies gilt in **sozialen Angelegenheiten**, wie z. B.

   - Beginn und Ende der täglichen Arbeitszeit
   - Pausenregelungen
   - Regelungen über den Gesundheits- und Unfallschutz
   - Einführung von Arbeitskontrollen
   - Überstunden

   Kommt keine Einigung zwischen Unternehmensleitung und Betriebsrat zustande, ist die Einigungsstelle anzurufen, die zu gleichen Teilen aus Vertretern von Unternehmensleitung und Betriebsrat sowie einem unabhängigen Vorsitzenden besteht.

2. **Mitwirkungsrechte:** Die Mitwirkungsrechte des Betriebsrats werden auch als **eingeschränkte Mitbestimmung** bezeichnet. Damit ist gemeint, dass der Betriebsrat zwar zwingend vor der Entscheidung anzuhören ist und die Zustimmung verweigern kann. Die Entscheidungen der Unternehmensleitung werden dadurch aber nicht unwirksam, sondern können über das Arbeitsgericht durchgesetzt werden. Dies gilt vor allem in **personellen Angelegenheiten**, wie z. B.

   - Personalplanung
   - Ausschreibungen
   - Einstellungen
   - Versetzungen
   - Kündigungen

   Bei personellen Einzelmaßnahmen gelten die Mitwirkungsrechte des Betriebsrats erst ab 20 wahlberechtigten Arbeitnehmern.

3. **Beratungsrechte:** Die Unternehmensleitung muss den Betriebsrat unterrichten und sich mit ihm beraten. Eine abweichende Meinung des Betriebsrats hat allerdings keine rechtlichen Folgen. Dies gilt vor allem in **wirtschaftliche Angelegenheiten**, z. B. für
    - Unternehmerische Entscheidungen (z. B. Produktpalette, Marketing, Finanzierung)
    - Investitionen
    - Baumaßnahmen

Ergebnis der Verhandlungen und Beratungen zwischen Unternehmensleitung und Betriebsrat ist häufig eine **Betriebsvereinbarung**, die für alle Arbeitnehmer des Betriebes Gültigkeit hat.

2.3.2 Jugend- und Auszubildendenvertretung

Die Jugend- und Auszubildendenvertretung (JAV) ist Interessenvertretung und Ansprechpartner für Jugendliche unter 18 Jahren und Auszubildende unter 25 Jahren. Die rechtlichen Grundlagen sind in §§ 60–73b BetrVG geregelt. Eine enge Zusammenarbeit mit dem Betriebsrat ist üblich, jedoch dürfen Mitglieder der JAV nicht zeitgleich Mitglieder des Betriebsrats sein. Die JAV kann zu allen Sitzungen des Betriebsrats einen Vertreter entsenden und hat dann ein Stimmrecht, wenn die Beschlüsse des Betriebsrats überwiegend Jugendliche und Auszubildende betreffen. Wahlberechtigt für die JAV sind alle Jugendlichen unter 18 Jahren und Auszubildende unter 25 Jahren, wählbar sind **alle Arbeitnehmer unter 25 Jahren**. Eine JAV kann ab fünf Wahlberechtigten eingerichtet werden, die Zahl der Mitglieder richtet sich nach der Zahl der Wahlberechtigten (§ 62). Die Amtszeit beträgt zwei Jahre, im Gegensatz zum Betriebsrat, der eine Amtszeit von vier Jahren hat.

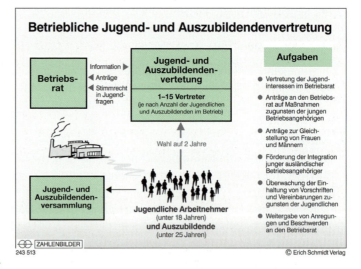

2.4 Tarifrecht

> **Definition**
> Ein **Tarif** legt die Preise und Bedingungen fest, die für die Erbringung bestimmter Leistungen, z. B. der Arbeitsleistung, Gültigkeit haben. Übliche Formen zur Tariffindung in der Arbeitswelt sind Tarifverträge, Betriebsvereinbarungen oder der Einzelarbeitsvertrag.

2.4.1 Tarifverträge

In einem Tarifvertrag werden einheitliche Arbeitsbedingungen für ganze Wirtschaftszweige (Branchen) in einem bestimmten Gebiet (z. B. bundesweit, regional oder einzelne Unternehmen) festgelegt. Ein Tarifvertrag wird im Rahmen der grundgesetzlich geschützten Tarifautonomie unabhängig vom Staat zwischen den Tarifvertragsparteien vereinbart. Als Tarifvertragsparteien kommen infrage:

- Einzelne Arbeitgeber
- Vereinigungen von Arbeitgebern, meist branchenbezogen zusammengeschlossen in Arbeitgeberverbänden, z. B. Arbeitgeberverband der Versicherungsunternehmen in Deutschland
- Gewerkschaften, z. B. Verdi

Abhängig vom jeweils geregelten Inhalte können folgende Arten von Tarifverträgen unterschieden werden:

- **Lohn- und Gehaltstarifvertrag:** Regelt Löhne und Gehälter in einzelnen Tarifgruppen
- **Lohn- und Gehaltsrahmentarifvertrag:** Regelt die Zuordnung von Tätigkeiten in einzelne Tarifgruppen
- **Manteltarifvertrag:** Regelt einzelne Arbeitsbedingungen, z. B. Urlaub, Arbeitszeit

Während ein Lohn- und Gehaltstarifvertrag meist eine Laufzeit zwischen ein und zwei Jahren hat, ist die Laufzeit bei den anderen Tarifverträgen meist deutlich länger bzw. unbegrenzt bis zur Kündigung gültig.

Tarifverträge finden in der Dialogmarketingbranche unterschiedliche Anwendung. Während Inhouse-Unternehmen oft unter den Branchentarifvertrag des Mutterunternehmens fallen (z. B. Tarifvertrag für den Einzelhandel), haben bislang die wenigsten externen Callcenter einen Tarifvertrag abgeschlossen. Damit liegt die Branche im allgemeinen Trend, der eher auf eine zurückgehende Bedeutung der Tarifverträge hinausläuft. Derzeit sind auch lediglich Haus- bzw. Firmentarifverträge mit einzelnen Arbeitgebern denkbar, da es bislang **keinen Arbeitgeberverband** in der Dialogmarketingbranche gibt.

2 | 1.2.1

Erster Tarifvertrag für Callcenter

Die Callcenter-Gruppe Walter Telemedien hat als erstes Unternehmen seiner Branche einen Tarifvertrag mit der Dienstleistungsgewerkschaft Verdi unterzeichnet. Künftig erhalten die 4.000 Mitarbeiter festes Grundgehalt, Urlaubsgeld, Lohnfortzahlung bei Krankheit und ein Jahresarbeitszeitkonto. Schwankungen der individuellen Arbeitszeit würden in dem Jahresarbeitszeitkonto erfasst und hätten keine unmittelbaren Auswirkungen auf das monatliche Einkommen mehr, sagte Geschäftsführer Walter Stierle der WELT.

Das baden-württembergische Unternehmen, das im Jahr 2003 einen Honorarumsatz von 100 Mio. EUR anpeilte, rechnet wegen der Tarifvereinbarung mit einer Verringerung der Fluktuations- und Krankheitsrate. „Zufriedene Mitarbeiter sind gesunde

Mitarbeiter", sagte Stierle, der in der neuen Vereinbarung einen „Meilenstein für die Flexibilisierung der Arbeitszeit in Deutschland" sieht. Die Mitarbeiter erhielten durch den Vertrag nicht nur eine finanzielle Konstante, sondern auch bessere Entwicklungs- und Aufstiegschancen. Der Job des Callcenter-Agents entwickle sich durch die Einbindung in geregelte Arbeitsverträge zu einem Beruf mit vielen Chancen.

Quelle: Die Welt, 08.01.2004

2.4.2 Betriebsvereinbarung

In einer Betriebsvereinbarung werden Arbeitsbedingungen zwischen dem Betriebsrat als Vertreter für die Arbeitnehmer und einem einzelnen Arbeitgeber geregelt. Allerdings ist das **Prinzip des Tarifvorrangs** zu beachten: Sofern ein Tarifvertrag besteht, können dort geregelte Inhalte nicht Gegenstand einer Betriebsvereinbarung sein.

Typische Inhalte einer Betriebsvereinbarung sind die Themen, bei denen der Betriebsrat ein gesetzliches Mitbestimmungsrecht hat, also insbesondere soziale Angelegenheiten.

dialogfix GmbH

Auszug aus der „Betriebsvereinbarung zur Qualitätssicherung" zwischen dem Betriebsrat und der Geschäftsführung der Dialogfix GmbH

3. Aufzeichnung von Telefongesprächen

Aufzeichnungen von Telefongesprächen dürfen nur für Zwecke des Coachings oder der Bearbeitung von Reklamationen gemacht werden.

Aufzeichnungen von Telefongesprächen dürfen nur von einer klar abgegrenzten Personengruppe abgehört werden. Wer dieser Personengruppe angehört, muss einvernehmlich mit dem Betriebsrat geregelt werden, bevor die Möglichkeit der Aufzeichnung eingerichtet wird. Grundsätzlich ist die Geschäftsführung von dieser Personengruppe ausgeschlossen.

Aufzeichnungen, die zu Coaching-Zwecken gemacht wurden, müssen spätestens am übernächsten Arbeitstag nach der Aufzeichnung gelöscht werden.

Das Coaching dient allein der Unterstützung und Weiterbildung der Mitarbeiter und der Feststellung des Schulungsbedarfs von Beschäftigten und nicht der Leistungskontrolle. Die Ergebnisse des Coachings dürfen keinerlei Auswirkungen auf die Bezahlung oder Position des Beschäftigten haben. Personelle Maßnahmen außer Maßnahmen der Weiterbildung sind als Folge des Coachings nicht zulässig. Durch Coaching gewonnene Erkenntnisse dürfen nicht als Begründung oder Anlass für personelle Maßnahmen verwendet werden und sind als Beweismittel bei rechtlichen Streitigkeiten nicht zulässig.

2.4.3 Einzelarbeitsvertrag

Im Rahmen der Vertragsfreiheit können in einem Arbeitsvertrag grundsätzlich alle Inhalte vereinbart werden, die nicht gegen gesetzliche Bestimmungen verstoßen. Sofern Inhalte des Arbeitsvertrages bereits durch einen gültigen Tarifvertrag oder eine Betriebsvereinbarung geregelt sind, ist das **Günstigkeitsprinzip** zu beachten: Stehen sich unterschiedliche Rechtsquellen gegenüber, gilt im Zweifelsfall die für den Arbeitnehmer günstigere Regelung.

Bd. 2 | 6

2.5 Soziale Sicherung

2.5.1 Zweige der gesetzlichen Sozialversicherung

Grundlage der sozialen Sicherung in Deutschland sind die **fünf Zweige der gesetzlichen Sozialversicherung**:

Abb.: Die fünf Zweige der gesetzlichen Sozialversicherung.

Die Sozialversicherung ist eine **Pflichtversicherung**, die durch Beiträge der versicherten Arbeitnehmer und Arbeitgeber finanziert wird, lediglich die gesetzliche Unfallversicherung wird ausschließlich vom Arbeitgeber finanziert. Bemessungsgrundlage ist grundsätzlich die Bruttovergütung (Gehalt bzw. Ausbildungsvergütung sowie ggf. Zuschläge, Sonderzahlungen, Prämien und die vermögenswirksamen Leistungen). Beiträge werden allerdings nur maximal bis zur Beitragsbemessungsgrenze erhoben, darüber liegende Bruttovergütungen sind sozialabgabenfrei.

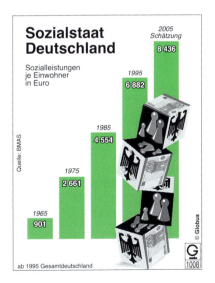

2 Rechtliche Rahmenbedingungen in der Ausbildung und der Arbeitswelt | 61

Gehaltsabrechnung	Julia Lauer
Bruttogehalt	630,00 EUR
Steuerjahr	2007
Steuerklasse	I
Kinderfreibetrag	0,00 EUR
Krankenkassenbeitrag	13,5 % + 0,9 %
Summe der Abgaben	129,48 EUR
Lohnsteuer	0,00 EUR
Solidaritätszuschlag	0,00 EUR
Kirchensteuer	0,00 EUR
Krankenversicherung	48,20 EUR
Pflegeversicherung	5,36 EUR
Rentenversicherung	62,69 EUR
Arbeitslosenversicherung	13,23 EUR
Nettogehalt (monatlich)	500,52 EUR

Abb.: Gehaltsabrechnung

Die nachfolgende Übersicht stellt die wesentlichen Aspekte der gesetzlichen Sozialversicherung für Arbeitnehmer (Arbeiter, Angestellte und Auszubildende) dar, die häufig abweichenden Regelungen für andere Berufsgruppen (z. B. Selbstständige) werden nicht berücksichtigt.

Gesetzliche Rentenversicherung

Leistungen	Altersrente, Hinterbliebenenrente, Erwerbsminderungsrente, Rehabilitationsmaßnahmen
Träger	Deutsche Rentenversicherung
Versicherte Personen	Alle Arbeitnehmer
Finanzierung	Je zur Hälfte von Arbeitgeber und Arbeitnehmer
Beitrag	19,9 % bis zur Beitragsbemessungsgrenze von monatlich 5.250 EUR (West) bzw. 4.550 EUR (Ost)

Gesetzliche Krankenversicherung

Leistungen	Arzt-, Zahnarzt- und Krankenhausbehandlung, Arznei-, Hilfs- und Heilmittel, Krankentagegeld ab der 7. Woche
Träger	Gesetzliche Krankenkassen (AOK, Innungs-, Betriebs- und Ersatzkrankenkassen)
Versicherte Personen	Alle Arbeitnehmer bis zur Versicherungspflichtgrenze von 3.975 EUR (W/O). Wer darüber liegt, kann freiwillig Mitglied werden oder sich privat versichern.
Finanzierung	Je zur Hälfte von Arbeitgeber und Arbeitnehmer, Arbeitnehmer zahlen einen Zusatzbetrag von 0,9 %
Beitrag	Abhängig von der gewählten Krankenkasse, bis zur Beitragsbemessungsgrenze von monatlich 3.562,50 EUR (W/O)

Gesetzliche Arbeitslosenversicherung

Leistungen	Finanzielle Leistungen bei Arbeitslosigkeit, Arbeitsvermittlung
Träger	Bundesagentur für Arbeit
Versicherte Personen	Alle Arbeitnehmer
Finanzierung	Je zur Hälfte von Arbeitgeber und Arbeitnehmer
Beitrag	4,2 % bis zur Beitragsbemessungsgrenze von monatlich 5.250 EUR (W) bzw. 4.550 EUR (O)

Gesetzliche Pflegeversicherung

Leistungen	Häusliche und stationäre Pflege gestaffelt nach Pflegestufen, Pflegegeld, Sachleistungen
Träger	Pflegekassen bei den gesetzlichen Krankenkassen
Versicherte Personen	Alle Mitglieder der gesetzlichen Krankenversicherung
Finanzierung	Je zur Hälfte von Arbeitgeber und Arbeitnehmer, kinderlose Arbeitnehmer zahlen einen Zusatzbetrag von 0,25 %
Beitrag	1,7 % bis zur Beitragsbemessungsgrenze von monatlich 3.562,50 EUR (W/O)

Gesetzliche Unfallversicherung

Leistungen	Kostenübernahme bei Unfällen am Arbeitsplatz oder auf dem direkten Weg zur Arbeit (Wegeunfälle), Unfallverhütung
Träger	Berufsgenossenschaften
Versicherte Personen	Alle Arbeitnehmer
Finanzierung	Nur vom Arbeitgeber
Beitrag	Abhängig von der Gefahrenklasse am Arbeitsplatz

1 | 4.1

Rechtsstand: 1.1.2007

2.5.2 Probleme der gesetzlichen Sozialversicherung

Die gesetzliche Sozialversicherung gehört zu den großen „Reformbaustellen" in Deutschland. Die Zahl der Reformen in den verschiedenen Zweigen in den letzten Jahrzehnten, vor allem in der Renten- und Krankenversicherung, ist nahezu unüberschaubar. Dies führt dazu, dass einzelne Bestimmungen der Sozialversicherung häufigen Änderungen unterworfen sind. Die wesentlichen Problembereiche lassen sich wie folgt zusammenfassen:

- Zunehmendes **Missverhältnis** zwischen Beitragszahlern und Leistungsempfängern. Dieses Problem tritt besonders deutlich durch das Umlageverfahren in der gesetzlichen Rentenversicherung zutage, durch das die jeweilige Rentnergeneration lediglich durch die jetzigen Beitragszahler finanziert wird (sog. **„Generationenvertrag"**).
- **Wachsende Kosten** im Gesundheitswesen durch den medizinischen Fortschritt und die steigende Lebenserwartung.
- Durch die Kopplung der Sozialversicherungsbeiträge an das Arbeitseinkommen stehen aufgrund der hohen **Sockelarbeitslosigkeit** weniger Beitragszahler für die Sozialversicherung zur Verfügung.
- Eine Vielzahl versicherungsfremder Leistungen (Leistungen ohne Beitragszahlung) belastet die Sozialkassen.

Durch die Veränderung der Altersstruktur („demographische Entwicklung") in Deutschland ist in Zukunft eher mit einer Verschärfung der Probleme zu rechnen.

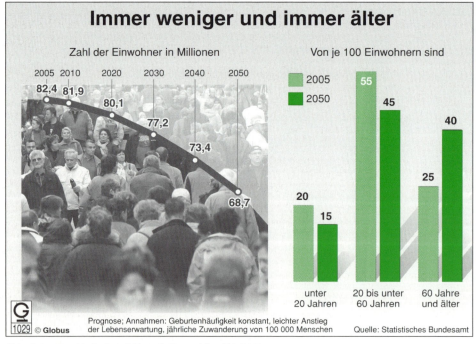

Abb.: Demographische Entwicklung in Deutschland bis 2050

2.5.3 Private Vorsorge

Die Entwicklung in der gesetzlichen Sozialversicherung deutet tendenziell auf steigende Beiträge bei weiter sinkenden Leistungen hin. Eine zusätzliche private Absicherung ist daher unumgänglich. Die Weichen dafür sollten am besten schon zu Beginn des Berufslebens gestellt werden.

Die meisten Berufstätigen fürchten Geldsorgen

Trotz der Einsicht in die Notwendigkeit ergänzender Altersvorsorge planen nur 32 % der Deutschen, ihre private Altersvorsorge zu verstärken, heißt es in der Postbank-Studie „Altersvorsorge 2007". 51 % haben dies nicht vor, 17 % sind noch unentschieden. „Dies ist der niedrigste Wert, den wir je im Laufe unserer Studien seit 2003 ermittelt haben", sagte Klein. Zudem investieren die Menschen mit durchschnittlich 198 EUR im Monat rund 50 EUR weniger, als sie selbst für notwendig halten.

Nach Ansicht der Postbank unterschätzen allerdings die meisten Bürger ihre Versorgungslücke erheblich. Klein verwies auf Berechnungen, nach denen ältere Arbeitnehmer rund acht Prozent ihres Nettoeinkommens auf die hohe Kante legen müssten, um im Ruhestand ähnlich gut versorgt zu sein wie die heutigen Rentner. Bei Jüngeren seien etwa sechs Prozent ausreichend. Wer frühzeitig spare, profitiere vom Zins- und Zinseszinseffekt. So müsse ein 16-Jähriger für 1.000 EUR Rente, die ab 67 Jahren ausgezahlt wird, 50 EUR monatlich anlegen. Ein 34-Jähriger hätte hingegen 170 EUR zu berappen. Der Banker sprach sich dafür aus, die staatlichen Anreize für die private Altersvorsorge auszuweiten. Der Siegeszug der Riester-Rente zeigt nach Ansicht des Bankvorstands, dass die staatliche Förderung wirke. Diese Form der Altersvorsorge halten 49 % der Befragten mittlerweile für die ideale Form der Altersvorsorge. Damit steht die Riester-Rente nach dem Eigenheim und der staatlichen Rente an dritter Stelle in der Beliebtheit der Bevölkerung.

Obwohl die Deutschen die staatliche Rente noch immer mehrheitlich zur idealen Form der Altersvorsorge erklären, glaubt nur noch eine kleine Minderheit an die finanzielle Stabilität dieses Systems. 90 % der Befragten haben gar kein oder nur noch wenig Vertrauen in die gesetzliche Rentenversicherung. Damit sei das Vertrauen so gering wie niemals zuvor, sagte Jochen Hansen, der die für das Institut für Demoskopie, Allenbach, die Umfrage leitete. Um künftig mehr in die Altersvorsorge zu investieren, würden die Deutschen vor allem bei Restaurantbesuchen und beim Autokauf sparen. Auch beim Urlaub und bei der Kleidung sind die Bürger zu Einschränkungen grundsätzlich bereit. Dagegen würden nur vier Prozent bei den Ausgaben für Kinder sparen.

Quelle: Die Welt, 25.01.2007

Finanzdienstleister bieten eine Vielzahl von Möglichkeiten der zusätzlichen privaten Vorsorge an. Neben Zusatzleistungen in der Kranken- und Pflegeversicherung kommt insbesondere der zusätzlichen privaten Altersvorsorge eine besondere Bedeutung zu. In den letzen Jahren hat hier die **„Riester-Rente"** durch umfangreiche staatliche Fördermaßnahmen eine weite Verbreitung gefunden. Grundlage der privaten Vorsorge sollte jedoch immer eine Analyse der individuellen Situation und eine unabhängige Beratung sein.

Zusammenfassung

- Das Zusammenspiel der beiden Lernorte Berufsschule und Ausbildungsbetrieb bezeichnet man als **Duales System der Ausbildung.**

- Wichtige Begriffe im Dualen System der Ausbildung sind **Ausbildungsordnung, Ausbildungsberufsbild, Ausbildungsrahmenplan, Ausbildungsplan** und **Rahmenlehrplan.**

- Im **Berufsbildungsgesetz** ist u. a. geregelt, welche Inhalte ein Ausbildungsvertrag hat, welche Rechten und Pflichten ein Auszubildender hat und unter welchen Bedingungen ein Ausbildungsvertrag endet.

- Zum sozialen Arbeitsschutz gehören u. a. das **Jugendarbeitsschutzgesetz,** das **Arbeitszeitgesetz,** das **Mutterschutzgesetz,** das **Schwerbehindertenrecht** und das **Arbeitsschutzgesetz.**

- Das **Betriebsverfassungsgesetz** regelt die Grundlagen der Zusammenarbeit zwischen Unternehmen und Arbeitnehmern. Im Mittelpunkt des Gesetzes stehen die Aufgaben von Betriebsrat und Jugend- und Auszubildendenvertretung.

- Der **Betriebsrat** achtet auf die Einhaltung der Schutzrechte und hat darüber hinaus Mitbestimmungs-, Mitwirkungs- und Beratungsrechte.

- Zu den **Tarifvertragsparteien** gehören einzelne Arbeitgeber, Arbeitgeberverbände und Gewerkschaften.

- Abhängig vom jeweils geregelten Inhalt werden **Lohn- und Gehaltstarifvertrag, Lohn- und Gehaltsrahmentarifvertrag** und **Manteltarifvertrag** unterschieden.

- Grundlage der sozialen Sicherung in Deutschland sind die fünf Zweige der **gesetzlichen Sozialversicherung:** Rentenversicherung, Krankenversicherung, Arbeitslosenversicherung, Pflegeversicherung und Unfallversicherung.

- Die wachsenden Probleme der gesetzlichen Sozialversicherung machen Maßnahmen zur privaten Vorsorge bereits in jungen Jahren unverzichtbar.

■ *Aufgaben*

1. *Da Daniel bereits eine Ausbildung abgebrochen hat, möchte Dialogfix den Ausbildungsvertrag zu Beginn der Ausbildung zunächst mündlich abschließen. Nach der Probezeit soll er dann schriftlich abschlossen werden. Überprüfen Sie die Zulässigkeit dieser Vereinbarung und begründen Sie Ihr Ergebnis.*

2. *Unterscheiden Sie die nachfolgenden Akteure im Dualen System der Berufsausbildung:*
   a) *Auszubildender*
   b) *Ausbilder*
   c) *Ausbildender*

3. *Ausbilder Jean Bayard möchte für Julia einen betrieblichen Ausbildungsplan erstellen. Wo kann er Informationen über die zeitliche und inhaltliche Gliederung der Ausbildung finden?*

4. *Entscheiden Sie bei den nachfolgenden Situationen, welche Rechte des Betriebsrates von KommunikativAktiv betroffen sind:*
   a) *Eine Teamleiterstelle soll ausgeschrieben werden.*
   b) *Die Geschäftsleitung entwickelt eine neue Brandschutzordnung.*

    c) *Wegen eines neuen Auftrags sollen alle Mitarbeiter am Telefon zwei Überstunden pro Woche machen.*

    d) *Im nächsten Jahr sollen zwei Auszubildende eingestellt werden.*

    e) *Da die Geschäftsräume mittlerweile zu klein sind, soll noch das Dachgeschoss zu Büroräumen ausgebaut werden.*

    f) *Die Regelungen für das Coaching am Telefon sollen geändert werden.*

5. Wer ist bei der Jugend- und Auszubildendenvertretung wahlberechtigt, wer ist wählbar?
6. Was versteht man unter Tarifautonomie?
7. Zu welchen Themen gibt es in Ihrem Ausbildungsvertrag eine Betriebsvereinbarung? Vergleichen Sie die unterschiedlichen Regelungen in der Klasse.
8. Entscheiden Sie in den nachfolgenden Situationen, welcher Zweig der gesetzlichen Sozialversicherung zuständig ist:

    a) *Mit Vollendung des 65. Lebensjahres scheidet der Hausmeister von Dialogfix aus dem Berufsleben aus.*

    b) *Die Mutter von Thomas erleidet einen Schlaganfall und kann nicht mehr für sich selbst sorgen.*

    c) *Aufgrund einer schweren Katzenhaarallergie wird der Betriebsratsvorsitzenden Frau Schmitz eine Kur an der Nordsee verordnet.*

    d) *Für ein Vorstellungsgespräch werden Julia die Kosten der Bahnfahrt erstattet.*

    e) *Auf dem Weg zur Arbeit rutscht Daniel aus und bricht sich den Arm.*

9. Erläutern Sie die Begriffe Umlageverfahren und Generationenvertrag.
10. Zu den Möglichkeiten der privaten Altersvorsorge gehört auch die sog. Riester-Rente. Informieren Sie sich im Internet über mögliche Anbieter und deren unterschiedliche Leistungsangebote.

3 Arbeitsplatz und Arbeitsorganisation

- **Einstiegssituation**

Julia und Thomas unterhalten sich in der Berufsschule. Julia klagt über Rückenschmerzen und ständige Migräne, die sie seit geraumer Zeit plagen. „Die Stühle bei uns im Büro sind aber auch so schrecklich unbequem und eigentlich viel zu hoch für mich, ich kann da einfach nicht gut drauf sitzen. Und der Monitor an meinem Arbeitsplatz, der flimmert nun schon seit einer Woche, das macht mich noch ganz wahnsinnig ... Ich glaube, da kommt auch mein Kopfweh her." „Also, da kann ich mich überhaupt nicht beschweren", entgegnet Thomas. „Bei Dialogfix ist die gesamte Büroeinrichtung nach ergonomischen Maßstäben eingerichtet. Alle Stühle, Tische und Monitore sind individuell einstellbar."

■ **Arbeitsaufträge**

1. *Diskutieren Sie in der Klasse: Welche Bedeutung hat die Arbeitsplatzgestaltung für die tägliche Arbeit?*

2. *Beschreiben Sie den Aufbau Ihres Arbeitsplatzes. Welche Arbeitsmittel nutzen Sie regelmäßig?*

3. *Welche Probleme können bei schlechter Arbeitsplatzgestaltung auftreten?*

Mitarbeiter im Dialogmarketing verbringen in der Regel viele Stunden am Tag an einem festen Arbeitsplatz. Der Gestaltung dieses Arbeitsplatzes kommt daher gerade im Callcenter eine große Bedeutung zu:

Arbeitsbedingungen im Callcenter optimieren

Nur zufriedene Mitarbeiter sind gute Mitarbeiter ... Dieser Satz gilt eigentlich für alle Branchen. Doch vor allem im Callcenter lohnt es sich, ein angenehmes Umfeld zu schaffen. Denn: Wer ein erfolgreiches Callcenter führen will, ist nicht nur auf gute Mitarbeiter angewiesen. Was nützen die besten Kräfte, wenn sie in einem Arbeitsumfeld sitzen, in dem sie sich nicht wohlfühlen? Das gesamte Equipment muss sorgfältig ausgewählt werden, sagt Günter Greff, Callcenter-Experte.

Gute räumliche Arbeitsbedingungen seien ein wichtiger Bestandteil für den Erfolg eines Callcenters. „Ein schlechtes Arbeitsumfeld führt zu Stress, Muskelverspannungen, Augenreizungen, Kopfschmerzen, schlechter Laune und anderen Beschwer-

den", sagt Günter Greff. „Wer ein arbeitnehmerfreundliches Callcenter plant, darf nichts dem Zufall überlassen. Stühle, Tische, Beleuchtung, Lärmpegel und sogar die Wandfarbe sollten aufeinander abgestimmt sein", so Greff weiter. Mitarbeiter eines Callcenters müssten oft lange in der gleichen Sitzhaltung an ihrem Arbeitsplatz bleiben und dabei ständig auf einen Bildschirm schauen. Natürlich wird nebenbei verlangt, dass sie Anrufern aufmerksam zuhören und entsprechend reagieren. „Aus diesen Gründen ist das Arbeitsumfeld von großer Bedeutung. Sind die Bedingungen nicht optimal, folgen rasche Erschöpfung, schlechte Arbeitsmoral, Fehlzeiten und Fluktuation", so Greff weiter.

Quelle: www.businessportal24.com, 21.12.2005

3.1 Arbeitsplatzgestaltung

Der Mensch wird bei seiner täglichen Arbeit von vielen äußeren Faktoren beeinflusst. Diese Faktoren wirken sich auf die Arbeitsleistung des Arbeitnehmers aus. Neben äußeren direkten Reizen wie **Lärm**, **Luft**, **Klima**, **Licht**, **Farben** wirken auch indirekte Faktoren wie **Arbeitsplatzgestaltung** und **Arbeitszeit** auf den Menschen. Man hat festgestellt, dass bei der richtigen Gestaltung einer Arbeitsumgebung die Produktivität und das Wohlbefinden der Arbeitnehmer erheblich steigen. Zielsetzung der Arbeitsplatzgestaltung ist es also, die Arbeitsumgebung an die Bedürfnisse des Menschen anzupassen. Somit sollte bereits bei der Planung von Büroräumlichkeiten darauf geachtet werden, dass der Arbeitsplatz nach **ergonomischen Erkenntnissen gestaltet** wird.

Unter Ergonomie versteht man die Wissenschaft von der Gesetzmäßigkeit menschlicher Arbeit. Ergonomie soll die Menschen vor gesundheitlichen Schäden schützen, die bei langer Ausführung ihrer Tätigkeit auftreten könnten. Neben ergonomischen Gesichtspunkten spielen auch gesetzliche Regelungen sowie Bestimmungen der Berufsgenossenschaft bei der Arbeitsplatzgestaltung eine wichtige Rolle.

Praxistipp
Viele Tipps rund um das Thema Ergonomie am Arbeitsplatz finden Sie unter www.buero-forum.de.

Büroarbeitsplatz

Mitarbeiter im Dialogmarketing verbringen viel Zeit im Sitzen. Damit die Mitarbeiter gesund und ergonomisch richtig sitzen können, muss der Bürostuhl verschiedene Anforderungen erfüllen. Die Mindestanforderungen an einen Bürostuhl regelt die DIN Norm 4551. Entscheidend ist, dass der Bürostuhl vielfältig verstellbar sein muss, sowohl in Höhe als auch Neigung.

Praxistipp
Legen Sie regelmäßig kleine Pausen ein, danach lässt sich viel angenehmer weiterarbeiten.

Der Schreibtisch an einem Büroarbeitsplatz ist idealerweise höhenverstellbar und bietet ausreichend Arbeitsfläche. Unterhalb der Schreibtischplatte befinden sich Rollcontainer oder Schubladensystem, um dem Mitarbeiter Ablagefläche bzw. Stauraum zur Verfügung zu stellen. Nach DIN 4543 sind folgende Mindestanforderungen an den Schreibtisch zu stellen:
- mindestens 160 cm breit, 80 cm tief
- wenn nicht höhenverstellbar: 72 cm hoch
- wenn höhenverstellbar: mindestens 68 bis 76 cm
- ausreichend Raum für wechselnde Arbeitshaltungen und Bewegung, beispielsweise genügend Beinfreiraum

Das Gütesiegel **„geprüfte Sicherheit"** bescheinigt einem Produkt, dass es allen Anforderungen entspricht, die z. B. in einer DIN-Norm oder einem Gesetz geregelt sind.

Abb.: Gütesiegel Geprüfte Sicherheit

Bildschirmarbeitsplatz

In der Regel ist der Büroarbeitsplatz auch ein Bildschirmarbeitsplatz. Beim Aufstellen der Bildschirme muss darauf geachtet werden, dass der Mitarbeiter nicht geblendet wird. Um eine Störung durch Tageslichteinstrahlung zu vermeiden, ist es empfehlenswert, den Bildschirm rechtwinklig zu einem Fenster zu stellen. Auch andere Spiegelungen, z. B. durch helle Wandflächen oder Deckenleuchten, sind zu vermeiden. Die Größe des Bildschirms richtet sich nach der Tätigkeit am Arbeitsplatz. So braucht z. B. ein Grafikdesigner verständlicherweise einen größeren Bildschirm als ein Callcenter-Agent.

Bildschirmarbeitsplätze müssen den Bestimmungen der **Bildschirmarbeitsverordnung** (BildscharbV) entsprechen. Diese Verordnung verpflichtet die Unternehmen, für ausreichende Ergonomie an Computerarbeitsplätzen zu sorgen. Dabei muss die tägliche Arbeit so organisiert werden, dass durch regelmäßige Bildschirmpausen die Belastungen des Sehvermögens der Arbeitnehmer reduziert werden. Der Arbeitgeber muss – in Entsprechung des Arbeitsschutzgesetzes – eine Gefährdungsbeurteilung der Bildschirmarbeitsplätze vornehmen. Dem Betriebsrat steht dabei ein Mitbestimmungsrecht zu.

Für die praktische Umsetzung im Betrieb ist insbesondere der „Anhang über an Bildschirmarbeitsplätze zu stellende Anforderungen" der Bildschirmarbeitsverordnung von entscheidender Bedeutung:

1. Die auf dem Bildschirm dargestellten Zeichen müssen scharf, deutlich und ausreichend groß sein sowie einen angemessenen Zeichen- und Zeilenabstand haben.
2. Das auf dem Bildschirm dargestellte Bild muss stabil und frei von Flimmern sein; es darf keine Verzerrungen aufweisen.
3. Die Helligkeit der Bildschirmanzeige und der Kontrast zwischen Zeichen und Zeichenuntergrund auf dem Bildschirm müssen einfach einstellbar sein und den Verhältnissen der Arbeitsumgebung angepasst werden können.
4. Der Bildschirm muss frei von störenden Reflexionen und Blendungen sein.
5. Das Bildschirmgerät muss frei und leicht drehbar und neigbar sein.
6. Die Tastatur muss vom Bildschirmgerät getrennt und neigbar sein, damit die Benutzer eine ergonomisch günstige Arbeitshaltung einnehmen können.
7. Die Tastatur und die sonstigen Eingabemittel müssen auf der Arbeitsfläche variabel angeordnet werden können. Die Arbeitsfläche vor der Tastatur muss ein Auflegen der Hände ermöglichen.
8. Die Tastatur muss eine reflexionsarme Oberfläche haben.
9. Form und Anschlag der Tasten müssen eine ergonomische Bedienung der Tastatur ermöglichen. Die Beschriftung der Tasten muss sich vom Untergrund deutlich abheben und bei normaler Arbeitshaltung lesbar sein.

Darüber hinaus gibt es eine Fülle von Empfehlungen, wie der Büroarbeitsplatz in Verbindung mit dem Bildschirmarbeitsplatz ergonomisch zu gestalten ist:

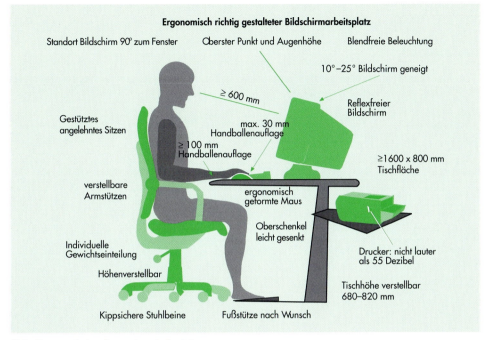

Abb.: Ergonomischer Computerarbeitsplatz

Headset

Für Mitarbeiter im Dialogmarketing gehört das Headset zu den wichtigsten Arbeitsmitteln, ermöglicht es doch gleichzeitiges Telefonieren und Arbeiten am PC. Technisch lassen sich zwei Arten unterscheiden: Headsets mit **Sprechröhrchen** sind sehr klein und fallen kaum auf. Allerdings übertragen sie auch störende Umgebungsgeräusche und sind daher für den Kunden unangenehmer. Da sich in den Sprechröhrchen die Atemluft niederschlägt, müssen sie aus hygienischen Gründen auswechselbar sein. Bei Headsets mit **Mikrofonen** wird die Übertragung der Umgebungsgeräusche nahezu vollständig vermieden. Sie sind aber vergleichsweise groß und reichen bis in das Sichtfeld des Mitarbeiters.

Bei der Auswahl des Headsets sollte der Agent beteiligt werden, um ein Gerät zu finden, das angenehm sitzt und den Bedürfnissen des Mitarbeiters entspricht. Es gibt Headsets für beide Ohren, einseitige Headsets, kabellose Headsets usw. Aus hygienischen Gründen empfiehlt es sich, dass jeder Mitarbeiter ein persönliches Headset hat. Die Headsets sollten weiterhin auf einem modernen Entwicklungsstand sein. Knackende oder mit Störgeräuschen behaftete Headsets stören den Gesprächsablauf und können beim Mitarbeiter für Kopfschmerzen sorgen. Ebenso ist die Möglichkeit einer individuellen Lautstärkeregelung empfehlenswert.

Großraumbüro

Viele Arbeitsplätze im Dialogmarketing sind in einem Großraumbüro eingerichtet. Bei der Gestaltung einer Bürolandschaft gilt es, Störfaktoren für den Menschen bei seiner Arbeit zu erkennen und ihnen entgegenzuwirken. So unterscheiden sich heutige Großraumbüros meist deutlich von den ersten ihrer Art aus den 1960er-Jahren, z. B. durch eine aufgelockerte Gruppierung der Arbeitsplätze, Stell- und Trennwände oder Pflanzengruppen.

Neben den Vorteilen eines Großraumbüros, wie z. B. einer vereinfachten Kommunikation zwischen Mitarbeiter und Führungskraft und einer Erleichterung der Teamarbeit, fallen im Großraumbüro eine Vielzahl **direkte Reize** an.

Von besonderer Bedeutung bei der Einrichtung der Bürolandschaft ist daher die **Arbeitsstättenverordnung** (ArbStättV). Diese Verordnung regelt, wie Arbeitsräume, Arbeitsplätze und Arbeitsstätten einzurichten sind, um die Mitarbeiter optimal vor Gefahren zu schützen. Darunter fallen Aspekte wie **Beleuchtung**, **Raumtemperatur**, **Lärm** und **Bewegungsfläche**. Die Verordnung gibt weiterhin vor, wie Arbeitsräume, Sanitärräume, Pausen- und Bereitschaftsräume und Erste-Hilfe-Räume zu gestalten sind.

Im Callcenter sind vor allem folgende Aspekte von Bedeutung:

Lärm

Jeder Mensch reagiert ganz unterschiedlich auf Lärm bzw. auf einen Geräuschpegel. Die „Schmerzgrenze", also der Lärm, der vom Menschen als störend empfunden wird, ist unterschiedlich hoch. Zu viel Lärm ist einem konzentrierten Arbeiten abträglich, kann sogar auf Dauer krank machen. Um Lautstärke zu messen und darzustellen haben sich zwei Einheiten etabliert: **Sone** und **Dezibel** (dBa). Werteangaben in Sone eignen sich für das menschliche Verständnis besser, da 2 Sone doppelt so laut sind wie 1 Sone. Dies ist bei Dezibel nicht der Fall. Sone stellt das subjektive Geräuschempfinden dar, wohingegen mit dBa der Schalldruck gemessen wird.

Beispiele für Lautstärke in Sone:
0,3 sone: Blätterrascheln
1 sone: Rauschen von Klimaanlagen
2 sone: Normale Unterhaltung
4 sone: Fernseher auf Zimmerlautstärke
8 sone: Alte Schreibmaschine

Bei der Arbeit im Callcenter sollte der Wert 2 Sone nicht überschritten werden, da beim Telefonieren jeder Geräuschpegel, der lauter ist, als störend empfunden wird.

Maßnahmen zur **Lärmreduzierung**:
- Trennwände zwischen den Arbeitsplätzen
- Trennwände aus schallschluckenden Materialien
- Schallschluckende Vorhänge
- Teppichboden
- Abgetrennte Bereiche für geräuschintensive Bürogeräte
- Zweifachverglasung gegen Lärm von Außen

Raumklima

Das Klima in Großraumbüros wird immer häufiger durch **Klimaanlagen** geregelt. Dadurch sollen konstante Lufttemperatur und Feuchtigkeitswerte gehalten werden. Untersuchungen haben ergeben, dass eine Temperatur zwischen 20 und 23 Grad Celsius vom Menschen als angenehm empfunden wird. Eine zu kalte Raumtemperatur kann zu Erkältungen und Entzündungen der Atemwege führen, wohingegen zu warme Raumluft schneller zu Müdigkeit und Konzentrationsschwäche führen kann.

Die **Luftfeuchtigkeit** in Büroräumen liegt optimal zwischen 50 % und 60 %. Ein Prozentwert über 50 verhindert unangenehme elektrostatische Aufladungen in den Räumlichkeiten. Zu geringe Feuchtigkeit hingegen reizt die Augen und die Sprechorgane der Mitarbeiter, zudem erhöht sich die Anfälligkeit für Infektionen.

In nichtklimatisierten Räumen sollte regelmäßig stoßgelüftet werden, um für ausreichende **Frischluftzufuhr** zu sorgen. Dabei muss darauf geachtet werden, dass die Lüftungszeiten nicht zu lange dauern, um eine Zugluftbelastung der Mitarbeiter zu verhindern.

Praxistipp
Nutzen Sie eine Bildschirmpause, um ab und zu an die frische Luft zu gehen.

Lichtverhältnisse

Die richtigen Lichtverhältnisse richten sich immer nach der Tätigkeit des Mitarbeiters. Im Callcenter sind die meisten Tätigkeiten direkt mit Bildschirmarbeit verbunden. Die Beleuchtung muss daher so gestaltet sein, dass sie je nach Sehaufgabe für das menschliche Auge am angenehmsten ist.

Regeln für die richtige Beleuchtung:
- Bildschirmarbeitsplätze immer parallel zur direkten Lichteinstrahlung aufstellen
- Natürliches Licht immer dem künstlichen Licht vorziehen
- Lampen dürfen nicht flackern
- Der Arbeitsbereich muss gleichmäßig ausgeleuchtet sein
- Möbel und Arbeitsmittel dürfen nicht reflektieren, um Blendungen zu vermeiden
- Arbeitsplätze sollten individuell beleuchtet werden können
- Blendendes Sonnenlicht mit Jalousien oder Markisen verhindern

Praxistipp
Eine mobile Schreibtischlampe lässt sich schnell individuell einrichten und sorgt für eine optimale Ausleuchtung des Arbeitsplatzes.

Farbgestaltung

Die Farbgebung von Räumlichkeiten beeinflusst auf verschiedene Art und Weise den Menschen. Grob unterscheidet man warme und kalte Farben. Kalte Farben sind Grün- und Blautöne, wohingegen Rot, Gelb und Orange zu den warmen Farben zählen. Bei der Farbgestaltung im Büro gilt es, die passende Farbe für den passenden Raum zu finden. Zudem spielt die Wirkung, die mit den Farben erzielt werden soll, eine wichtige Rolle:
- **Rot:** Signalfarbe, Warnfarbe, wirkt ergreifend auf den Menschen, handlungsauslösend, zu viel Rot macht den Menschen aggressiv.
- **Blau:** helles Blau an der Decke wirkt himmelartig, lässt ein Raum höher wirken, platzschaffend, dunkles Blau wirkt bedrückend, Blau im Allgemeinen wirkt kühlend.
- **Gelb:** wirkt stimmungsaufhellend, wärmend, gerade an Wänden macht Gelb einen Raum freundlich.
- **Grün:** wirkt natürlich, wohlig, ist eine Sicherheitsfarbe, kalt, hinweisgebend.

Mit Farbkombinationen können in Büroräumen Stimmungen erzeugt werden, je nach Situation oder Arbeitsumfeld angemessen. Eine durchdachte Farbgebung erhöht das Wohlbefinden der Beschäftigten und kann zu Leistungssteigerungen führen.

Praxistipp
Die Wirkung von verschiedenen Farbkombinationen finden Sie z. B. unter www.ergo-online.de.

dialogfix GmbH

Auszug aus dem Dialogfix Mitarbeiterhandbuch:
Dialogfix ist die Gesundheit und das Wohlbefinden unserer Angestellten wichtig. Aus diesem Grund richten wir unsere Computerarbeitsplätze nach folgenden ergonomischen Erkenntnissen aus:

Bürostuhl	Dialogfix verwendet Bürodrehstühle nach DIN 4551 Alle Drehstühle bieten: • höhenverstellbare Armlehnen • ergonomische Polsterung • Sitzdämpfung • höhenverstellbare sowie neigbare Rückenlehnen • kippsichere Stuhlbeine • Sitzfederung
Bildschirm	Dialogfix verwendet ausschließlich flimmerfreie LCD-Bildschirme und richtet die Bildschirmarbeitsplätze streng nach DIN 66233 und 66234 ein. Alle Bildschirme haben eine Mindestgröße von 17 Zoll. Helligkeit und Kontrast lassen sich an individuelle Bedürfnisse anpassen. Die Monitore sind höhen- und seitenverstellbar.
Schreibtisch	Computerarbeitsplätze bei Dialogfix sind alle mit nach DIN 4459 genormten Schreibtischen ausgestattet. Alle Tische sind höhenverstellbar und bieten eine Mindestfläche von 1600 x 800 mm. Jeder Arbeitsplatz bietet ausreichend Ablagefläche auf dem Schreibtisch, Bürocontainer stehen ebenfalls zur Verfügung.
Bildschirmpausen (BiP)	Dialogfix gewährt jedem Mitarbeiter nach 2 Stunden unterbrechungsfreier Bildschirmarbeit eine BiP. Diese BiPs sollen den Mitarbeitern die Möglichkeit geben, die Augen regelmäßig zu entspannen und einer Überreizung der Sehkraft vorzubeugen. Machen Sie Gebrauch von den BiPs, nach einer kleinen Pause arbeiten Sie viel effizienter.
Beratung	Der Betriebsrat informiert und berät alle Mitarbeiter jederzeit gerne rund um das Thema Ergonomie.

3.2 Arbeitsaufträge strukturieren

Am Anfang einer Arbeit steht meist ein **Arbeitsauftrag**, der die zu erledigenden Tätigkeiten näher beschreibt. Je nach organisatorischen Gegebenheiten können Arbeitsaufträge z. B. vom Teamleiter, Ausbilder oder auch anderen Kollegen und Abteilungen erteilt werden. Grundvoraussetzung für ein effizientes und selbstständiges Umsetzen des Arbeitsauftrages ist es, die zu erledigende Arbeit zu **strukturieren**. Damit ist ein geordnetes, planmäßiges Verfahren gemeint, in dem ein komplexer Arbeitsauftrag in mehrere sinnvolle Teilschritte zerlegt wird. Strukturiertes Arbeiten erfordert ein hohes Maß ein **Zeit-** und **Selbstmanagement**.

Beispiel

Thomas bekommt den Arbeitsauftrag, das nächste Teammeeting zu organisieren und im Anschluss daran ein Protokoll zu erstellen.

Im ersten Schritt macht sich Thomas zunächst Gedanken, welche Faktoren er beachten muss, damit er auch nichts Wichtiges vergisst.

Notizzettel von Thomas:

Im nächsten Schritt erstellt Thomas stichwortartig eine Liste mit Informationen, die er benötigt, um die Planung des Meetings durchführen zu können. Dazu befragt Thomas seinen Teamleiter und notiert sich die erhaltenen Informationen zu seinen Stichworten.

dialogfix GmbH

Themen:
– neue Arbeitszeitmodelle
– Urlaubs- und Weihnachtsgeld
– Teamwerte
– Sonstiges

Ziel:
– Teammeeting sollte nicht länger als vorgesehen dauern, max. 30 Minuten

Nutzen:
– Information des Teams über aktuelle Themen

Teilnehmer:
– 8 Personen (alle Teammitglieder)

Datum:
– 02.07.2007, 14 Uhr

Nächste Arbeitsschritte:
– Meetingraum für 8 Personen reservieren
– Einladungsmails an das Team versenden
– Themenübersicht in die Einladung einbauen
– Dauer und Uhrzeit mitteilen

Tipps zum Strukturieren:

- Machen Sie sich zuerst grobe Notizen mit den **Eckdaten** des Arbeitsauftrags.
- Beschaffen Sie sich die benötigten **Informationen** und ergänzen Sie diese in Ihren Notizen. Achten Sie auf **Vollständigkeit** der Aufgaben und Informationen.
- Untergliedern Sie komplexe Inhalte in einzelne **Teilinhalte**.
- Erstellen Sie einen **Ablaufplan**, ordnen Sie die offenen Punkte nach Dringlichkeit und bearbeiten Sie dringende Punkte zuerst.
- Beachten Sie notwendige **Absprachen** mit Kollegen und Vorgesetzten.
- Berücksichten Sie organisatorische **Restriktionen** wie z. B. Raumbelegung, Postlaufzeiten, Materialverfügbarkeit, Budget etc.

Für die endgültige Umsetzung und Auswertung des Arbeitsauftrages stehen verschiedene **Arbeits-** und **Präsentationstechniken** zur Verfügung.

1 | 5.1
2 | 3

3.3   Ablagesysteme

„Ich suche nicht, ich finde." Wer seine Unterlagen nach diesem Grundprinzip ordnet, kann viel Zeit sparen.

Auf Deutschen Schreibtischen herrscht Ordnung

Wohl ganz zu Recht stehen die Deutschen in dem Ruf, besonders ordnungsliebend zu sein. Ein Onlinetest ergab nun, dass über vier Fünftel aller Teilnehmer ihren Schreibtisch gut im Griff haben. Richtig chaotisch geht es nur bei einer Minderheit zu.

3   Arbeitsplatz und Arbeitsorganisation

Je nach Ergebnis werden die Teilnehmer fünf verschiedenen Typen zugeordnet:

- Der „kreative Chaot" braucht einiges Glück im täglichen Kampf mit dem Durcheinander (3,6 %).
- Das „intuitive Organisationstalent" windet sich mit wechselndem Erfolg durch den Alltag (14,5 %).
- Der „ehrliche Aufräumer" behält meistens die Oberhand gegen das Chaos (36,7 %).
- Der „klassisch Strukturierte" schafft richtig Ordnung mit Ablagen und anderen Hilfsmitteln (25,7 %).
- Der „moderne Digitalist" ist ebenfalls sehr ordentlich, arbeitet aber lieber digital am PC (19,7 %).

Das Selbstbild ist „negativer" als die Realität: Überraschenderweise haben zwei Drittel der Teilnehmer ein schlechteres Bild vom eigenen Ordnungssinn, als ihr persönlicher Test ergeben hat. Zum Beispiel halten sich nur 3,8 % für „sehr ordentlich". Die häufige Fehleinschätzung mag daran liegen, dass manch einer ein bisschen Chaos durchaus charmant findet. Schließlich gilt eine perfekte Ordnung heutzutage nicht ausnahmslos als Tugend.

Quelle: www.juraforum.de, 22.01.2007

Zur Ordnung gehört eine durchdacht organisierte **Registratur** (Schriftgutablage). Briefe, Kataloge, Dokumente, Protokolle usw. müssen sorgfältig sortiert und intelligent abgelegt werden. Eine Registratur hilft, Schriftstücke zu verwalten, schnell wiederzufinden und termingerecht zu bearbeiten.

Ordnungsmöglichkeiten

Um Unterlagen oder Schriftstücke systematisch zu ordnen, benötigt man immer ein **Schlüsselmerkmal**, nach dem geordnet wird. Typische Schlüsselmerkmale sind:

- Namen
- Zahlen
- Buchstaben
- Datum
- Uhrzeit
- Farben

Je nach Schlüsselmerkmalen ergeben sich die folgenden Ordnungssysteme:

Numerisches System	(Ordnung nach Zahlen)
Alphabethisches System	(Ordnung nach dem Alphabet)
Alphanumerisches System	(Ordnung nach Zahlen und Buchstaben)
Chronologisches System	(Ordnung nach Zeitangaben)
Farbliches System	(Ordnung nach Farben)

Numerisches System

Oft sind Unterlagen und Dokumente durch Computervorlagen erzeugt worden und erhalten automatisch eine Bearbeitungsnummer oder eine Sortierungsnummer. Das numerische System ist einfach gehalten und logisch, sortiert wird nach der natürlichen Zahlenfolge.

Beispiel

Sortierung nach Kundennummer, aufsteigend sortiert.

564236	Schwarzmoor	Richard
565412	Ralus	Manfred
587462	Hofstedt	Paula

Alphabetisches System

Aufgrund der vielen Sonderzeichen und Sonderfälle, die es bei einer alphabetischen Sortierung geben kann, wurden Regeln in der DIN 5007 genormt.

Allgemeine Ordnungsregeln:

- Geordnet wird nach der Buchstabenfolge ABC

- Folgt zweimal der gleiche Buchstabe aufeinander, wird fortlaufend nach den gleichen Buchstaben geordnet

  ### Beispiel
  AA
  AAC
  AAD
  AB

- Umlaute werden in zwei Buchstaben umgewandelt

  ### Beispiel
  Ä = AE
  Ö = OE
  Ü = UE

- Der Buchstabe ß wird wie ss einsortiert

Alphanumerisches System

Dieses System verwendet eine Kombination aus Zahlen und Buchstaben. Es wird verwendet, um unnötig lange Zahlenkombinationen zu vermeiden. Diese Ordnung kann der

Mensch sich auch leichter merken, da es ab einer gewissen Anzahl von aufeinanderfolgenden Zahlen sehr schwer fällt, sich diese zu merken bzw. nach diesem System einzuordnen.

Beispiele

A 75 (Formularnummer)
B – SE 216 (Kfz-Kennzeichen)
FO 12a (Schulklasse)

Chronologisches System

Das chronologische System ordnet Daten nach ihrem zeitlichen Zusammenhang, z. B. nach Uhrzeit, Fälligkeiten oder Datum. Dieses System kann als Ergänzung zu anderen Systemen verwendet werden. Es können z. B. Kundendaten erst alphabetisch sortiert werden und anschließend nach Dringlichkeit oder Bestelldatum.

Farbliches System

Das Ordnen nach Farben dient hauptsächlich als ergänzendes Ordnungssystem und gibt einer bereits vorhandenen Sortierung eine weitere Untergliederungsmöglichkeit.

Beispiel

Sortieren nach Dringlichkeit:

Rot	sehr dringend
Gelb	muss diese Woche noch erledigt werden
Grün	Bearbeitung im nächsten Monat

Sortierung nach Art:

Gelb	Rechnung
Rosa	Mahnung
Lila	Quittung
Blau	Kreditkartenbeleg

Ablagestandorte

Für den Standort der Ablage ist entscheidend, wer das Schriftstück bearbeitet und wie lange es voraussichtlich noch bearbeitet wird. Je öfter ein Schriftstück benötigt wird, desto näher sollte es sich beim zuständigen Mitarbeiter befinden.

Arbeitsplatzablage

Wird ein Schriftstück lediglich von einem Mitarbeiter bearbeitet oder benötigt, eignet sich eine Ablage direkt am Arbeitsplatz. Die Unterlagen werden im Schreibtisch, in einer Hängeregistratur, stapelbaren Sammelkörben oder Ordnern aufbewahrt.

Praxistipp
Vermeiden Sie am Arbeitsplatz lose herumliegende Blätter.

Abb.: Hängeregister

Abb.: Ordner

Abteilungsablage

Sollen mehrere Mitarbeiter auf die Unterlagen zugreifen können, ist die Abteilungs- bzw. Teamablage vorteilhaft. Hier sollten klare Regelungen für die Benutzung und Entnahme der Dokumente getroffen werden, um Unordnung zu vermeiden.

Abb.: Aktenvernichter

Altablage

Werden Unterlagen voraussichtlich nicht mehr benötigt, sollen aber dennoch aufbewahrt werden, kommt die Altablage ins Spiel. Dies ist vor allem für Schriftgut mit einer gesetzlichen Aufbewahrungsfrist (z. B. Handelsbriefe) von Bedeutung. Sollen die Dokumente endgültig vernichtet werden, kommt aufgrund der datenschutzrechtlichen Bestimmungen der Papierkorb nicht infrage. Stattdessen sollte ein Reißwolf oder besser ein **Aktenvernichter** verwendet werden.

3.4 Vordrucke und Formulare

Vordrucke und Formulare werden verwendet, um immer wiederkehrende Schreibaufgaben zu vereinfachen und zu beschleunigen. Unter einem Vordruck versteht man ein Schriftstück, in dem bereits verschiedene Informationen oder Anforderungen niedergeschrieben sind. Ein Vordruck bietet leere Felder, die man durch Ankreuzen oder Ausfüllen vervollständigen kann.

Beispiele für Vordrucke und Formulare:
- Urlaubsantrag
- Kurzmitteilung
- Überweisungsformular

Abb.: Kurzmitteilung

Vorteile von Vordrucken und Formularen:
- Vereinheitlichung
- Widerkehrende Arbeitsschritte sind standardisiert
- Fehlende Informationen fallen sofort auf
- Das Ausfüllen folgt immer dem gleichen Schema
- Zeitersparnis

Im Arbeitsalltag kommen meist verschiede Arten von Vordrucken zum Einsatz. Je nach Bedarf können im Fachhandel komplett fertig Vordrucke gekauft werden, dies eignet sich besonders für oft wiederkehrende Formulare wie Quittungen oder Standardverträge. Dennoch benötigen die meisten Unternehmen eigene, individuelle Vordrucke.

Beispiel

Dialogfix verwendet bei Schulungen so genannte Coachingbögen. Im Telefontraining verwendet der Coach diese Formulare, um den Gesprächsverlauf und den Coachingbedarf festzuhalten. Da die Formulardaten sehr individuell sind, hat Dialogfix diese Bögen selbst erstellt und drucken lassen.

Um Vordrucke für die Kommunikation nach außen verwenden zu können, werden meist professionelle Druckereien mit der Erstellung beauftragt. Diese Vordrucke können dann auch auf das Corporate Design des Unternehmens abgestimmt werden, z. B. durch ein Logo oder Papier mit Firmenkopf.

Viele Formulare und Vordrucke stehen mittlerweile auch in elektronischer Form zur Verfügung, z. B. über das Intranet für die Mitarbeiter oder das Internet für die Kunden. Dies ermöglicht eine raschere Auswertung und erleichtert die regelmäßige Anpassung der Formulare an neue Gegebenheiten.

3.5   Informationsmanagement

Bedeutung des Informationsmanagements

Die Aufgaben eines Mitarbeiters im Dialogmarketing werden immer umfangreicher und tiefgehender. Durch komplexe Aufgabenstellungen steigen auch die Anforderungen an die Qualifikation und den Wissenstand des Personals. Damit gewinnt das Thema Informationsmanagement an Bedeutung.

Für die Qualität und den Erfolg der täglichen Arbeit eines Unternehmens im Dialogmarketing ist es daher außerordentlich wichtig, dass jeder Mitarbeiter alle relevanten Informationen zeitnah und inhaltlich richtig und vollständig zur Verfügung hat. Oft werden sehr kurzfristig Informationen benötigt, um eine sehr hohe Anzahl an Kundenkontakten professionell bearbeiten zu können. Dies kann z. B. durch eine neue Marketingaktion oder ein unerwartet eingetretenes Ereignis ausgelöst werden.

Beispiel
Um die angestrebte Erhöhung des Marktanteils bei der Finanzsoftware zu erreichen, startet Dialogfix eine Rabattaktion. 100.000 Bestandskunden werden über Mail informiert. In sehr kurzer Zeit melden sich 2.500 Kunden telefonisch, um von der Rabattaktion zu profitieren. In dieser Situation ist es unverzichtbar, dass jeder Mitarbeiter von Dialogfix und dem beteiligten Outsourcing-Partner KommunikativAktiv das Angebot kennt und über die notwendigen Prozesse informiert ist. Es darf nicht geschehen, dass ein Mitarbeiter, der eine Anfrage zu dieser Aktion hat, nicht informiert ist. Der entsprechende Kunde würde dies als sehr unprofessionell empfinden.

Die Zielsetzung, alle Organisationseinheiten zeitnah mit den wichtigsten Informationen zu versorgen, stellt an die Verantwortlichen sehr hohe Anforderungen. Um dafür zu sorgen, dass alle betroffenen Mitarbeiter entsprechend den gleichen aktuellen Wissensstand haben, ist ein professionelles Informationsmanagement unabdingbar.

Informationsmanagement bedeutet in diesem Fall:
- Informationen zeitnah beschaffen
- Informationen empfängergerecht aufbereiten
- Den Informationsfluss steuern
- Informationen über den passenden Weg an die richtigen Empfänger weiterleiten
- Informationen archivieren

Neben der gesteigerten Qualität durch ein professionelles Informationsmanagement steigt auch die Zufriedenheit der Mitarbeiter. Ein Mitarbeiter, der sich gut informiert fühlt, dankt dies seinem Unternehmen mit gesteigerter Loyalität und Zufriedenheit.

Informationsarten

In der betrieblichen Praxis sind folgende Arten der Information zu unterscheiden:
- Fachliche Informationen
- Organisatorische Informationen
- Sensible Informationen
- Soft Facts

Fachliche Informationen

Fachliche Informationen resultieren meist aus der Produktgestaltung oder dem Tagesgeschäft. Es kann sich dabei z. B. um Informationen über neue Preise, neue Produkte oder Aktionen handeln. Meist werden fachliche Informationen direkt in der Kommunikation mit dem Kunden verwendet. Daher müssen sie präzise und zeitnah an die Mitarbeiter der Hotline weitergegeben werden.

Organisatorische Informationen

Hier stehen Maßnahmen der Planung und Organisation der Arbeit im Mittelpunkt. Dies können Informationen darüber sein, dass eine neue Werbung geschaltet wurde und deshalb mit erhöhten Anrufaufkommen zu rechnen ist oder dass durch Wartungsarbeiten einige Computerprogramme nicht funktionieren. Diese Art der Information muss frühzeitig an die Führungskräfte und die Planungsorgane weitergeben werden, damit die Organisation sich auf veränderte Rahmenbedingungen einstellen kann, z. B. durch Änderungen in der Personaleinsatzplanung. Stockt hier der Informationsfluss, sind Probleme im Betriebsablauf vorprogrammiert.

Sensible Informationen

Dies sind Informationen, die aufgrund ihrer hohen Vertraulichkeit nur Einzelpersonen oder kleinen Gruppen zugänglich gemacht werden. Diese Vertraulichkeit kann geschäftspolitische Gründe (z. B. strategische Entscheidungen, die den Mitbewerbern nicht bekannt gemacht werden dürfen) oder soziale Gründe (z. B. persönliche Probleme eines Mitarbeiters) haben. Die (begrenzte) Übermittlung dieser Art von Information erfolgt in der Regel nicht durch das Informationsmanagement, sondern obliegt der Unternehmensleitung oder einzelnen Führungskräften.

Soft Facts

Als Soft Facts bezeichnet man betriebliche Informationen, die vor allem die sozialen bzw. menschlichen Aspekte der Arbeit betreffen und den Zusammenhalt bzw. das Betriebsklima im Unternehmen stärken sollen. Dies können z. B. Informationen über das Miteinander im Unternehmen, Betriebsfeiern, aktuelle Aktionen für die Mitarbeiter, Gewinnspiele etc sein.

Informationsbeschaffung

Je nach Größe des Unternehmens wird ein Verantwortlicher (Informationsmanager) bestimmt oder eine Abteilung (Informationsmanagement) geschaffen, die zur Informationsbeschaffung, -aufbereitung und -weitergabe zuständig ist.

Um regelmäßig aktuelle Informationen zu erhalten, steht dieser Verantwortliche in ständigem Kontakt mit allen Organisationseinheiten bzw. wird bei Veränderungen von der entsprechenden Abteilung informiert. Da Mitarbeiter in den Schlüsselpositionen verschiedener Organisationseinheiten oftmals nicht wissen, welche Informationen für die Weitergabe relevant sind, ist es durchaus sinnvoll, den Kontakt aktiv zu gestalten sprich auch aktiv nach neuen Informationen zu recherchieren.

Nur wenn das Informationsmanagement weiß, welche Informationen für welche Unternehmenseinheit wichtig sind, können diese entsprechend weitergegeben werden. Um dies sicherzustellen, werden regelmäßige Austauschtreffen zwischen Vertretern der verschiedenen Abteilungen mit dem Informationsmanager organisiert.

Aufbereitung der Informationen nach Empfängerkreis

Informationen können also sowohl einen fachlichen oder einen organisatorischen Hintergrund haben als auch sozialer oder sensibler Art sein. Während Nachrichten der sozialen Art meistens allen Mitarbeitern jeder Organisationseinheit zugänglich gemacht werden, sind sensible Informationen meist nicht Bestandteil des Informationsmanagements.

Um fachliche und organisatorische Nachrichten an die richtige Empfängergruppe weiterzuleiten, wird bei der Aufbereitung dieser Informationen ein modularer Aufbau gewählt:

- **Empfängerkreis 1:** Mitarbeiter, die nur fachliche Informationen benötigen, z. B. Mitarbeiter der Hotline.
- **Empfängerkreis 2:** Mitarbeiter, die nur organisatorische Informationen benötigen, z. B. Mitarbeiter der Einsatz- und Kapazitätsplanung.

- **Empfängerkreis 3:** Mitarbeiter die organisatorische und fachliche Informationen benötigen, z. B. Teamleiter, Schichtverantwortliche und sonstige Führungskräfte.

Die Informationen werden dabei einmal komplett verfasst (passend für Empfängerkreis 3) und dann in den jeweils notwendigen Bestandteilen an die unterschiedlichen Empfängergruppen übergeben.

Informationskanäle

Intranet

> **Definition**
> Das **Intranet** ist ein mit dem Internet vergleichbares Rechnernetzwerk, das jedoch nur von den Mitarbeitern eines Unternehmens oder einer bestimmten Gruppe genutzt werden kann.

4 | 1.2.6

Das Intranet kann sowohl betriebsinternen Organisationseinheiten als auch externen Partnern sehr einfach zur Verfügung gestellt werden. Jeder Mitarbeiter kann über einen täglichen Zugriff wichtige Informationen abrufen. Dabei kann über Benutzergruppen gesteuert werden, welche Informationen dem Einzelnen angezeigt werden.

Somit ist das Intranet ein geeignetes Medium für einfache fachliche oder organisatorische Informationen.

Vorteile	Nachteile
Geringer technischer Aufwand.	Nicht für komplexe Informationen geeignet.
Informationen sind schnell und kurzfristig verfügbar.	Steht bei technischen Problemen eventuell nicht zur Verfügung
Gezielte Informationssteuerung durch Benutzergruppen.	Der Mitarbeiter muss das Intranet aktiv, selbständig öffnen, um die Information zu erhalten.
Die Information kann gleichzeitig allen Mitarbeitern zur Verfügung gestellt werden.	Der Mitarbeiter hat keine Möglichkeit zu kurzfristigen Rückfragen.

Inzwischen hat das Intranet nahezu vollständig das klassische „schwarze Brett" abgelöst, das mittlerweile lediglich – wenn überhaupt – für betriebliche Soft Facts genutzt wird.

Meeting

> **Definition**
> Als Meeting oder Besprechung bezeichnet man die Zusammenkunft bestimmter Mitarbeiter an einem bestimmten Ort, häufig unter Teilnahme der Führungskraft.

Inhaltlich kann es dabei um arbeitsbezogene Informationen oder auch um Diskussionen, z. B. über eine zukünftige gemeinsame Linie oder bestimmte zu erreichende Ziele gehen. Die Teilnehmer eines Meetings werden in der Regel per E-Mail eingeladen und erhalten die Tagesordnungspunkte in einer Agenda. Wichtige Besprechungen werden protokolliert und danach an alle Teilnehmer verschickt, um Details und erzielte Ergebnisse festzuhalten.

Das Meeting ist ein geeignetes Medium für fachliche oder organisatorische Informationen, die aufgrund der Komplexität nicht für das Intranet geeignet sind. Das Meeting kann ebenfalls für sensible Informationen genutzt werden, die nur für eine bestimmte Personengruppe geeignet sind und bei denen Diskussionsbedarf besteht. Da das Meeting einen direkten Austausch zulässt, kann es auch für – aus Sicht der Mitarbeiter – unangenehme Themen genutzt werden.

Vorteile	Nachteile
Es können auch komplexe Themen diskutiert werden.	Durch den erforderlichen Planungsvorlauf ist das Meeting nicht geeignet, Informationen schnell zu vermitteln.
Die Mitarbeiter erhalten die Gelegenheit, Fragen zu stellen und sich einzubringen.	Es besteht die Gefahr von langwierigen Diskussionen.
Der direkte Austausch ermöglicht es, auch unangenehme Themen zu platzieren.	Arbeitszeit geht verloren.
In einem Meeting können direkt Beschlüsse aufgrund der neuen Informationen gefasst werden.	In einem Meeting kann nur eine begrenzte Zahl von Mitarbeitern erreicht werden.

Sollen Meetings über verschiedene Standorte durchgeführt werden, bietet sich je nach technischen Möglichkeiten eine **Telefon-** oder **Videokonferenz** an. Nachteilig sind hier vor allem die technische Störanfälligkeit und die anfallenden Kosten.

4 | 1.1

Protokolle

Zweck eines Protokolls ist die Information über Meetings, Informationsveranstaltungen, Schulungen etc. Teilnehmern einer protokollierten Veranstaltung dient das Protokoll als Gedächtnisstütze und spätere Nachschlagemöglichkeit, interessierten Nichtanwesenden (z. B. erkrankten Kollegen) als Informationsquelle. Um diese Ziele zu erfüllen, sollte ein Protokoll vollständig sein und keine persönlichen Anmerkungen, Einschätzungen und Gedanken enthalten, weil es als objektive Darstellung eines Veranstaltungsverlaufes und/oder -ergebnisses dient.

Bei der Erstellung eines Protokolls sind bestimmte formale Regelungen einzuhalten: Ein Protokoll beginnt immer mit einem Protokollkopf, in dem Anlass, Ort, Datum, Teilnehmer, Leitung, Beginn und Ende der Veranstaltung vermerkt werden. Protokolle sollen knapp und sachlich informieren und sollten daher ohne Ausschmückungen kurz und eindeutig formuliert werden. Protokolle werden im Präsens geschrieben, dabei wird meist eine stichwortartige Form gewählt, es gibt aber auch wörtliche Protokolle (z. B. im Parlament). Man unterscheidet dabei Verlaufsprotokoll und Ergebnisprotokoll.

Ein **Verlaufsprotokoll** dokumentiert den Verlauf der Veranstaltung. Es soll nachvollziehbar bleiben, was in der Veranstaltung behandelt wurde und welche Beiträge die Teilnehmer geleistet haben. Neben Thema der Veranstaltung und gegebenenfalls der Tagesordnung umfasst ein Verlaufsprotokoll Angaben zum Ablauf, Vorschläge, Einwände, Diskussionsbeiträge und mögliche Beschlüsse mit Abstimmungsergebnissen und etwaigen nächsten Schritten. Beendet wird das Verlaufsprotokoll mit der Unterschrift des Protokollführers sowie des Vorsitzenden oder der Führungskraft sowie der Angabe von eventuellen Anlagen. Ist eine Vervielfältigung des Protokolls geplant, bietet sich die Angabe eines Verteilers an.

Das **Ergebnisprotokoll** zeichnet hingegen lediglich die wesentlichen Inhalte und Beschlüsse einer Zusammenkunft unabhängig von deren Zustandekommen auf. Somit ist ein Ergebnisprotokoll deutlich kürzer als ein Verlaufsprotokoll, die beiden Formen gleichen sich jedoch im formalen Aufbau.

Vorteile	Nachteile
Dauerhafte Dokumentation und Archivierung möglich.	Langwierige Erstellung.
Auch nichtanwesende Mitarbeiter können informiert werden.	Zeitliche Verzögerung im Informationsfluss.
Disziplinierende Wirkung bei Diskussionen.	Kritische Inhalte werden häufig nur „außerhalb des Protokolls" geäußert.

Einzelgespräche

> **Definition**
> Beim Einzelgespräch treffen sich zwei Personen, um Informationen weiterzugeben oder Maßnahmen abzuleiten. Einzelgespräche können zwischen Führungskraft und Mitarbeiter, aber auch zwischen Kollegen stattfinden.

Meistens wird diese Methode genutzt, um sensible Informationen zu vermitteln oder sehr komplexe Fach- oder Organisationsinformationen, die nur einen Mitarbeiter betreffen und eine offene, nicht durch weitere Personen gestörte Diskussion erfordern.

Vorteile	Nachteile
Es können auch komplexe Themen diskutiert werden.	Informationen können nur an Einzelne weitergegeben werden.
Der Mitarbeiter kann direkt Fragen stellen.	Hoher Zeitaufwand, daher nur für sensible oder äußerst komplexe Themen geeignet.
Die diskrete Atmosphäre ermöglicht es, auch kritische Themen anzusprechen.	Andere Mitarbeiter fühlen sich ausgeschlossen oder übergangen.

Zusammenfassung

- Bei der **Gestaltung des Arbeitsplatzes** spielen neben ergonomischen Gesichtspunkten auch rechtliche Aspekte eine Rolle, wie z. B. die Bildschirmarbeitsverordnung, das Arbeitsstättengesetz sowie verschiedene DIN-Normen.

- Der typische Arbeitsplatz eines Callcenter-Mitarbeiters ist das **Großraumbüro**. Dort wirken sich verschiedene Faktoren auf die Arbeitsleistung aus, z. B. Lärm, Klima, Licht und Farbgebung.

- Als **Ordnungsmöglichkeiten** bei der Ablage lassen sich numerisches System, alphabethisches System, alphanumerisches System, chronologisches System und farbliches System unterscheiden.

- Wiederkehrende Schriftarbeiten werden mittels **Vordrucken** und **Formularen** beschleunigt und vereinfacht.

- Um alle Mitarbeiter mit wichtigen Informationen zu versorgen, benötigen Unternehmen im Dialogmarketing ein professionelles **Informationsmanagement**. Das bedeutet: Informationen zeitnah beschaffen, Informationen empfängergerecht aufbereiten, den Informationsfluss steuern, Informationen über den passenden Weg an die richtigen Empfänger weiterleiten, Informationen archivieren.

- Bei **Informationen** unterscheidet man fachliche Informationen, organisatorische Informationen, sensible Informationen und Soft Facts.

- Je nach Information stehen unterschiedlich geeignete **Informationskanäle** zur Verfügung: Intranet, Meeting, Protokoll und Einzelgespräch

Aufgaben

1. Was versteht man unter dem Begriff Ergonomie? Welche Bedeutung hat die Ergonomie auf die Arbeitsleistung des Mitarbeiters?

2. Bei einem Preisvergleich stellen Sie fest, dass Büromöbel, die ergonomischen Erkenntnissen entsprechen, in der Regel teurer sind als andere. Entwickeln Sie eine Argumentationsgrundlage, warum Ihr Unternehmen trotzdem mehr Geld für die Beschaffung von ergonomischen Büromöbeln ausgeben sollte.

3. Zeichnen Sie einen Grundriss Ihres Arbeitsplatzes. Ordnen Sie die Büromöbel so an, dass sie ergonomischen Erkenntnissen entsprechen.

4. Sammeln Sie schädliche Reize, denen Sie an Ihrem Arbeitsplatz ausgesetzt sind. Mit welchen Maßnahmen können Sie den schädlichen Reizen entgegenwirken?

5. Sie erhalten den Arbeitsauftrag, für Ihr Team eine Präsentation der aktuellen Umsatzzahlen zu erstellen. Die Präsentation sollte nicht länger als 15 Minuten dauern und möglichst alle 12 Teammitglieder auf einmal erreichen. Erstellen Sie eine Strukturübersicht und planen Sie die anfallenden Aufgaben.

6. Betrachten Sie erneut den Zeitungsartikel zu Beginn von Kapitel 3.3. Welcher Ordnungstyp sind Sie?

7. Azubi Daniel weigert sich, das Ablagesystem für Bestellungen zu verwenden. „Ich weiß doch, wo ich was hingelegt habe." Bewerten Sie diese Aussage und überzeugen Sie Daniel von den Vorteilen eines Ablagesystems.

8. Finden Sie ein geeignetes Ordnungssystem für folgende Ablagen:

    a) Rückrufformulare, darauf notierte Kunden müssen zu einem bestimmten Zeitpunkt angerufen werden

    b) Eingehende Tagespost

    c) Abonnierte monatliche Computerfachzeitung

    d) Fünf verschiede Anforderungsformulare für Büromaterial, alle DIN A4

9. Welcher Informationskanal ist für die folgenden Informationen von Dialogfix an die Mitarbeiter geeignet?

    a) Nächste Woche Freitag Serverausfall wegen Wartungsarbeiten.

    b) Azubi Daniel ist bereits mehrfach verspätet zur Arbeit erschienen.

    c) Die Ziele für das nächste Quartal werden im Team besprochen.

    d) Gewinnspiel für Mitarbeiter.

    e) Die Benutzeroberfläche der Kundendatenbank hat sich geändert.

    f) Ab August beginnen zwei neue Auszubildende.

    g) Die Versandkosten bei Kundenbestellungen haben sich geändert.

    h) Alle Teams sind aufgefordert, Vorschläge zur Erreichung der Wachstumsziele von Dialogfix zu machen.

    i) Das Produktangebot wurde um zwei Druckermodelle erweitert.

10. Welche Funktionen kann ein Protokoll erfüllen? Berücksichtigen Sie dabei auch die Unterschiede zwischen Verlaufs- und Ergebnisprotokoll.

4 Sicherheit, Gesundheits- und Umweltschutz am Arbeitsplatz

▪ Einstiegssituation

Daniel ist auf dem Weg in den Erste-Hilfe-Raum von Dialogfix. Beim Versuch, leere Tonerkartuschen in die Müllpresse zu werfen, hat er sich an der scharfen Kante des Deckels verletzt und hat nun eine Schnittwunde am Handrücken. Daniels Kollege Falk Mirac ist Ersthelfer bei Dialogfix und begleitet ihn, um die Wunde zu versorgen. „Mensch, Daniel, wie hast Du das denn hinbekommen? Außerdem solltest du leere Tonerkartuschen nicht einfach in die Müllpresse werfen, die kann man doch recyceln. Und alleine an der Müllpresse zu hantieren ist auch nicht gerade clever, was da alles passieren kann! Hast du denn nicht aufgepasst, als die Sicherheitsvorschriften vorgestellt wurden?"

▪ Arbeitsaufträge

1. *Welche gesundheitlichen Gefahren lauern an Ihrem Arbeitsplatz?*
2. *In welcher Form wurden Sie an Ihrem Arbeitsplatz über Sicherheitsmaßnahmen, Gesundheits- und Umweltschutz informiert?*
3. *Sammeln Sie mögliche Umweltbelastungen, die von Unternehmen im Dialogmarketing ausgehen können.*

4.1 Arbeitsschutz

Aufgrund von Arbeitsunfällen und Berufskrankheiten gehen in Deutschland jährlich rund 500 Millionen Arbeitstage verloren. Die volkswirtschaftlichen Kosten durch krankheitsbedingte Fehlzeiten sind damit enorm.

> **Definition**
> Aufgabe des **Arbeitsschutzes** ist es, Leben und Gesundheit der arbeitenden Menschen zu schützen und ihre Arbeitskraft zu erhalten.

Im weitesten Sinne umfasst er den **Betriebs-** und **Gefahrenschutz**, also den technischen und gesundheitlichen Schutz innerhalb des Betriebs, und den **sozialen Arbeitsschutz**, der die allgemeinen Arbeitsbedingungen der Beschäftigten bzw. einzelner, besonders schutzbedürftiger Gruppen, z. B. von Jugendlichen, werdenden Mütter oder behinderten Menschen regelt. Arbeitsschutz kostet Zeit und Geld, macht sich aber auf Dauer bezahlt. 1 | 2.2

1 | 2.2.5 Grundlage des betrieblichen Arbeitsschutzes ist das **Arbeitsschutzgesetz** von 1996, das eine EU-Richtlinie in deutsches Recht umsetzte. Das Gesetz formuliert übersichtliche und einheitliche Grundvorschriften, die – mit wenigen Ausnahmen – in allen Bereichen und für alle Beschäftigten, sei es in der Privatwirtschaft oder im öffentlichen Dienst, anzuwenden sind. Ausgangspunkt der gesetzlichen Regelungen ist ein moderner, umfassender Arbeitsschutzbegriff, der die Verhütung von Unfällen bei der Arbeit und von arbeitsbedingten Gesundheitsgefahren, aber auch die menschengerechte Gestaltung der Arbeit einschließt. Im Callcenter stellt dabei die Belastung durch **Stress** eine besondere Heraus-
3 | 6 forderung dar.

Das Arbeitsschutzgesetz wird durch staatliche Vorschriften für einzelne Bereiche des technischen Arbeitsschutzes ergänzt (Arbeitsstätten-, Betriebssicherheits-, Gefahrstoff-, Bildschirmarbeits-, Baustellenverordnung usw.).

Das Arbeitsschutzsystem in Deutschland ist traditionell zweigleisig organisiert: Neben dem Staat sind auch die Unfallversicherungsträger, d. h. die **Berufsgenossenschaften**, für den Arbeitsschutz zuständig. Ihnen weist das Sozialgesetzbuch (§ 14 SGB VII) die Aufgabe zu, „mit allen geeigneten Mitteln für die Verhütung von Arbeitsunfällen, Berufskrankheiten und arbeitsbedingten Gesundheitsgefahren und für eine wirksame erste Hilfe zu sorgen". Sie erfüllen diese Aufgabe u. a. dadurch, dass sie das staatliche Regelwerk je nach Bedarf durch rechtsverbindliche Unfallverhütungsvorschriften ergänzen und konkretisieren.

Um bürokratische Doppelregelungen zu vermeiden, werden berufsgenossenschaftliche und staatliche Vorschriften zunehmend enger miteinander verzahnt. Beispielhaft ist dies in der zentralen Unfallverhütungsvorschrift „Grundsätze der Prävention" (seit Anfang 2004 in Kraft) geschehen, mit der zeitgleich 47 andere Unfallverhütungsvorschriften außer Kraft gesetzt wurden. Für die praktische Umsetzung der Vorschriften sind die technischen Regeln bzw. berufsgenossenschaftlichen Regeln bedeutsam, die die Anforderungen an den Arbeitschutz in einzelnen Gefahrenbereichen erläutern und konkretisieren.

Über die Einhaltung der Arbeitsschutzbestimmungen wachen – je nach Bundesland – die staatlichen **Gewerbeaufsichtsämter** oder **Ämter für Arbeitsschutz** und die technischen **Aufsichtsdienste der Berufsgenossenschaften**.

Die zu ergreifenden Maßnahmen der Unternehmen lassen sich grob in drei Kategorien unterteilen:

- **Technische Maßnahmen:** Geräte und Arbeitsmittel sollen möglichst gefahrenarm und einfach gehalten sein.
- **Organisatorische Maßnahmen:** Darunter versteht man regelmäßige Kontrollen der Schutzmaßnahmen und die Regelung der Verantwortlichkeiten, z. B. durch die Bestimmung eines Sicherheitsbeauftragten.

- **Personenbezogene Maßnahmen:** Hier geht es um die Schulung der Mitarbeiter, das Aufstellen von Warnhinweisen sowie das Bereitstellen von individueller Schutzausrüstung.

Abb.: Betriebliche Hinweisschilder

4.2 Erste Hilfe

Trotz der besten Arbeitsschutzvorschriften kann es zu einem Unfall bzw. zu einer Erste-Hilfe-Situation kommen. Nach deutschem Recht ist jeder gesetzlich verpflichtet, erste Hilfe zu leisten, sofern ihm die Hilfeleistung den Umständen nach zuzumuten ist, er durch die Hilfeleistung nicht andere wichtige Pflichten verletzt und sich der Helfer durch die Hilfeleistung nicht selbst in Gefahr bringen muss (§ 323c StGB).

In einer Unfall- oder sonstigen Notsituation sind die **Lebensrettenden Sofortmaßnahmen** zu ergreifen. Dazu können je nach Situation gehören:
- Absichern des Unfallortes
- Stabile Seitenlage des Notfallpatienten
- Herzmassage
- Beatmung
- Blutstillung
- Schockbekämpfung

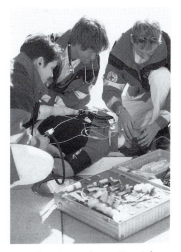

Im Idealfall wurden diese Kenntnisse in einer **Ersthelferausbildung** erlernt. Gemäß der zentralen Unfallverhütungsvorschrift „Grundsätze der Prävention" müssen in einem kaufmännischen Betrieb mit mehr als 20 Arbeitnehmern 5 % der Angestellten zum Ersthelfer ausgebildet werden, in anderen Betrieben aufgrund der höheren Verletzungsgefahr sogar 10 %. Die Ersthelfer werden bei einer zugelassen Einrichtung ausgebildet, z. B. beim Deutschen Roten Kreuz oder dem Arbeiter-Samariter-Bund. Die Unterweisung der Ersthelfer muss regelmäßig (alle zwei Jahre) aufgefrischt werden.

Üblicherweise werden Unfälle oder Notsituationen im Betrieb per Telefon gemeldet. An den Apparaten müssen die Notfallnummern gut lesbar angebracht sein. Bei der Meldung eines Notfalls sind die **5 Ws** zu beachten:

Wo	ist etwas passiert?	Ort, Straße, Gebäude, Etage etc.
Was	ist passiert?	Feuer, Unfall, Erkrankung, besondere Gefahren
Wie viele	Verletze, Erkrankte?	Anzahl der betroffenen Personen
Welche	Art von Verletzungen?	Wie schwer sind die Verletzungen? Wie ist der Zustand der Verletzten (Bewusstlosigkeit, Schockzustand)
Warten	auf Rückfragen!	Erst dann auflegen, wenn der Gesprächspartner das Gespräch beendet.

Im Betrieb muss je nach Mitarbeiteranzahl für ausreichend Erste-Hilfe-Material gesorgt sein. Für einen Betrieb mit bis zu 50 Mitarbeitern reicht ein kleiner Verbandskasten (DIN 13157), für Betriebe mit mehr als 50 Mitarbeitern ein großer Verbandskasten (DIN 13169).

4.3 Brandschutz

Unter betrieblichem Brandschutz versteht man alle Maßnahmen, um einem Brand vorzubeugen sowie im Falle eines Brandes angemessen zu reagieren.

Praxistipp
Informieren Sie sich eigenständig über Rettungswege, Notfallpläne und sonstige Vorschriften in Ihrem Betrieb. Fragen Sie aktiv nach solchen Regelungen.

Grundlage für den betrieblichen Brandschutz ist die in DIN 14096 geregelte Brandschutzordnung. Die Brandschutzordnung unterscheidet drei Personenkreise:

- **Teil A** für alle Personen die sich (auch kurzfristig) in einem Gebäude aufhalten. Hier erfolgt ein Aushang mit Hinweisen über das Verhalten im Brandfall
- **Teil B** für alle Personen, die sich regelmäßig in dem Gebäude aufhalten. Hier gibt es zusätzliche Hinweise zur Brandverhütung.
- **Teil C** für Personen mit besonderen Brandschutzaufgaben, z. B. Sicherheitsbeauftragte.

Vorbeugender Brandschutz

Unter vorbeugendem Brandschutz versteht man alle Maßnahmen, um die Entstehung eines Brandes zu verhindern bzw. vorbereitete Maßnahmen, die im Ernstfall Schlimmeres verhindern sollen. Bereits bei der Konstruktion von Gebäuden müssen Architekten sich mit dem vorbeugenden Brandschutz auseinandersetzen. Die genaue Gesetzgebung kann von Bundesland zu Bundesland variieren, da baulicher Brandschutz Ländersache ist.

Abb.: Brandschutzordnung Teil A

Beispiele für bauliche Überlegungen zum Brandschutz:
- Fluchtwegplanung
- Evakuierungsszenarien
- Schwer entflammbare Baustoffe
- Integrierte Löschsysteme
- Brandmeldeanlagen

Jedes Unternehmen sollte einen **Brandschutzbeauftragten** benennen, z. B. einen Mitarbeiter, der in seiner Freizeit bei der freiwilligen Feuerwehr tätig ist. Eine grundsätzliche gesetzliche Verpflichtung dazu gibt es allerdings nicht. Aufgabe des Brandschutzbeauftragten ist es, einen **Brandschutzplan** zu erstellen und in Schulungen und betrieblichen Veranstaltungen den Mitarbeitern das korrekte Verhalten im Ernstfall zu vermitteln.

Die Räumlichkeiten müssen ausreichend mit **Feuerlöschgeräten** ausgestattet sein und mit **Hinweisschildern** gekennzeichnet werden. Diese Hinweisschilder müssen gut erkennbar und auch im Dunkeln sowie bei starker Rauchentwicklung zu sehen sein. **Fluchtwege** müssen ebenfalls gekennzeichnet sein und die gleichen Kriterien für schlechte Sicht erfüllen. Moderne Hinweisschilder sind fluoreszierend, leuchten also im Dunkeln.

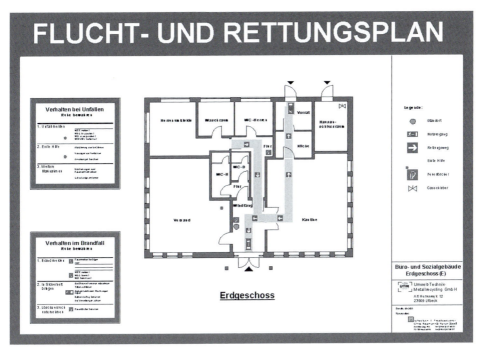

Abb.: Beispiel für einen Flucht- und Rettungsplan

4 Sicherheit, Gesundheits- und Umweltschutz am Arbeitsplatz

Um Sofortmaßnahmen bei Verletzungen zu unterstützen, müssen ausreichend Erste-Hilfe-Kästen bereitstehen. Diese müssen ebenfalls leicht zu erreichen sein und gut sichtbar angebracht werden. Überall im Gebäude müssen Fluchtpläne aushängen, auf denen der aktuelle Standort des Betrachters abgebildet ist sowie der schnellste Fluchtweg, der von dieser Position aus dem Gebäude herausführt. Weiterhin sind durch Symbole die Standorte von Feuerlöschgeräten und Notruftelefonen gekennzeichnet.

Abwehrender Brandschutz

Unter abwehrendem Brandschutz versteht man alle Maßnahmen, die im Falle eines Brandes getätigt werden. Spätestens hier ist die Feuerwehr zuständig. Dazu gehört aber auch das Löschen kleinerer Brände mit Feuerlöschgeräten im Betrieb.

4.4 Umweltschutz

Regelungen und Normen

Abb.: Umweltgütesiegel EMAS

Umweltschutz gehört zu den zentralen Herausforderungen der heutigen Gesellschaft. In Deutschland ist der Schutz der natürlichen Lebensgrundlagen seit 1994 gemäß Artikel 20a Grundgesetz ein erklärtes Staatsziel. Auch die EU sieht sich seit dem Vertrag von Maastricht dem Umweltschutz verpflichtet. Die rechtlichen Grundlagen sind allerdings in einer Vielzahl von nationalen und europäischen Gesetzen und Verordnungen verstreut, sodass man kaum von einem einheitlichen Umweltrecht sprechen kann. Zunehmende Verbreitung finden international anerkannte Umweltmanagementsysteme, z. B. die **ISO-Norm 14001**, die den Schwerpunkt auf eine kontinuierliche Verbesserung der betrieblichen Umweltbilanz legen. Auch die EU hat mit dem EMAS Öko-Audit ein vergleichbares Prüfsystem entwickelt.

>
> *Praxistipp*
> Nähere Informationen zum betrieblichen Umweltmanagement finden Sie unter www.emas.de.

Unabhängig von gesetzlichen Regelungen und Normen kann jedoch jeder seinen Beitrag zum Umweltschutz leisten.

Umweltbelastungen

Beim Thema Umweltbelastungen denkt man zunächst meist an rauchende Fabrikschlote, gefährliche Chemikalien, radioaktiven Abfall etc. Aber auch der scheinbar „saubere" Bürobetrieb verursacht nicht unerhebliche Umweltbelastungen. Durch den Geschäftsalltag entsteht schnell ein hoher Verbrauch an Energie und Büromaterial, der zu einer Belastung der Umwelt führt.

Beispiele für Umweltbelastungen im Callcenter:

- **Papierverbrauch:** Obwohl es bereits vielfältige Möglichkeiten gibt, auf Papier zu verzichten (E-Mail, pdf-Dateien, Intranet etc.) werden täglich viele Seiten Papier ausgedruckt, beschrieben und wieder weggeworfen.
- **Energieverbrauch:** Computer, Drucker, Faxgeräte, Telefone, Kopierer, Bildschirme etc. verbrauchen im Callcenterbetrieb ständig Energie. Viele Geräte sind eingeschaltet, selbst wenn sie nicht gebraucht werden oder stehen auf Standby.
- **Umweltbelastender Abfall:** Computerschrott, Druckerpatronen, Tonerreste etc. sind problematischer Müll, der einer besonderen Entsorgung bedarf.

Neben dem ökologischen Gedanken stellt der hohe Verbrauch von Materialien für die Unternehmen auch einen ökonomischen Kostenfaktor dar, der erhebliches Einsparpotenzial bietet. Zudem sorgt Umweltschutz im eigenen Betrieb für ein gutes Image nach außen. Es lohnt also in jeder Hinsicht, sich für den Umweltschutz stark zu machen.

Umweltschonende Maßnahmen

Jeder einzelne Mitarbeiter kann einen Beitrag zum aktiven Umweltschutz leisten. Ein umweltschonendes Verhalten kann sowohl durch Vermeidung der umweltbelastenden Faktoren, als auch durch die Verwendung umweltfreundlicher Produkte erreicht werden. Von zentraler Bedeutung ist dabei der Recycling-Gedanke: Abfall wird wiederverwertet, zu einem neuen Produkt verarbeitet und bildet so einen Kreislauf.

Abb.: Internationales Recycling-Symbol

Für die aufgeführten Umweltbelastungen sind folgende Maßnahmen denkbar:

Papierverbrauch:

- Drucken Sie so wenig wie möglich aus. Nutzen Sie nach Möglichkeit E-Mails, pdf-Dokumente oder andere papierlose Verfahren.
- Verwenden Sie die Rückseite von nicht mehr benötigten Ausdrucken erneut für Notizen oder als Schmierzettel.
- Kopieren Sie nach Möglichkeit beidseitig, um Papier zu sparen.

- Verwenden Sie Recycling-Papier. Immer wieder hört man irrtümlich, dass Recyclingpapier die Drucker oder Kopierer beschädigt. Recycling-Papier steht jedoch heutzutage normalem Officepapier in nichts nach.

Typisches Erkennungszeichen von Recycling-Papier ist der Blaue Engel, ein Prüfsiegel für besonders umweltschonende Produkte.

Abb.: Der Blaue Engel

Energieverbrauch:

- Verwenden Sie LCD-Monitore statt Röhrenbildschirme, da diese wesentlich weniger Energie verbrauchen.
- Schalten Sie Bildschirme aus, wenn diese länger nicht benötigt werden. Bildschirmschoner steigern den Energieverbrauch und sorgen dafür, dass der Bildschirm weiter Energie verbraucht.
- Nutzen Sie die Energiesparoptionen Ihres Betriebssystems. Stellen Sie Monitore und PCs so ein, dass sie nach einer gewissen Zeit ohne Nutzung in den Energiesparmodus wechseln.
- Schalten Sie Bürogeräte, die längere Zeit nicht benötigt werden, komplett aus. Auch im Standby-Betrieb verbrauchen diese Geräte weiterhin Energie.
- Schalten Sie nicht benötigte Lampen aus.
- Verwenden Sie Steckdosenleisten mit Kippschalter, um mehrere Geräte gleichzeitig ausschalten zu können.
- Temperieren Sie die Klimaanlage angemessen.
- Achten Sie bei Geräteneuanschaffungen auf einen niedrigen Energieverbrauch. Nehmen Sie in diesen Fällen einen höheren Anschaffungspreis in Kauf, auf Dauer rechnet sich diese Investition.

Energiesparende Bürogeräte können häufig an einem Prüfsiegel erkannt werden. Weit verbreitet ist hier z. B. das Energy-Star-Kennzeichen. Ursprünglich in den USA entwickelt, hat es mittlerweile eine weite Verbreitung gefunden. Seit 2002 regelt eine EU-Verordnung die Vergabekriterien für dieses Gütezeichen.

Abb.: Energy-Star-Kennzeichen

> **Praxistipp**
> Die Vergaberichtlinien für den Energy-Star und eine Datenbank mit energiesparenden Bürogeräten finden Sie unter www.eu-energystar.org.

Abfallentsorgung:
Besonders umweltbelastende Materialien müssen einer gesonderten Entsorgung zugeführt werden:

- **Toner** enthalten umweltbelastende Stoffe. Tonerkartuschen dürfen daher nicht über den normalen Müll entsorgt werden. Fast alle Hersteller von Toner nehmen diese kostenfrei zurück und sorgen für eine fachgerechte Entsorgung.

- **Leere Tintenpatronen** für Drucker sind wiederverwendbar und sogar bares Geld wert. Es gibt darauf spezialisierte Firmen, die leere Patronen sogar abholen und dafür bezahlen.

- **Computerschrottteile** enthalten teils stark umweltbelastende Metalle. Entsorgen Sie Computermüll (Motherboards, Netzteile, CD-ROM-Laufwerke etc.) daher fachgerecht. Viele Teile können recyclet werden. Die lokalen Abfallentsorger informieren Sie, wo in Ihrer Nähe Sammelstellen zu finden sind.

Abb.: Sammelstelle für Computerschrott der Firma Dell

Um darüber hinaus eine möglichst umweltschonende Entsorgung des verbleibenden Mülls zu erreichen, lohnt es sich, den Müll zu trennen, um so möglichst viele Stoffe dem Recyclingkreislauf zuzuführen. Getrennt wird nach:

- **Biomüll:** Alles, was sich kompostieren lässt, biologisch abbaubarer Müll.
- **Papier:** Jeglicher Papierabfall kommt in die blaue Papiertonne.
- **Glas:** Glas gehört in den Altglascontainer, nach den Farben Weiß, Grün und Braun getrennt.

- **„Gelber Müll":** Sonstiger recyclebarer Müll gehört in die Gelbe Tonne bzw. in den gelben Sack. Erkennbar ist diese Art von Müll am Grünen Punkt.

Abb.: Der Grüne Punkt

Der übrig bleibende Restmüll wird dann über den normalen Hausmüll entsorgt. Bei konsequenter Mülltrennung ist der Restmüll jedoch vergleichsweise gering. Für ein Unternehmen bedeutet dies zwar einen erhöhten Organisationsaufwand, da ausreichend Behältnisse zur Mülltrennung vorhanden sein müssen, durch die Reduzierung des Restmüllaufkommens können aber Kosten gespart werden.

Zusammenfassung

- Beim Arbeitsschutz unterscheidet man zwischen **Betriebs-** und **Gefahrenschutz** sowie dem **sozialen Arbeitsschutz**.

- Rechtliche Grundlage ist das **Arbeitsschutzgesetz**, das gleichzeitig auch die Grundlage für weitere Verordnungen und Regelungen darstellt.

- Neben dem Staat sind die **Berufsgenossenschaften** als Träger der Unfallversicherung für den Arbeitsschutz zuständig.

- Unter **vorbeugendem Brandschutz** versteht man alle Maßnahmen, um die Entstehung eines Brandes zu verhindern, **abwehrender Brandschutz** umfasst alle Maßnahmen, die im Falle eines Brandes getätigt werden,

- Zu den Hauptumweltbelastungen in einem Callcenter gehören **Papier-** und **Energieverbrauch** sowie **Abfälle** unterschiedlichster Art.

- Ein Bündel von Maßnahmen führt zu einem **aktiven Umweltschutz**, der zudem langfristig Kosten einspart und für ein gutes Unternehmensimage sorgt.

■ *Aufgaben*

1. *Begründen Sie die Notwendigkeit des Arbeitsschutzes. Welche Folgen hat ein unzureichender Arbeitsschutz für Mitarbeiter und Unternehmen?*

2. *Was versteht man unter dem sozialen Arbeitsschutz?*

3. *Nennen Sie Verordnungen und Regelungen, die das Arbeitsschutzgesetz ergänzen.*

4. *Analysieren Sie die Unfallverhütungsvorschrift „Grundsätze der Prävention" (erhältlich z. B. über die Verwaltungsberufsgenossenschaft www.vbg.de) und vergleichen Sie die Regelungen mit der Situation in Ihrem Ausbildungsbetrieb.*

5. *Welche Maßnahmen des vorbeugenden Brandschutzes werden in Ihrem Ausbildungsbetrieb umgesetzt?*

6. *Ermitteln Sie den täglichen Papierverbrauch in Ihrer Abteilung bzw. in Ihrem Team am Arbeitsplatz. Mit welchen Maßnahmen kann ein umweltschonenderes Verhalten erreicht werden?*

7. *Recherchieren Sie unter www.eu-energystar.org, welche Bürogeräte zu einem energiesparenden Verhalten beitragen.*

8. *In einem Meeting der Geschäftsleitung äußert Beate Schwellmann, Finanzchefin von Dialogfix: „Der ganze Umweltschutzquatsch kostet uns viel zu viel Geld und bringt uns als Unternehmen rein gar nichts!" Beziehen Sie Stellung zu dieser Aussage und entwickeln Sie drei Gegenargumente. Wie würden Sie versuchen, Beate Schwellmann zu überzeugen?*

5 Arbeits- und Lerntechniken

■ *Einstiegssituation*

Es ist Freitagvormittag, das wöchentliche Teammeeting bei KommunikativAktiv findet statt. Diesmal sind auch die beiden Geschäftsführer Hans Herrmann und Reinhold Groß anwesend.

Herr Groß: „Ein neues Projekt steht an. Neben unseren Aufträgen für Dialogfix und den regelmäßigen Meinungsumfragen für die Landesregierung werden wir im nächsten Monat die Bestellannahme für einen europaweit tätigen Reifengroßhändler übernehmen. Da müssen jetzt alle Mitarbeiter mitziehen. Bis in zwei Wochen erwarte ich, dass Sie alles über die Produktpalette wissen. Die notwendigen Informationen finden Sie ab nächsten Montag im Intranet."

„Auch das noch", murmelt Julia leise, „dabei muss ich bis heute Nachmittag doch noch die ganzen Ablage erledigen, und in meinem Berichtsheft hänge ich auch schon ein paar Wochen hinterher. Am Wochenende wollte ich auch noch mit Thomas für die Klassenarbeit nächste Woche lernen ... Und dann steht nach den Schulferien auch schon die Zwischenprüfung vor der Tür. Wie soll ich das nur alles schaffen?"

■ *Arbeitsaufträge*

1. Sammeln Sie beruflich bedingte Aufgaben und Tätigkeiten, die Sie kurz-, mittel- und langfristig erledigen möchten bzw. müssen.
2. Nach welchen Kriterien planen Sie die Aufgaben und Tätigkeiten?
3. Welche Methoden werden in Ihrem Ausbildungsbetrieb genutzt, um neue Themen zu vermitteln?

Als **Arbeitstechniken** bezeichnet man methodische Vorgehensweisen, die eine rasche und zielorientierte Umsetzung von Problemstellungen, Aufgaben und Arbeitsaufträgen ermöglichen. Unter **Lerntechniken** versteht man planmäßige Verfahren, mit denen Kenntnisse und Kompetenzen erlernt, erhalten oder ausgebaut werden sollen. Meist sind damit bestimmte **Lernmethoden** gemeint. Beim berufsbezogenen Lernen ist der Übergang zu den Arbeitstechniken meist fließend, da Lernen häufig im Arbeitsprozess stattfindet. Aus der nahezu unbegrenzten Fülle der zur Verfügung stehenden Techniken und Methoden werden hier exemplarisch einige vorgestellt, die für eine erfolgreiche Arbeit im Dialogmarketing von besonderer Bedeutung sind. Von grundlegender Bedeutung ist dabei ein erfolgreiches Zeit- und Selbstmanagement:

5.1 Zeitmanagement

Viele Menschen klagen über die Probleme, die eine hohe Anzahl von Aufgaben, Tätigkeiten, Terminen etc. mit sich bringt, wenn die zur Verfügung stehende Zeit begrenzt ist. Als **Zeitmanagement** bezeichnet man Strategien und Techniken, diese Probleme in den Griff zu bekommen. Grundidee ist die optimale Nutzung und Verteilung der zur Verfügung stehenden Zeit. Zeitmanagement ist daher eigentlich eine Form des Selbstmanagements, mit dem es gelingen kann, den Arbeitsalltag zu strukturieren und „Zeitdiebe" zu erkennen und zu beseitigen.

1 | 3.2

Praxistipp
Geläufige Zeitdiebe sind z. B. unnötige Wartezeiten, nicht zu Ende geführte Aufgaben, ständige Ablenkungen, unvollständige Informationen, Unentschlossenheit, unaufgeräumte Arbeitsunterlagen.

Ziele setzen

„Ans Ziel kommt nur, wer eines hat." (Martin Luther)

Manchmal verliert man in der Fülle der Aktivitäten die zugrunde liegenden Ziele aus den Augen oder man hat sich vor lauter Aktionismus sogar überhaupt keine Gedanken darüber gemacht. Grundlage eines erfolgreichen Zeitmanagements ist aber immer eine klare Festlegung der zu erreichenden Ziele. Je präziser die Ziele analysiert und formuliert werden, desto eher lassen sich die zu ihrer Erreichung nötigen Schritte planen und in die Praxis umsetzen. Aus diesem Grunde sollte man sich in dieser Phase des Zeitmanagements ausreichend Zeit lassen und sich auch bei der Formulierung von Zielen nicht mit der erstbesten Formulierung zufrieden geben. Die Zielformulierung sollte hinreichend konkret und überprüfbar sein, damit klar ist, wann und zu welchem Grad man das Ziel erreicht hat.

Praxistipp
Formulieren Sie schriftlich konkrete Fakten, an denen Sie die Zielerreichung überprüfen können.

Ein übliches Einteilungskriterium für Ziele ist der Zeitraum, bis wann sie erreicht werden sollen. Dabei hat sich in der Praxis eine Einteilung in kurz-, mittel- und langfristige Ziele bewährt. Die konkrete Ausgestaltung dieser Dreiteilung ist dabei relativ und abhängig vom jeweiligen Planungshorizont.

Beispiel
Kurzfristig hat Julia die Ablage zu erledigen, mittelfristig muss sie sich die Produktkenntnisse für das neue Projekt aneignen, langfristig steht die Zwischenprüfung an.

Je nach Planungshorizont sollten die Ziele in regelmäßigen Abständen überprüft und gegebenenfalls verändert oder angepasst werden. Sollte sich ein Ziel als zu groß oder unerreichbar herausstellen, kann es sinnvoll sein, dieses Ziel in mehrere kleine Teilziele zu zerlegen.

To-do-Liste

Vor dem eigentlichen Planungs- und Entscheidungsprozess steht ein Überblick über zu erledigenden („To do") Dinge. Dazu werden zunächst alle Aufgaben und Tätigkeiten in einer Liste notiert. Dadurch ist gewährleistet, dass nichts vergessen wird und alles schriftlich fixiert ist. In den nächsten Schritten kann bei den einzelnen Punkten eingetragen werden, ob es einen festen Erledigungstermin gibt und wie viel Zeit für die einzelnen Punkte zu veranschlagen ist. To-do-Listen können für unterschiedlich lange Planungszeiträume angefertigt werden, z. B. für einen Arbeitstag oder eine Arbeitswoche.

Beispiel: Auszug aus der To-do-Liste von Julia für KW 5.

Tätigkeit	Gepl. Zeitbedarf	Termin
Klassenarbeit vorbereiten	4 h	Donnerstag
Schulungsunterlagen kopieren	1 h	Dienstag
Schreibtischschubladen ausmisten	2 h	–
Berichtsheft aktualisieren und vorlegen	1 h	Freitag

Meist stellt sich bei einer vollständigen To-do-Liste heraus, dass die zur Verfügung stehende Zeit für die geplanten Tätigkeiten nicht ausreicht. In diesem Fall ist es notwendig, Prioritäten zu setzen.

Die Priorität einer Aufgabe lässt sich aus zwei Fragestellungen ableiten:
- Wie wichtig ist die Aufgabe?
- Wie dringend ist die Aufgabe?

An erster Stelle steht dabei immer die Wichtigkeit. Diese beiden Fragestellungen sind Grundlage für die **ABC-Analyse** und das **Eisenhower-Prinzip**.

Praxistipp
Viele Aufgaben erwecken durch ihre Dringlichkeit zunächst den Eindruck, dass sie auch wichtig sind. Aber nicht alles, was dringend ist, ist auch wichtig!

ABC-Analyse

Anhand der Fragestellungen „wichtig" und „dringend" werden die Aufgaben entweder in die Kategorie A, B oder C eingeordnet. Die Einteilung sollte allerdings regelmäßig überprüft werden, da im Laufe der Zeit durchaus eine Verschiebung möglich ist.

- **A-Aufgaben:** Wichtig und dringend. Diese Aufgaben genießen die höchste Priorität und sollten ohne Aufschub erledigt werden.
- **B-Aufgaben:** Durchschnittlich wichtig. Diese Aufgaben haben eine mittlere Priorität. Meist handelt es sich dabei um Routineaufgaben. Wenn möglich, sollten B-Aufgaben zügig und effizient erledigt bzw. delegiert werden.
- **C-Aufgaben:** Weniger wichtig bis unwichtig. Diese Aufgaben haben die geringste Priorität. Bei diesen Aufgaben sollte überprüft werden, ob sie tatsächlich erledigt werden müssen oder ob ein langfristiges Aufschieben möglich ist.

Der Grad der Dringlichkeit spielt bei den B- und C-Aufgaben keine große Rolle.

Eisenhower-Prinzip

Ein ähnliches Konzept verfolgt das nach dem ehemaligen General und US-Präsidenten Dwight D. Eisenhower benannte Prinzip. Aus den Fragestellungen „Wichtigkeit" und „Dringlichkeit" ergeben sich insgesamt vier Kombinationsmöglichkeiten, die in eine Matrix eingezeichnet werden. Dabei wird auf der X-Achse die Dringlichkeit eingetragen, auf der Y-Achse die Wichtigkeit. Daraus lassen sich folgende Handlungsempfehlungen ableiten:

- **A-Aufgaben: Dringend und wichtig**
  Diese Aufgaben müssen umgehend mit höchster Priorität und Sorgfalt erledigt werden.
- **B-Aufgaben: Wichtig, aber nicht dringend**
  Diese Aufgaben sind nicht sofort zu erledigen, sind aber so wichtig, dass sie in der Zeitplanung fest terminiert werden müssen. Da sie sehr wichtig sind, sollten sie am besten selbst erledigt werden.
- **C-Aufgaben: Dringend, aber nicht wichtig**
  Fall möglich, sollte man die C-Aufgaben delegieren oder zumindest nach den wichtigeren Aufgaben erledigen. Hier gilt es besonders, wichtig und dringend zu unterscheiden.
- **D-Aufgaben: Weder dringend noch wichtig:**
  Diese Aufgaben haben keinerlei Nutzen. Sie können daher mit gutem Gewissen in den Papierkorb wandern.

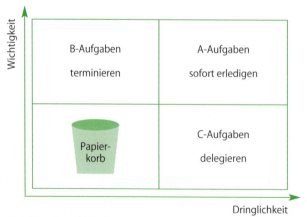

Abb.: Eisenhower-Prinzip

ALPEN-Methode

Die ALPEN-Methode ist ein weit verbreitetes Mittel, die Aufgaben für einen bestimmten Zeitraum – z. B. einen Arbeitstag – zu **planen**. Sie besteht aus folgenden Elementen:

A Aufgaben und Aktivitäten notieren
   Alle anstehenden Aufgaben werden zunächst unsortiert und ungewichtet notiert. Dies kann z. B. mit einer To-do-Liste erfolgen.

L Länge der Aufgaben und Aktivitäten schätzen
   Alle geplanten Aufgaben werden mit einer realistischen Zeiteinschätzung versehen. Dabei kann man z. B. auf Erfahrungswerte zurückgreifen. Die Zeiteinschätzung dient bei der späteren Umsetzung auch als Zeitlimit, das nicht nennenswert überschritten werden sollte.

P Pufferzeiten planen
   Pufferzeiten dienen dazu, unerwartete Zeitüberschreitungen aufzufangen, auf überraschende Ereignisse zu reagieren oder um einfach mal eine Pause zu machen. Daher sollte nie die ganze zur Verfügung stehende Zeit verplant werden. Auch wenn das in der Praxis nicht einfach ist, sollten im Idealfall nur 60 % der Zeit verplant werden und 40 % als Pufferzeiten zur Verfügung stehen.

E Entscheidungen treffen
   Jetzt kommen wieder die Prioritäten ins Spiel. Stellt sich heraus, dass man zu viel Zeit verplant hat kann man mittels geeigneter Methoden (z. B. Eisenhower-Prinzip, ABC-Analyse) ermitteln, welche Aufgaben man tatsächlich erledigt und welche man verschiebt, delegiert oder gar nicht erledigt.

N Nachkontrolle durchführen
   Als letzter Schritt steht eine kritische Bestandsaufnahme. Wurden die geplanten Aufgaben erledigt? Stimmte die Zeitplanung? Waren die Pufferzeiten ausreichend? Die Nachkontrolle dient somit auch als Anhaltspunkt für mögliche Verbesserungen im Zeitmanagement.

5.2 Gruppenarbeit

Einsatzmöglichkeiten

Wenn mehrere Personen für eine bestimmte Zeit an gemeinsamen Aufgaben arbeiten und dabei bestimmte Regeln beachten, spricht man von einer **Gruppenarbeit**. Alternativ wird auch die Bezeichnung **Teamarbeit** verwendet. Der Zweck betrieblicher Gruppenarbeit liegt darin, ein gemeinsames Ziel zu erreichen oder einen spezifischen Arbeitsauftrag zu erfüllen.

Im Dialogmarketing sind zahlreiche Plattformen für eine Gruppenarbeit denkbar, z. B.:

- Teammeeting
- Arbeitsgruppe
- Projekt
- Schulung
- Workshop

Bevor diese Methode zum Einsatz kommt, sollten die möglichen Vor- und Nachteile sorgfältig abgewogen werden:

Vorteile	Nachteile
Im Gruppenprozess entstehen viele Ideen	Zeitraubende Diskussionen
Die Verantwortung liegt auf mehreren Schultern	Organisationsprobleme
„Wir-Gefühl" setzt Energie und Enthusiasmus frei	Gefahr von Gruppenkonflikten
Steigerung der Motivation	Ungleiche Arbeitsbelastung der Gruppenmitglieder („Trittbrettfahrerproblem")
Planungs- und Organisationsprozesse können eingeübt werden	Langwierige Entscheidungsprozesse

Praxistipp
Machen Sie sich in einer Gruppenarbeit die Nachteile dieser Methode bewusst und versuchen Sie, diese zu vermeiden.

Phasen einer Gruppenarbeit

Der nachfolgende Ablauf sollte bei jeder Gruppenarbeit beachtet werden, um ein Ergebnis zu erzielen, eine Problemstellung zu lösen oder eine Entscheidung herbeizuführen.

1. **Bestimmung des Ziels:** Das Ziel bzw. das angestrebte Ergebnis der Gruppenarbeit wird festgelegt.
2. **Prüfung:** Hier werden einzelne Teilaspekte der gesamten Aufgabenstellung betrachtet, es werden Teilziele abgeleitet. In dieser Phase kann jedes Gruppenmitglied seine Ansicht einbringen und Fragen stellen. Es findet noch keine Diskussion statt.
3. **Sammeln von Lösungsvorschlägen:** Es werden mögliche Lösungsvorschläge erarbeitet, z. B. durch ein Brainstorming. Jetzt kann in der gesamten Gruppe weitergearbeitet werden oder es können Teilgruppen einzelne Aufgabenbereiche behandeln.

4. **Die Auswahl der optimalen Entscheidung/Lösung:** Von den in Phase 3 gesammelten Lösungsmöglichkeiten wird eine durch die Gruppe ausgewählt. Hierzu ist es hilfreich, wenn die Gruppe vorher Kriterien festgelegt hat, nach denen die Auswahl erfolgen soll (z. B. Umsetzbarkeit der Vorschläge, Kosten) oder sich auf Methoden der Entscheidungsfindung geeinigt hat.

1 | 1.1.2

5. **Umsetzung:** Die ausgewählte Lösung wird umgesetzt oder an die zuständige Instanz weitergeleitet.
6. **Abschlussbetrachtung:** Nach erfolgter Umsetzung der Lösung wird das Ergebnis betrachtet und ausgewertet. Außerdem wird die Arbeitsweise der Gruppe analysiert mit Fragen wie: „Was kann verbessert werden?" bzw. „Was hat gut funktioniert?"

Regeln für eine erfolgreiche Gruppenarbeit

Ob eine Gruppenarbeit erfolgreich verläuft, hängt von der Zusammensetzung der Gruppe, von der Aufgabenstellung, den Rahmenbedingungen aber auch vom Verhalten jedes Einzelnen in der Gruppe ab. Daher ist es sinnvoll, Regeln für die Arbeit in Gruppen zu vereinbaren. Die Regeln können entweder vorgegeben sein oder von der Gruppe selbst erarbeitet werden.

Leitfaden Gruppenarbeit Dialogfix　　　　　**dialogfix GmbH**

1. Sprechen Sie immer per *Ich* und niemals per *Wir* oder per *Man*. Wenn Sie aus der *Wir*- oder *Man*-Perspektive sprechen, wird automatisch das Wort für die ganze Gruppe ergriffen. Verstecken Sie sich nicht hinter der Gruppe!
2. Wenn Sie eine Frage stellen, dann stellen Sie auch klar, warum Sie fragen und warum die Antwort auf diese Frage für Sie wichtig ist.
3. Seien Sie stets authentisch und selektiv in der Kommunikation und in Ihrem Handeln. Machen Sie sich bewusst, was Sie denken und fühlen und achten Sie darauf, was und wie Sie etwas sagen.
4. Halten Sie sich mit Interpretationen zurück. Sprechen Sie stattdessen Ihre eigene Meinung aus.
5. Vermeiden Sie Verallgemeinerungen und nichts sagende Floskeln.
6. Wenn Sie etwas über das Verhalten eines anderen Gruppenmitglieds sagen, dann erklären Sie auch immer die Wirkung dieses Verhaltens auf Sie selbst.
7. Störungen haben Vorrang. Wenn etwas die Kommunikation stört, muss dieses Thema behandelt werden.
8. Es redet immer nur einer zur gleichen Zeit.
9. Wenn doch mehrere zur gleichen Zeit sprechen möchten, dann sollte jedes der Themen beleuchtet werden. Verständigen Sie sich dann auf eine Reihenfolge.
10. Beachten Sie stets auch die Körpersignale der anderen Gruppenmitglieder.

Die Arbeitsfähigkeit einer Gruppe hängt von zwei wichtigen Faktoren ab:

- **Kommunikation**
  Die Gruppe muss über Probleme sprechen können und diese analysieren. Es ist unverzichtbar, die Planung mit anderen Gruppenmitgliedern abzustimmen und Entscheidungen zu treffen. Konflikte sollten durch Kommunikation gelöst werden. Wenn verschiedene Personen in einer Gruppe zusammenarbeiten, ist es oft notwendig, das Verhalten einzelner Gruppenmitglieder zum Gesprächsthema zu machen. Damit eine solche Verhaltensrückmeldung erfolgreich sein kann, sind die **Feedbackregeln** zu beachten.

- **Klarheit**
  Die Gruppe muss ihren Arbeitsauftrag oder die Alternativen für die zu treffende Entscheidung kennen. Die Aufgaben innerhalb der Gruppe müssen klar verteilt sein. Darüber hinaus ist es notwendig, dass der zeitliche Rahmen und die Entscheidungskompetenz der Gruppe geklärt sind.

5.3 Moderation

> **Definition:**
> Bei der Moderation handelt es sich um eine Arbeitstechnik, mit der die gemeinsame Arbeit in einer Gruppe organisiert werden kann oder die dazu dient, den Ablauf einer Besprechung oder einer sonstigen Veranstaltung zu gestalten.

Zentrale Figur ist der Moderator. Er hat die Aufgabe, die Gruppe bzw. die Teilnehmer arbeitsfähig zu halten, Methoden einzusetzen, die zur Entscheidungsfindung dienen und die Kommunikation zu steuern. Außerdem sorgt er dafür, dass Konflikte innerhalb der Gruppe gelöst werden und wichtige Punkte visualisiert werden.

Der Moderator kennt die Ziele und Inhalte, muss aber inhaltlich nicht unbedingt so versiert sein wie die Teilnehmer. Er ist aber in jedem Fall Methodenspezialist, kennt also Methoden zur Visualisierung, zur Entscheidungsfindung und der Kommunikation.

Der Ablauf einer Moderation („**Moderationszyklus**") orientiert sich dabei an dem oben beschriebenen Ablauf einer Gruppenarbeit:

1. **Einstieg:** Der Moderator steigt in das Thema ein, schafft Transparenz für die Teilnehmer und eröffnet die Sitzung.
2. **Themen sammeln:** Der Moderator hilft den Gruppenmitgliedern, die Themen zu sammeln, die für die Bearbeitung wichtig sind.
3. **Themen wählen:** Der Moderator unterstützt der Gruppe bei der Entscheidung, an welchen Aspekten weitergearbeitet werden soll.

4. **Thema bearbeiten:** Der Moderator leitet die Gruppe dazu an, die ausgewählten Schwerpunkte zu bearbeiten und eine Entscheidung oder Lösung abzuleiten.
5. **Maßnahmen planen:** Der Moderator plant mit der Gruppe die nächsten Schritte und hilft die Lösung bzw. das Ergebnis zu formulieren.
6. **Abschluss:** Nachdem die inhaltliche Arbeit erledigt ist, sorgt der Moderator dafür, dass das Ergebnis sowie die Arbeitsweise der Gruppe analysiert wird.

> *Praxistipp*
> Die Moderation ist eine geeignete Methode, um die gruppendynamischen Prozesse in ergebnisorientierte Bahnen zu lenken.

5.4 Brainstorming

Brainstorming ist eine kreative Methode zur Ideenfindung, die häufig zu Beginn von Gruppenarbeitsprozessen eingesetzt wird. Sie kann dabei helfen, Ideen aus der gesamten Gruppe zu sammeln und in den Arbeitsprozess aufzunehmen.

Zu Beginn wird das Ziel oder die Problemstellung vorgestellt, dies kann durch ein Teammitglied oder durch den Moderator erfolgen. Jeder Teilnehmer kann dann seine Ideen und Vorschläge während des Brainstormings einbringen, jede Idee wird visualisiert. Beim Brainstorming sind alle Beiträge willkommen und werden auch im ersten Schritt nicht diskutiert. Das Brainstorming dauert meist zwischen 15 und 30 Minuten. Folgende **Regeln** sollte eingehalten werden:
- Es erfolgt keine Kritik an den Ideen der anderen Teilnehmer.
- Alle sind dazu angehalten, möglichst viele Ideen einzubringen.
- Jeder darf die Idee eines anderen fortsetzen.

Nach einer angemessenen Pause werden nun alle gesammelten Ideen vorgelesen und von den Teilnehmern sortiert und bewertet.

Aus dem Brainstorming haben sich mehrere andere Methoden entwickelt, die auf der Grundidee aufbauen, aber mehr auf die individuelle schriftliche Ausarbeitung fixiert sind. Daher ist für diese Methoden auch die Bezeichnung **Brainwriting** geläufig. Zu den gebräuchlichsten Brainwriting-Methoden gehören:

• Kartenabfrage

Diese Methode dient dazu Themen, Fragen oder Lösungsansätze zu visualisieren bzw. zu sammeln. Der Moderator oder die Gruppenmitglieder visualisieren die Problemstellung auf einer Pinwand. Die Gruppenmitglieder erarbeiten Fragen, Ideen oder Lösungsvorschläge passend zur Problemstellung und schreiben diese auf Moderationskarten. Die Karten

2 | 3.3

werden dann vom Moderator oder einem Gruppenmitglied eingesammelt und mithilfe der Gruppe angepinnt. Hierbei wird bei jeder Karte die Gruppe gefragt, ob diese thematisch schon zu einer Karte an der Pinwand passt, oder eine neue Sinneinheit bildet. Passt die Karte zu einer anderen, wird sie unter diese geheftet. Passt die Karte nicht, wird neben den anderen Karten ein neues Thema eröffnet. Abschließend prüft die Gruppe die Karten nochmals und versieht die einzelnen Kartengruppen mit Überschriften.

- **635-Methode**

Jeder Teilnehmer schreibt in einer festgelegten Zeit drei Ideen auf ein Blatt Papier und reicht das Blatt im Uhrzeigersinn an seinen Nachbarn weiter. Dieser versucht nun, die bereits auf dem Blatt vorliegenden Ideen aufzugreifen, weiterzuentwickeln oder sich von ihnen zu neuen Ideen inspirieren zu lassen und reicht schließlich das Blatt wieder an den nächsten Nachbarn weiter. Wenn diese Methode von sechs Teilnehmern eingesetzt wird, wird jedes Blatt fünfmal weitergereicht (daher die Namensbezeichnung). Dies führt im Idealfall bis zu 108 Ideen, die später analog zum Brainstorming ausgewertet werden können. Die Methode kann natürlich auch mit anderen Teilnehmerzahlen durchgeführt werden.

5.5 Mind-Map-Methode

Eine Mind-Map unterstützt die visuelle Darstellung von Ideen, eines Themas oder eines Sachverhaltes. Dabei steht der Hauptgedanke bzw. der zentrale Begriff in der Mitte eines Blatts (Flipchart, Pinwand etc.). Von dort aus führen in einer baumartigen Struktur Verästelungen zu den verschiedenen abzweigenden Gedankengängen und Verbindungen. Durch diese Struktur wird ein gehirngerechtes Arbeiten gefördert, da so beide Gehirnhälften aktiviert werden, also sowohl das analytisch-logische Denken als auch das bildliche Vorstellungsvermögen. Bei der Gestaltung einer Mind-Map sollte auf kurze, prägnante Begriffe und eine deutliche Schreibweise geachtet werden.

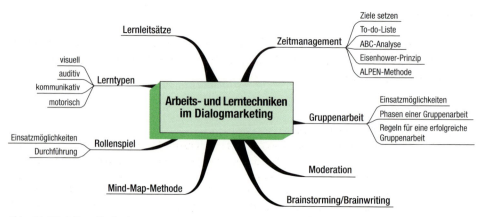

Abb.: Die Mind-Map-Methode

5.6   Rollenspiel

Einsatzmöglichkeiten

Unter dem Begriff Rollenspiel versteht man eine Methode, mit der die Teilnehmer für eine begrenzte Zeit spielerisch fiktive Denk- und Handlungsmuster einnehmen und diese in einer festgelegten Rahmenhandlung umsetzen. Alle Beteiligten nehmen dabei eine vorher definierte Rolle ein.

> *Beispiel*
> Julia nimmt in einer Trainingssituation die Rolle eines Kunden ein, während ein Kollege einen Hotlinemitarbeiter spielt.

Folgende Ziele können mit einem Rollenspiel erreicht werden:
- Mit Rollenspielen können in einem Unternehmen Situationen aus dem Berufsalltag simuliert werden.
- Rollenspiele dienen dazu, in eine Rolle zu schlüpfen, um neue Verhaltensweisen zu erproben.
- Das Verhalten in Konflikt- und Stresssituationen kann getestet werden.
- Rollenspiele sind der Ausgangspunkt für Diskussionen. Durch Beobachter-Feedback kann das eigene Verhalten in der Rolle diskutiert und verbessert werden.

Beliebte Einsatzgebiet von Rollenspielen sind Trainings, Vorstellungsgespräche und Assessment-Center.

Durchführung

Damit Rollenspiele gelingen und die gewünschten Ziele erreicht werden können, ist eine gute Vorbereitung notwendig. Folgende Komponenten werden dazu benötigt:

Rollenbeschreibung

Die Rollenbeschreibung dient dazu, den Teilnehmern eine knappe Vorbereitung zu liefern. Die wichtigsten Informationen, Einzelheiten zur Person sowie die zu spielende Situation werden kurz beschrieben.

> **Beispiel Training Technische Hotline Dialogfix**
> **Rollenbeschreibung Kunde:**
> Sie sind seit 3 Jahren Kunde bei Dialogfix und haben sich vor zwei Wochen einen neuen Drucker gekauft. Leider kommen Sie mit der Installation nicht zurecht. Da Sie den Drucker dringend brauchen und schon mehrere Stunden vergeblich versuchen, die Installation korrekt vorzunehmen, sind Sie sehr schlecht gelaunt. Von dem Anruf bei Dialogfix erhoffen Sie sich eine schnelle und unkomplizierte Hilfe. Außerdem möchten Sie sich darüber beschweren, dass das Handbuch nicht gut genug bebildert ist.

5   Arbeits- und Lerntechniken   111

Rollenbeschreibung Mitarbeiter:
Sie sind Hotlinemitarbeiter bei Dialogfix. Ihr Fachgebiet ist die technische Beratung. Sie erhalten einen Anruf mit technischem Hintergrund. Helfen Sie dem Kunden bei der Lösung des Problems, gehen Sie dabei auch auf Emotionen des Kunden ein.

Beobachterauftrag

Bei der Rollenspielsituation sind die Beobachter dazu aufgefordert, auf bestimmte Verhaltensweisen, Fachinformationen oder Gesprächsstrukturen zu achten. Damit dies zielgerichtet passiert, müssen in einem Beobachterauftrag die Schwerpunkte genau festgelegt werden, damit die Beteiligten wissen, worauf sie achten müssen.

Auswertungskriterien

Damit die Beobachtung der ausgewählten Schwerpunkte ausgewertet werden kann, werden einzelne Kriterien festgelegt, anhand derer die Beobachter eine Beurteilung vornehmen.

Beispiel

5 | 1.1
– Der Kunde wird freundlich begrüßt.
– Die Begrüßungsformel enthält Name der Firma sowie den Namen des Mitarbeiters.
– Der Kunde erhält die Gelegenheit, die eigene Situation genau zu schildern.
– Alle geschilderten Aspekte werden berücksichtigt.
– Der Kunde erhält die Gelegenheit, weitere Fragen zu stellen.
– Die Verabschiedung ist freundlich.

Auswertungsbogen

Die gesammelten Kriterien können in einem Bogen festgehalten werden. Der Auswertungsbogen dient den Beobachtern als Arbeitserleichterung und gibt eine Skalierung für das Erreichen der einzelnen Kriterien vor.

Auswertungsbogen		
Kriterien	**Das Kriterium wurde erfüllt (1 = voll erfüllt, 6 = überhaupt nicht erfüllt)**	**Kommentar**
Der Kunde wird freundlich begrüßt.	1 2 3 4 5 6	
Die Begrüßungsformel enthält den Namen der Firma sowie den Namen des Mitarbeiters.	1 2 3 4 5 6	
Der Kunde erhält die Gelegenheit, die eigene Situation genau zu schildern.	1 2 3 4 5 6	
Alle geschilderten Aspekte werden berücksichtigt.	1 2 3 4 5 6	
Der Kunde erhält die Gelegenheit, weitere Fragen zu stellen.	1 2 3 4 5 6	
Die Verabschiedung ist freundlich.	1 2 3 4 5 6	

112 | Lernfeld 1: Die Ausbildung im Dialogmarketing mitgestalten

5.7   Lerntypen

Der Lern- und Behaltenserfolg im Arbeitsprozess wird ganz entscheidend von den genutzten Sinneskanälen bestimmt, die jedoch bei jeder Person unterschiedlich wirken. Im Zusammenhang mit dem bevorzugten Sinneskanal spricht man auch von unterschiedlichen **Lerntypen**.

- Der **visuelle Lerntyp** nimmt Informationen am besten über die Augen auf. Dies kann z. B. durch das Betrachten von Bildern und Grafiken oder das Beobachten von Handlungsschritten geschehen. Auch Lesen ist für diesen Lerntyp ein bevorzugter Weg der Informationsaufnahme.
- Der **auditive Typ** lernt am leichtesten durch Hören, z. B. durch Lehrgespräche, Unterweisungen und Vorträge. Lautes Vorlesen oder Mitsprechen beim Auswendiglernen sind bevorzugte Lernstrategien.
- Der **kommunikative Typ** braucht zum Lernen den Austausch mit anderen. Gruppenarbeiten, Diskussionen und Rollenspielen werden von diesem Lerntyp bevorzugt.
- Der **motorische Lerntyp** lernt Handlungsschritte am besten durch eigenes Nachmachen oder selbstständiges Ausprobieren. „Learning by doing" ist für diesen Lerntyp ein wichtiger Grundsatz. Er schätzt Experimente und Rollenspiele.

In der Regel treten mehrere Lernformen als Mischform auf. Daher ist es wichtig, Informationen über möglichst viele Sinneskanäle aufzunehmen, um so den maximalen Lernerfolg zu erzielen, auch wenn man eigentlich einen Lerntyp bevorzugt.

5.8   Lerngrundsätze

Lernen geschieht auf vielfältigen Wegen und ist immer eine individuelle Angelegenheit. Dennoch lassen sich einige Grundsätze zusammentragen, die einen allgemein gültigen Charakter haben und daher in jedem Lernprozess beachtet werden sollten:

1. **Motivation** und **klare Ziele** sind Voraussetzung für jeden Lernprozess.
2. Gut **strukturierter Lernstoff** lässt sich besser aufnehmen.
3. Durch die **Verknüpfung** mit bereits bekannten Inhalten wird der Behaltensprozess verbessert.
4. Für einen nachhaltigen Lernerfolg sind **Wiederholungen** von entscheidender Bedeutung.
5. Lernen fällt leichter, wenn mehrere **Sinneskanäle** angesprochen werden.
6. Eine positive **emotionale Verbindung** mit dem Lernstoff fördert das Lernen. Negative Assoziationen hingegen behindern das Lernen.
7. Innere und äußere **Lernstörungen** sollten umgehend beseitigt werden.
8. Zu viel **Lernstoff** auf einmal reduziert den Lernerfolg.
9. Krankheit, Erschöpfung, Müdigkeit oder Völlegefühl beeinträchtigen das Lernen.

10. Die (individuelle) Leistungskurve beeinflusst ganz entscheidend den Lernerfolg. Daher kommt dem **Zeitpunkt** des Lernens eine hohe Bedeutung zu.

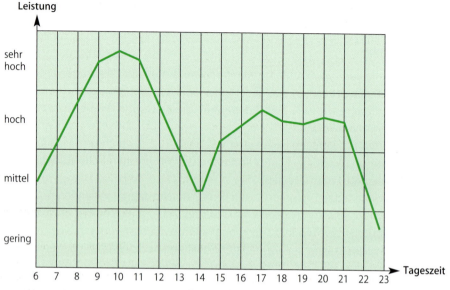

Abb.: Leistungskurve

Zusammenfassung

- Jedes Zeitmanagement beginnt mit einer klaren **Zielformulierung**.
- Aufbauend auf einer To-do-Liste gibt es verschiedene Verfahren, die Prioritäten der einzelnen Aufgaben festzulegen. Zu den bekanntesten Verfahren gehören die **ABC-Analyse** und das **Eisenhower-Prinzip**.
- Die **ALPEN-Methode** ist ein bewährtes Verfahren, den Arbeitsablauf für einen bestimmten Zeitraum zu planen.
- Im Dialogmarketing werden eine Vielzahl verschiedener Lern- und Arbeitstechniken eingesetzt, z. B. die **Moderation**, die **Mind-Map-Methode** und das **Rollenspiel**.
- Lernen erfolgt über verschiedene Sinneskanäle, aus denen sich verschiedene **Lerntypen** ableiten lassen: Der visuelle, auditive, kommunikative und motorische Lerntyp.
- Grundlage eines jeden Lernprozesses sollten die **Lerngrundsätze** sein.

■ Aufgaben

1. *Erstellen Sie eine To-do-Liste für Ihren nächsten Arbeitstag.*
2. *Planen Sie Ihren nächsten Arbeitstag mit der ALPEN-Methode.*
3. *Nach welchen Kriterien lässt sich die Priorität einer Aufgabe ermitteln?*

4. Zurück aus dem Urlaub findet Julia am Montagmorgen in ihrer Mailbox folgende Nachrichten:

- Protokoll des letzten Teammeetings mit der Bitte um Kenntnisnahme.
- Einladung zu einer Videokonferenz mit Dialogfix um 9.00 Uhr, es sollen die neuen Produktreihen vorgestellt werden.
- Frau Schmitz vom Betriebsrat vermisst ihre Katze und bittet um Mithilfe bei der Suche.
- 2. Mahnung der Stadtbibliothek, ab jetzt ist für jedes ausgeliehene Buch eine tägliche Säumnisgebühr von 5 EUR zu entrichten.

  Helfen Sie Julia, die richtigen Prioritäten zu setzen. Nutzen Sie dazu das Eisenhower-Prinzip.

5. Vergleichen Sie die Arbeitsmethoden Gruppenarbeit und Moderation. Welche Gemeinsamkeiten bzw. Unterschiede lassen sich feststellen?

6. Erläutern Sie die Faktoren, von denen der Erfolg einer Gruppenarbeit abhängt.

7. Stellen Sie den typischen Ablauf der Arbeitsmethode „Moderation" mittels einer Mind-Map dar.

8. In der Berufsschule kommt das Thema „Klassenfahrt" zur Sprache. Führen Sie ein moderiertes Brainstorming zu diesem Thema durch.

9. Die Dialogfix GmbH möchte auch im nächsten Jahr wieder Auszubildende in den Dialogmarketingberufen einstellen. Jeder Bewerber, der zu einem Vorstellungsgespräch eingeladen wird, soll an einem Rollenspiel teilnehmen, in dem seine kommunikativen Fähigkeiten getestet werden. Konzipieren Sie ein solches Rollenspiel und beachten Sie dabei die notwendigen Komponenten.

10. Für das nächste Teammeeting haben Sie die Aufgabe erhalten, das neue Unternehmensleitbild vorzustellen. Damit jeder Mitarbeiter das Leitbild rasch verinnerlicht, sollen Sie die unterschiedlichen Lerntypen berücksichtigen. Entwerfen Sie ein Umsetzungskonzept für die unterschiedlichen Lerntypen.

Lernfeld 2:

Dienstleistungen im Dialogmarketing analysieren und vergleichen

1 Bedeutung und Funktion des Dialogmarketings

■ Einstiegssituation

Mittwoch, Berufsschule. Thomas und Julia haben sich zu Beginn der 1. Stunde im Klassensaal eingefunden. Zu ihrer Überraschung kommt allerdings nicht nur Herr Eicher, bei dem sie die ersten beiden Stunden haben, in den Klassensaal sondern auch EDV-Lehrer Herr Kurz und Klassenlehrer Herr Roth. „Heute werden wir an einem ganz besonderen Unterrichtsprojekt arbeiten" erklärt Herr Roth. „Wie Sie ja wissen, findet an unserer Schule nächsten Monat der jährliche ‚Tag der offenen Tür' statt. In diesem Jahr sollen die Berufsschulklassen den Besuchern die Vielfalt der Ausbildungsberufe und der Ausbildungsbetriebe vorstellen. Sie haben also die Aufgabe, die Berufe im Dialogmarketing zu präsentieren."

„Puh, das könnte ja ganz schön viel Arbeit werden", denkt sich Julia „aber nicht schlecht, erst neulich hat mich Onkel Josef gefragt, was dieses ‚Dialogmarketing' eigentlich ist, da kann er sich dann ja nächsten Monat ganz genau informieren."

■ Arbeitsaufträge

1. Welche Informationen sollten in einer Präsentation enthalten sein, um sich ein Bild über die Berufe im Dialogmarketing zu verschaffen?
2. Recherchieren Sie im Internet, welche Organisationen (Verbände, Initiativen, Vereinigungen etc.) sich mit Dialogmarketing und Callcentern auseinandersetzen und prüfen Sie, welche Informationen auf der jeweiligen Homepage verfügbar sind.
3. Ökonomen sprechen davon, dass Deutschland auf dem „Marsch in die Dienstleistungsgesellschaft" sei. Diskutieren Sie in der Klasse, was damit gemeint sein könnte.

Dialogmarketing, Direktmarketing, Telemarketing – Callcenter, Service Center, Communication-Center. Eine Vielzahl von Begriffen, die es nicht einfach macht, sich ein klares Bild zu verschaffen. Im Gegensatz zu manchen „klassischen" kaufmännischen Berufen bewegen sich Kaufleute und Servicefachkräfte im Dialogmarketing in einem dynamischen Umfeld, in dem nicht alles fest definiert ist und Veränderung zur Tagesordnung gehört. Neben der Heterogenität der Branche ist dies auch den ständigen technischen Neuerungen und Einsatzmöglichkeiten geschuldet, welche die Grenzen stetig neu bestimmen. Auch in der wissenschaftlichen Forschung herrscht hier bei vielen Begriffen keine Einigkeit. Ein Überblick über die **Dialogmarketingbranche** stellt daher immer nur eine Momentaufnahme dar, die keinen Anspruch auf eine allgemein gültige, widerspruchsfreie Vollständigkeit erheben kann.

Praxistipp
Lassen Sie sich durch die Vielfalt der Begriffe und den steten Wandel nicht verunsichern. Eine dynamische und anpassungsfähige Branche bietet dafür spannende Herausforderungen und außerordentliche Entwicklungsmöglichkeiten.

1.1 Entwicklung der Dialogmarketingbranche

Im alltäglichen Sprachgebrauch werden die Begriffe Dialogmarketing und Direktmarketing häufig bedeutungsgleich verwenden. Daher ist zunächst eine klare Begriffsabgrenzung notwendig. Der Deutsche Direktmarketing Verband (DDV) antwortet auf die Frage, was eigentlich Dialogmarketing ist, wie folgt:

> *Definition I: Dialogmarketing allgemein*
> „**Dialogmarketing** umfasst alle Marketingaktivitäten, bei denen Medien mit der Absicht eingesetzt werden, eine interaktive Beziehung zu Zielpersonen herzustellen, um sie zu einer individuellen, messbaren Reaktion (Response) zu veranlassen. Dazu zählen [...] adressierte Werbesendungen, Haushaltdirektwerbung wie Prospekte, Kataloge und Postwurfsendungen (unadressierte Werbesendungen), Teiladressierte Werbesendungen wie ‚Postwurf Spezial', Aktives und Passives Telefonmarketing und interaktive Medien."

Für die Ausbildungsberufe im Dialogmarketing ist diese Definition jedoch zu weit reichend. Wir gehen daher von folgender Begriffsabgrenzung aus:

> *Definition II: Dialogmarketing spezifisch*
> **Dialogmarketing** *im Sinne der Berufsausbildung* konzentriert sich vorrangig auf die marketingrelevanten Aspekte der interaktiven und *individuellen* Kommunikation per Telefon und den neuen Medien (z. B. Inbound und Outbound-Telefonie, Direct Response). Marketingtätigkeiten für eine größere Zielgruppe in gleicher, überwiegend schriftlicher Form (z. B. Werbesendungen, Massenmailings etc.) werden als **Direktmarketing** bezeichnet.

1.1.1 Historische Entwicklung

Ausgehend von der allgemeinen, weit reichenden Definition aus, lässt sich die Geschichte des Dialogmarketings weit zurückverfolgen. Bereits kurz nach der Erfindung des Buchdrucks durch Johannes Gutenberg im Jahr 1437 begannen Händler, mit Briefen und Katalogen zu werben, um so auch weiter entfernte Kunden ansprechen zu können. Mit der flächendeckenden Etablierung eines funktionierenden Postwesens im 19. Jahrhundert wurden für diesen Urbereich des Dialogmarketings entscheidende Fortschritte erzielt, die im 20. Jahrhundert in der raschen Verbreitung der klassischen Versandhändler (seit den 1920er-Jahren z. B. Bader, Baur, Quelle etc.) den vorläufigen Höhepunkt fand. Ende des 20. Jahrhunderts brachte die rasche Durchsetzung des Internets und des E-Mail-Verkehrs eine neue Dynamik.

Das spezifische Dialogmarketing mit dem Telefon im Mittelpunkt ist ein Kind des 20. Jahrhunderts. Mit der Durchsetzung des Telefons zu Beginn des vergangenen Jahrhunderts entstanden auch die ersten Arbeitsplätze, die dem Fernsprechteilnehmer eine gewünschte Telefonnummer heraussuchten und auch häufig direkt eine Verbindung herstellen konnten. Die ersten „Callcenter" waren geboren.

Abb.: Gute Stimmung in einem westfälischen Callcenter um 1952
Quelle: Bildarchiv der Volkskundlichen Kommission für Westfalen – Landschaftsverband Westfalen – Lippe (Fotograf: 1998. 01828: N. N.)

Durch die zunehmende Nutzung des Telefons auch in Privathaushalten seit den 1950er-Jahren stieg auch die Zahl der telefonischen Kontakte mit Unternehmen, zunächst vorrangig bei Fluggesellschaften und Versandhändlern. Wie bei der klassischen Telefonvermittlung kam auch hier den USA eine Pionierrolle zu. Seit dieser Zeit wurde für die Bearbeitung der Kundenkontakte am Telefon erstmals eine eigenständige Organisationsform begründet. Erstmals tauchte in diesem Zusammenhang auch der Begriff „Callcenter" auf. Der entscheidende technische Durchbruch für den massenhaften Einsatz von Callcentern kam allerdings erst mit der Erfindung des ersten **Anrufverteilsystems (ACD – Automatic Call Distribution)** durch die Firma Rockwell im Jahre 1973. Durch die optimierte Verteilung der wartenden Anrufe auf den jeweils nächsten frei werdenden Mitarbeiter war die Bearbeitung auch großer Anrufzahlen effizient möglich. Mit dem beginnenden parallelen Einsatz von Computern konnte eine Vielzahl von Aufgaben direkt vom Mitarbeiter am Telefon ausgeführt werden. So konnte eine deutliche Kostensenkung und Produktivitätssteigerung erreicht werden.

Seit den 1970er-Jahren wurde auch in Deutschland – zunächst im Versandhandel – die telefonische Bestellannahme mit einer integrierten Datenerfassung eingeführt. Später gewann auch der aktive Verkauf am Telefon an Bedeutung. Ein erstes Einsatzgebiet war z. B. die telefonische Unterstützung des Außendienstes bei Terminvereinbarungen. Ein regelrechter Boom der Callcenter wurde in den 1990er-Jahren durch die weltweit fortschreitende Deregulierung in der Telekommunikationsbranche ausgelöst. Technischer Fortschritt bei sinkenden Kosten führte zu einem weitgehenden Einsatz von Callcentern für immer differenziertere und anspruchsvollere Arten von Informations- und Kommunikationsdienstleistungen. Eine zentrale Rolle für die Akzeptanz der Callcenter in Deutschland spielte der umfassende Einsatz in der Finanzbranche. Stieß die erste Einführung von „Telefonbanking" durch die Citibank zunächst noch auf viele Vorbehalte bei den Kunden, so war ab Mitte der 1990er-Jahre mit der raschen Etablierung der Direktbanken ein Einstellungswandel in der Bevölkerung zu beobachten.

Beispiel
Werbeslogan der „Bank 24", Tochter der Deutschen Bank, Mitte der 1990er-Jahre: „Aber wo ist diese Bank??? Bank 24. Mehr Bank braucht kein Mensch."

1.1.2   Die Branche heute

Spricht man heute von der Dialogmarketing- oder der Callcenter-Branche, ist dies selten eine klare und eindeutige Definition für eine exakt abgrenzbare Branche. Zu vielfältig sind die Unternehmen und Organisationseinheiten, die einen dialogorientierten Kontakt zu Kunden oder Geschäftspartnern aufnehmen.

Auch der Begriff „Callcenter" erfreut sich einer Vielzahl von Definitionen. Für die Berufe im Dialogmarketing sind dabei im Kern folgende Inhalte bedeutsam:

1   Bedeutung und Funktion des Dialogmarketings

> **Definition**
> „Bei einem Callcenter handelt es sich um die organisatorische Zusammenfassung von Arbeitsplätzen, die für die telefonische Bearbeitung von Kundenkontakten optimiert sind. Callcenter zeichnen sich durch eine hohe Serviceorientierung des Personals, eine wirtschaftliche Bearbeitung von Kontakten und eine spezielle technische Infrastruktur für die gezielte Lenkung der Kommunikationsvorgänge aus."

Bestimmende Wesensmerkmale eines Callcenters sind also die **Serviceorientierung** und die rationelle, teilweise standardisierte Bearbeitung der Kundenkommunikation.

Beeindruckend ist die wachsende wirtschaftliche Bedeutung der Branche (im weiteren Sinne). Die belegen verschiedene Daten und Studien des **Callcenter Forums e.V.** und dem **Deutschen Direktmarketing Verband (DDV)**. So liegen die Gesamtinvestitionen der Branche derzeit bei etwa 5 Mrd. EUR pro Jahr (im Vergleich zu 3 Mrd. EUR im Jahr 2000). Parallel dazu ist die Zahl der Callcenter in Deutschland in den letzten Jahren kontinuierlich gestiegen. Gab es 1998 noch rund 1.600 Callcenter, so liegt die aktuelle Zahl der Callcenter im Jahr 2006 bei über 5.600.

Abb.: Anzahl der Callcenter in Deutschland   *Quelle: Datamonitor, ProfiTel CC-Atlas (2006 Schätzung).*

Dementsprechend wachsen auch die Beschäftigungszahlen. Aktuell arbeiten bereits mehr als 400.000 Beschäftigte in Callcentern (Stand: Ende 2006). Durch die hohe Zahl der Teilzeitarbeitskräfte (etwa 50 %) und den durch die meist umfangreichen Servicezeiten notwendigen Schichtbetrieb ist die Zahl der Callcenter Mitarbeiter („employees") deutlich höher als die Zahl der tatsächlichen, physischen Arbeitsplätze („seats").

Nicht zuletzt dieses dynamische Wachstum ebnete den Weg zur Einführung der beiden Berufsbilder im Dialogmarketing, da mittlerweile der Mangel an qualifizierten Mitarbeitern als ein Haupthindernis beim weiteren Wachstum der Branche gilt.

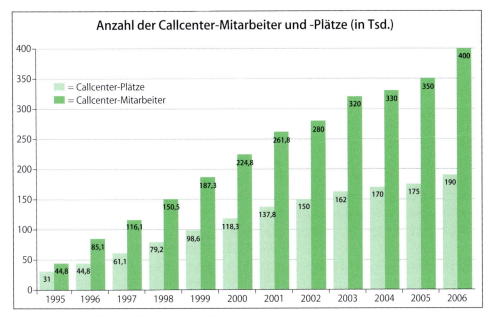

Abb.: Anzahl der Callcenter-Mitarbeiter und -Plätze
Quelle: Datamonitor, CC-Atlas profiTel, Callcenter Benchmarkstudie 2006.

Noch nicht berücksichtigt sind hier zudem die Arbeitsplätze in **firmen*internen* Help-Desks**, die telefonische Beratungsleistungen für Mitarbeiter im eigenen Unternehmen erbringen. Hier kommen noch weitere 100.000–150.000 Mitarbeiter hinzu.

Callcenter-Branche als Jobmotor

Die Entwicklung der Beschäftigtenzahl in deutschen Callcentern ist noch lange nicht ausgereizt, sagt Callcenter-Experte Günter Greff. Greff hat zehn Thesen zum Thema Callcenter aufgestellt. Demnach werden auch in Deutschland bald ein bis zwei Prozent der Erwerbstätigen in Callcentern beschäftigt sein, das wären dann rund 400.000 bis 800.000 Callcenter-Beschäftigte. „Die Voraussetzung für diese These ist allerdings, dass sich die Callcenter Branche in Deutschland ähnlich entwickelt, wie es beispielsweise in England der Fall war", so Greff.

Quelle: www.finanznachrichten.de, 2. 3. 2006

Betrachtet man die regionale Verteilung der Callcenter, so ist vor allem in Groß- und Universitätsstädten eine überproportionale Anhäufung zu beobachten. Dies ist vor allem dem dort zur Verfügung stehenden qualifizierten Arbeitskräfteangebot geschuldet. Auch durch das wirtschaftspolitische Engagement einzelner Bundesländer gab es in den letzten Jahren bestimmte Regionen, die eine überdurchschnittliche Ansiedlung von Callcentern aufweisen konnten (v. a. Berlin, Bremen, Mecklenburg-Vorpommern, Saarland, Nordrhein-Westfalen). Ein wesentliches Ziel dieser Ansiedlungsbemühungen war, das Wegbrechen alter Wirtschaftszweige (Stahl, Kohle, Werften etc.) zu kompensieren.

1.1.3 Internationaler Vergleich

Schätzungen des Deutsche Direktmarketing Verbandes (DDV) gehen von weltweit über 100.000 Callcentern aus, davon mehr als 70 % in den USA. Wichtige Standorte in Europa sind **Großbritannien** und Irland. Hier haben sich insbesondere viele multinationale Konzerne (hp, Dell, ups etc.) angesiedelt, die den englischsprachigen Raum bedienen. Insbesondere **Irland** ist neben den sprachlichen Vorteilen vor allem durch niedrige Steuern und Sozialkosten sowie eine unternehmerfreundliche Ansiedlungspolitik zu einem der bedeutendsten Callcenter-Standorte in Europa geworden. Auch die **Niederlande** sind durch eine offensive Ansiedlungspolitik Callcenter-Standort für viele multinationale Unternehmen geworden. **Frankreich** und **Belgien** decken schwerpunktmäßig den französischsprachigen Markt ab.

Wichtige Kriterien für die Standortwahl eines Callcenters sind neben der **Kostenstruktur** (z. B. Lohnniveau, Steuern, Immobilienpreise etc.) die Qualifikation der Mitarbeiter, zu der insbesondere die **kommunikativen und sozialen Kompetenzen** gehört. Im Hinblick auf die Kostenstruktur stellt die Gründung von Auslandsstandorten (das sog. **„Offshoring"**) auch für Dialogmarketingunternehmen ein wichtiges Thema dar. Seit einiger Zeit werden verstärkt Callcenter Aktivitäten insbesondere aus den USA und Großbritannien in kostengünstigere Länder verlagert, in denen ebenfalls sehr gute englische Sprachkenntnisse vorliegen, so z. B. Indien. Nicht selten leiden die verlagerten Callcenter jedoch unter Akzeptanzschwierigkeiten der Kunden, sodass hier nur ein vergleichsweise begrenztes Auslagerungspotenzial gegeben ist, teilweise sogar ein Trend zur **Zurückverlagerung** zu beobachten ist.

Zurück nach Europa

Seit Jahren verlagern europäische und amerikanische Unternehmen Arbeitsplätze nach Indien. Die britische Wirtschaft, so eine Schätzung, hat wegen des Lohngefälles bereits vier Prozent ihrer Stellen an Indien verloren. Engländer, die eine Fahrplanauskunft wollen oder ihren Kontostand abfragen, landen mit ihrem Anruf inzwischen nicht selten in Bombay oder Bangalore. Doch tiefe Löhne garantieren nicht immer hohen Gewinn. Deshalb geht die indische

Firma Icici One Source, die sich auf Dienstleistungen für westliche Konzerne spezialisiert hat, ein Stück weit genau den entgegengesetzten Weg: Sie will zwar auch in Indien weiter expandieren. Gleichzeitig aber hat sie jetzt in der nordirischen Hauptstadt Belfast ein Callcenter eröffnet.

Zwar liegen in Nordirland die Löhne weit niedriger als in London, aber zugleich meilenweit höher als in Indien. „Unsere Kunden möchten, dass wir weltweit präsent sind", begründet eine Firmensprecherin das Engagement auf der Insel.

Deutlicher wird Powergen, einer der führenden Elektrizitätsanbieter in England und Tochtergesellschaft der deutschen Eon. Fünf Jahre lang hatte das Unternehmen viele Kundenanrufe von Indien aus beantworten lassen, im laufenden Jahr aber wieder beinahe tausend Arbeitsplätze von Indien nach Großbritannien zurückverlagert. „Callcenter in Übersee mögen für manche Branchen ihren Sinn haben. Aber wir glauben, dass wir den besten Service nur bieten können, wenn wir die Anrufe in Großbritannien selbst entgegennehmen.

Wir wollen nicht auf Kosten der Kundenzufriedenheit sparen", sagte Nick Horler, einer der Powergen-Geschäftsführer. Tatsächlich

haben die britischen Unternehmen mit ihren Callcentern in Indien zwar die Kosten gedrückt, sich aber gleichzeitig viel Unmut eingehandelt.

Das Englisch der indischen Angestellten sei nur schwer zu verstehen, klagen die Briten, und auch sonst gebe es Verständnisschwierigkeiten: Woher sollen die indischen Mitarbeiter auch wissen, wo im typischen englischen Reihenhaus der Stromzähler hängt?

Zudem beunruhigen die Briten Berichte über Daten-Klau bei den indischen Dienstleistern. Das Boulevard-Blatt Sun etwa behauptete, dass es in Delhi geheime Bank-Details von 1.000 Briten gekauft habe – für fünf Euro pro Datensatz.

Quelle: Süddeutsche Zeitung 22. 08. 2006

Auch Versuche von Callcenter Verlagerungen aus Deutschland in kostengünstigere Länder, vorrangig in Osteuropa, stoßen oftmals auf sprachliche Akzeptanzprobleme, da es hier noch schwieriger ist, akzentfreie Mitarbeiter zu finden. Zunehmendes Interesse als Callcenter Standort für deutsche Unternehmen findet hingegen die Türkei, in der viele Mitarbeiter verfügbar sind, die in Deutschland aufgewachsen sind und daher keine Sprachbarriere besitzen.

Offshoring: Agents ohne Akzent gesucht

Die Offshoring-Welle hat auch die deutsche Contact Center-Branche erfasst, an Auslandsstandorten führt offenbar kein Weg vorbei, wenn Unternehmen im Wettbewerb bestehen wollen. Niederlassungen in Niedriglohnländern wie Polen oder der Türkei ermöglichen den Dienstleistern, Auftraggebern kostengünstige Angebote zu machen. Und der Preis ist immer noch das entscheidende Kriterium bei der Auftragsvergabe, das bestätigen Callcenter-Manager in Hintergrundgesprächen immer wieder.

Anders als in der französisch- oder englischsprachigen Welt stoßen deutsche Unternehmen dabei aber auf ein großes Hindernis: Die deutsche Sprache ist nicht so verbreitet, deutsche Muttersprachler sind in Osteuropa nur schwer zu finden. Ohne diese Mitarbeiter aber ist nach Ansicht von Wassermann nichts zu erreichen. „Agents, die deutsch nur mit Akzent sprechen, kommen für uns nicht infrage." Die Verbraucher akzeptieren seiner Meinung nach osteuropäische Akzente bei Callcenter-Mitarbeitern nicht.

Dass eine große Zahl von Verbrauchern in Deutschland empfindlich reagiert, wenn es um Service aus dem Ausland geht, zeigen auch einige Studien. Akzente würden vielleicht noch akzeptiert, erklärt Jörg Schmidt, Geschäftsführer beim Callcenter-Dienstleister Quelle Contact. Sobald die Kunden aber erfahren, dass der Anrufer gar nicht in Deutschland sitzt, sei es mit der Bereitschaft, Akzente hinzunehmen, schnell vorbei. Sein Tipp an alle, die sich mit der Idee tragen, ins Ausland zu wechseln, lautet daher: „Tun Sie es, aber erzählen Sie niemandem davon." Eines ist klar: Akzente sind eine sensible Angelegenheit, sie sollten so gut wie möglich vermieden werden, wenn Unternehmen ihre Kunden nicht verärgern wollen.

Das aber schränkt die Verlagerungsmöglichkeiten ein. Es finden sich einfach nicht genügend potenzielle Agents mit der Fähigkeit, fließend Deutsch zu sprechen. Und die, die es gibt, sind sicher nicht so preiswert zu haben, dass die Lohnunterschiede zu deutschen Standorten noch lange ins Gewicht fallen, glaubt Wassermann. Er sieht daher gerade in Istanbul einen geeigneten Ort für das Offshoring. Dort gibt es zahlreiche junge Menschen, die in Deutschland aufgewachsen sind und ein hervorragendes Deutsch sprechen. Diese Remigranten stellen in seinen Augen ein attraktives Arbeitskräfte-Reservoir dar.

Quelle: TeleTalk, 30. 03. 2006

1.2 Der Weg zur Dienstleistungsgesellschaft

1.2.1 Das Sektorenmodell der Volkswirtschaft

Erwerbstätigkeit legt zu

Wie das Statistische Bundesamt am Donnerstag mitteilte, hatten 39,3 Millionen Erwerbstätige ihren Arbeitsort in Deutschland. Das entspreche einem Anstieg um 0,9 % oder 336.000 Personen gegenüber dem Vorjahresquartal. Im zweiten Quartal hatte der Zuwachs 0,6 % betragen.

Bei den einzelnen Wirtschaftszweigen ging der Beschäftigungsaufbau weiterhin vornehmlich von den Dienstleistungsbereichen aus. Dort nahm die Zahl der Erwerbs-

tätigen den Statistikern zufolge im dritten Quartal gegenüber dem entsprechenden Vorjahreszeitraum um 1,4 % zu. Demgegenüber seien in der Land- und Forstwirtschaft 0,3 % weniger Personen erwerbstätig gewesen. Im Produzierenden Gewerbe ohne Baugewerbe habe der Beschäftigungsabbau 0,7 % betragen. Dagegen sei im Baugewerbe der seit 1995 anhaltende Personalabbau fast zum Stillstand gekommen.

Quelle: FAZ, 16. 11. 2006

Die wirtschaftlichen Leistungen in einer Volkswirtschaft lassen sich in drei Wirtschaftsbereiche („Sektorenmodell der Volkswirtschaft") einteilen, die wiederum aus einzelnen Wirtschaftszweigen, den **Branchen**, bestehen. Unter Branche versteht man dabei einen Wirtschaftszweig, in dem ähnliche Produkte oder Leistungen erbracht werden. Unter dem **Pri-**

märsektor fasst man dabei die Urproduktion, in der die Rohstoffe für die weitere Verarbeitung gewonnen werden, zusammen. Im **Sekundärsektor** geht es um die (industrielle) Verarbeitung und die Produktion von Gütern. Der **Tertiärsektor** schließlich steht für den vielfältigen Bereich der Dienstleistungen.

Sektor	Wirtschaftszweige (Branchen)
Primärsektor „Urproduktion"	z. B. Land- und Forstwirtschaft, Fischerei
Sekundärsektor „Industrielle Produktion"	z. B. Energieversorgung, Produzierendes Gewerbe, Baugewerbe
Tertiärsektor „Dienstleistungen"	z. B. Handel, Kreditinstitute, Versicherungen, Transport, Telekommunikation, Freie Berufe, öffentliche und private Dienstleistungen

Abb.: Zuordnung von Branchen zu Sektoren

Betrachtet man als Maßstab für die Bedeutung der einzelnen Sektoren die Entwicklung der Beschäftigten, so fällt in den vergangenen Jahrzehnten eine starke Verschiebung zwischen den Sektoren auf. Die Bedeutung des Primär- und Sekundärsektors geht dabei stark zurück, Gewinner dieser Entwicklung ist der Tertiärsektor. Vielfach wird daher von einem Trend zur **Dienstleistungsgesellschaft** gesprochen. Dieser Trend ist allerdings nicht nur in Deutschland zu beobachten, sondern auch in den meisten der westlichen (ehemaligen) Industrienationen.

Abb.: Entwicklung der Erwerbstätigen nach Sektoren

Für den **Strukturwandel** von der Industriegesellschaft hin zur Dienstleistungsgesellschaft lässt sich eine Vielzahl von Gründen anführen:

- Durch **Automatisierung** und Produktivitätsfortschritt fallen viele industrielle Tätigkeiten weg.
- Die **Globalisierung** fördert die weltweite Arbeitsteilung und die Verlagerung von (teuren) arbeitsintensiven Branchen in Länder mit niedrigem Lohnniveau.
- In einer immer komplexer werdenden Arbeits- und Lebenswelt steigt der Bedarf an Beratungsleistungen.
- Durch den **technischen Fortschritt** (z. B. Informationstechnologie) ist ein kostengünstiges Erbringen von Dienstleistungen möglich.
- Der **gesellschaftliche Wandel** in der Bevölkerung (z. B. Freizeitorientierung, höhere Lebenserwartung) begünstigt das Entstehen neuer Dienstleistungen.

Um der wachsenden Bedeutung des Tertiärsektors gerecht zu werden, finden sich verstärkt Ansätze, diesen Bereich weiter zu differenzieren. Dabei spaltet man den Tertiärsektor auf in die „**klassischen" Dienstleistungen** (z. B. Handel, Verkehr, Tourismus) und in informations- und kommunikationsorientierte Dienstleistungen (z. B. Finanzdienstleistungen, Informationsverarbeitung, Beratung). Insbesondere diesem Teil – auch als „**Informationssektor**" oder „**Wissenssektor**" bezeichnet – wird zukünftig das größte wirtschaftliche Wachstum zugetraut.

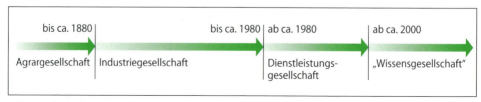

Abb.: Gesellschaftlicher Strukturwandel in Deutschland

Auch die Dialogmarketingbranche ist dem Tertiärsektor zuzuordnen. Dabei handelt es sich hier eigentlich nicht um eine „Branche" im obigen Sinne. So wird in der amtlichen Gliederung des Statistischen Bundesamtes die Dialogmarketingbranche oder Callcenter-Branche gar nicht aufgeführt. Vielmehr spricht man hier von einer „**Querschnittsbranche**", da Leistungen in verschiedenen anderen Branchen und Unternehmensteilen erbracht werden können, sowohl als Teil eines Unternehmens als auch als eigenständiges Unternehmen.

> **Beispiel**
> KommunikativAktiv als typischer Outsourcing-Dienstleister kann grundsätzlich Leistungen für alle Wirtschaftszweige erbringen.

Wirtschaftszweig	Bsp. für Leistung der Dialogmarketingbranche
Handel	Bestellannahme eines Versandhauses
Transport	Telefonische Statusabfrage bei einem Paketdienst
Telekommunikation	Beratung über Telefontarife
Banken	Baufinanzierungsberatung bei einer Direktbank
Versicherungen	Ausfüllen eines Versicherungsantrages im Onlinechat
Freie Berufe	Zentrale Terminvergabe
Öffentlicher Dienst	Beschwerdemanagement in der öffentlichen Verwaltung

Abb.: Mögliche Einsatzgebiete des Dialogmarketings

1.2.2 Sachleistungen und Dienstleistungen

Ungeachtet der statistischen Einordnung bezeichnen wir hier – dem allgemeinen Sprachgebrauch folgend – alle Unternehmen und Unternehmensteile, die dialogorientierte Dienstleistungen erbringen, als **Dialogmarketingbranche**. Ein zentrales gemeinsames Wesensmerkmal der Dialogmarketingbranche ist dabei der Aspekt der **Dienstleistung**. Im Vergleich zu einer Sachleistung (Ware, Produkt) zeichnet sich eine Dienstleistung durch einige Besonderheiten aus:

Sachleistung	Dienstleistung
physisch vorhanden (materiell)	physisch nicht vorhanden (immateriell)
lagerfähig	nicht lagerfähig
übertragbar	nicht übertragbar
Erstellung unabhängig vom Kunden	Kunde zur Erstellung notwendig
Erstellung und Nutzung nicht zeitgleich	Erstellung und Nutzung finden gleichzeitig statt
Vorführung vor dem Kauf möglich	keine Vorführmöglichkeit

Abb.: Unterschiede Sachleistung-Dienstleistung

Aufgrund der Eigenschaften der Dienstleistungen besteht – im Vergleich zu einer Sachleistung – eine hohe Unsicherheit vor dem Erwerb bzw. der Inanspruchnahme der Dienstleistung. Deshalb spricht man hier auch von Dienstleistungen als **Vertrauensgüter**. Anbieter von Dienstleistungen – und damit ganz speziell die Dialogmarketingbranche – müssen daher besonders intensiv die vertrauenswürdigen Eigenschaften der erbrachten Dienstleistung darstellen, um die Kaufunsicherheit des Kunden zu reduzieren.

1 Bedeutung und Funktion des Dialogmarketings

> *Praxistipp*
> Beachten Sie bei jedem Kundenkontakt die besonderen Merkmale der Dienstleistungen und bauen Sie ein Vertrauensverhältnis des Kunden zur angebotenen Dienstleistung auf.

1.3 Dialogmarketing im Marketing-Mix

Marketing bezeichnet eine Unternehmenspolitik, bei der zur der Erreichung der Unternehmensziele alle betrieblichen Aktivitäten konsequent auf die Erfordernisse der Märkte bzw. der Abnehmer (**"Primat der Kundenorientierung"**) ausgerichtet werden.

Einfach gesagt bedeutet Marketing somit grundsätzlich nichts anderes als ein marktorientiertes Verhalten eines Unternehmens. Die Unternehmenspolitik richtet sich in ihrem Denken und Handeln an den Erfordernissen des Marktes aus. Das Angebot an Produkten oder Dienstleistungen des Unternehmens wird also maßgeblich von den Kundenwünschen bestimmt. Die wachsende Bedeutung des Marketingaspekts in der Unternehmenspolitik ist auf den Wandel von Verkäufer- zu Käufermärkten zurückzuführen. Damit ist gemeint, dass die Nachfrager (Kunden) aus einer Vielzahl von Angeboten und Anbietern auswählen können, der Kunde sich somit in der günstigeren Position befindet. In solchen **gesättigten Märkten** gewinnt der Verkaufsprozess an Bedeutung, die Bedeutung der Produktion geht tendenziell zurück.

1.3.1 Instrumente im Marketing-Mix

Entscheidend für das marktorientierte unternehmerische Handeln sind die zur Verfügung stehenden betrieblichen Instrumente. Der Prozess der Kombination und Abstimmung mehrerer Marketinginstrumente wird üblicherweise als **Marketing-Mix** bezeichnet. Im klassischen Marketing werden dabei vier Kernbereiche unterschieden, die bezogen auf die englischen Bezeichnungen auch die **"4 P's des Marketing"** genannt werden:

Produktpolitik (Product)

Welche Produkte und Dienstleistungen bietet ein Unternehmen an und wie sind diese beschaffen? Betriebliche Entscheidungsfelder sind hier z. B. Produktmerkmale, Verpackung, Name bzw. Marke, Qualität, produktbegleitende Dienstleistungen (z. B. Garantien, Kundendienst).

> *Beispiel*
> Dialogfix entscheidet sich, insgesamt fünf verschiedene Scannermodelle anzubieten.

Preispolitik (Price)

Welchen Preis verlangt das Unternehmen für die angebotenen Produkte und Dienstleistungen? Betriebliche Entscheidungsfelder sind hier z. B. Verkaufspreise, Preisnachlässe, Preisdifferenzierungen, Zahlungsbedingungen, Finanzierungen.

> **Beispiel**
> Dialogfox bietet ab einem Einkaufswert von 500,00 EUR eine Finanzierung an.

Kommunikationspolitik (Promotion)

Welche Kommunikationskanäle nutzt das Unternehmen, um mit dem Kunden in Kontakt zu treten? Betriebliche Entscheidungsfelder sind hier z. B. die Wege der Kundenansprache, Kommunikationsmedien, Werbung, Öffentlichkeitsarbeit.

> **Beispiel**
> Dialogfix schaltet beim Internetangebot einer großen Computerzeitschrift ein Werbebanner.

Vertriebspolitik (Place)

Wie gelangen die Produkte und Dienstleistungen vom Hersteller zum Kunden? Betriebliche Entscheidungsfelder sind hier z. B. Wahl der Absatzwege, Logistik, Standortwahl des Unternehmens.

> **Beispiel**
> Neben dem Direktversand über Dialogfix können die Produkte über ausgewählte Computerfachhändler bezogen werden.

Abb.: Instrumente im klassischen Marketing-Mix

In der klassischen Marketingtheorie spielt Dialogmarketing schwerpunktmäßig im Rahmen der Kommunikationspolitik eine Rolle. Hier stehen vor allem die Kommunikationskanäle des Dialogmarketings (Inbound/Outbound-Telefonie, Chat, Fax etc.) im Mittelpunkt des Interesses. Bei einer erweiterten, ganzheitlichen Betrachtung greift diese Sichtweise jedoch zu kurz. Eine konsequent dialogorientierte Ausrichtung der Unternehmenspolitik verfolgt einen umfassenden Ansatz, der alle Marketinginstrumente umfasst. Diese Vorgehensweise wird auch als **integriertes Dialogmarketing** bezeichnet.

Für die Vermarktung von Dienstleistungen als besondere Vertrauensgüter sind die Instrumente des klassischen Marketing-Mix oftmals nicht ausreichend. Auch der in der Dialogmarketingbranche wesentliche Aspekt der Service- und Kundenorientierung wird nur unzureichend berücksichtigt. Die vier klassischen Instrumente des Marketingmix werden im Dialogmarketing daher meist ergänzt durch:

Personalpolitik (People)

Wie treten die Mitarbeiter mit dem Kunden in Kontakt? Betriebliche Entscheidungsfelder sind hier z. B. Auswahl und Qualifikation der Mitarbeiter, Richtlinien für Kundenansprache und Verhaltensweisen.

> **Beispiel**
> In einem Styleguide hat Dialogfix die Grundsätze zur Kommunikation mit den Kunden zusammengestellt.

Prozesspolitik (Processes)

Wie sind die unternehmensinternen Abläufe organisiert? Betriebliche Entscheidungsfelder sind hier z. B. das Gestalten und Optimieren unternehmensinterner Ablaufprozesse im Hinblick auf eine kundenorientierte Unternehmenspolitik

> **Beispiel**
> Über ein betriebliches Vorschlagswesen werden die Mitarbeiter von Dialogfix zu Verbesserungsvorschlägen zur Optimierung der Ablaufprozesse aufgefordert.

Um einen erfolgreichen Marktauftritt des Unternehmens zu gewährleisten, muss das Zusammenspiel der einzelnen Marketinginstrumente stimmig sein und sich insgesamt in die Corporate Identity des Unternehmens einfügen.

1.3.2   Klassisches Marketing und Dialogmarketing

Wie sich bereits bei der grundlegenden Definition gezeigt hat, liegt der besondere Vorteil des Dialogmarketings in der individuellen, direkten Kommunikation mit dem Kunden. Dies ermöglicht ein Eingehen auf die Eigenheiten und Vorlieben jedes einzelnen Kunden. Unterstützt wird die Beziehung zum Kunden durch den Einsatz spezieller EDV-gestützter Hilfsmittel. Somit unterscheidet sich Dialogmarketing deutlich von anderen klassischen

Marketingkonzepten, die auf einem indirekten Weg eine große, weitgehend anonyme Zielgruppe im Auge haben (z. B. durch Fernsehwerbung, Anzeigen, Werbeflyer, Massenmailings etc.).

Praxistipp
Dialogmarketing wird auch als **One-to-One-Marketing** bezeichnet, da sich Mitarbeiter und Kunde in einer individuellen 1:1 Gesprächssituation gegenüberstehen.

Für den Aufschwung des Dialogmarketings und den damit verbundenen zunehmenden Einsatz als lassen sich eine Vielzahl von Gründen aufführen:

- Durch die Individualisierung und Ausdifferenzierung der Gesellschaft geht der Trend verstärkt von Massenmärkten zu kleineren Nischenmärkten. Dadurch steigen die **Streuverluste** überdurchschnittlich stark an. Dialogmarketing ist besser geeignet, kleiner werdende Zielgruppen individuell anzusprechen.
- Unternehmen gelingt es leichter, mit Dialogmarketing in gesättigten Käufermärkten die Zielgruppe direkt zu erreichen.
- Ständige Verbesserungen der Informationstechnologie, die bei meist sogar sinkenden Kosten der notwendigen Hard- und Software, führen zu einer immer **wirtschaftlicheren Kundenansprache**.
- Andere klassische Marketinginstrumente (z. B. Werbung, Außendienst, Face-to-Face-Verkaufsgespräch) sind sehr kostenintensiv. Dialogmarketing kann somit zu **sinkenden Vertriebskosten** führen.
- Klassische Marketinginstrumente werden aufgrund der zunehmenden Informationsüberlastung und Reizüberflutung zunehmend unwirksam. Durch einen dialogorientierten Ansatz steigt die Wahrnehmung deutlich an.

Zusammenfassend lassen sich im Vergleich zwischen klassischem Marketing und Dialogmarketing folgende Unterschiede festhalten:

Klassisches Marketing	Dialogmarketing
Einseitige Kommunikation	Zweiseitige, dialogorientierte Kommunikation
Ansprache des Massenmarktes	Individuelle und zielgenaue Ansprache möglich
Hohe Streuverluste	Geringe Streuverluste
Keine direkte Responsemöglichkeit	Direkte Responsemöglichkeit
Ziel ist die Steigerung des Bekanntheitsgrades und der Aufbau eines Images	Ziel ist eine direkte Reaktion
Anonyme Beziehung	Personalisierte Beziehung
Langfristige Planung notwendig	Flexibler und kurzfristig Einsatz möglich
Erfolgskontrolle schwierig	Rasche Erfolgskontrolle möglich

Das nachfolgende Beispiel verdeutlicht die unterschiedlichen Einsatzmöglichkeiten und Auswirkungen von klassischem Marketing und Dialogmarketing:

Beispiel

Schaltet ein Automobilhersteller für einen neuen, hochwertigen Sportwagen eine Printanzeige in einer Zeitschrift (klassisches Marketing), können Streuverluste von über 90 % auftreten, d. h. für mehr als 90 % der Leser kommt dieses Fahrzeug schon grundsätzlich nicht infrage. Eine direkte Responsemöglichkeit ist zudem nicht gegeben.

Gelingt es dem Hersteller jedoch aus vorhandenen Kundendaten die Zielgruppe exakt zu bestimmen (z. B. über das bisherige Kaufverhalten, Lebensalter, Familienstand etc.), kann z. B. mit einer Outbound-Aktion (Dialogmarketing) eine kostengünstige und zielgenaue Ansprache der möglichen Kunden erreicht werden. Bei dieser Strategie ist eine direkte Responsemöglichkeit gegeben.

Zusammenfassung

- **Callcenter** in der heute bekannten Form entstanden seit den 1970er-Jahren, zunächst in den USA. Entscheidend für die Durchsetzung war die Erfindung des **Anrufverteilsystems (ACD)**.

- In Deutschland etablierten sich Callcenter ab den 1970er-Jahres zunächst im **Versandhandel**, später auch im aktiven **Telefonverkauf**. Verbesserte Möglichkeiten in der Telekommunikation und die Verbreitung des Internets führten seit den 1990er-Jahren zu einer Boomphase, in der **Finanzdienstleister** eine Vorreiterrolle spielten.

- Wesensmerkmale eines Callcenters sind die **Serviceorientierung** und die rationelle Bearbeitung von Kundenkontakten.

- Wesentliche Kriterien für die Standortwahl eines Callcenters sind die **Kostenstruktur** und die **Qualifikation der Mitarbeiter**.

- Die in einer Volkswirtschaft erbrachten Leistungen lassen sich in den **Primärsektor** (Urproduktion), **Sekundärsektor** (industrielle Produktion) und **Tertiärsektor** (Dienstleistungen) unterscheiden. In den Deutschland und anderen westlichen Ländern zeichnet sich ein **Trend zur Dienstleistungsgesellschaft** ab.

- Die Dialogmarketing wird auch als **Querschnittsbranche** bezeichnet, da Leistungen für verschiedene andere Branchen (z. B. Handel, Transport, Telekommunikation, Banken) und Unternehmensteile erbracht werden können.

- Dienstleistungen zeichnen sich im Gegensatz zu Sachleistungen durch einige Besonderheiten aus und benötigen daher besondere Aufmerksamkeit bei der Vermarktung.

- **Marketing-Mix** ist der Prozess der Kombination und Abstimmung mehrerer Marketinginstrumente. Dabei wird differenziert in **Produkt-, Preis-, Kommunikations- und Vertriebspolitik**. Dieser klassische Marketing-Mix wird häufig noch um **Personal- und Prozesspolitik** ergänzt.

■ *Aufgaben*

1. *Unterscheiden Sie bei den nachfolgenden Aktionen, ob es sich um Dialogmarketing oder Direktmarketing handelt:*
   - *Telefonische Bestellung*
   - *Postwurfsendung*
   - *Newsletter per E-Mail*

- Werbesendung mit direkter Anrufmöglichkeit (Direct Response)
- Katalogversand

2. Stellen Sie chronologisch die wesentliche Entwicklungsschritte im Dialogmarketing dar.
3. Erkunden Sie im Internet die aktuelle Entwicklung der Beschäftigtenzahlen in der Dialogmarketingbranche und stellen Sie diese Informationen grafisch dar.
4. Viele Betriebe in der Dialogmarketingbranche überlegen, ob sie Arbeitsplätze ins Ausland verlagern sollen. Entwerfen Sie in der Klasse ein Rollenspiel, in dem die Vor- und Nachteile einer solchen Verlagerung herausgearbeitet werden. Beziehen Sie dabei die Zeitungsartikel aus Abschnitt 1.1.3 mit ein.
5. Erläutern Sie das Sektorenmodell der Volkswirtschaft.
6. Welche Gründe sind für den Wandel von der Industrie- zur Dienstleistungsgesellschaft verantwortlich?
7. Warum werden Dienstleistungen als „Vertrauensgüter" bezeichnet? Welche Konsequenzen ergeben sich daraus für Ihre Tätigkeit im Dialogmarketing?
8. Unterscheiden Sie die einzelnen Elemente im Marketing-Mix. Finden Sie für jeden Teilbereich eine Unternehmensentscheidung aus Ihrem Ausbildungsbetrieb.
9. Entscheiden Sie begründet bei den nachfolgenden Marketingzielen, ob sich der Einsatz klassischer Marketinginstrumente oder der Einsatz von Dialogmarketing anbietet:
    - Der Name eines neuen Schokoriegels soll deutschlandweit bekannt gemacht werden.
    - Die Bundesregierung will mit einer Imagekampagne auf die Erfolge ihrer Politik aufmerksam machen.
    - Ein DVD-Versandhaus möchte in einer Fernsehwerbung eine direkte Bestellmöglichkeit für seine Produkte anbieten.
    - Ein Versicherungskonzern möchte Berufseinsteiger von einer privaten Haftpflichtversicherung überzeugen.
    - Ein Handydienstleister möchte ausgewählten Kunden eine Telefonflatrate verkaufen.
10. Klassisches Marketing wird häufig als „Gießkannenmethode" beschrieben. Erläutern Sie diesen Ausdruck in Abgrenzung zum Dialogmarketing.

2 Leistungen der Dialogmarketingbranche

■ *Einstiegssituation*

Der Berufsschulunterricht ist für heute geschafft, Thomas und Julia unterhalten sich noch im Treppenhaus.

Thomas: „Prima, da haben wir ja schon eine ganze Menge an Informationen zusammen getragen, so eine Internetrecherche kann ganz schön ergiebig sein."

Julia: „Da hast du recht. Aber ich habe den Eindruck, Onkel Josef wird beim ‚Tag der offenen Tür' immer noch nicht so richtig erfahren, was ich in meiner Ausbildung eigentlich mache."

Thomas: „Also, ehrlich gesagt, bei so einem großen Ausbildungsbetrieb wie bei mir weiß ich selbst nach einigen Wochen immer noch nicht so genau, was wir alles machen. Als wir im Sommer unser 10-jähriges Firmenjubiläum hatten, habe ich in unserer Mitarbeiterzeitschrift gelesen, dass unser Kollege Albert Lauter schon seit Firmengründung bei uns arbeitet. Der müsste doch eigentlich über alles Bescheid wissen."

Julia: „Gute Idee, jemanden zu fragen. Meine Firma ist zwar noch keine 10 Jahre alt, aber bei uns arbeitet ein Informatikstudent, der ist mindestens schon im 20. Semester. Ich glaube, der kennt jede Steckdose bei uns persönlich. Den lade ich mal in die Cafeteria ein …"

● *Arbeitsaufträge*

1. *Erkunden Sie in Ihrem Ausbildungsbetrieb, welche Leistungen angeboten werden und wie viele Mitarbeiter mit welcher Qualifikation beschäftigt werden.*

2. *Mit welchen Kommunikationsmedien wird der Kundenkontakt in Ihrem Ausbildungsbetrieb abgewickelt? Welche Erfahrungen haben Sie selbst mit den unterschiedlichen Medien gesammelt?*

3. *Oft wird von der „Servicewüste Deutschland" gesprochen. Gibt es in Ihrem Ausbildungsbetrieb Leitlinien zum Thema Kundenservice? Diskutieren Sie die unterschiedlichen Ansätze in der Klasse.*

4. *Welche Erfahrungen haben Sie mit dem Kundenservice in anderen Ländern gemacht? Wie erklären Sie sich die Unterschiede?*

2 | 1.2.1 Wie sich gezeigt hat, findet man in der Dialogmarketingbranche Unternehmen, die sich durch sehr unterschiedliche Tätigkeitsfelder, organisatorische Strukturen und Betriebsgrößen auszeichnen. Um einen besseren Überblick zu gewinnen, ist es daher sinnvoll, die Unternehmen nach einigen klaren Kriterien einzuteilen. Bei einer solchen Einteilung spricht man von einer **Typisierung**. Neben der gewonnenen Übersichtlichkeit ist dieser Schritt nützlich, um für einzelne Typen allgemein gültige Aussagen zu machen, die auf eine Vielzahl von Betrieben zutreffen.

2.1 Unternehmen im Dialogmarketing

2.1.1 Typologie der Unternehmensformen

Unternehmen im Dialogmarketing lassen sich grundsätzlich nach zwei Kriterien differenzieren. Erstes Kriterium ist die **Art der ausgeführten Tätigkeit**. Hier wird in den **Inbound-** und den **Outbound**-Bereich unterschieden. Dabei sind neben der ausschließlichen Konzentration auf eine der Tätigkeiten auch Mischformen möglich.

134 | Lernfeld 2: Dienstleistungen im Dialogmarketing analysieren und vergleichen

> **Definition**
> Bei Tätigkeiten im **Inbound** handelt es sich um die Bearbeitung von **eingehenden** Anrufen. Die Initiative liegt hier beim Kunden, das Unternehmen reagiert.
> Tätigkeiten im **Outbound** sind durch das aktive Zugehen des Unternehmens auf den Kunden gekennzeichnet, es handelt sich also um **abgehende** Anrufe. Hier liegt die Initiative beim Unternehmen, der Kunde reagiert.

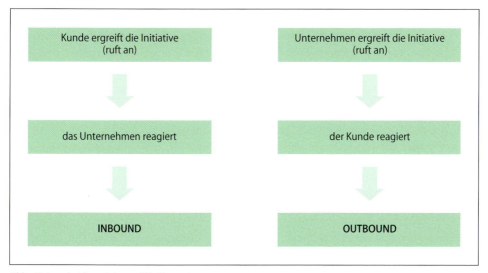

Abb.: Unterscheidung Inbound/Outbound

Die Entscheidung für den Inbound- und/oder Outbound-Bereich beeinflusst ganz wesentlich die möglichen Einsatzgebiete und Leistungen, die vom Unternehmen erbracht werden können. Auch auf die technische und räumliche Ausstattung, die Zahl und Qualifikation der Mitarbeiter und die Personaleinsatzplanung hat dieses Kriterium einen wesentlichen Einfluss. So steht bei einer überwiegenden Inbound-Tätigkeit die **Serviceorientierung** im Mittelpunkt. Spezielle Probleme ergeben sich hier insbesondere aus der Zeitplanung für die Mitarbeiter, da die anfallenden Kommunikationsprozesse aufgrund der Unterschiedlichkeit der anrufenden Kunden nur begrenzt steuerbar und nur eingeschränkt standardisierbar sind. Bei einer schwerpunktmäßigen Outbound-Tätigkeit steht dagegen die gezielte **Ansprache** des Kunden im Mittelpunkt. Dies erleichtert die Zeitplanung und die Vorstrukturierung der Kommunikationsprozesse (z. B. durch Gesprächsleitfäden) deutlich.

Zweites Unterscheidungskriterium ist die **organisatorische Einbindung** der dialogorientierten Tätigkeiten in das Gesamtunternehmen. Dabei ist eine Einbindung in das Unternehmen als Unternehmsteil bzw. -abteilung oder die Beauftragung eines externen Dienstleisters („Outsourcing Callcenter") denkbar. In der Praxis sind auch hier Mischformen vorzufinden.

> **Definition**
> Bei einem **Inhouse Callcenter** baut das Unternehmen ein Callcenter mit seiner gesamten technischen und personellen Infrastruktur **innerhalb** des Unternehmens selbst auf. Gelegentlich werden auch bestehende Unternehmensabteilungen zu einem Callcenter ausgebaut. Bei einem **Externen Callcenter** ist das Callcenter organisatorisch vom Unternehmen unabhängig, es werden je nach Bedarf Leistungen von einem Anbieter **außerhalb** des Unternehmens eingekauft.

Die grundsätzliche Entscheidung, ob ein eigenes Inhouse Callcenter aufgebaut wird oder ob externe Dienstleistungen eingekauft werden, hängt von mehreren Erwägungen ab. Insbesondere sind die Ziele des Callcenter-Einsatzes, die Anruferstruktur, die gewünschten Servicezeiten, das Anrufvolumen, die zeitliche und mengenmäßige Verteilung des Anrufvolumens und schließlich die mit diesen Entscheidungskriterien verbundenen Kosten zu berücksichtigen.

Aufbau Inhouse Callcenter	Nutzung Externes Callcenter
Langfristige Vorlaufzeit	Kurzfristige Realisierung möglich
Umfangreicher Aufbau von Know-how notwendig	Know-how ist bereits vorhanden
Hohe Startkosten	Keine Startkosten
Kurze Entscheidungswege	Lange Entscheidungswege
Bessere Bearbeitung von komplexen und schwierigen Sachverhalten möglich	Eher für weniger komplexe Sachverhalte geeignet
Höhere Identifikation der Mitarbeiter	Keine Verbindung der Mitarbeiter mit dem Unternehmen
Unerwartete Schwankungen des Anrufvolumens können schlecht aufgefangen werden	Flexible Reaktion auf schwankendes Anrufvolumen möglich
Direktes Kundenfeedback	Kundenfeedback nur indirekt
Umfassende Kontrollmöglichkeiten	Eingeschränkte Kontrollmöglichkeiten

Eine häufig anzutreffende Mischform im Dialogmarketing stellen Unternehmen dar, die bei Bedarf (z. B. bei zeitweilig schwankendem Anrufvolumen) einzelne Dienstleistungen extern vergeben oder externe Aufträge annehmen.

Fasst man die beiden Kriterien und ihre möglichen Ausprägungen zusammen, lassen sich insgesamt **neun Unternehmenstypen** unterscheiden:

Organisationsform	Tätigkeitsfeld		
	Inbound	*Outbound*	*Mischform*
Intern	Typ 1	Typ 2	Typ 3
Extern	Typ 4	Typ 5	Typ 6
Mischform	Typ 7	Typ 8	Typ 9

Die aktuelle Entwicklung deutet dabei auf ein verstärktes **Wachstum der externen Dienstleister** bei einem gleichzeitigen **Abbau von Inhouse-Aktivitäten** hin. Insbesondere weniger komplexe Tätigkeiten werden dabei – meist aus Kostengründen – ausgelagert. Etwa 85 % der Unternehmen führen überwiegend bis ausschließlich Inbound-Tätigkeiten aus, allerdings steigt der Anteil der Outbound-Aktivitäten insgesamt leicht an. (Quelle: Aspect Contact Center Trends 2006)

> **Beispiel**
>
> Die Dialogfix GmbH übt sowohl Tätigkeiten im Inbound- als auch im Outbound-Bereich aus. Dialogfix nimmt keine externen Aufträge an und kann aufgrund der engen organisatorischen Einbindung in den Mutterkonzern noch als Inhouse Callcenter bezeichnet werden und gehört somit zum Typ 3.
> KommunikativAktiv übt zwar auch Tätigkeiten im Inbound- und im Outbound-Bereich aus, ist organisatorisch gesehen aber ein klassischer externer Dienstleister und gehört somit zu Typ 6.

2.1.2 Vom Callcenter zum Communication-Center

Bereits zu Beginn von Lernfeld 2 ist die Vielzahl von Begriffen aufgefallen, mit denen dialogorientierte Unternehmen bezeichnet werden. In der öffentlichen Wahrnehmung hat sich der Begriff Callcenter eingeprägt. Aber ist das inhaltlich auch gerechtfertigt? Die Darstellung der Branchenentwicklung hat gezeigt, dass Begriffe oft von der Zeit und der technischen Entwicklung geprägt sind. Lässt sich die Frühphase in der Entwicklung noch eher als „Telefonzentrale" bezeichnen, so hat sich seit den frühen 1990er-Jahren in Deutschland der Begriff **„Callcenter"** durchgesetzt. Doch mit „Anruf" oder „Telefonat" ist die Unternehmensrealität heute bei weitem nicht ausreichend gekennzeichnet. Viele Kommunikationsmedien werden durch den Begriff „Call" nicht erfasst. Darüber hinaus ist der Begriff Callcenter in der öffentlichen Wahrnehmung teilweise negativ besetzt.

So gibt es seit Ende der 1990er-Jahre Bestrebungen, diesen Begriff durch einen treffenderen und zeitgemäßeren zu ersetzen. Dabei hat sich inzwischen in erster Linie der Begriff **„Communication-Center"** etabliert, als alternative Bezeichnungen sind auch die Begriffe Service-Center oder Contact-Center zu finden. Somit wird bereits durch die Wahl der Bezeichnung die Kommunikation per Brief, Fax, SMS, E-Mail oder Chat mit eingeschlossen. In der betrieblichen Praxis haben sich dabei vor allem folgende Kommunikationswege etabliert:

Textkommunikation

Hier steht die Kommunikation über E-Mail, Internetchat oder SMS im Mittelpunkt. Ein **3** | 1.3 Anwendungsbeispiel stellt hier z. B. das **Instant-Messaging** (IM) dar, das ähnlich einem Chat die direkte Unterstützung des Kunden (z. B. bei einem Kaufvorgang) in Echtzeit ermöglicht.

Beispiel

Auf der Homepage von Dialogfix wird bei der Bestellmaske ein Support per Chat angeboten.

Kombinierte Kommunikation

Hier wird die telefonische Kommunikation mit dem gleichzeitigen Interneteinsatz kombiniert. So können etwa Kunde und Mitarbeiter bei einem Bestellvorgang die gleichen Internetseiten betrachten (**„Shared Browsing"**). Häufig geschieht dies auch, nachdem der Kunde einen Anruf des Unternehmens veranlasst hat, z. B. über einen Rückrufservice (**„Call-Me-Button"**), über den der Kunde die gewünschte Anrufzeit oder einen sofortigen Rückruf gewünscht hat. Im Idealfall gelingt es dem Unternehmen, komplette Vorgänge als „Selbstbedienung" ins Internet zu verlagern, nur bei auftretenden Problemen kommt ein Mitarbeiter zum Einsatz.

Beispiel

Auf der Homepage von Dialogfix wird eine Lösungsdatenbank für technische Probleme angeboten. Findet der Kunde keine Lösung für sein Problem, kann er einen Call-Me-Button anklicken und erhält umgehend einen Rückruf von Dialogfix.

Zusammenfassend lässt sich festhalten:

> **Definition**
> Bei einem **Communication-Center** handelt es sich um die organisatorische Zusammenfassung von multifunktionalen Arbeitsplätzen, an denen sowohl Telefonate als auch Briefe, Faxe, E-Mails, Chat und weitere Kommunikationswege bearbeitet werden können. Ziel ist es, die gesamte Kundenkommunikation serviceorientiert und wirtschaftlich zu gewährleisten.

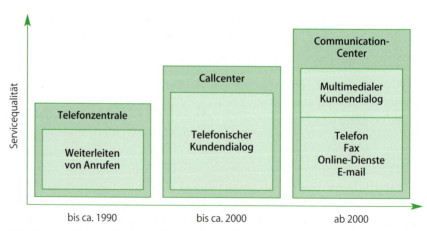

Abb.: Von der Telefonzentrale zum Communication-Center

Trotz der Entwicklung hin zum Communication-Center bleibt die **Sprache** jedoch nach wie vor der dominierende Kommunikationskanal. So werden aktuell etwa 85 % der Interaktionen in einem Communication-Center über das **Telefon** abgewickelt. Knapp 10 % aller Kontakte werden über E-Mail abgewickelt, mit steigender Tendenz. Weitere Kanäle, wie z. B. Chat, verzeichnen eine steigende Bedeutung, sind

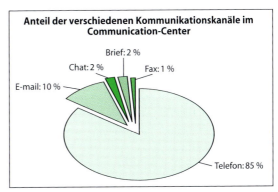

(Quelle: Aspect Contact Center Trends 2006)

aber insgesamt noch ohne große mengenmäßige Bedeutung. Klar rückläufig sind die Interaktion per Brief und Fax, immer mehr Unternehmen verzichten mittlerweile völlig auf diese Kommunikationskanäle.

2.1.3 Frontoffice und Backoffice

Bei größeren Unternehmen findet gewöhnlich eine Aufteilung der Leistungserstellung in den **Frontoffice-** und den **Backoffice-Bereich** statt. Im **Frontoffice** werden dabei alle Tätigkeiten geleistet, die in **direktem Kundenkontakt** stehen. Dazu gehören neben dem Annehmen der Anrufe/Anfragen auch die Eingabe und Pflege der Kundendaten und möglichst eine abschließende Bearbeitung des Kundenanliegens ohne die Einschaltung weiterer Mitarbeiter („First Call Resolution"). Die Mitarbeiter im Frontoffice können dabei auf meist auf unternehmensspezifische oder zumindest angepasste Softwarelösungen zurückgreifen. Eine umfassende Betreuung wird durch die Nutzung von datenbankbasierten **Customer-Relationship-Management-Systemen** (CRM) möglich.   5 | 3.1

Grundsätzlich sollen die notwendigen Arbeitsschritte durch jeden Mitarbeiter im Frontoffice erbracht werden können, der Kunde soll dabei weniger den einzelnen Mitarbeiter, sondern das Unternehmen als Ganzes („One face to the customer"-Prinzip) wahrnehmen.

Praxistipp
Viele Unternehmen verzichten bewusst auf die Herausgabe von Durchwahlnummern für einzelne Mitarbeiter und betonen, dass jedes Anliegen von jeder Person bearbeitet werden kann.

Bei einem komplexen Leistungsangebot wird der Frontoffice-Bereich nochmals in einen **First Level** und einen **Second Level** unterteilt. Dem Second Level kommt dabei im Sinne eines Expertenteams die Klärung von spezialisierten Detailfragen oder das Treffen von schwierigen Entscheidungen zu.

Aufgabe im **Backoffice** ist die **Weiterbearbeitung** der im Frontoffice gewonnenen Daten und Informationen. Dies kann z. B. die weitere Bearbeitung eines Bestellvorgangs, die Ausfertigung von Briefen und Dokumenten oder die Bearbeitung von Zahlungsdaten sein. Hier kommen meist klassische betriebswirtschaftliche Softwarelösungen zum Einsatz.

Abb.: Frontoffice und Backoffice im Dialogmarketing

2.2 Das Leistungsspektrum im Dialogmarketing

Dialogorientierte Unternehmen bieten sowohl im Inbound- als auch im Outbound-Bereich ein ausdifferenziertes Tätigkeitsspektrum an. Dies erklärt den weit verbreiteten Einsatz in den verschiedensten Branchen, um dort den Kundendialog optimal zu realisieren (s. o.). Dabei lassen sich folgende wesentlichen Leistungen unterscheiden:

2.2.1 Leistungen im Inbound-Bereich

Bestell- und Auftragsannahme

Der Kunde kann direkt am Telefon eine Bestellung tätigen oder eine Beratung zu den Waren oder Dienstleistungen erhalten, die ihn interessieren. Der Mitarbeiter verfügt über ein Informationssystem, um zu allen Produkten die gewünschte Auskunft zu geben. Meist ist auch eine direkte Rückmeldung über den Liefertermin möglich. Für das Unternehmen bieten sich dabei gute Anknüpfungspunkte, um weitere Produkte zu verkaufen („**Cross-Selling**") oder höherwertige Leistungen anzubieten („**Up-Selling**"). Neben der reinen telefonischen Abwicklung wird hier auch Textkommunikation und integrierte Kommunikation verwendet. Eine besondere Form der Bestellannahme stellt dabei das „**Direct Response**" dar. Dabei erfolgt die Bestellung bzw. Anfrage unmittelbar nach der Ausstrahlung eines

TV- oder Radiospots, in dem eine Rufnummer angegeben wird. Besondere Herausforderung für das Unternehmen ist dabei die Gewährleistung einer hohen Erreichbarkeit auch bei starker Kundenfrequenz in kurzer Zeit. Häufig werden dann weitere Callcenter als sog. Überlauf-Callcenter („**Overflow**") eingesetzt.

> Beispiel
>
> Unter einer kostenfreien Rufnummer nehmen die Mitarbeiter von Dialogfix Bestellungen entgegen. Über das CRM-System von Dialogfix können alle Produktinformation abgerufen und der Liefertermin angezeigt werden. Je nach Bestellung macht das Informationssystem automatisch Kaufvorschläge für weitere Produkte. Bestellt der Kunde zum Beispiel einen Tintenstrahldrucker, werden ihm auch passende Tintenpatronen angeboten.

Technische Hotline/Support

Technisch anspruchsvolle Anfragen lassen sich auch mit guten Produktkenntnissen nicht immer klären. Spezielle technische Anfragen oder detaillierte Auskünfte zur Bedienung oder ähnlichem werden von Experten beantwortet. Ziel des Mitarbeiters ist die vollständige Problembeseitigung. Gelingt dies nicht, können sich Reparaturanfragen oder ein Produktumtausch anbieten. Oft wird der technische Support auch als **Help Desk** bezeichnet. Diese Leistung kann auch unternehmensintern angeboten werden, um den eigenen Mitarbeitern Unterstützung bei (technischen) Problemen anzubieten.

> Beispiel
>
> Die technische Hotline von Dialogfix bearbeitet alle Anfragen, die sich mit Bedienung und Funktion von Hard- und Software beschäftigen, z. B. der korrekten Installation eines Druckers.

Kundenservice

Darunter können so unterschiedliche Leistungen wie z. B. Beschwerde- und Reklamationsbearbeitung, Änderung von Adress- und Zahlungsdaten, Rückfragen zu Bestellungen und Rechnungen, einfache Bedienungsanfragen sowie alle die Kundenbeziehung betreffenden Tätigkeiten und Aktionen fallen.

> Beispiel
>
> Kommt es bei Dialogfix zu einer Beschwerde, kümmern sich besonders geschulte Mitarbeiter um das Anliegen des Kunden und versuchen, eine für alle Seiten akzeptable Lösung zu finden.

Informationshotline

Hier steht die reine Vermittlung von Informationen, unabhängig von einer konkreten Bestellung oder Servicesituation, im Mittelpunkt. Häufig sind reine Informationshotlines mit aktuellen Aktionen verknüpft, z. B. einer Produkteinführung oder einer Rückrufaktionen. Zum Standard vieler Konsumgüteranbieter gehört inzwischen die Angabe einer Hotlinenummer auf dem Produkt, über die nähere Informationen erfragt werden können. Auch die Datenerfassung bei Promotionaktionen oder Gewinnspielen kann über eine Informationshotline erfolgen.

> **Beispiel**
>
> Aufgrund eines Produktionsfehlers wird das Druckermodell „Printfix 100" zurückgerufen. Eine extra Informationshotline von Dialogfix, auf die in den Medien hingewiesen wurde, steht für die Abwicklung der Aktion zur Verfügung.

2.2.2 Leistungen im Outbound-Bereich

Bd. 2 | 8 Telefonverkauf

Bestehende oder potenzielle Kunden werden telefonisch über Produkte und Dienstleistungen informiert, dabei wird ein sofortiger Verkaufsabschluss angestrebt. Die weitere Bearbeitung des Auftrags erfolgt dabei meist von nachgelagerten Unternehmenseinheiten (Backoffice). Neben dem aktiven Telefonverkauf kann hierbei auch eine Unterstützung von Außendienstmitarbeitern, z. B. durch eine telefonische Bedarfsermittlung und anschließende Terminvereinbarung, von Bedeutung sein.

> **Beispiel**
>
> Im Rahmen einer Verkaufsoffensive rufen Mitarbeiter von Dialogfix alle Kunden an, die vor 24-36 Monaten einen PC gekauft haben und bieten ein neues Modell an.

Adress- und Datenqualifizierung

5 | 2 Jedes Unternehmen ist auf einen aktuellen Datenbestand angewiesen. Durch einen Anruf bei Kunden oder Interessenten kann stets ein aktueller Stand gewährleistet werden. Neben regelmäßigen Aktionen sind auch konkrete Einsätze (z. B. die Bearbeitung von Rückläufern nach einer Mailingaktion) denkbar. Oft werden diese Anrufanlässe auch zur Unterbreitung von Verkaufsangeboten genutzt.

> **Beispiel**
>
> Alle Kunden von Dialogfix erhalten vierteljährlich einen Newsletter, der über aktuelle Produkte und Aktionen informiert. Bei Postrückläufern versuchen Mitarbeiter anhand der Telefonnummer oder durch die Inanspruchnahme von Auskunftsdiensten die Kundendaten zu aktualisieren.

Kundenbindung

5 | 3

Neukunden können durch einen Anruf begrüßt werden, oder das Unternehmen bedankt sich für einen erteilten Auftrag (**Welcome-** bzw. **Thank-You-Call**). Kaufunsichere Interessenten können mit einem Erinnerungsanruf zum Abschluss motiviert werden. Auch **Nachfassaktionen** (z. B. nach einer Mailingaktion) gehören zur telefonischen Kundenbindung. Kunden können je nach Umsatzstärke (A-, B- oder C-Kunden) in mehr oder weniger regelmäßigen Abständen kontaktiert und über neue Angebote informiert werden. Ziel ist es, die Verbundenheit mit dem Unternehmen zu erhöhen und dadurch zusätzliche Aufträge zu erzielen.

Beispiel

Jeder Dialogfix-Kunde mit einem Jahresumsatz von mehr als 5.000 EUR wird mindestens zweimal jährlich telefonisch über neue Angebote und Aktionen informiert.

Kundenrückgewinnung

5 | 4.3

Es gibt viele Gründe, warum Kunden bei einem Unternehmen nicht mehr kaufen möchten oder eine vertragliche Bindung auflösen wollen. Im Zuge der telefonischen Kundenrückgewinnung sollen die Gründe erfragt und der Kunde wieder neu für das Unternehmen gewonnen werden.

Beispiel

Kündigt ein Geschäftskunde von Dialogfix den Hardware-Wartungsvertrag, erkundigt sich ein Mitarbeiter nach den Gründen für die Kündigung und versucht mit einem neuen Angebot, den Kunden zurückzugewinnen.

Mahn- und Inkassowesen

Werden Zahlungsverpflichtungen nicht eingehalten, erweist sich der Weg einer schriftlichen Mahnung häufig als vergeblich. Durch eine telefonische Erinnerung an die Zahlungsverpflichtung und ggf. die Ausarbeitung eines konkreten Zahlungsplans lassen sich oft kostspielige gerichtliche Mahnverfahren oder Forderungsausfälle vermeiden.

Beispiel

Den Kunden von Dialogfix wird eine Zahlungsfrist von 30 Tagen gewährt. Erfolgt nach dieser Zeit kein Zahlungseingang, wird zunächst eine schriftliche Mahnung verschickt. Bleibt auch dies vergeblich, beauftragt Dialogfix KommunikativAktiv mit dem Inkasso. Dabei wird dem Schuldner telefonisch die rechtliche Situation dargelegt und es wird versucht, ein konkretes Zahlungsziel zu vereinbaren.

Markt- und Meinungsforschung

Kunden, Interessenten oder bestimmte Zielgruppen werden telefonisch zu Bedarf und Zufriedenheit mit bestimmten Produkten oder Wünsche für weitere Produkte und Dienstleistungen befragt. Die dadurch gewonnenen Daten dienen als Ausgangspunkt für Änderungen und Neuheiten in der Produktpolitik oder weitere Marketingaktionen. In dieses Tätigkeitsgebiet fallen auch Befragungen zu anderen Themengebieten wie z. B. Wahlforschung oder politische Meinungsumfragen.

Beispiel

Jeden Monat befragt KommunikativAktiv im Auftrag von Dialogfix 100 zufällig ausgewählte Kunden über die Zufriedenheit mit den gekauften Produkten.

Betrachtet man aktuell die Hauptaufgaben im Tagesgeschäft eines dialogorientierten Unternehmens, so ist im Inbound-Bereich ein deutlicher Rückgang der Tätigkeit „Bestell- und Auftragsannahme" zu beobachten. Hier tragen die Bemühungen der Unternehmen Früchte, im Zuge der Etablierung von Communication-Centern diese Vorgänge zumindest im Ansatz vom Kunden selbst erledigen zu lassen. Teilweise werden die Bestellvorgänge vollständig über das Internet abgewickelt, teilweise teilautomatisiert über die integrierte Kommunikation. Auch der Einsatz von **Sprachdialogsystemen** (IVR, Interactive Voice Response) beginnt zu greifen. Immer komplexer werdende Produkte führen im Inbound-Bereich allerdings zu einer Zunahme der Support- und Help-Desk-Leistungen.

Die besten Wachstumschancen werden jedoch im Outbound-Bereich gesehen. In Zeiten enger werdender, gesättigter Käufermärkte geht der Trend zur aktiven Kundenansprache, sei es im Verkauf, der Betreuung oder der Kundenrückgewinnung.

(Quelle: Aspect Contact Center Trends 2006)

2.2.3 Kundenorientierung und Service

Verbindendes Merkmal aller Inbound- und Outbound-Aktivitäten ist das service- und kundenorientierte Verhalten und Auftreten von Unternehmen und Mitarbeiter. **Kundenorientierung** als Teil des Marketingmix bedeutet dabei, dass die Abhängigkeit des Unternehmens vom Kunden im Zentrum der unternehmerischen Entscheidungen steht.

Als **Service** bezeichnet man Zusatzleistungen über das eigentliche Produkt hinaus, die dem Kunden vor dem Kauf (**Pre-sales-Service**), kaufbegleitend (**Sales-Service**) oder nach dem Kauf (**After-sales-Service**) angeboten werden. Dabei spielt es keine Rolle, ob eine Sachleistung oder eine Dienstleistung verkauft wird. Ziel ist dabei die Erhöhung der Kundenzufriedenheit und damit die Gewinnung von Stammkunden getreu dem Grundsatz *„Only happy customers will be loyal ones"* („Nur zufriedene Kunden werden treue Kunden").

Typische **Servicemerkmale** im Dialogmarketing sind beispielsweise
- die gute und kostengünstige Erreichbarkeit,
- ein Rückrufservice,
- kurze Wartezeiten,
- kompetente und freundliche Gesprächspartner,
- die rasche Erledigung des Kundenanliegens und
- ggf. eine aufmerksame aber nicht aufdringliche Kundenbetreuung.

Beispiel

- Kunden können die Bestellhotline von Dialogfix rund um die Uhr, an 365 Tagen im Jahr über eine kostenlose 0800er Nummer erreichen. → Pre-sales-Service
- Die Mitarbeiter von Dialogfix erhalten umfangreiche Kommunikations- und Produktschulungen, um dem Kunden freundlich möglichst alle technischen Fragen während des Bestellvorgangs beantworten zu können. → Sales-Service
- Jeweils eine Woche und ein halbes Jahr nach Versand der gekauften Produkte erkundigt sich ein Mitarbeiter von Dialogfix beim Kunden nach der Zufriedenheit mit dem Produkt und evtl. aufgetretenen Problemen. → After-sales-Service

Service ist in Deutschland ein heikles Thema. Leben wir (noch) in der viel zitierten **„Service-wüste"**? Gilt nach wie vor die Schlagzeile im *Spiegel*: „Der Kunde steht im Mittelpunkt – Und damit im Weg."? Ein Grund für den Boom der Dialogmarketingbranche ist sicher auch in einem Nachholbedarf der deutschen Unternehmen in Sachen Service zu sehen. Callcenter bieten die Chance, eine positive Servicekultur in Deutschland zu etablieren. Aber auch in dieser Branche kommt es immer wieder zu negativen Schlagzeilen:

Frustration in der Warteschleife

Verbraucherschützer, Kunden und Unternehmensberater hadern mit vielen deutschen Unternehmen. In einigen Branchen hat sich der Service jüngst gar verschlimmert.

Großes Ärgernis in Deutschland sind derzeit Sprachcomputer. Seit gut zwei Jahren häuften sich Beschwerden über Service-Hotlines, sagt Jürgen Schröder, Jurist in der Verbraucherzentrale Nordrhein-Westfalen. Kunden bringe es in Rage, wenn sie minutenlang mit einer Maschine kommunizieren müssen, bevor sie einen Ansprechpartner erreichen. „Sie kommen ja nirgendwo mehr durch", sagt Schröder. Der Trend gehe querbeet durch die Branchen – PC-Händler, Möbelhäuser, Banken, Versicherungen, Telekom-Anbieter. „Am sinnvollsten wäre, wenn der Kunde gleich mit einem Mitarbeiter verbunden werde", sagt Schröder. „Man kann mit Sprachcomputern große Fehler machen", sagt auch Marktforscher Manfred Maier von TNS Infratest in München. Eingesetzt werden

sollten diese nur, um den Kunden rasch an den richtigen Ansprechpartner weiterzuleiten. „Man darf den Sprachcomputer nicht benutzen, um persönliche Beratung zu ersetzen und dadurch Kosten zu sparen." […] Die Telekom-Branche gelte trotz vieler Verbesserungen noch immer als Problemfall in Sachen Kundenorientierung, sagt Uwe Weinreich, Geschäftsführer der gleichnamigen Unternehmensberatung. „Alle Geschäfte, in denen es boomt, sind beschwerderesistent." In den Hochzeiten der Telekom-Euphorie habe die Ansicht geherrscht, dass für jeden abgewanderten unzufriedenen Kunden mindestens zehn neue für einen Vertrag Schlange stünden.

Dabei gibt es nur wenige Dinge, die deutsche Kunden in Rage bringen: Warten, undurchsichtige Angebote und das Gefühl, über den Tisch gezogen zu werden.

Quelle: Financial Times Deutschland, 16. 11. 2006

Fakt ist, dass die **Serviceability**, die Fähigkeit, Serviceleistungen für andere gerne zu erbringen, in den letzten Jahren einen immer größeren Stellenwert einnimmt.
Betriebswirtschaftlich betrachtet ist aber auch zu berücksichtigen, dass Service nicht kostenlos zu haben ist. Die wenigsten Kunden möchten sich von Sprachcomputern bedienen

lassen, ein menschlicher Gesprächspartner ist aber immer auch ein Kostenfaktor. In diesem Spannungsfeld muss das Unternehmen entscheiden, wie viel Service man sich „leisten" kann. Auch Defizite in der Unternehmenskultur und wenig nachvollziehbare Prozesse und Kommunikationswege im Unternehmen können zu einem mangelnden service- und kundenorientierten Verhalten führen. Gelingt es einem Unternehmen jedoch, Kundenerwartungen in dieser Hinsicht zu erfüllen, hat es zweifellos einen entscheidenden Wettbewerbsvorteil im Kampf um Kunden und Erträge.

Neuer Telekom-Chef will sparen und Service verbessern

Der neue Telekom-Vorstandsvorsitzende Rene Obermann will den Bonner Konzern vor allem beim Service nach vorn bringen. Er glaube fest daran, dass die Gesellschaft hier „auch im internationalen Vergleich an die Spitze geführt" werden könne, sagte Obermann kurz nach seiner Bestellung durch den Aufsichtsrat am Montag in Bonn. Gleichzeitig müsse das Unternehmen aber die Kosten weiter senken. Das sei ein „schwieriger Spagat". [...] Die Verbesserung von Service und die Steigerung der Kundenzufriedenheit bezeichnete Obermann als „Grundlage für Wachstum und Beschäftigung". „Das haben wir verstanden", betonte er und räumte gleichzeitig ein, dass die Ziele „nicht in allen Bereichen in die Praxis umgesetzt" worden seien. „Ich will, dass die Kunden wieder rundum zufrieden sein können", betonte er.

Quelle: FAZ, 14. 11. 2006

Um die Serviceorientierung eines Unternehmens nach innen und auch nach außen zu kommunizieren, werden bestimmte Leitgedanken häufig schriftlich fixiert und in Handlungsanweisungen, Unternehmensbroschüren oder auf der Unternehmenshomepage veröffentlicht.

dialogfix GmbH

Auszug aus dem Mitarbeiterhandbuch von Dialogfix

1. Wir stehen mit unseren Kunden im engen Kontakt.
2. Wir sind stets mit den Bedürfnissen, Erwartungen und Wünschen unserer Kunden vertraut.
3. Wir überprüfen regelmäßig die Zufriedenheit unserer Kunden mit unseren Produkten und Dienstleistungen.
4. Unsere Leistungen sind immer ein Gewinn für den Kunden.
5. Wir beziehen unsere Kunden bei unternehmerischen Entscheidungen mit ein.
6. Wir erwarten von *jedem* Mitarbeiter, dass er regelmäßig im Kontakt mit den Kunden steht.
7. Wir passen unsere Geschäftsprozesse an die Bedürfnisse und Wünsche des Kunden an.
8. Wir berücksichtigen ständig die aktuellen Markterfordernisse.
9. Wir haben eine Kunden-Rückgewinnungs-Strategie und wenden sie konsequent an.
10. Wir beschäftigen nur kundenfreundliche Mitarbeiter.

2.2.4 Unternehmensvergleich

Bereits mit der Typologie der Unternehmensformen haben sich erste Ansätze zum Vergleich von Unternehmen ergeben. Unternehmensvergleiche dienen dazu, Gemeinsamkeiten und Unterschiede sowie Stärken und Schwächen von einzelnen Unternehmen zu ermitteln. Werden die bei Vergleichen ermittelten ausgewerteten Daten als Maßstab für Verbesserungsprozesse im Unternehmen genommen, spricht man von einer **Benchmark**, einem Vergleichsmaßstab. Unternehmen geben häufig eine konkret festgelegte Benchmark als Ziel an, das in einem bestimmten Zeitraum erreicht werden soll.

Beispiel
Dialogfix hat sich zum Ziel gesetzt, mit einem optimierten EDV-Einsatz die durchschnittliche Anrufdauer bei der Bestellannahme innerhalb der nächsten 6 Monate von 180 Sekunden auf 150 Sekunden zu reduzieren.

Typische **Vergleichskriterien** in der Dialogmarketingbranche zeigen sich in der Gegenüberstellung der Dialogfix GmbH mit der KommunikativAktiv KG. In der Praxis erschwert die Heterogenität der Dialogmarketingbranche allerdings die Verwendung mancher Vergleichskriterien bzw. schränkt sie gänzlich ein. So stellt sich z. B. in einem reinen Outbound-Callcenter kaum die Frage nach dem Servicelevel, bei einem externen Callcenter wechseln viele Merkmale je nach Auftrag.

Merkmal	Dialogfix	KommunikativAktiv
Mitarbeiter	416	80
Arbeitsplätze (Seats)	280	50
Anrufe pro Tag (∅)	12.500	1.400
Durchschnittliche Anrufdauer	5 Minuten, 20 Sekunden	auftragsabhängig
Servicelevel	80/20	auftragsabhängig
First Call Resolution Rate	85 %	auftragsabhängig
Average Handle Time	8 Minuten, 10 Sekunden	auftragsabhängig
Geschäftsfelder	Vertrieb und Support von Hard- und Software	Telefonservice im In- und Outboundgeschäft
Rechtsform	GmbH	KG
Geschäftsführung	Tim Braun, Raymond Kruse, Dorothea Russ	Hans Herrmann, Reinhold Groß
Umsatz	9.200.000 EUR	2.100.000 EUR
Kontakt:	0 18 05 / 9 01 25	auftragsabhängig
Homepage	www.dialogfix.de	www.kommunikativaktiv.de

Abb.: Kriterien für einen Unternehmensvergleich

2.3 Mitarbeiter im Dialogmarketing

2.3.1 Vielfalt der Berufsbezeichnungen

In der Dialogmarketingbranche arbeiten Menschen mit den unterschiedlichsten Berufsbezeichnungen. Eine Abfrage bei der Bundesagentur für Arbeit ergibt unter dem Stichwort „Dialogmarketing" z. B. Stellenangebote für

- Callcenter Agents
- Telefonverkäufer
- Hotline-Mitarbeiter
- Telefonakquisiteur
- Telefonischer Kundenberater
- Customer Care Consultant
- Online Sales Fachkraft
- Telefonischer Kundenbetreuer
- Kaufmann für Teleservice

Diese Aufzählung ist sicherlich noch nicht vollständig.

Die Begriffsvielfalt zeigt, dass es bislang **wenige festgelegte Ausbildungswege** gibt. Vielfach werden Stellen von **Quereinsteigern** besetzt, die dann unternehmensintern (weiter) qualifiziert werden. Eine erste Strukturierung hat sich durch verschiedene IHK-zertifizierte Lehrgänge ergeben, die auf verschiedenen Qualifikationsebenen angeboten werden.

Callcenter Agent

Dies ist die **Basisqualifikation**. Das Aufgabenspektrum ist meist im Frontofficebereich angesiedelt und kann sowohl Inbound- als auch Outbound-Tätigkeiten umfassen. In der Regel wird aber keinerlei Führungsverantwortung ausgeübt. Qualifizierungsmaßnahmen in verschiedenen Varianten werden von unterschiedlichsten Bildungsträgern angeboten, umfassen jedoch kaum mehr als 200 Unterrichtsstunden und kommen somit kaum über den Status eines „Anlernjobs" hinaus. Nicht selten wird diese Maßnahme zur Qualifizierung von Arbeitssuchenden eingesetzt, die vorher einen anderen Beruf ausgeübt haben. Im allgemeinen Sprachgebrauch hat sich der Begriff **Agent** bzw. **Callcenter Agent** als Berufsbezeichnung für Callcenter-Mitarbeiter eingebürgert.

Callcenter Teamleiter

Dieses IHK-Zertifikat bietet eine **weitergehende Qualifizierung** an. In der Unternehmenspraxis bilden zehn bis zwanzig Mitarbeiter in der Regel ein Team, das von einem Teamleiter geführt wird. Typische Führungsaufgaben des Teamleiters sind zum Beispiel die Personal- und Urlaubsplanung, aber auch die Erstellung und Auswertung von statistischem

Material sowie Aufgaben im Projektmanagement. Einfachere Schulungen und Mitarbeit im Qualitätsmanagement können ebenfalls zu den Tätigkeiten gehören. Teamleiter waren in der Regel früher selbst als Agent tätig. Statt Teamleiter ist in der Praxis auch die Bezeichnung **Supervisor** geläufig.

Callcenter-Manager

Im Bereich der Ausbildung des Callcenter-Managements fehlt es an einheitlichen Vorgaben. Da diese **obere Führungsebene** recht komplex und oftmals sehr unternehmensspezifisch ist, wird neben einer mehrjährigen Callcenter-Berufserfahrung oft ein Hochschulstudium bzw. eine umfassende **Weiterbildung** erwartet, für die verschiedene Abschlüsse und Zertifikate in Betracht kommen. Der Callcenter-Manager als oberste Hierarchieebene leitet das Callcenter. Neben organisatorischen Fragen ist er verantwortlich für Personal, Technik, Hard- und Software, Qualitätsmanagement sowie das wirtschaftliche Ergebnis des Callcenters. Meist ist er auch Ansprechpartner der (internen und externen) Auftraggeber des Callcenters und somit verantwortlich für die Umsetzung der Vorgaben. Je nach Unternehmensgröße sind auch mehrer Managementebenen, z. B. als Abteilungsleiter Callcenter innerhalb eines Unternehmens oder als Standortleiter für ein externes Callcenter, denkbar.

2.3.4

Je nach Unternehmensgröße und -struktur können noch die Aufgabenfelder des **Projektleiters** und des **Trainers** von Bedeutung sein.

- Das Aufgabengebiet eines **Projektleiters** reicht von der Erstellung von Gesprächsleitfäden und dem Coaching der Mitarbeiter bis hin zu organisatorischen Umstrukturierungen und Berichtsaufgaben an den Callcenter-Manager. Auch eine fachliche Führungsfunktion kann mit diesem Aufgabengebiet verbunden sein. Verschiedene Weiterbildungsangebote bieten spezielle Inhalte im Bereich **Projektmanagement** an. Handelt es sich um besonders sensible oder unternehmensintern umstrittene Projekte, werden solche Stellen oft extern ausgeschrieben, um so eine leichtere Umsetzung des Projekts zu erreichen.

Bd. 2 | 9

- Aufgabe des **Trainers** sind Schulungen in den unterschiedlichsten Bereichen. Dabei können z. B. grundlegende Kommunikationstrainings oder detaillierte Produktschulungen auf der Tagesordnung stehen. Auch der Bereich Coaching und Personalentwicklung kann in dieser Position angesiedelt sein. Für eine Qualifizierung in diesem Bereich werden die IHK-Zertifikate **Kommunikationscoach** und **Callcenter Trainer** angeboten. Neben der internen Besetzung kommen auch hier oft externe Kräfte zum Zuge, um z. B. spezielle Trainings durchzuführen.

2.3.2   Anforderungen an die Mitarbeiter

Welche Aufgaben der Mitarbeiter zu erledigen hat, ist meist in einer **Stellenbeschreibung** festgelegt. Dabei werden die Aufgaben, Kompetenzen und Anforderungen an den Stelleninhaber und ggf. die Beziehungen zu anderen Stellen festgelegt. Insbesondere dem Anforderungsprofil kommt bei Mitarbeitern im Dialogmarketing eine besondere Bedeutung zu, da dort Menschen mit den unterschiedlichsten formalen Qualifikationen beschäftigt sind.

Gewöhnlich wird beim Anforderungsprofil zwischen **Hard Skills** und **Soft Skills** unterschieden. Unter **Hard Skills** versteht man dabei überprüfbare Fakten sowie formale Qualifikationen und Kompetenzen, der Begriff **Soft Skills** (auch: Soziales Verhalten oder Schlüsselqualifikationen) umfasst eine nicht exakt abgegrenzte Vielzahl von menschlichen Eigenschaften, Fähigkeiten und Wesenszügen, die für das Ausüben einer Tätigkeit notwendig oder zumindest nützlich sind. Schwierig ist dabei die Überprüfung. Einen ersten Einblick geben Formulierungen in Arbeitszeugnissen, darüber hinaus werden Soft Skills vor allem im Bewerbungsverfahren (z. B. durch ein Assessment Center) geprüft.

Beispiel

Mögliche Hard Skills für einen Mitarbeiter im Dialogmarketing	Mögliche Soft Skills für einen Mitarbeiter im Dialogmarketing
Abgeschlossene kaufmännische Ausbildung	Schriftliches und mündliches Ausdrucksvermögen
Zertifikat Callcenter Agent IHK	Fähigkeit zur Selbstmotivation
Mehrjährige Berufserfahrung	Positives Menschenbild
Spezielle Produktkenntnisse	Teamfähigkeit
Verhandlungssicheres Englisch	Flexibilität
Anwenderkenntnisse MS-Office	Belastbarkeit

Abhängig vom Einsatz im Inbound- oder Outbound-Bereich können die Skills noch weiter ausdifferenziert werden:

Soft Skills Inbound	Soft Skills Outbound
Geduld	Überzeugungskraft
Einfühlungsvermögen	Ehrgeiz
Zuhören können	Zielstrebigkeit
Denken in Zusammenhängen	Frustrationstoleranz
Freundlichkeit	Selbstvertrauen
Hilfsbereitschaft	Positives Denken

Werden neue Mitarbeiter gesucht, erfolgt dies meist über eine **interne Stellenausschreibung** oder eine **Stellenanzeige**. Eine Stellenanzeige führt wesentliche Inhalte der Stellenbeschreibung auf, insbesondere das Anforderungsprofil. Darüber hinaus ist eine Stellenanzeige immer auch eine Präsentation des Unternehmens selbst und hat nicht selten zusätzliche Marketingziele (Öffentlichkeitsarbeit). Auch die Leistungen des Unternehmens und organisatorische Hinweise zur Bewerbung finden darin Platz.

---

dialogfix GmbH

Dialogfix GmbH
Der serviceorientierte Dienstleister für Hard- und Software
sucht SIE ab sofort als **Teamleiter/Teamleiterin** in Vollzeit

Ihre Aufgaben:
- Mitarbeiterführung eines Verkaufsteams
- Mitarbeitercoaching
- Personaleinsatzplanung
- Optimierung von Prozessabläufen
- Überwachung des Servicelevels
- Mitarbeit im Qualitätsmanagement

Unsere Anforderungen:
- Abgeschlossene Ausbildung in einem verkaufsorientierten Beruf
- Sehr gute PC-Kenntnisse
- Mehrjährige Berufserfahrung
- Hohe Flexibilität und Belastbarkeit
- Ausgeprägte Teamfähigkeit

Nutzen Sie zur Bewerbung und weitere Fragen ausschließlich unserer
Karriereplattform unter **www.dialogfix.de/karriere**

Abb.: Beispiel für eine Stellenanzeige

2.3.3 Ausbildungsberufe

Das dynamische Wachstum der Dialogmarketingbranche und die steigenden Erwartungen der internen und externen Kunden fordern eine erhöhte **Professionalisierung** der Mitarbeiter. Die bisherigen Qualifizierungsmaßnahmen von Kammern und Bildungsträgern wurden zunehmend als nicht mehr ausreichend erachtet. Das Fehlen von ausreichend qualifizierten Mitarbeitern erwies sich immer mehr als Wachstumsbremse, darüber hinaus wurde verbreitet die geringe öffentliche Wertschätzung der Callcenter-Branche beklagt, was ebenso ein Einstellungshemmnis für viele Unternehmen darstellte.

Daher hat das Bundeswirtschaftsministerium die Initiative zur Erarbeitung zweier selbstständiger Berufsbilder ergriffen. Zum einen wurde das Berufsbild einer zweijährigen Ausbildung „**Servicefachkraft für Dialogmarketing**" geschaffen, zum anderen das Berufsbild einer dreijährigen Ausbildung eines „**Kaufmanns bzw. einer Kauffrau für Dialogmarketing**". Die Berufsausbildung zur Servicefachkraft ist gemäß der Stufenkonzeption auf die Ausbildung zum/zur Kaufmann/-frau anrechenbar.

Die Schaffung einer Callcenter-spezifischen Ausbildung war dabei in der Branche nicht unumstritten. Erste Initiativen zur Schaffung einer Ausbildung im Dualen System gab es bereits in den 1990er-Jahren, konnten sich jedoch nie bundesweit durchsetzen. Zu unterschiedlich schienen die Anforderungen und Erwartungen der einzelnen Unternehmen zu sein. So urteilte das **Bundesinstitut für Berufsbildung** noch im Jahr 2000:

Ausbildung oder Fortbildung für den Callcenter-Bereich?

Die Frage nach einem eigenständigen Berufsbild für den Callcenter-Bereich kann gegenwärtig nicht positiv beantwortet werden. Das prognostizierte weitere Wachstum des Callcenter-Bereichs, die Entwicklung der Callcenter zu multimedialen Kommunikationszentralen mit unterschiedlichen professionellen Service- und Beratungsleistungen deuten jedoch in Richtung sich verändernder Qualifikationsanforderungen auf höherem Niveau. Deshalb muss die Weiterentwicklung des Callcenter-Bereichs syste-

matisch beobachtet und untersucht werden. Aktivitäten zur Schaffung eines eigenständigen Ausbildungsberufs für den Callcenter-Bereich sind dann wieder aufzugreifen, wenn die Entwicklung zeigt, dass sich der Bedarf für einen Ausbildungsberuf qualitativ und quantitativ verfestigt und sich eine breitere Zustimmung für eine Realisierung findet.

Quelle: Berufsbildung in Wissenschaft und Praxis, 3/2000

Seit 2003 gab es jedoch konkrete Bemühungen zur Einführung eines neuen Berufsbildes, zunächst in Kombination mit der Ausbildung zum Kaufmann für Bürokommunikation. Dies mündete schließlich in der Schaffung der beiden Berufe im Dialogmarketing im Jahr 2006. Die gestufte Ausbildung wird dabei auch von dem Gedanken geleitet, dass unterschiedliche Aufgabenbereiche auf die ausgebildeten Mitarbeiter warten. So beschreibt die Agentur für Arbeit das Berufsbild „**Servicefachkraft für Dialogmarketing**":

> **Definition**
> Servicefachkräfte für Dialogmarketing arbeiten in Service-, Call- und Contact-Centern. Hier beraten sie Kunden und bearbeiten Aufträge, Anfragen und Reklamationen.
> *Quelle: http://infobub.arbeitsagentur.de*

Gemäß der Ausbildungsordnung sind dabei folgende Inhalte vorgesehen:

1. Der Ausbildungsbetrieb:
1.1 Stellung, Rechtsform und Struktur des Ausbildungsbetriebs,
1.2 Berufsbildung, arbeits-, sozial- und tarifrechtliche Vorschriften,
1.3 Sicherheit und Gesundheitsschutz bei der Arbeit,
1.4 Umweltschutz;
2. Dienstleistungsangebot;
3. Arbeitsorganisation, Kooperation, Teamarbeit;

4. Betriebliche Prozessorganisation, qualitätssichernde Maßnahmen;
5. Dialogprozesse:
5.1 Sprachliche und schriftliche Kommunikation,
5.2 Kundenbetreuung,
5.3 Kundenbindung,
5.4 Kundengewinnung;
6. Informations- und Kommunikationssysteme:
6.1 Software, Netze und Dienste,
6.2 Datenbanken, Datenschutz und Datensicherheit;
7. Projekte:
7.1 Projektvorbereitung,
7.2 Projektdurchführung,
7.3 Projektcontrolling

Der Schwerpunkt in der zweijährigen Ausbildung liegt vorrangig im **konkreten Einsatz im Kundenkontakt**. Die darüber hinaus erworbenen Kenntnisse qualifizieren zudem für Tätigkeiten im **Projektmanagement** und **eingeschränkte Führungsaufgaben**. Im Vergleich zu den bisherigen Berufsbildern in Callcentern erweist sich die Servicefachkraft als eine professionalisierte Weiterführung des Callcenter Agents, verknüpft mit erweiterten beruflichen Perspektiven, z. B. im Projektmanagement.

Das Tätigkeitsfeld der **Kaufleute für Dialogmarketing** gestaltet sich deutlich breiter:

> **Definition**
> Kaufleute für Dialogmarketing planen und organisieren Projekte in Service-, Call- und Contact-Centern. Sie gestalten bzw. präsentieren Dienstleistungsangebote und verkaufen sie. Hierfür erledigen sie auch kaufmännische Tätigkeiten oder planen und verwalten den Personaleinsatz.
> *Quelle: http://infobub.arbeitsagentur.de*

Neben den vollständigen Inhalten der Servicefachkraft steht dabei eine klassische kaufmännische Tätigkeit im Mittelpunkt. Die Ausbildungsordnung ergänzt dabei folgende Inhalte:

8. Personal;
9. Kaufmännische Steuerung und Kontrolle:
9.1 Kosten- und Leistungsrechnung,
9.2 Controlling;
10. Qualitätssicherung der Auftragsdurchführung;
11. Vertrieb und Marketing:
11.1 Angebotserstellung und Verkauf,
11.2 Vermarktung von Dienstleistungen.

Die Ausbildungsinhalte zielen tendenziell auf eine spätere Tätigkeit auf **Teamleiterebene** ab, auch die Grundlage für weitere Managementtätigkeiten wird hier gelegt.

KommunikativAktiv KG
WIR BILDEN AUS!
Auszubildende zur Servicefachkraft für Dialogmarketing
(2-jährige Ausbildung, bei guten Leistungen weitere Ausbildung
zum Kaufmann/Kauffrau möglich)

Unsere Anforderungen
- Mindestens mittlerer Bildungsabschluss
- Sehr gute Deutschkenntnisse in Wort und Schrift
- Grundkenntnisse in Englisch
- Anwenderkenntnisse in MS-Office
- Freude am Umgang mit Menschen
- Ausgeprägte Teamfähigkeit
- Rasche Auffassungsgabe

Vollständige Bewerbungsunterlagen an
KommunikativAktiv KG, Postfach, 66250 Randstadt

Abb.: Beispiel für eine Stellenanzeige für einen Ausbildungsplatz

2.3.4 Aufstieg und Weiterbildung

Die Dialogmarketingbranche zeichnet sich durch eine **flache, flexible Hierarchie** aus. Aufstiegspositionen werden oft firmenintern besetzt. Dadurch ergeben sich vielfach schon für jüngere Mitarbeiter interessante Aufstiegsperspektiven, die in anderen traditionelleren Branchen oftmals erst nach langen Jahren erreicht werden können. Eine **permanente Weiterbildung** ist dabei für alle Mitarbeiter Pflicht. Dies kann im operativen Tagesgeschäft sein (z. B. eine Schulung zu einer Produkteinführung), aber auch die kontinuierliche Weiterentwicklung der kommunikativen Kompetenzen. Damit gehört die Dialogmarketingbranche sicher zu den weiterbildungsintensivsten.

Der wachsende Bedarf an hoch qualifizierten Mitarbeitern für Führungspositionen hat in den letzten Jahren einige **Weiterbildungsangebote** hervorgebracht. Für die mittlere Managementebene sind der **Callcenter-Fachwirt** und der **Fachwirt für Communication Center**

154 | Lernfeld 2: Dienstleistungen im Dialogmarketing analysieren und vergleichen

Management zu nennen. Dabei handelt es sich um eine durch die Industrie- und Handelskammern angebotene und zertifizierte Fortbildung nach dem Berufsbildungsgesetz, vergleichbar mit dem „Meister" im Handwerk. Auch an ein Studium angelehnte Weiterbildungsangebote, die meist berufsbegleitend angeboten werden, gibt es mittlerweile auf dem Markt. Hier sind beispielsweise die Bildungsgänge **Callcenter-Management-Ökonom** oder **Betriebswirt Callcenter Management** zu nennen. Mit dem weiteren Wachstum der Branche ist in Zukunft mit einem noch weiter ausdifferenzierten Angebot zu rechnen.

Zusammenfassung

- **Inbound** bezeichnet die Bearbeitung von eingehenden Anrufen, unter **Outbound** versteht man das aktive Telefonieren nach außen.

- Bei einem **Inhouse Callcenter** baut das Unternehmen ein Callcenter mit seiner gesamten technischen und personellen Infrastruktur innerhalb des Unternehmens selbst auf. Bei einem **Externen Callcenter** („Outsourcing-Callcenter") ist das Callcenter organisatorisch vom Unternehmen unabhängig, das Unternehmen kauft je nach Bedarf Leistungen von einem externen Anbieter ein.

- In einem **Communication-Center** werden neben Telefonaten auch Briefe, Faxe, E-Mails, Chat und weiter moderne Kommunikationsmittel bearbeitet. Obwohl sich im allgemeinen Sprachgebrauch der Begriff Callcenter eingebürgert hat, sind de facto die heutigen Callcenter meist Communication-Center.

- Im **Frontoffice** werden alle Tätigkeiten geleistet, die in direktem Kundenkontakt stehen. Im **Backoffice** erfolgt die Weiterbearbeitung der Daten und Informationen.

- Zu den typischen **Inbound-Leistungen** gehören Bestell- und Auftragsannahme, Informationshotline, Technische Hotline/Support und Kundenservice. Zu den **Outbound-Leistungen** gehören der Telefonverkauf, Adress- und Datenqualifizierung, Kundenbindung, Kundenrückgewinnung, Mahn- und Inkassowesen, Markt- und Meinungsforschung.

- **Serviceleistungen** könne vor dem Kauf (Pre-sales-Service), kaufbegleitend (Sales-Service) oder nach dem Kauf (After-sales-Service) angeboten werden.

- Im Dialogmarketing arbeiten Menschen mit den **unterschiedlichsten Tätigkeitsbezeichnungen**. Die neuen Ausbildungsberufe im Dialogmarketing dienen einer Vereinheitlichung der Ausbildung, einer Höherqualifizierung der Mitarbeiter und einer Imageaufwertung der Branche.

■ *Aufgaben*

1. *Welche Anforderungen ergeben sich für ein Unternehmen aus der Entscheidung, ob es Inbound- und/oder Outbound-Leistungen anbietet?*

2. *Ein mittelständisches Weingut möchte seine Produkte selbst deutschlandweit vermarkten und dazu ein Callcenter nutzen. Stellen Sie Argumente auf, die für oder gegen eine Inhouse Callcenter-Lösung sprechen.*

3. *Ordnen Sie die Ausbildungsbetriebe in Ihrer Klasse in die Callcenter-Unternehmenstypologie ein. Fertigen Sie dazu ein Wandplakat an.*

4. *Wodurch unterscheiden sich die Textkommunikation und die kombinierte Kommunikation? Finden Sie mögliche Einsatzbeispiele.*

5. *Nennen Sie jeweils drei typische Tätigkeiten im Frontoffice und im Backoffice.*

6. Listen Sie alle Leistungen Ihres Ausbildungsbetriebs auf und stellen Sie fest, ob es sich um Inbound- oder Outbound-Leistungen handelt.
7. Vergleichen Sie die Ausbildungsbetriebe in Ihrer Klasse nach folgenden Kriterien: Mitarbeiterzahl, Geschäftsfelder, Rechtsform, Anrufe pro Tag, Durchschnittliche Anrufdauer, Servicelevel
8. Unterscheiden Sie Pre-sales-Service, Sales-Service und After-sales-Service. Welche konkreten Serviceleistungen werden in Ihrem Ausbildungsbetrieb jeweils angeboten?
9. Vergleichen Sie die beiden Ausbildungsberufe im Dialogmarketing mit anderen Qualifizierungsmaßnahmen in dieser Branche. Welche Gemeinsamkeiten und welche Unterschiede stellen Sie fest?
10. Stellen Sie Vor- und Nachteile einer internen Stellenausschreibung und einer Stellenanzeige gegenüber.
11. Entwerfen Sie eine Stellenanzeige für Ihren eigenen Ausbildungsplatz. Berücksichtigen Sie dabei das Anforderungsprofil und die Selbstdarstellung Ihres Ausbildungsbetriebs.
12. Informieren Sie sich bei Ihrer lokalen IHK und anderen Bildungsträgern, welche Fortbildungen für Mitarbeiter im Dialogmarketing angeboten werden.

3 Präsentieren im Dialogmarketing

■ *Einstiegssituation*

Es ist Freitag, der zweite Berufsschultag in dieser Woche. Thomas und Julia treffen sich vor der ersten Stunde im Foyer der Schule.

Thomas: „Na, wie war denn Dein Gesprächstermin? Hast Du etwas herausgefunden?"

Julia: „Allerdings, jetzt kenne ich doch unser Unternehmen und die Leute, die dort arbeiten, viel besser. Und wie war's bei Dir?"

Thomas: „Erschöpfend in jeder Hinsicht, der Herr Lauter wollte gar nicht mehr aufhören zu reden. Schau mal, was ich da alles mitgeschrieben habe, das sind mindestens 10 Seiten, und dann die Kopien aus unserem Mitarbeiterhandbuch …"

Julia: „Beeindruckend, aber wie können wir das ganze Material für den ‚Tag der offenen Tür' verwenden? Die Leute haben doch keine Lust, sich durch die ganzen Papiere und Kopien zu kämpfen."

Thomas: „Hm, stimmt … das müssen wir irgendwie aufbereiten. Aber wie? Na ja, vielleicht machen wir da ja heute was in der Berufsschule …"

> ■ *Arbeitsaufträge*
>
> 1. *Welche Anforderungen stellen Sie an eine gelungene Präsentation? Beziehen Sie dabei auch die möglichen Zielgruppen mit ein!*
>
> 2. *Welche Präsentationsmedien haben Sie bislang in Ihrem Ausbildungsbetrieb kennengelernt? Welche Vor- und Nachteile haben die einzelnen Medien?*
>
> 3. *„Ein Bild sagt mehr als 1.000 Worte" – Warum ist es bei einer Präsentation so wichtig, eine gute Visualisierung zu gewährleisten?*

Für Unternehmen im Dialogmarketing gibt es zahlreiche Präsentationsanlässe:

- Das Unternehmen präsentiert sich (z. B. externen Kunden oder der Öffentlichkeit).
- Ein neues Produkt wird vorgestellt.
- Organisationsstrukturen ändern sich.
- Schulungsmaßnahmen werden durchgeführt.
- Ein Teammeeting findet statt.
- Ergebnisse und Geschäftszahlen werden aufbereitet.

Daher ist es für jeden Mitarbeiter wichtig, über grundlegende Kenntnisse zur Präsentation und zur Visualisierung zu verfügen und mit unterschiedlichen Medien umgehen zu können. Grundlagen für die Vorbereitung und Durchführung einer Präsentation finden sich bereits in der klassischen antiken Rhetorik.

3 | 3.1

3.1 Vorbereitungsschritte

Wenn eine Präsentation erfolgreich sein soll, gilt es bereits im Vorfeld wichtige Planungsschritte zu beachten, für die ausreichend Zeit zur Verfügung stehen sollte.

Thema und Ziel festlegen

Das Thema sollte zunächst ausreichend abgegrenzt werden, um nicht Gefahr zu laufen, sich zu „verzetteln". Der Präsentationsanlass (das Thema) ist aber noch nicht gleichbedeutend mit dem Ziel. Um den späteren Erfolg bewerten zu können, muss zunächst ein klares **Ziel** festgelegt werden. Grundsätzlich lassen sich dabei drei Ziele unterscheiden:

- Informieren

    Beispiel

    Der Teamleiter stellt den Mitarbeitern ein neues Produkt vor.

3   Präsentieren im Dialogmarketing

- Überzeugen

    Beispiel
    Der Teamleiter versucht, den Manager von einem alternativen Konzepte zur Personaleinsatzplanung zu überzeugen.

- Motivieren

    Beispiel
    Der Teamleiter motiviert die Mitarbeiter, ein bestimmtes Umsatzziel zu erreichen

>
> *Praxistipp*
> Um Thema und Ziel im Laufe der weiteren Vorbereitung nicht aus den Augen zu verlieren, empfiehlt sich eine möglichst präzise schriftliche Formulierung.

Zielgruppe betrachten

Jede Präsentation hat eine **Zielgruppe**. Je genauer diese Zielgruppe bestimmt werden kann, desto eher gelingt es, eine treffende Ansprache zu erreichen. Dabei wird abgeklärt, welche Erwartungen, Interessen, Wünsche, Fragen oder sonstigen Bedürfnisse die Zielgruppe mit der Präsentation verbindet. Wichtig ist auch, ein angemessenes **Sprachniveau** zu finden und die Zielgruppe weder zu unter- noch zu überfordern. Dies ist besonders schwierig, wenn es sich um eine heterogene Gruppe mit wenigen Gemeinsamkeiten handelt. Die Größe der Zielgruppe sollte ebenfalls berücksichtigt werden, da dies z. B. die gewählten Räumlichkeiten und den möglichen Medieneinsatz beeinflusst.

>
> *Praxistipp*
> Versuchen Sie sich in die Situation der Zielgruppe bei der Präsentation zu versetzen.

Inhalte bestimmen

Zu Beginn steht das **Sammeln** möglicher Inhalte. Die Quellen sind dabei vielfältig und stark vom Thema abhängig. Beispielsweise können Unterlagen im Unternehmen existieren oder von einem externen Kunden zur Verfügung gestellt werden. Aber auch Quellen über das Unternehmen hinaus, wie Bibliotheken, Zeitungen, Zeitschriften und das Internet kommen als Informationslieferanten infrage. Häufig stellt sich heraus, dass es eine **Vielzahl an Informationen** gibt. Aus dieser Menge muss eine Auswahl der Inhalte getroffen werden, die für die Präsentation infrage kommen. Meist sind die Inhalte so umfangreich, dass sie noch auf die wesentlichen Kerninhalte hin komprimiert werden müssen.

>
> *Praxistipp*
> Beachten Sie bei der Auswahl der Inhalte die für die Präsentation zur Verfügung stehende Zeit.

Inhalte gliedern

Die wahllose Anhäufung von Inhalten macht noch keine gute Präsentation aus. Damit eine Präsentation schlüssig und nachvollziehbar ist, wird sie üblicherweise in die Phasen **Eröffnung**, **Hauptteil** und **Abschluss** gegliedert.

Phase	Inhalte
Eröffnung	• Begrüßung • Aufmacher (z. B. Bezug auf aktuelles Thema, ein Bild, eine kleine Geschichte) • Überblick (z. B. Thema und Ziel, zeitliche Gliederung)
Hauptteil	• Information, Daten, Fakten • Argumente • Rhetorische Stilmittel • Visuelle Elemente • Behandlung von Fragen und Einwänden
Abschluss	• Zusammenfassung • Ausblick • Nächste Schritte • Offene Fragen und Anregungen • Ggf. Austeilen eines Handouts

Praxistipp
Eröffnung und Abschluss sollten zusammen maximal 20 % der zur Verfügung stehenden Zeit beanspruchen.

Organisatorischer Rahmen

Die bisherigen Schritte der Vorbereitung ziehen eine Reihe von organisatorischen Fragen nach sich, die ebenfalls im Vorfeld zu klären sind:
- Tag und Uhrzeit der Präsentation
- Zeitliche Abfolge festlegen, ggf. Pausen einplanen
- Genaue Festlegung des Teilnehmerkreises, ggf. Einladung erstellen
- Raum/Ort auswählen, ggf. reservieren
- Sitzordnung festlegen

Praxistipp
Machen Sie sich im Vorfeld der Präsentation mit dem Raum und seinen Eigenheiten (z. B. Akustik, Lichtverhältnisse, technische Ausstattung) vertraut.

3.2 Visualisierung

Visualisierung bedeutet, Daten oder Zusammenhänge in einer **bildhaften Form** darzustellen oder mittels grafischer Elemente das Verständnis zu erleichtern. Visuell aufbereitetes

1 | 5.8 Material kann vom Gehirn wesentlich schneller aufgenommen werden als ein Text oder ein Vortrag. Ebenso steigt die Wahrscheinlichkeit an, dass die Information dauerhaft behalten wird.

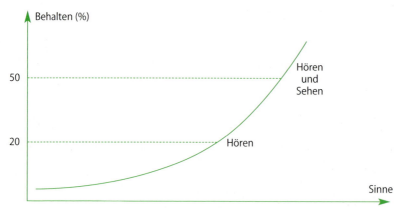

Abb.: Das Verhältnis zwischen den Sinneswahrnehmungen und dem Grad des Behaltens

Im Dialogmarketing kommen dabei drei visuelle Gestaltungsmöglichkeiten infrage:

Abb.: Gestaltungsmöglichkeiten

Textelemente

Anschaulich gestaltete Textelemente haben z. B. bei der Nutzung der **Pinnwand** eine große Bedeutung, können aber auch beim Einsatz anderer Medien nützlich sein. Von grundlegender Bedeutung bei Textelementen ist zunächst einmal die gute **Lesbarkeit**. Dazu gehört eine ausreichende Schriftgröße und bei handschriftlichen Texten möglichst die Verwendung von Druckbuchstaben. Die weiteren Grundsätze der Textgestaltung sind auch als die „**Vier Verständlichmacher**" bekannt:

- **Einfachheit**
  Kurze und einfache Sätze verwenden. Den Wortschatz der Zielgruppe berücksichtigen und möglichst auf Fremdwörter verzichten.

- Gliederung
  Durch Überschriften, Absätze und Markierungen einen übersichtlichen Textaufbau herstellen. Eine logisch strukturierte Gliederung erleichtert die Nachvollziehbarkeit und wirkt überzeugend.

- Prägnanz
  Die Inhalte auf das Wesentliche beschränken und mit wenigen Worten viel aussagen, nicht umgekehrt.

- Stimulanz
  Anreize setzen, die den Empfänger ansprechen, z. B. durch Farben, Grafiken, Skizzen, anschauliche Beispiele.

Bilder, Freie Grafiken, Symbole

Bilder sprechen den Empfänger direkt an und sind vor allem geeignet, Gegenstände zu visualisieren. Dies kann z. B. in einer Schulung der Fall sein, in der das neue Produkt von mehreren Seiten als Foto präsentiert wird. Ohne diese visuelle Information wären lange Texte notwendig, um auch nur ansatzweise eine ähnliche Vorstellung von dem Produkt zu gewinnen. Mittels digitaler Bilder ist die Einbindung in einen Text heute technisch kein Problem.

Freie Grafiken werden bevorzugt bei der Verwendung der Pinnwand eingesetzt. So sind etwa Wolken, Quadrate, Rechtecke, Kreise und Pfeile als vorgefertigte Gestaltungselemente in verschiedenen Farben erhältlich. Auch Textverarbeitungsprogramme stellen eine Anzahl von Grafiken zur Verfügung.

Symbole werden meist in standardisierter Form verwendet und stehen als visueller Stellvertreter für eine bestimmte Information (**Piktogramm**). Denkbar ist auch die Verwendung von nicht standardisierten Symbolen, hier besteht jedoch die Gefahr, dass die gewünschte Information nicht verstanden wird.

Praxistipp
Symbole sind nützlich zur Auflockerung und kompakten Informationsvermittlung, sollten aber sparsam eingesetzt werden, um sich nicht abzunutzen.

Diagramme

Visuelle Darstellungen von Zahlen und Datenmaterial werden als **Diagramme** bezeichnet. Ziel ist die Erklärung von meist komplexen Zusammenhängen. In der betrieblichen

Praxis sind **Tabellen, Kurvendiagramm, Säulendiagramm** und **Kreisdiagramm** geläufig. Je nach Art der darzustellenden Informationen kommen ein oder mehrere Diagrammarten infrage.

Jede Diagrammart hat spezielle Formalien, die beachtet werden müssen, um die Information sachgerecht und unverfälscht darzustellen. Für die übersichtliche Darstellung von Diagrammen stehen Programme wie z. B. MS Excel zur Verfügung.

Tabelle		
Geeignet zur Darstellung von	**Formalien**	**Praxisbeispiel**
• Absatzzahlen • Preisvergleichen • Rangordnungen • Aufzählungen	• Überschriften, auch der einzelnen Spalten, klar und optisch abgrenzbar gestalten. • Auf Übersichtlichkeit achten und unnötige Details vermeiden. • Hervorhebungen und (begrenzt) Farben einsetzen	Dialogfix bietet regelmäßig Sonderangebote auf ausgewählte Drucker an. In einer Liste erhalten die Mitarbeiter der Bestellhotline die regulären Preise und die Sonderpreise.

Beispiel

Modell	Regulärer Preis	Sonderpreis
Printfix 50	49,00 EUR	39,00 EUR
Printfix 220	99,00 EUR	89,00 EUR
Printfix 300	119,00 EUR	99,00 EUR
Printfix 500	199,00 EUR	179,00 EUR
Printfix 2000	499,00 EUR	399,00 EUR

Abb.: Beispiel Tabelle

Kurvendiagramm		
Geeignet zur Darstellung von	**Formalien**	**Praxisbeispiel**
Entwicklungen in einem bestimmten Zeitraum wie • Mitarbeiterentwicklung • Umsatzentwicklung • Absatzentwicklungen	• Achsen beschriften • Zeiteinheit auf der waagerechten Achse eintragen, Mengeneinheit auf der senkrechten Achse. • Bei mehreren Kurven unterschiedliche grafische Darstellung wählen	Dialogfix hat jeweils eine separate Hotline für Bestellungen (Kaufmännische Beratung) und für Supportanfragen (Technische Beratung). Zur optimierten Personaleinsatzplanungen wird regelmäßig das Anrufvolumen der einzelnen Hotlines verglichen.

Beispiel

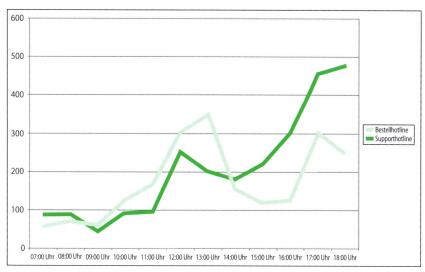

Abb.: Vergleich Anrufzahlen Bestellhotline/Supporthotline

Säulendiagramm (Balkendiagramm)		
Geeignet zur Darstellung von	**Formalien**	**Praxisbeispiel**
• Größenvergleichen • Entwicklungen	• Achsen beschriften • Einzelne Balken klar benennen. • Balken in gleicher Breite darstellen.	Dialogfix vergleicht jede Woche, wie viele Neukunden an den einzelnen Standorten gewonnen wurden.

Beispiel

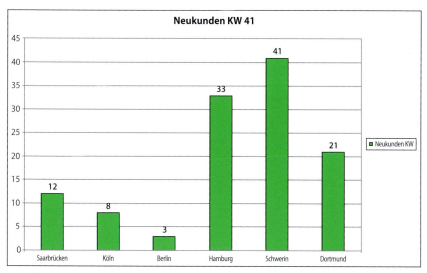

Abb.: Neukunden an verschiedenen Standorten

Kreisdiagramm (Tortendiagramm)		
Geeignet zur Darstellung von	**Formalien**	**Praxisbeispiel**
Anteilen an einem Gesamtwert wie • Umsatzanteile einzelner Produkte • Marktanteile • Gewinnverteilung	• Gesamtmenge in Prozente umrechnen • Einzelne Teilmengen beschriften • Teilmengen ausreichend groß wählen • Zahl der Teilmengen begrenzen • Teilmengen grafisch hervorheben	Über die ACD-Anlage kann Dialogfix jederzeit abfragen, in welchem Arbeitsstatus sich die Agents befinden.

Beispiel

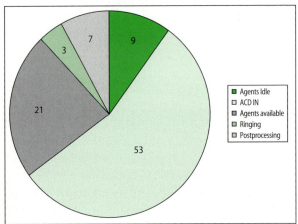

Abb.: Arbeitsstatus der Agents

3.3 Präsentationsmedien

Aus der Vielfalt der Präsentationsmedien gilt es, für den jeweiligen Zweck das oder die geeigneten Medien auszuwählen. In der Praxis wird dabei vor allem mit den Medien **Pinnwand, Whiteboard, Flipchart, Overheadprojektor** sowie **Beamer-Einsatz** mit entsprechenden Softwareprodukten gearbeitet. Dabei gibt es kein „optimales" Medium für jeden Zweck, vielmehr müssen im Einzelfall Vor- und Nachteile der einzelnen Informationsträger gegeneinander abgewogen werden.

> *Praxistipp*
> Jedes Medium hat seine Eigenheiten in der Handhabung. Machen Sie sich auf jeden Fall **vor** der Präsentation damit vertraut.

Pinnwand

Bei der **Pinnwand** (auch Pinboard, Metaplanwand) handelt es sich um eine großformatige Tafel aus Kork oder Hartschaum, die sich zum Anheften oder Aufkleben von Papierbögen, Plakaten und vorgefertigten Pappkarten in verschiedenen Designs eignet. Je nach Ausstattung kann die Pinnwand fest an der Wand montiert sein oder auch frei im Raum bewegt werden. Bevorzugte Einsatzbereiche sind **Gruppenarbeiten**, in denen die Gruppenmitglieder einzelne Papierelemente beschriften und anschließend an die Pinnwand heften, auch der Einsatz bereits vorbereiteter Materialien ist denkbar. So ist es möglich, Präsentationen und Moderationen Zug um Zug zu erarbeiten und darzustellen.

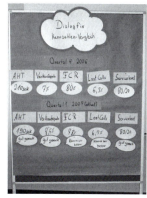

Abb.: Pinnwand

Vorteile	Nachteile
Flexibler und einfacher Einsatz ohne großen technischen Aufwand möglich.	Materialverbrauch an Papier und Schreibgeräten.
Elemente auf der Pinnwand können einfach umgruppiert werden.	Begrenzte Menge an darstellbaren Informationen.
Einbindung der Teilnehmer möglich.	Gruppengröße bzw. Teilnehmerzahl sollte ca. 20 nicht überschreiten
Vielfältige Gestaltungsmöglichkeiten in Design und Text sorgen für Auflockerung.	Bei ungeübten Teilnehmern Gefahr der schlechten Lesbarkeit und Unübersichtlichkeit
Ergebnis kann langfristig sichtbar bleiben.	Erstellung von Unterlagen (Handout) für die Teilnehmer schwierig.

Praxistipp
Achten Sie auf eine lesbare und für andere Teilnehmer nachvollziehbare Gestaltung der Pinnwand.

Whiteboard

Ein **Whiteboard** ist eine Tafel aus glattem, weißen Kunststoff oder Metall, die mit speziellen Filzstiften beschriftet werden kann. Die Tafel kann auf einem fahrbaren Gestell montiert sein oder fest an der Wand hängen. Meist es möglich, mittels Magnetclips kleine Papierelemente u. Ä. zusätzlich anzubringen. Vereinzelt ist in Unternehmen auch heutzutage noch das „Vorgängermodell", die klassische olivgrüne Tafel anzutreffen, die mit Kreide beschriftet wird.

Abb.: Whiteboard

Vorteile	Nachteile
Flexibler und einfacher Einsatz ohne großen technischen Aufwand möglich.	Bei Beschriftung kein Blickkontakt zu den Teilnehmern möglich,
Leichte Korrekturmöglichkeiten durch abwaschbare Beschriftung	Begrenzte Menge an darstellbaren Informationen.
Einbindung der Teilnehmer möglich.	Gruppengröße bzw. Teilnehmerzahl sollte ca. 20 nicht überschreiten
Anbringen zusätzlicher, vorgefertigter Materialien möglich.	Beschriftung kann leicht verschmieren.
Ergebnis kann langfristig sichtbar bleiben.	Erstellung von Unterlagen (Handout) für die Teilnehmer schwierig.

Praxistipp
Achten Sie darauf, abwaschbare Schreibmaterialien zu benutzen.

Flipchart

Ein **Flipchart** besteht aus einem großformatigen Papierblock, der auf einer transportablen Haltevorrichtung angebracht ist. Die einzelnen Seiten des Papierblocks können mit Stiften beschrieben werden und umgeblättert (= flip) werden. Während einer Präsentation können die einzelnen Seiten nach und nach entwickelt werden oder es wird auf bereits vorgefertigte Seiten zurückgegriffen.

Abb.: Flipchart

Vorteile	Nachteile
Flexibler und einfacher Einsatz ohne großen technischen Aufwand möglich.	Materialverbrauch an Papier und Schreibgeräten.
Entwicklungsschritte können gut nachvollzogen werden.	Begrenzte Menge an darstellbaren Informationen, ständiges Blättern kann dabei als störend empfunden werden
Einbindung der Teilnehmer möglich.	Gruppengröße bzw. Teilnehmerzahl sollte ca. 20 nicht überschreiten
Nachträgliches Einfügen/Ergänzen möglich.	Einmal Geschriebenes kann nicht mehr verändert werden.
Ergebnis kann langfristig erhalten werden und zu einem späteren Zeitpunkt erneut eingesetzt werden.	Erstellung von Unterlagen (Handout) für die Teilnehmer schwierig.

> *Praxistipp*
> Schreiben Sie nur Schlag- oder Stichworte auf das Flipchart, lange Fließtexte haben hier nichts zu suchen.

Overheadprojektor

Der **Overheadprojektor** (auch Tageslichtprojektor) projiziert und vergrößert transparente Folien auf eine helle Oberfläche. Meist wird dabei mit Overheadfolien im DIN A4-Format gearbeitet, aber auch der Einsatz einer drehbaren Folienrolle ist je nach technischer Ausstattung möglich. Die Folien können sowohl vorgefertigt sein (per Hand oder mit geeigneten Programmen) oder während der Präsentation beschriftet werden. Üblich ist der Einsatz vorgefertigter Folien, da sich das Beschriften während der Präsentation als schwierig erweist (Verschmieren der Schrift, unangenehmes Blenden etc.).

Abb.: Overheadprojektor

Vorteile	Nachteile
Großer Teilnehmerkreis kann angesprochen werden.	Technische Abhängigkeit (Stromanschluss, Wand, Gerät).
Schrittweise Entwicklung und Durchführung der Präsentation möglich.	Sicht- und Lichtverhältnisse können die Präsentation beeinträchtigen.
Leichtes Erstellen von Unterlagen (Handout) für die Teilnehmer möglich.	Meist keine Einbindung der Teilnehmer möglich, Gefahr der Passivität.
Nachträgliches Einfügen/Ergänzen handgeschriebenen Folien möglich.	Vorgefertigte Folien können vor Ort nicht mehr verändert werden.
Folien können leicht transportiert, langfristig aufbewahrt und jederzeit erneut eingesetzt werden.	Informationen sind nur solange sichtbar, wie die Folie aufgelegt ist.

> *Praxistipp*
> Ein Auflegen und Vorlesen einer Vielzahl vorgefertigter Folien ersetzt keinesfalls eine gelungene Präsentation.

Beamer

Der **Beamer** ist ein Projektor, der Daten aus einem Ausgabegerät (z. B. Computer, DVD-Player) vergrößert an eine Projektionsfläche wirft. Beim Einsatz mit einem Computer wird dabei meist auf vorbereitete Präsentationen mit speziellen Programmen (z. B. MS PowerPoint) zurückgegriffen. Dadurch können Information leicht grafisch angereichert und aufbereitet werden. Auch optische Animationen und die Einbindung von Audioelementen sind möglich.

Abb.: Beamer

Vorteile	Nachteile
Großer Teilnehmerkreis kann angesprochen werden.	Technische Abhängigkeit (Stromanschluss, Projektionsfläche, Gerät).
Gestaltungselemente können Interesse und Aufmerksamkeit wecken.	Sicht- und Lichtverhältnisse können die Präsentation beeinträchtigen.
Leichtes Erstellen von Unterlagen (Handout) mittels Programm möglich.	Meist keine Einbindung der Teilnehmer möglich, Gefahr der Passivität.
Präsentation kann über das entsprechende Programm leicht verändert werden.	Vorkenntnisse bei Erstellung und Handhabung erforderlich.
Große Informationsmengen können verarbeitet werden.	Geringe Aufmerksamkeitsdauer, Gefahr der Reizüberflutung.

Praxistipp
Ein Zu viel an optischen und akustischen Elementen kann leicht von den eigentlichen Inhalten ablenken und zu einer „Filmvorführung" ausarten.

3.4 Durchführung

Praxistipp
Ein sorgfältige Planung und vorheriges Ausprobieren reduziert die natürliche Aufregung bei der Durchführung der Präsentation ganz entscheidend.

Um die Zuhörer von der gut vorbereiteten Präsentation auch in der Durchführung zu begeistern, sollten folgende Aspekte beachtet werden:
- **Blickkontakt:** Der Augenkontakt stellt eine direkte Verbindung zwischen Vortragendem und Zuhörern her. Der Vortragende kann so das Feedback vom Publikum wahr-

nehmen und strahlt mehr **Sicherheit** aus. Die Zuhörer werden stärker in die Präsentation einbezogen und neigen weniger zum Abschweifen.

- **Freie Präsentation:** Ein Vorlesen der Präsentation wirkt auf die Zuhörer schnell langweilig und ermüdend. Auch ist so kaum der Blickkontakt aufrechtzuerhalten. Nützlich sind hingegen **Stichwortzettel**, auf die bei Bedarf zurückgegriffen werden kann.
- **Stimme und Aussprache:** Die Aussprache sollte klar und deutlich sein. Die passende Lautstärke wird dabei ganz entscheidend von der Gruppengröße und den Räumlichkeiten beeinflusst. **Tonlage** und **Geschwindigkeit** sollten für die Zuhörer angenehm sein. **Sprechpausen** und **Variationen** in Lautstärke und Betonung sind wichtige Instrumente, um die Aufmerksamkeit der Zuhörer zu erlangen und dauerhaft zu halten.
- **Gestik:** Die Bewegung des Körpers, insbesondere der **Arme** und **Hände**, sollten den Inhalt der Präsentation unterstreichen. Die Gestik kann Sicherheit, Souveränität und Überzeugungskraft vermitteln, aber auch Unsicherheit oder Überheblichkeit. Grundsätzlich ist eine offene und positive Körperhaltung anzustreben. Vermieden werden sollte z. B. ein Festhalten an Gegenständen oder ein Verstecken der Hände. Nicht zu vernachlässigen ist die Position, die der Vortragende im Raum und im Verhältnis zu den Zuhörern einnimmt (**Proxemik**). Übertriebene Nähe ist genauso zu vermeiden wie künstliche Distanz. Ein klarer „Standpunkt" kann je nach Situation ebenso angebracht sein wie eine dynamische Bewegung im Raum.
- **Mimik:** Die Variationsmöglichkeiten der Gesichtsmuskulatur sind ständiger Begleiter während der Präsentation. Im Idealfall sollte – ähnlich der Gestik – die Mimik den Inhalt der Präsentation unterstreichen. Mangelnde Übereinstimmung oder gar ein Widerspruch zwischen Gesichtssprache und gesprochener Sprache wirken irritierend und wenig überzeugend. Das Einüben der Präsentation vor dem **Spiegel** oder vor einer **Videokamera** leistet daher nützliche Dienste.
- **Stimmigkeit:** Eine Präsentation ist mehr als die Summe aller Einzelteile. Alle Elemente müssen ein **harmonisches Gesamtbild** abgeben, das natürlich und überzeugend wirkt. Die unzureichende Umsetzung eines Aspekts zieht zwangsläufig die Aufmerksamkeit der Zuhörenden auf sich und wirkt sich ungünstig auf den ansonsten positiven Gesamteindruck aus.

3.5 Nachbereitung

Feedback

„Ich weiß nicht, was ich gesagt habe, bevor ich die Antwort meines Gegenübers gehört habe."
(Paul Watzlawick)

Eine Präsentation endet nicht mit dem Schlusssatz. Ein bedeutender Bestandteil ist die sich anschließende Phase der **Nachbereitung**. Ein wichtiges Instrument dieser Phase ist das **Feedback**. Dabei handelt es sich um eine wertungsfreie Rückmeldung der Zuhörer an den

Vortragenden, in der die Wahrnehmung und die Wirkung der Wahrnehmung auf die Gefühle der Zuhörer beschrieben werden. Neben der fachlich-inhaltlichen Seite bezieht Feedback auch immer die emotionale Ebene mit ein. Ziel ist die (subjektive) Beschreibung, nicht die Bewertung. Feedback ist für den Vortragenden ein Angebot, sich und seine Außenwirkung besser kennenzulernen und keine Verpflichtung, sich ändern zu müssen. Feedback sollte daher nicht mit einer Kritik verwechselt werden.

Wer Feedback gibt, sollte dabei immer die **„Ich-Form"** wählen und auf „Du-Botschaften" oder „Wir-Botschaften" verzichten („Ich habe" statt „Du hast" oder „Wir haben"). Hilfreich ist dabei der Blickkontakt zwischen Geber und Empfänger. Wer Feedback empfängt, hört ruhig zu, kann ggf. bei Unklarheiten nachfragen und muss sich nicht rechtfertigen oder gar verteidigen. Ob und wie der Empfänger das Feedback umsetzt, bleibt ihm überlassen.

Praxistipp
Feedback ist ein wichtiges Instrument im Dialogmarketing und wird neben dem Einsatz bei Präsentationen auch in Teammeetings, Projektarbeiten, Trainings und im Coaching genutzt.

Um die gewünschten Ziele zu erreichen, sollte Feedback
- beschreiben, was sichtbar und hörbar ist.
- konkrete, nachvollziehbare Einzelheiten benennen.
- konstruktiv, nicht destruktiv sein.
- zeitnah, nicht verspätet erfolgen.
- unmittelbar, nicht über andere erfolgen.
- nicht verallgemeinern und pauschalisieren. („Das war ganz typisch" etc.)
- nichts sagende Aussagen vermeiden. („Das war gut/schlecht/toll" etc.)
- Interpretationen und Analysen vermeiden. („Damit hast Du bestimmt gemeint …")

Praxistipp
Ein bewährtes Instrument ist ein (individuell gestaltbarer) Feedbackbogen, in dem z. B. Verlauf, Inhalt und Person bei einer Präsentation von den Zuhörern **schriftlich** festgehalten werden.

Reflexion

Auch wenn die Zuhörer bereits ein Feedback gegeben haben, sollte zum Abschluss eine Phase der Nachbereitung und der Reflexion stehen, um eigene Stärken und Schwächen zu analysieren und Anregungen für zukünftige Präsentationen zu gewinnen. Folgende Fragen leisten dabei gute Dienste:
- Wurde das aufgestellte Ziel erreicht?
- War die Einschätzung der Zielgruppe zutreffend?
- Gab es fachliche oder inhaltliche Mängel?
- War die Aufteilung in Eröffnung, Hauptteil und Abschluss sachgerecht?
- Haben sich die genutzten Medien bewährt?

- Waren die Aspekte der Durchführung stimmig?
- Welche offenen Fragen sind noch zu klären?
- Gibt es nächste Schritte, die einzuleiten sind?

Zusammenfassung

- Zu den **Vorbereitungsschritten** für eine gelungene Präsentation gehören: **Ziel** festlegen, **Zielgruppe** beachten und Inhalte in die **Phasen** Einstieg, Hauptteil und Abschluss gliedern.

- Die gebräuchlichen Präsentationsmedien im Dialogmarketing sind **Pinnwand, Whiteboard, Flipchart, Overheadprojektor** sowie der **Beamer-Einsatz**. Die Medien sollten situationsgerecht ausgewählt und professionell genutzt werden.

- Die visuellen Gestaltungsmöglichkeiten **Textelemente, Bilder/Grafiken/Symbole** sowie **Diagramme** unterstützen je nach Situation die Präsentation und erleichtern die Aufnahme der Inhalte.

- Bei der Durchführung der Präsentation gebührt den Aspekten **Blickkontakt, freie Präsentation, Stimme und Aussprache, Gestik, Mimik** sowie **Stimmigkeit** besondere Beachtung.

- **Feedback** ist eine wertungsfreie Rückmeldung, keine Kritik.

- Zu jeder Präsentation gehört eine **Nachbereitung**, in der Stärken und Schwächen reflektiert werden.

◼ Aufgaben

1. *Erstellen Sie die Vorbereitungsschritte für eine Präsentation zum „Tag der offenen Tür", der in der Einstiegssituation beschrieben wird.*

2. *Stellen Sie folgende Informationen mit einem geeigneten Diagramm dar:*
   - *In der technischen Servicehotline der Dialogfix GmbH konnten im Januar 85 % der Anfragen beim ersten Anruf abschließend geklärt werden.*
   - *Die Krankenstandsquote im Team „Alpha" von KommunikativAktiv stellte sich im Jahr 2006 wie folgt dar:*
     Januar 12 %, Februar 18 %, März 20 %, April 9 %, Mai 5 %, Juni 0 %, Juli 0 %, August 12 %, September 15 %, Oktober 12 %, November 15 %, Dezember 15 %
   - *Bei der Outbound-Aktion im Juli erzielten die Teams von KommunikativAktiv folgende Umsatzzahlen:*
     Team „Alpha": 1,3 Produkte pro Kontakt
     Team „Beta": 0,9 Produkte pro Kontakt
     Team „Gamma": 1,6 Produkte pro Kontakt

3. *Was versteht man unter den „Vier Verständlichmachern"? Wie können die „Vier Verständlichmacher" für die Einstiegssituation („Tag der offenen Tür") eingesetzt werden?*

4. *Überlegen Sie für folgende Situationen, welcher Medieneinsatz jeweils geeignet ist:*
   - *Im Teammeeting werden die Verkaufszahlen des letzten Quartals besprochen.*
   - *Im Kommunikationstraining soll das Thema „Professionelles Beschwerdemanagement" erarbeitet werden.*
   - *In einer Mitarbeiterversammlung erläutert die Geschäftsleitung die anstehenden Umzugspläne in ein neues Gebäude.*
   - *Ein Projektleiter stellt bei einem externen Kunden das Unternehmen vor.*
   - *Die Auszubildenden sollen in der Berufsschule den Ausbildungsbetrieb vorstellen.*

5 *Welche Aspekte sind bei der Nachbereitung einer Präsentation zu beachten?*

Lernfeld 3:
Mit Kundinnen und Kunden kommunizieren

1 Texte formulieren, gliedern und gestalten

■ *Einstiegssituation*

Thomas hat gerade ein Gespräch mit dem Kunden Herrn Dietrich beendet, der ein Softwarepaket bestellt hat. Nach dem Telefonat stellt Thomas fest, dass er vergessen hat, dem Kunden die Versandkosten zu nennen. In den Kontaktdaten findet Thomas die E-Mail Adresse von Herrn Dietrich.

Thomas öffnet sein E-Mail-Programm und verfasst folgende Mail:

---

dialogfix GmbH

Hallo Herr Dietrich,

die Versandkosten für die Software belaufen sich auf knapp 3 Euro …

Habe ich eben vergessen, Tausend sorry ☹.

Viele Grüße
Thomas von Dialogfix ☺

Kurz bevor er die E-Mail absenden will, fragt er seinen Kollegen Jürgen:

„Jürgen, kann ich das so rausschicken? Was meinst Du?"

Jürgen schaut sich die Mail an und sagt: „Gut, dass du mir das zeigst, so kannst du keine Mail an einen Kunden senden. Die Kollegen im Mailteam übernehmen neben der Telefonie auch die schriftliche Korrespondenz, die haben zusätzlich eine Schulung bekommen. Bitte lieber einen von denen, dem Kunden die Mail zu schreiben."

- *Arbeitsaufträge*

1. *Was hat Thomas bei der E-Mail an den Kunden falsch gemacht?*
2. *Welche Regelungen zur schriftlichen Korrespondenz gibt es in Ihrem Ausbildungsbetrieb?*
3. *Stellen Sie Vorteile zusammen, die eine professionelle schriftliche Korrespondenz für Unternehmen und Kunden bietet.*

Meist steht im Dialogmarketing die **mündliche Kommunikation** im Vordergrund. Es gibt jedoch auch viele Anlässe, in denen unternehmensintern oder im Kundenkontakt **geschriebene Sprache** eingesetzt wird:
- Geschäftsbriefe
- Gesprächsnotizen
- E-Mail-Korrespondenz
- Chat
- Interne Mitteilungen
- Gesprächsleitfäden

5 | 1.2

Um diese Texte sach- und situationsgerecht zu gestalten, müssen formale und inhaltliche Regelungen beachtet werden.

1.1 Texte nach DIN 5008 verfassen

In der **DIN 5008** sind Gestaltungs- sowie Schreibregeln für die **Textverarbeitung** festgelegt. Praktische Anwendung findet die DIN 5008 vorrangig beim Verfassen von Geschäftsbriefen.

> **Definition**
> Ziel der Norm ist es,
> - die Maschinenlesbarkeit von Schriftstücken zu verbessern,
> - ein Grundgerüst für eine übersichtliche Korrespondenz zu liefern,
> - Korrespondenz einheitlich zu gestalten.

Dazu werden z. B. Textgliederung, Satz- und Schriftzeichen, Rechenzeichen, Formeln usw. geregelt.

1 Texte formulieren, gliedern und gestalten | 173

Jedes Untenehmen kann die schriftliche Korrespondenz zu Geschäftspartnern und Kunden natürlich frei gestalten. Daher kann es je nach Unternehmen zu deutlichen Abweichungen von dieser Norm kommen. Viele der Grundsätze aus der DIN 5008 sind aber in nahezu jedem Betrieb zu finden.

Aufbau eines Briefes nach der DIN 5008

Die DIN 5008 regelt sehr genau, wie ein Brief (Format A4) aufgebaut sein muss. Im Folgenden werden die wichtigsten Regeln vorgestellt:

Der Grundaufbau eines Schreibens

Jeder Brief besteht aus:
- Briefkopf
- Anschriftfeld
- Bezugzeichenzeile
- Betreff
- Anrede
- Text
- Gruß
- Firmenwiederholung
- Unterschrift und Firmenstempel
- Anlagen und Verteilervermerk
- Brieffuß

Alle Zeilen beginnen an der sog. **Fluchtlinie**, die sich 2,41 cm vom linken Bildrand entfernt befindet.

Briefkopf

Der Briefkopf kann frei in einer Vorlage gestaltet werden und beinhaltet neben der Absenderangabe meist das Logo des Unternehmens.

Anschriftfeld

Über dem Anschriftfeld wird der Absender inkl. Adresse (ggf. in verkürzter Form) eingetragen. Bei geschickter Platzierung (und Faltung) passt auch diese Zeile noch in das Fenster eines Fensterkuverts.

174 | Lernfeld 3: Mit Kundinnen und Kunden kommunizieren

Das Anschriftfeld ist auf **Maschinenlesbarkeit** für eine voll automatische Briefsortierung ausgelegt. Es beginnt 3,39 cm unterhalb des oberen Blattrandes.

Das Anschriftfeld ist unterteilt in 3 Zeilen für Zusätze und Vermerke sowie 6 Zeilen für die Anschrift. Im gesamten Anschriftfeld werden keine Leerzeilen verwendet. Die Schriftgröße sollte auf 11 pt und der Zeilenabstand auf 12 pt eingestellt sein, eine Schriftgröße von 12 pt ist nicht zulässig. Wenn mehr Platz benötigt wird, kann die Schriftgröße verkleinert werden, wobei eine Schrift kleiner 8 pt nicht gestattet ist.

Anschriftfeld 40 mm			
	1 2 3	Zusätze und Vermerke (Vorausverfügungen, Produkte, elektronische Freimachungsvermerke)	Zusatz- und Vermerkzone (12,7 mm)
	1 2 3 4 5 6	Anschrift [Aufschrift = Zusätze und Vermerke + Anschrift]	Anschriftzone (27,3 mm)

Anschriftfeld, Breite 85 mm

Beispiel für ein Anschriftenfeld

1	
2	Nicht nachsenden!
3	Einschreiben
1	KommunikativAktiv
2	Callcenter KG
3	Abt. Outbound
4	Birkenallee 7
5	66250 Randstadt

Bezugszeichenzeile

In der Bezugszeichenzeile erfolgt eine Verbindung zu evtl. vorhergehenden Schreiben. Sie enthält:

- Bezugszeichen des Absenders
- Angaben zum bisherigen Schriftverkehr
- Namen und Durchwahlnummer des Sachbearbeiters
- Datum

1   Texte formulieren, gliedern und gestalten

Ein Kommunikationsblock neben der letzten Zeile des Anschriftfeldes kann z. B. Telefon- und/oder Faxnummer beinhalten.

Beispiel

Ihr Zeichen, Ihre Nachricht vom	Unser Zeichen, unsere Nachricht vom	Telefon, Name	Datum
		+49 123 45-	
at-uz 2007-02-04	E021/pk-rx	Frau Schmitz	2007-02-10

Betreff

Der Betreff beginnt an der Fluchtlinie und beinhaltet eine kurze stichwortartige Inhaltsangabe des Briefes, meist in Fettdruck. „Betreff" oder „Betr." wird allerdings nicht geschrieben.

Anrede

Die Anrede wird mit zwei Leerzeilen vom Betreff sowie einer Leerzeile vom Text abgesetzt. Wenn möglich sollte der Empfänger mit Namen angesprochen werden. Ist der Empfänger nicht bekannt, wird die Formulierung „Sehr geehrte Damen und Herren" verwendet.

Text

Der Briefinhalt wird sachlich formuliert und auf den Empfänger bezogen. Es wird eine Gliederung des Textes in Absätze vorgenommen, die Absatzgliederung sollte sich mit der inhaltlichen Gliederung decken. Dabei gilt der Grundsatz: Ein neuer Gedanke, ein neuer Absatz. Die Gliederung wird jeweils durch eine Leerzeile vorgenommen.

Im Text stehen folgende Hervorhebungsmöglichkeiten zur Verfügung:
- Unterstreichen
- Gesamtgroßschreibung
- Zentrieren
- Einrücken
- Fett- und Kursivschrift
- Verschiedene Schriftarten
- Wechsel der Schriftgröße
- Farben

Gruß

Der Gruß beginnt an der Fluchtlinie und wird mit einer Leerzeile vom Text abgesetzt. Eine mögliche Grußformel im Geschäftsbrief ist z. B. „ Mit freundlichen Grüßen".

Firmenwiederholung

Diese wird eine Leerzeile vom Gruß abgesetzt. Wenn die Firma eindeutig aus der Kopfzeile hervorgeht, kann die Wiederholung komplett wegfallen.

Unterschrift und Firmenstempel

Die Unterschrift wird durch drei Zeilen von der Firmenwiederholung abgesetzt. Wurde auf die Firmenwiederholung verzichtet, werden drei Zeilen Abstand zum Gruß eingehalten.

Anlagen und Verteilervermerk

Hier wird eingetragen, welche Anlagen dem Brief beigefügt sind und an wen Durchschläge oder Kopien des Briefes versendet werden. Anlagen und Verteilervermerk können mit einer Zeile Abstand voneinander eingetragen werden.

Der Anlagenvermerk wird in der Regel am Fuß des Briefes oder rechts neben dem Gruß angebracht.

Beispiel für Gruß, Firmenwiederholung, Unterschrift und Anlagen-Verteilervermerk.

Mit bester Empfehlung
KommunikativAktiv KG
[leer]
i. V. Unterschrift
[leer]
[ggf. Hr./Fr.] Vorname Nachname
Technischer Support
[Anlage/n (evtl. genau bezeichnen)]
[Verteiler]

Der Brieffuß

Der Brieffuß ist meist auf dem Firmenbriefpapier vorgedruckt. Zu den typischen Angaben gehören z. B.:

- Konten
- Geschäftszeiten
- Handelsregistereintragungen
- Namen der/des Geschäftsführer(s), des Vorstands

```
                dialogfix GmbH                          Hardware
                                                        Software
                                                        Support

         Dialogfix GmbH • Lothringerstr. 28-30 • 66250 Randstadt


    Herrn
    Joel B. Hermann
    Kaiser-Friedrich-Str. 55
    10555 Berlin
                                         Telefax
                                         01805 / 90-        E-Mail
                                              125           TMueller@dialogfix.de

    Ihr Zeichen, Ihre Nachricht vom   Unser Zeichen, unsere Nachricht vom   Telefon, Name         Datum
    12.09.2007                                                              01805 90 125
                                                                            Thomas Müller         13.09.2007

    Ihre Anfrage vom 12.09.2007


    Sehr geehrter Herr Hermann,

    vielen Dank für Ihre Anfrage vom 12.09.2007. Unser Drucker xi744 kostet inklusive Software 399,- EUR.

    Mit einer guten Bildqualität und einer Garantie von 3 Jahren inklusive Abholservice erhalten Sie das op-
    timale Gerät für Ihre Ansprüche.

    Für weitere Fragen zum Gerät stehen wir Ihnen gerne unter der Telefonnummer **01805 / 90 125**
    (14 Ct/Min.) zur Verfügung.

    Mit freundlichen Grüßen

    Dialogfix GmbH

    *Thomas Müller*
    Thomas Müller


                             Dialogfix GmbH, Hardware, Software, Support
                        Sitz der Gesellschaft: 66250 Randstadt, Eintragung im HR Randstadt B 32168
                              Geschäftsführung: Tim Braun, Raymond Kruse, Dorothea Russ
                     Bankverbindung: Postbank Köln, Konto-Nr. 85555, BLZ 37010050; Steuer-Nummer: 110/4711/5051
```

Abb.: Beispielbrief gemäß DIN 5008

Praxistipp
DIN 5008 erlaubt für das Datumsformat mehrere korrekte Varianten. Zum einen ist die numerische Datumsangabe möglich, und zwar sowohl in der Variante Jahr/Monat/Tag (z. B. 2007-09-13) als auch in der Variante Tag/Monat/Jahr (z. B. 13.09.2007). Die Jahreszahl kann dabei sowohl 2-stellig als auch 4-stellig geschrieben werden. Zum anderen ist die alphanumerische Schreibung mit ausgeschriebenen oder abgekürzten Monatsnamen möglich (z. B. 13. September 2007). Als Besonderheit entfällt hier die vorangestellte 0 bei einstelligen Tageszahlen.

1.2 Kundenorientiert formulieren

Jenseits der DIN-Normen sind in der schriftlichen Kommunikation mit einem Kunden ein sicherer Umgang mit der Sprache sowie ein freundlicher und offener Stil Vorraussetzung für ein positives Kundenerlebnis. Für geschäftliche Briefe, Faxe und E-Mails an Kunden gilt es daher, einige wichtige Punkte zu beachten:

Satzlänge und Satzbau

Lange Sätze schaffen gegenüber dem Kunden eine große Distanz. Sie sind unübersichtlich und nicht leicht zu lesen. Deshalb sollten kurze Sätze verwendet werden.

Kurze Sätze beinhalten maximal ein Komma, bestehen also aus Hauptsatz und maximal einem Nebensatz. Dabei gehören wichtige Informationen in den Hauptsatz und weitere Aspekte in den Nebensatz.

Einsatz von Verben

Substantivierungen wirken steif und bürokratisch. Texte, die viele Verben verwenden, sind wesentlich dynamischer und prägnanter. Es sollte daher stets vermieden werden, etwas mit einem Substantiv auszudrücken, was man auch mit einem Verb ausdrücken kann.

Substantivierung (statt ...)	Verb (... besser)
Bei **Vorlage** des Retourenscheines ...	Sobald der Retourenschein **vorliegt** ...
Eine **Weiterleitung** wurde vorgenommen ...	... wurde **weitergeleitet** ...
Die **Prüfung** Ihres Druckers vornehmen ...	Den Drucker **prüfen** ...

Aktiv/Passiv

Den Einsatz von Passivformulierungen sollte man auf die Fälle beschränken, in denen mit einer Sache etwas geschieht und dieses Geschehen wichtiger ist als die handelnde Person. Ansonsten sollte der Kunde immer direkt angesprochen werden.

Passiv (statt ...)	Aktiv (... besser)
Ihre Bitte wird erfüllt.	Wir erfüllen Ihre Bitte.
Aus der Rechnung kann entnommen werden ...	Der Rechnung können Sie entnehmen ...
Der Vertrag wird Ihnen zugeschickt.	Sie erhalten den Vertrag.

Die Sie-Ansprache

Der Kunde sollte möglichst immer direkt angesprochen werden. Die Verwendung der Ich-Perspektive sollte daher reduziert und die direkte Ansprache des Kunden in den Vordergrund gestellt werden.

Ich-Perspektive (statt …)	Sie-Ansprache (… besser)
Ich sende Ihnen …	Sie erhalten von mir …
Ich biete Ihnen …	Für Ihren Bedarf …
In unserem Interesse …	In Ihrem Interesse …

1.3 Textbausteine und Standardformulierungen

Aufgrund vieler ähnlicher Kundenanfragen wiederholt sich ein großer Teil der geschäftlichen Korrespondenz in seiner Gesamtheit oder in einzelnen Textpassagen. Je nach Ausrichtung des Unternehmens liegt der Anteil an gleich bleibenden Anfragen zwischen 30 % und 80 %.

Beispiel

Dialogfix erhält am Tag zwischen 100 bis 150 Anfragen zu den aktuellen Preisen oder dem aktuellen Hardware-Sortiment. Die Struktur der Antwort sieht inhaltlich immer gleich aus.

Aus diesem Grund werden **Textbausteine** und **Standardformulierungen** vorbereitet, mit denen die Kundenkorrespondenz erstellt wird. Der Mitarbeiter kann dann aus einer Sammlung fertiger Textpassagen einen Brief oder eine E-Mail erstellen und wenn nötig auf die individuellen Anfragen anpassen.

Da diese Textbausteine von jedem Mitarbeiter in der Korrespondenz verwendet werden, ist ein **einheitliches Auftreten** gegenüber dem Kunden sichergestellt. Durch eine gründliche Vorbereitung der Textbausteine kann das Unternehmen auch auf Rechtschreibung, Grammatik sowie Einhaltung des Styleguides achten. Die Textbausteine werden nach Sachgebieten und Textaufbau geordnet und stehen dem Mitarbeiter in Textvorlagen oder entsprechenden Programmen zur Verfügung. Je nach Anfrage wählt der Mitarbeiter ein entsprechendes Sachgebiet und eine passende Textpassage aus.

Beispiel

Ein Mitarbeiter von Dialogfix erhält eine Anfrage zum aktuellen Preis des Druckermodells xi744.

Die Antwort kann mit Textbausteinen wie folgt aufgebaut werden:

Brieftext	Textbaustein (Bezeichnung)
Sehr geehrter Herr/Frau <Name des Kunden>, vielen Dank für Ihre Anfrage vom <Datum>	Begrüßung
Unser Drucker xi744 kostet inklusive Software <aktueller Preis> EUR. Mit einer guten Bildqualität und einer Garantie von 3 Jahren inklusive Abholservice erhalten Sie das optimale Gerät für Ihre Ansprüche.	Preis + Empfehlung Drucker xi744
Für weitere Fragen zum Gerät stehen wir Ihnen gerne unter der Telefonnummer **01805 / 90 125** (14 Ct/Min.) zur Verfügung.	Empfehlung Hotline
Mit freundlichen Grüßen <Unterschrift/Name Mitarbeiter> Dialogfix GmbH	Verabschiedung

1.4   E-Mail-Gestaltung

Heute ersetzt die E-Mail den Geschäftsbrief oder das Fax immer häufiger. In der Korrespondenz mit dem Kunden ist sie eine sehr schnelle und einfache Möglichkeit der Kommunikation. Die Vorteile der E-Mail sind die rasche und kostengünstige Übermittlung, die Möglichkeit, gleich mehrere Empfänger zu berücksichtigen sowie Dateianhänge versenden zu können.

Im Allgemeinen werden folgende Typen der E-Mail unterschieden:
- E-Mails, die direkt die Nachricht enthalten. Sie sind vergleichbar mit einem offenen Brief.
- E-Mails mit Anhang. Der Anhang kann entweder den Text der E-Mail ergänzen oder die eigentliche Nachricht enthalten.

Den Gestaltungsmöglichkeiten für E-Mails sind keine Grenzen gesetzt. So können z. B. Smileys (☺) eingesetzt werden, um Gefühle auszudrücken oder im Internet verwendete Kürzel, um Gemütszustände zu vermitteln (z. B. lol für „laughing out loud"). Diese Symbolik hat allerdings in einer Kundenkorrespondenz nichts zu suchen. Eine E-Mail an einen Kunden oder Geschäftspartner ist ein Geschäftsbrief und wird entsprechend gestaltet. Zudem sind seit dem 1. Januar 2007 alle Unternehmen gemäß dem **Gesetz über elektronische Handelsregister und Genossenschaftsregister sowie das Unternehmensregister** (EHUG) verpflichtet, bestimmte Informationen zu ihrem Unternehmen bei jedem Schriftwechsel anzugeben. Mit diesem Gesetz wurde klargestellt, dass für E-Mails dieselben Regeln gelten wie für Geschäftsbriefe in der Briefpost. Sie müssen unter anderem Angaben zur Firma, Rechtsform, Registergericht und Nummer der Eintragung enthalten.

Praxistipp

Es gibt verschiedene Verhaltensregeln für den Umgang mit anderen Menschen im Internet, Chat oder per E-Mail. Diese Regeln können je nach Hintergrund (privat, geschäftlich) variieren, zielen aber immer darauf ab, dass man auch in der elektronischen Kommunikation dem Gegenüber Achtung und Respekt entgegenbringt. Diese Regeln werden oft als **Netiquette** bezeichnet und stellen einen Verhaltenskodex im Internet dar.

Grundregeln zur Gestaltung einer E-Mail

Beachten Sie beim Schreiben einer E-Mail folgende Grundsätze:
- Kommen Sie schnell zum Punkt, damit der Empfänger nicht lange scrollen muss.
- Schreiben Sie nicht ganze Wörter in Großbuchstaben, das wirkt wie ANSCHREIEN.
- Antworten Sie nicht auf eine E-Mail, die Sie noch nicht komplett gelesen haben.
- Leiten Sie E-Mails nur an Personen weiter, die der Inhalt etwas angeht.
- Duzen Sie nur Personen, die Sie in der direkten Kommunikation ebenfalls duzen würden.

Aufbau einer E-Mail

Die DIN 5008 geht auch auf die Korrespondenz per E-Mail ein. Es geht dabei allerdings um E-Mails, die als Ersatz für einen Geschäftsbrief gelten. Das bedeutet, dass die internen Mails genauso wenig behandelt werden wie rein private Mails. Folgende wesentliche Regeln sollten bei der Nutzung von E-Mails beachtet werden:
- Absender- und Empfängeradresse
- Betreff
- Zitieren
- Text/Inhalt
- Anhang

Absender- und Empfängeradresse

Eine E-Mail kann alleine durch die Verwendung der richtigen E-Mailadresse verschickt und empfangen werden. Die E-Mail-Adresse kann allerdings ein einfaches Kürzel sein, das über Namen, Anschrift und Hintergrund des Absenders keine Auskunft gibt. Daher ist es wichtig, dass man sich in Geschäfts-E-Mails korrekt zu erkennen gibt. Dies kann durch die Verwendung einer E-Mail-**Signatur** oder die Nennung des kompletten Namens am Ende der E-Mail geschehen.

Betreff

Der Betreff einer E-Mail sollte stets mit einer aussagekräftigen Information versehen werden. So kann der Empfänger leicht entscheiden, ob und wann er diese E-Mail liest. Außerdem ist es wichtig, dass der Empfänger die E-Mail von Massenmails (sog. **Spam**) unterscheiden kann.

4 | 5.1.2

Zitieren

Bei manchen E-Mail-Programmen wird direkt durch die „Beantworten"- bzw. „Reply"-Funktion die ursprüngliche Nachricht zitiert. Hier ist darauf zu achten, dass wichtige Informationen des ursprünglichen Textes zitiert werden, aber nicht zu viele oder unnötige Informationen. Kopiert man über einen langen E-Mail-Verkehr hinweg immer die kompletten E-Mail-Texte, werden die E-Mails zu lang und damit unübersichtlich. Man verliert so leicht die Lust, den gesamten Text zu lesen.

Text/Inhalt

Es gibt sehr viele verschiedene E-Mail-Programme und Anbieter von E-Mail-Accounts, aber leider keine einheitliche Norm darüber, wie der Textkörper formatiert wird. Wenn man mit vielen Formatierungen wie Textumbruch, Bildern, Sonderzeichen, Tabulatoren oder Tabellen arbeitet, kann es passieren, dass die E-Mail beim Empfänger nicht mehr korrekt angezeigt wird. Es empfiehlt sich daher, den Text der E-Mail schlicht zu gestalten und komplexe Texte in den Anhang zu setzen.

Eine E-Mail wird oft in Eile verfasst oder unter der Prämisse, im Vergleich zu einem Brief Zeit zu sparen. Trotzdem ist eine korrekte **Rechtschreibung** in einer Geschäftskorrespondenz Pflicht. Eine E-Mail mit Rechtschreibfehlern wirkt genauso unprofessionell wie ein Brief mit Rechtschreibfehlern.

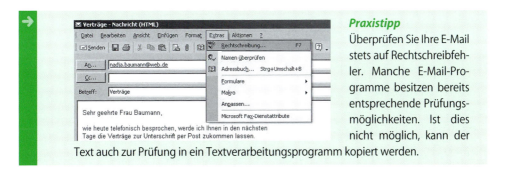

Praxistipp
Überprüfen Sie Ihre E-Mail stets auf Rechtschreibfehler. Manche E-Mail-Programme besitzen bereits entsprechende Prüfungsmöglichkeiten. Ist dies nicht möglich, kann der Text auch zur Prüfung in ein Textverarbeitungsprogramm kopiert werden.

Der Anhang

Beim Versenden von Anhängen sollte man stets darauf achten, dass die Datei auch vom Empfänger geöffnet werden kann. Ist dies nicht sichergestellt, empfiehlt es sich, ein anderes Dateiformat zu nutzen oder einen Hinweis auf ein geeignetes Programm zum Öffnen des Anhangs zu geben.

4 | 5.2.2 Beim Öffnen von Anhängen ist stets Vorsicht geboten. Anhänge können beabsichtigt oder unbeabsichtigt **Computerviren** enthalten. Eine Prüfung mit einem Antivirenprogramm ist daher unverzichtbar.

Praxistipp
Laden Sie nur Anhänge von bekannten Absendern herunter, prüfen Sie auch dann stets den Anhang mit einem Virenscanner.

Zusammenfassung

- In der **DIN 5008** sind Gestaltungs- sowie Schreibregeln für die Textverarbeitung festgelegt. Praktische Anwendung findet die DIN 5008 vorrangig bei der Gestaltung von **Geschäftsbriefen**.

- Neben den formalen DIN-Regelungen sollte im Geschäftsbrief auch auf **kundenorientierte Formulierungen** geachtet werden:
  - Kurze, übersichtliche Sätze.
  - Wenn möglich Verben statt Substantive verwenden.
  - Aktiv- statt Passivformulierungen bevorzugen.
  - Sie-Ansprache verwenden

- **Standardformulierungen** und **Textbausteine** werden eingesetzt, um häufig wiederkehrende Anfragen schnell und einheitlich zu beantworten.

- Die **E-Mail** ersetzt immer häufiger den Geschäftsbrief oder das Fax. Aber auch bei einer E-Mail handelt es sich um einen Geschäftsbrief, der formalen Regelungen unterliegt. Es werden daher auch keine Smileys, Internetkürzel etc. eingesetzt.

■ Aufgaben

1. Helfen Sie Thomas bei der Neugestaltung der E-Mail aus der Einstiegssituation. Achten Sie in der Textgestaltung auf kundenorientiertes Formulieren.
2. Welche Vor- und Nachteile hat die E-Mail-Kommunikation?
3. Welche Besonderheiten der Kommunikation per E-Mail sind zu beachten?
4. Was wird als Netiquette bezeichnet?
5. Warum sollten Smileys oder Internetkürzel nicht in der Kundenkommunikation eingesetzt werden?

2 Kommunikationspsychologie

- *Einstiegssituation*

Nach einem sehr anstrengenden Arbeitstag trifft sich Julia mit Daniel in der Stadt. Daniel hat im Moment Urlaub und ist daher äußerst entspannt. Beide wollen eine Kleinigkeit essen und dabei ein wenig plaudern. Sie sitzen in einem Lokal und unterhalten sich.

Julia: „Mann, war mein Tag heute mies! Mich hat echt jeder genervt, vom Kunden über die Kollegen bis hin zum Chef."

Daniel: „Vielleicht warst Du einfach zu schlecht gelaunt. Du solltest nicht davon ausgehen, dass immer die anderen schuld sind. Egal, ich kann dich ja etwas aufheitern oder dir ein paar Tipps geben, wie man sich bei der Arbeit besser entspannen kann."

Julia: „Ach ja, ich bin deiner Meinung nach schuld? Jetzt kommst du mir auch noch so. Ich sag's ja, heute ist jeder gegen mich."

Daniel: „Meine Güte, reg Dich ab. Ich will dir nur helfen, etwas runterzukommen ..."

Julia: „So einfach ist das also: Abregen! Schade, dass Du heute früh noch nicht da warst, um mir diesen klasse Tipp zu geben. Dann wäre mein Tag viel besser geworden ..."

Daniel: „Toll, da will man helfen und wird nur blöd von der Seite angequatscht. Aber egal, komm, wir reden über etwas anderes."

Julia: „Weißt du was, wenn ich jetzt auch noch blöd quatsche, dann ist es wohl besser, wenn ich gehe."

Mit diesen Worten verlässt Julia wütend das Lokal. Daniel sieht ihr verwundert nach und fragt sich, wie diese Situation entstanden ist.

- *Arbeitsaufträge*

1. Erörtern Sie, welche Faktoren in diesem Dialog dazu geführt haben, dass ein Streit entstanden ist.
2. Welche Mittel sind Ihnen bekannt, um eine solche Eskalation zu verhindern?
3. Diskutieren Sie in der Gruppe Möglichkeiten der Gesprächsführung, die zu einer Klärung dieser Situation beitragen könnten.

Menschliche **Kommunikation** bezeichnet den Prozess, mit dem Nachrichten oder Informationen zum Zweck der Verständigung oder Verarbeitung übermittelt werden. Kommunikation spielt in unserer Gesellschaft eine herausragende Rolle, jeder Mensch praktiziert – bewusst oder unbewusst – Kommunikation. Dabei kommt es jedoch immer wieder zu Missverständnissen oder Störungen.

Um die Kommunikation erfolgreich zu gestalten bzw. **Missverständnisse** zu vermeiden, benötigen Mitarbeiter im Dialogmarketing fundierte Kenntnisse über die psychologischen Grundlagen zwischenmenschlicher Beziehungen sowie über die Zusammenhänge im Kommunikationsgeschehen. Mit diesen Abläufen und Hintergründen beschäftigen sich verschiedene Modelle der **Kommunikationspsychologie**. Die Kommunikationspsychologie ist dabei vorrangig als ein Weg zu sehen, die zwischenmenschlichen Beziehungen im Kommunikationsprozess besser wahrzunehmen und zu verstehen. Insofern sind die kommunikationspsychologischen Modelle keine konkreten Techniken und Werkzeuge, wie dies z. B. bei den rhetorischen Mitteln der Fall ist, sondern sollen eher zu Denkanstößen über das menschliche Verhalten in Kommunikationssituationen anregen.

2.1.1 Kommunikationsmittel

Der Mensch als soziales Wesen benötigt einen ständigen Kontakt zu anderen Menschen. Um diesen Kontakt zu realisieren, zu gestalten oder aufrechtzuerhalten, werden verschiedene **Kommunikationsmittel** (auch als **Codes** bezeichnet) eingesetzt, um mit anderen Menschen zu interagieren.

Folgende Kommunikationsmittel werden unterschieden:

Abb.: Kommunikationsmittel

Verbale Kommunikation

Die verbale Kommunikation umfasst die Verständigung mit **Worten**. Der wichtigste Baustein der verbalen Kommunikation ist die **gesprochene Sprache**. Zur verbalen Kommunikation gehören aber auch verschiedene Techniken der Gesprächsführung, der Argumentation und der Schriftsprache. Die verbale Kommunikation ist das Mittel, das vordergründig mit Kommunikation gleichgesetzt wird. Meist findet aber Kommunikation nicht nur auf der verbalen Ebene statt.

Paraverbale Kommunikation

Der paraverbale Anteil der Kommunikation beschreibt die nicht-inhaltlichen, hörbaren **Ausdrucksformen** der verbalen Kommunikation, also wie die Sprache klingt.

Dazu gehören z. B.:
- Lautstärke
- Tonhöhe
- Betonung
- Sprechgeschwindigkeit
- Sprachmelodie

Nonverbale Kommunikation

Die nonverbale Kommunikation umfasst die Mitteilungen **ohne Worte**, also alles, was sichtbar durch den Körper zum Ausdruck gebracht wird. Dabei werden vor allem die emotionalen Anteile der Kommunikation übermittelt.

Zur nonverbalen Kommunikation oder Körpersprache gehören z. B.:
- Mimik
- Gestik
- Gesichtsausdruck
- Räumliche Nähe zum Gesprächspartner
- Körperhaltung
- Äußeres Erscheinungsbild

Übereinstimmung der Kommunikationsmittel

Im direkten Dialog mit anderen Menschen geschieht Kommunikation immer mit allen Kommunikationsmitteln. Mitteilungen, die verbal den gleichen Inhalt enthalten, können aber durch den Einsatz verschiedener paraverbaler oder nonverbaler Mittel unterschiedlich aufgenommen werden. Daher ist die Übereinstimmung (**Kongruenz**) der einzelnen Kommunikationsmittel von großer Bedeutung. Kommt es zu Abweichungen, werden meist die nonverbalen bzw. paraverbalen Signale dominieren, man spricht von **inkongruenter Kommunikation**.

Beispiel

Daniel sagt zu Julia im Berufsschulunterricht: „Guter Beitrag!"
Wenn er diese Aussage trifft und Julia dabei freundlich anlächelt, mit einer freundlichen und angenehmen Stimme spricht, kommt bei Julia eine klare Botschaft an: Mein Beitrag war wirklich gut.

Schaut Daniel bei dieser Aussage sehr grimmig und hat einen zur Aussage unpassenden Tonfall (süffisant, ironisch), kommt eine konträre Botschaft an. Wahrscheinlich meint Daniel genau das Gegenteil von dem, was er verbal zum Ausdruck bringt.

Praxistipp
Beim Telefonieren entfallen die nonverbalen Anteile der Kommunikation. Achten Sie daher ganz besonders auf eine Übereinstimmung der verbalen und paraverbalen Anteile der Kommunikation.

2.1.2 Das Sender-Empfänger-Modell

Bestandteile

Das Sender-Empfänger-Modell ist eine einfache Hilfe, zwischenmenschliche Kommunikation besser zu verstehen. Es besteht aus drei Elementen:

- **Sender**
  Der Sender ist derjenige, der eine Nachricht durch verschiedene Kommunikationsmittel codiert (verbal, paraverbal und nonverbal) und an einen Empfänger weiterleitet.

- **Nachricht**
  Der Inhalt oder die Information, die der Sender von sich gibt und an den Empfänger richtet.

- **Empfänger**
  Derjenige, der die Information erhält, diese decodiert und eventuell reagiert.

Bleibt der Empfänger in der reinen Zuhörerrolle, wird von einer **Ein-Wege-Kommunikation** gesprochen:

Abb.: Ein-Wege-Kommunikation im Sender-Empfänger-Modell

Sobald der Empfänger eine entsprechende Antwort an den Sender richtet und somit selbst zum Sender wird, werden Sende- und Empfangsrichtung umgekehrt. In diesem Fall spricht man von einer **Zwei-Wege-Kommunikation**:

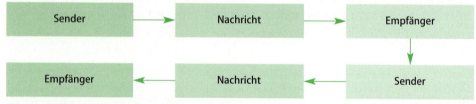
Abb.: Zwei-Wege-Kommunikation im Sender-Empfänger-Modell

Die Decodierung der Nachricht über gemeinsame Zeichen

Im Sender-Empfänger-Modell richtet der Sender seine Nachricht durch verschiedene Kommunikationsmittel an den Empfänger. Durch den Einsatz dieser Zeichen wird die Nachricht codiert. Damit der Empfänger die Nachricht decodieren kann, muss er einen Großteil dieser Zeichen verstehen.

Beispiel
Julia trifft in der Stadt einen spanischsprechenden Touristen, der ihr eine Frage stellt. Da Julia kein Spanisch versteht, reagiert sie mit einem Achselzucken, also einem Mittel der nonverbalen Kommunikation.

In diesem Beispiel verfügen Sender und Empfänger nicht über gemeinsame verbale Kommunikationsmittel. Lediglich das Achselzucken als Zeichen der nonverbalen Kommunikation wird verstanden.

Damit also eine fruchtbare Kommunikation entstehen kann bzw. damit sich Sender und Empfänger richtig verstehen, muss der Vorrat an gemeinsamen Zeichen (Worte, Gesten, Grammatik, Dialekt etc.) entsprechend groß sein.

Dabei kommt es nicht nur bei Gesprächspartnern mit unterschiedlichen Muttersprachen dazu, dass nicht genügend gemeinsame Zeichen zur Verständigung bekannt sind. Diese Schwierigkeit kann auch auftreten, wenn ein Gesprächspartner seine Nachricht in einer „Fachsprache" verfasst, die der Empfänger als Laie bzw. als Nichtkenner der entsprechenden Begrifflichkeiten nicht versteht.

Praxistipp
Eine Fachsprache kann die Kommunikation unter Experten erleichtern, jedoch die Kommunikation mit einem Laien erheblich erschweren. Achten Sie im Kontakt mit Kunden darauf, eine Sprache zu wählen, die leicht verständlich ist.

Informationsverlust bei der Übertragung

Selbst wenn sich der Sender einer Nachricht absolut sicher ist, dass er sich verständlich ausgedrückt hat, kommt es oft zu Missverständnissen. Die gesendete Nachricht entspricht in diesen Fällen nicht der empfangenen Nachricht. Basis für die Kommunikation ist also nicht zwangsläufig die Nachricht, die gesendet wurde, sondern die Nachricht, die empfangen wird.

Die Informationsverluste bei der Übertragung von Nachrichten können verschiedene Ursachen haben:

- **Was man meint, ist oft nicht das, was man sagt.**
  Bevor der Sender eine Nachricht übermittelt, hat er meist über deren Inhalt nachgedacht. Die Überlegungen, die er im Vorfeld anstrengt, beinhalten viele grundlegende Informationen, die als Basis der Mitteilung fungieren, aber nicht ausdrücklich Teil der Nachricht sind. Der Empfänger kennt diese Überlegungen und Gedanken nicht. Ihm fehlt damit ein wesentliches Element, um die Nachricht zu verstehen.

- **Was man sagt, ist nicht das, was der andere hört.**
  Die Nachrichten, die vom Sender an den Empfänger gehen, kommen eventuell nicht fehlerfrei dort an. Es kann durch äußere Einflüsse zu Verlusten kommen. Wenn z. B. der Sender zu leise spricht oder die Umgebung zu laut ist, überhört der Empfänger einzelne Informationen.

- **Was der andere hört, ist nicht zwangsläufig verstanden.**
  Der Empfänger decodiert und interpretiert die Nachricht entsprechend seiner Persönlichkeit, seinen Erfahrungen und seiner Einschätzung des Senders. Da Persönlichkeit von Sender und Empfänger mit großer Wahrscheinlichkeit unterschiedlich sind, kommt es oft vor, dass es bei der Interpretation der Nachricht zu Informationsverlusten oder -verzerrungen kommt.

Praxistipp
Machen Sie sich stets bewusst, dass nicht jede Ihrer Aussagen so bei Ihrem Gesprächspartner ankommt, wie diese gemeint war.

2.1.3 Die fünf Axiome der Kommunikation nach Watzlawick

Paul Watzlawick, ein österreichischer Kommunikationsforscher, der später in den USA lehrte und forschte, entwickelte fünf Regeln, die als Grundlage einer funktionierenden Kommunikation dienen. Watzlawick bezeichnete diese Regeln auch als **Axiome**, also als anerkannte Grundsätze, die ohne weiteren Beweis Gültigkeit haben.

Die Nichtbeachtung einer dieser Regeln führt unweigerlich zu einer Störung in der Kommunikation und damit auch in der zwischenmenschlichen Beziehung, die auf dieser Kommunikation beruht.

1. Axiom: „Man kann nicht *nicht* kommunizieren."

Sobald zwei Menschen sich gegenseitig wahrnehmen, entsteht unweigerlich Kommunikation. Jede Art des Verhaltens enthält nonverbale Signale oder kann als solche aufgefasst werden. Selbst Nichtstun, Schweigen oder sich von jemand anderem zu entfernen sind Verhaltensweisen. Es ist also nicht möglich, sich nicht zu verhalten, also ist es auch nicht möglich, **nicht** zu kommunizieren. Der Umkehrschluss lautet daher:

Man kommuniziert immer, sobald man von einem potenziellen Kommunikationspartner wahrgenommen wird.

Beispiel

Julia Lauer betritt den Pausenraum von KommunikativAktiv. Auf der Couch sitzt eine andere Mitarbeiterin, die eine Zeitschrift liest. Diese Mitarbeiterin schweigt, sie sieht Julia nicht an, sondern schaut weiter in ihre Zeitschrift.

Auch wenn dieser Mitarbeiter vordergründig nicht kommuniziert, sendet er doch Signale an Julia:
- Ich bin in meine Zeitschrift vertieft.
- Ich bin schüchtern, deswegen spreche ich nicht.
- Ich möchte nicht mit dir sprechen.
- Bitte lass mich in Ruhe.

Praxistipp
In einem Kundengespräch findet von der ersten bis zur letzten Sekunde Kommunikation statt, auch wenn (scheinbar) zeitweise nichts gesagt wird.

2. Axiom: „Jede Kommunikation hat einen Inhalts- und einen Beziehungsaspekt, derart, dass letzterer den ersteren bestimmt und daher eine Metakommunikation ist."

Wenn zwei Menschen miteinander reden, geht es vordergründig um eine rein sachliche Information oder Anfrage. Der Erfolg dieser Kommunikation hängt aber davon ab, wie beide Gesprächspartner zum Zeitpunkt der Interaktion emotional zueinander stehen.

Jede Kommunikation enthält über die reine sachliche Information (**Inhaltsaspekt**) auch eine Information darüber, wie der Sender seine Botschaft verstanden haben möchte und welche Beziehung er zum Empfänger hat (**Beziehungsaspekt**). Wird dieser Teil der Kommunikation selbst zum Thema der Kommunikation gemacht, spricht man von einer **Metakommunikation**, also der Kommunikation über Kommunikation.

Beispiel
Julia trifft Daniel und sagt zu ihm: „Toll, wie du mir gestern in der Berufsschule geholfen hast."

Wenn Julia in diesem Beispiel die Aussage mit einem freundlichen Tonfall trifft und lächelt, dann ist klar, dass sie sich bei Daniel bedanken will, sie fand seine Hilfe wirklich toll. Die aktuelle Beziehung der beiden lässt eine offene Kommunikation zu. Die Mitteilung kann auf der Inhaltsebene angenommen werden, da die Beziehungsebene geklärt ist.

Trifft Julia diese Aussage in einem zynischen, süffisanten oder beiläufigen Tonfall, oder ist die Beziehung bereits gestört, da Daniel ihr am Vortag überhaupt nicht geholfen hat, dann ist deutlich, dass die Beziehungsaussage im Vordergrund steht. Die inhaltliche Aussage ist nur Mittel zum Zweck.

Daniel hätte dann zwei Möglichkeiten zu reagieren: Er könnte der Einladung zu diesem „Gefecht" folgen und in einem ebenso süffisant oder zynischen Tonfall antworten: „Immer gerne." In diesem Fall spricht man von **Pseudokommunikation**, die Sachebene wird vordergründig genutzt, in Wirklichkeit geht es aber um die Beziehungsebene.

Daniel hätte aber ebenfalls die Möglichkeit, aus dieser Pseudokommunikation auszusteigen und das Problem auf der Beziehungsebene anzusprechen: „An deinem Tonfall merke ich, dass du wütend bist. Lass uns mal darüber sprechen." In diesem Fall ist eine Metakommunikation entstanden, es wird also darüber geredet, wie man miteinander redet.

Abb.: Inhaltsebene/Beziehungsebene

Da die Beziehungsebene einen deutlich höheren Stellenwert hat, aber eher im verborgenen, nicht sichtbaren Bereich angesiedelt ist, wird in diesem Zusammenhang auch oft das Bild des **Eisbergs** als Metapher verwendet, bei dem ebenfalls der größere und bedeutendere Teil nicht sichtbar ist.

 Praxistipp
Achten Sie im Kundengespräch darauf, keine Konflikte der Beziehungsebene auf der Inhaltsebene auszutragen und umgekehrt.

3. Axiom: „Die Natur einer Beziehung ist durch die Interpunktionen der Kommunikationsabläufe seitens der Partner bedingt."

Sender und Empfänger gliedern den Kommunikationsablauf unterschiedlich und sehen ihr eigenes Verhalten oft nur als Reaktion auf das Verhalten des anderen. Das bedeutet im schlimmsten Fall: „Schuld ist der andere."

Interpunktion meint in diesem Zusammenhang, welcher Kommunikationsanteil von dem Gesprächspartner als Ursache und welcher als Wirkung verstanden wird.

> **Beispiel**
> Julia unterhält sich mit ihrem Ausbilder über die Führung des Berichtshefts. Das Gespräch droht zu eskalieren:
> Julia: „Ich habe keine Lust mehr auf die Diskussion, weil Sie so schlecht gelaunt sind."
> Ausbilder: „Ich bin deswegen so schlecht gelaunt, weil du keine Lust mehr auf die Diskussion hast."

Menschliche Kommunikation verläuft nicht linear: Es gibt keinen für beide Gesprächspartner eindeutigen Anfangspunkt. Kommunikation verläuft stattdessen kreisförmig: Niemand kann sagen, wer bei einem Konflikt tatsächlich angefangen hat.

Sobald ein Gesprächspartner versucht, einen eindeutigen Anfangspunkt (z. B. bei einem Streit) festzulegen, wird die Kommunikation scheitern. Untersuchungen der Schuldfrage sind überflüssig und helfen überhaupt nicht weiter. Stattdessen sollte angestrebt werden, dass beide Gesprächspartner gleichzeitig aus dem Konflikt aussteigen. Eine erfolgreiche Kommunikation ist dann zu erwarten, wenn beide Gesprächspartner als Ursache und Wirkung dieselben Sachverhalte festlegen und Kommunikation als Kreislauf verstehen. Auch hier kann die Metakommunikation eine hilfreiche Strategie sein.

> **Praxistipp**
> Vermeiden Sie bei einem schwierigen Gespräch, den „Schuldigen" zu suchen.

4. Axiom: „Menschliche Kommunikation bedient sich digitaler und analoger Modalitäten."

Mit **digitaler Kommunikation** sind alle Zeichen, Buchstaben, Worte, Zahlen oder Symbole gemeint, die wir für bestimmte Inhalte der Kommunikation verwenden. So ist zum Beispiel klar, dass die Buchstabenabfolge: M-A-U-S das Wort Maus bildet.

Analoge Kommunikation bezeichnet in diesem Zusammenhang alle Möglichkeiten der paraverbalen und nonverbalen Kommunikation. Wenn man mit analoger Kommunikation den Begriff „Maus" übertragen wollte, so würde man ein Bild von einer Maus zeigen oder eine Maus pantomimisch nachahmen. Zur analogen Kommunikation gehören ebenfalls alle Eigenschaften der Körpersprache, die jedem Menschen angeboren sind oder die er ab frühester Kindheit erlernt.

Mit analogen Elementen wird meistens die **Beziehungsebene** vermittelt, mit digitalen Elementen die **Inhaltsebene**. Erfolgreiche Kommunikation kann nur dann entstehen, wenn digitale und analoge Modalitäten übereinstimmen und beide eindeutig sind. Störungen entstehen, wenn beides nicht übereinstimmt.

Wenn die analoge und die digitale Aussage übereinstimmen, ist die Botschaft **kongruent**. Passen digitale und analoge Modalitäten nicht zueinander, ist die Botschaft **inkongruent**.

> **Beispiel**
> Daniel sagt zu Julia: „Ich helfe dir." Dabei lächelt er. Er übermittelt die Botschaft in einem freundlichen Tonfall. In diesem Fall ist die Nachricht **kongruent**, digitale Informationen (in dem Fall der Satz „Ich helfe dir") passen zu den analogen Informationen (Daniels Körpersprache, Stimmlage).
> Sollte Daniel bei dieser Aussage Julia böse anschauen oder mit einer abfälligen Tonlage sprechen, wäre die Botschaft **inkongruent**. Julia könnte nicht einschätzen, was sie mit dieser Aussage anfangen soll.

> **Praxistipp**
> Auch bei einem Telefonat wird Ihr Gesprächspartner auf eine kongruente Kommunikation achten.

5. Axiom: „Menschliche Kommunikationsabläufe sind entweder symmetrisch oder komplementär, je nachdem, ob die Beziehung auf Gleichheit oder Unterschiedlichkeit beruht."

Je nachdem, wie die Beziehung von zwei Gesprächspartnern beschaffen ist, wird auch die Kommunikation ablaufen. Agieren beide Partner auf der gleichen Ebene spricht man von einer **symmetrischen Interaktion**, agieren die Partner auf unterschiedlichen Ebenen von einer **komplementären Interaktion**.

Die symmetrische Interaktion beruht auf einer von Gleichheit geprägten Beziehung. Jeder der Gesprächspartner kann sich einbringen, Fragen stellen oder Kritik äußern. Jedem werden die gleichen Verhaltensmuster zugestanden. Diese Art des Austauschs zielt darauf ab, die Unterschiede der Gesprächspartner zu mindern.

> **Beispiel**
> Julia unterhält sich mit Daniel. Diese Kommunikation wird wahrscheinlich als symmetrische Interaktion ablaufen, da beide Gesprächspartner auf der gleichen Ebene agieren.

Die komplementäre Interaktion beruht auf der Unterschiedlichkeit der Gesprächspartner. Die Verhaltensweisen der Gesprächspartner unterscheiden sich, ergänzen sich aber. Zum Beispiel: Einer fragt – der andere antwortet, einer ordnet an – der andere gehorcht.

> **Beispiel**
> Julia diskutiert mit ihrem Ausbilder. Diese Kommunikation wird wahrscheinlich als komplementäre Interaktion ablaufen, da beide Gesprächspartner auf unterschiedlichen Ebenen agieren.

> *Praxistipp*
> Sowohl symmetrische als auch komplementäre Kommunikation kann erfolgreich verlaufen. Achten Sie jedoch in jeder Situation auf den richtigen Einsatz.

2.1.4 Die vier Seiten einer Nachricht nach Schulz von Thun

Basierend auf dem zweiten Axiom von Paul Watzlawick hat der Hamburger Kommunikationspsychologe **Friedemann Schulz von Thun** das Kommunikationsmodell „Die vier Seiten einer Nachricht" entwickelt, das auch als „quadratische Kommunikation" oder „**Vier-Ohren-Modell**" bekannt ist.

Dieses Modell kombiniert Watzlawicks zweites Axiom, dass jede Nachricht einen Inhalts- und einen Beziehungsaspekt hat, mit der Erkenntnis, dass jeder Sender mit seiner Nachricht etwas über sich selbst aussagt und dass der Empfänger zu einer Reaktion veranlasst werden soll.

Die vier Botschaften des Senders

Jede Nachricht besteht nach Schulz von Thun aus vier verschiedenen Botschaften:
- Sachinhalt („Worüber ich dich informiere.")
- Selbstoffenbarung („Was ich von mir selbst kundgebe.")
- Beziehung („Was ich von dir halte und wie wir zueinander stehen.")
- Appell („Wozu ich dich veranlassen möchte.")

> **Beispiel**
> Julia sitzt mit Daniel zusammen, um die Hausaufgaben zu erledigen. Daniel sagt zu Julia: „Ich kann diese Aufgabe nicht lösen!"

Sachinhalt

Die Sachaussage beschreibt den nüchternen Sachverhalt, die Sache an sich. Worüber wird informiert? Worum geht es? In dem obigen Beispiel lautet die Sachaussage von Daniel: *„Ich kann diese Aufgabe nicht lösen."* Welche Aufgabe es genau ist, woran er scheitert oder was die Gründe seines Scheiterns sind, bleibt unklar.

Selbstoffenbarung

Der Sender gibt bei jeder Botschaft auch etwas über sich selbst preis. Er vermittelt, in welcher Stimmung er sich befindet, teilt eventuell Ängste oder Befürchtungen mit oder trifft ungewollt eine Aussage über seinen Charakter. Die Selbstoffenbarung kann also sowohl eine beabsichtigte **Selbstdarstellung** sein als auch eine ungewollte **Selbstenthüllung**. In unserem Beispiel kann die Selbstoffenbarung wie folgt lauten:
- „Ich bin gestresst von der Aufgabe."
- „Ich bin verzweifelt, weil ich keine Lösung finde."
- „Ich habe keine Lust mehr auf Hausaufgaben."

3 | 2.1.6 Die Seite der Selbstoffenbarung steht auch im Mittelpunkt des **Johari-Fensters**.

Beziehung

Der Sender übermittelt ebenfalls immer eine Aussage darüber, in welcher Beziehung er zum Empfänger steht oder welche Beziehung angestrebt wird („Wir-Botschaft") sowie darüber, was er vom Empfänger hält („Du-Botschaft"). In unserem Beispiel kann die Beziehungsaussage wie folgt aussehen:
- „Wir sind ein gutes Team, daher erwarte ich von dir eine Lösung."
- „Du hast bestimmt Verständnis für meine Situation."
- „Du kannst mir weiterhelfen."

Appell

Kaum etwas wird „einfach nur so" gesagt. Mit jeder gesendeten Nachricht soll eine Wirkung erzielt werden. Der Gesprächspartner soll dazu veranlasst werden, eine Handlung zu vollziehen oder zu unterlassen. In oben beschriebenen Fall sind folgende Appelle denkbar:
- „Hilf mir, eine Lösung zu finden."
- „Gib mir deine Lösung zum Abschreiben."
- „Widme deine Aufmerksamkeit mir und nicht den Hausaufgaben."

Abb.: Die vier Seiten einer Nachricht nach Schulz von Thun

Die vier Ohren des Empfängers

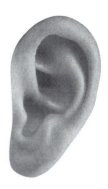

Die vier Seiten einer Nachricht werden zum einen durch die Botschaften des Senders geprägt, demgegenüber steht auf der anderen Seite, was von der Nachricht beim Empfänger ankommt oder wie diese verstanden wird. Es stellt sich also die Frage, ob und welche Seiten der Nachricht der Empfänger bewusst oder unbewusst wahrnimmt. Da es bei einer Nachricht vier verschiedene Botschaften gibt, gibt es beim Empfänger auch vier verschiedene Ohren, mit denen die Nachricht wahrgenommen wird. Sollte der Empfänger auf einem der Ohren keine Nachricht empfangen oder diese Wahrnehmung ausblenden, gehen einzelne Aspekte unter und Missverständnisse sind vorprogrammiert.

Die vier Ohren des Empfängers funktionieren also entsprechend zu den vier Botschaften der Nachricht:

Das Sach-Ohr

Mit diesem Ohr versucht der Empfänger die Sachaussage logisch zu verstehen.
Bleiben wir in unserem Eingangsbeispiel, hört Julia auf dem Sachohr:
- „Ich kann diese Aufgabe nicht lösen."

Das Selbstoffenbarungs-Ohr

Mit diesem Ohr versucht der Empfänger den Sender zu verstehen. Was gibt der Sender von sich preis? Wie tritt er auf? Je nachdem, ob sich die Beziehung zum Sender positiv oder negativ gestaltet, wird auch die Interpretation der Selbstoffenbarung positiv oder negativ ausfallen.

Möglicherweise versteht Julia auf dem Selbstoffenbarungsohr daher:
- „Ich benötige Hilfe." (positive Beziehung zu Daniel)
- „Ich bin nicht in der Stimmung, jetzt weiterzumachen." (positive Beziehung zu Daniel)
- „Ich bin zu faul." (negative Beziehung zu Daniel)
- „Ich bin zu dumm für diese Aufgabe." (negative Beziehung zu Daniel)

Das Beziehungs-Ohr

Dieses Ohr achtet besonders darauf, wie der Sender zum Empfänger steht. Wie ist die Beziehung zu mir? Wie redet der andere mit mir? Wen glaubt der Sender vor sich zu haben? Je nachdem, welche Beziehung zum Sender besteht und wie viel Wertschätzung vom Sender in die Aussage gelegt wird, wird die Aussage auf dem Beziehungsohr manchmal positiver oder negativer gewertet.

Julia hört eventuell folgende Aussagen auf dem Beziehungsohr:
- „Ich arbeite gerne mit dir zusammen an einer Lösung." (positive Beziehung)
- „Deine Unterstützung ist mir wichtig." (positive Beziehung)
- „Du bist dafür da, meine Aufgabe zu erledigen." (negative Beziehung)
- „Nur deinetwegen sitze ich hier." (negative Beziehung)

Das Appell-Ohr

Das Appell-Ohr ist darauf konzentriert, herauszufinden, was der Sender vom Empfänger möchte. Was soll ich tun, nachdem ich deine Aussage empfangen habe? Welche Gefühle oder Gedanken sollen in mir ausgelöst werden?

Julia kann folgende Appelle aus Daniels Aussage ableiten:
- „Hilf mir bitte."
- „Lass uns eine Pause einlegen."
- „Gib mir deine Lösung."

Abhängig von der Situation entwickeln viele Menschen eine starke Ausprägung auf nur eine Seite der Nachricht. Sie hören also zum Beispiel verstärkt auf dem Beziehungsohr, während den anderen drei Ohren weniger Beachtung geschenkt wird.

Aus einer solchen Ausprägung entsteht die Gefahr, dass der Empfänger der Nachricht sich vorschnell auf eine Seite festlegt und andere Aspekte in der Kommunikation untergehen. Da in der Kommunikation aber immer alle vier Seiten der Nachricht vorhanden sind, kann dann kein erfolgreiches Ergebnis im Dialog erzielt werden. Abhilfe kann in diesem Fall die **Metakommunikation** schaffen.

> *Praxistipp*
> Machen Sie sich im Dialog mit Kunden immer alle vier Seiten der Nachricht bewusst. Finden Sie heraus, auf welche Seite Sie besonders achten und schärfen Sie dann Ihre Wahrnehmung auch für die anderen Seiten der Nachricht.

Regeln für das Senden von Nachrichten

Wie sich gezeigt hat, enthält jede Nachricht stets vier verschiedene Botschaften, außerdem kann die Nachricht vom Empfänger auf vier verschiedenen Ohren empfangen werden. Meist weiß der Sender allerdings nicht, auf welchen Aspekt der Empfänger besonders achten wird. Der Empfänger wiederum weiß nicht, auf welchen Aspekt der Sender besonderen Wert legt.

Um Missverständnisse und Störungen in der Kommunikation zu vermeiden, sollte der Sender bestimmte Regeln beachten:

Sachinhalt

Grundvoraussetzung ist zunächst einmal die ungestörte Wahrnehmung. Mögliche **Störungsquellen** wie laute Geräusche, Ablenkungen etc. sollten ausgeschaltet werden. Um darüber hinaus die Seite des Sachinhalts möglichst eindeutig zu übermitteln, sollte die Nachricht leicht verständlich sein. Um dies zu erreichen, haben sich folgende „**Vier Verständlichmacher**" bewährt.

2 | 3.1

1. **Einfachheit:** Auf unpassende Fachausdrücke, allzu theoretische und komplizierte Wörter sollte verzichtet werden. Eine Nachricht muss immer so formuliert sein, dass der Sender diese auch ohne Kenntnisse einer Fremd- oder Fachsprache versteht.

2. **Gliederung:** Es ist wichtig, dem Empfänger eine klar strukturierte Information zu liefern. Der Sachverhalt sollte logisch gegliedert und nachvollziehbar sein.

3. **Prägnanz:** Der Sender sollte sich stets kurz fassen und auf den Punkt kommen. Es gilt, weitschweifige Ausuferungen zu unterlassen. Knappe und kurze Sätze werden leichter verstanden.

4. **Zusätzliche Stimulans:** Der Sender sollte seine Ausführungen mit Beispielen, Bildern oder Veranschaulichungen untermalen.

Selbstoffenbarung

Der Sender kann zu einer passenden Deutung der Selbstaussage durch den Empfänger beitragen. Dazu kann er offen über seine Gefühle, Absichten, Ziele, Beweggründe und Bedürfnisse sprechen. Durch Informationen auf diesen Gebieten schmälert er den Deutungsspielraum des Empfängers und dadurch auch das Potenzial für Missverständnisse. Störungen können auftreten, wenn der Sender versucht, möglichst positiv erscheinen zu wollen („**Imponiertechnik**") oder wenn er versucht, möglichst viel von sich zu verbergen („**Fassadentechnik**").

Beziehung

Diese Seite der Nachricht birgt meist das größte Konfliktpotenzial, da der Empfänger hierbei eine Bewertung seiner Persönlichkeit erfährt. Missverständnisse in diesem Bereich werden oft als Angriff auf die Person gewertet. Um solche Missverständnisse zu vermeiden, muss der Sender wertschätzend mit seinem Gesprächspartner umgehen. Es gilt, von vornherein klar zu machen, dass in der Kommunikation eventuell unterschiedliche Meinungen, Wertvorstellungen oder Persönlichkeiten aufeinander treffen, aber dass dem Gesprächspartner trotzdem grundsätzlich Achtung und Respekt entgegengebracht wird.

Appell

Wenn durch die Nachricht bei dem Gesprächspartner eine Handlung ausgelöst werden soll oder dieser dazu aufgefordert werden soll, sein Verhalten zu ändern, ist es wichtig, dies auch eindeutig zu artikulieren. Der Sender sollte seine Absichten, seine Ziele und Wünsche daher stets klar formulieren. Hilfreich kann auch eine Begründung oder Erklärung sein. Wird der Appell aber versteckt oder elegant verpackt präsentiert, kann beim Empfänger leicht eine Abwehrhaltung ausgelöst werden. Dabei ist der Schritt zur Manipulation nicht mehr weit.

Beispiel

Statt „Ganz schön warm hier drin!" sollte der Sender besser formulieren: „Mir ist ziemlich warm, ich möchte daher gerne die Heizung abschalten. Sind Sie damit einverstanden?"

Regeln für das Empfangen von Nachrichten

Der Kommunikationsprozess kann nur so weit funktionieren, wie der Empfänger dies zulässt. Der Empfänger entschlüsselt die Nachricht, er filtert heraus, auf welche Seite er reagieren möchte. Wenn der Empfänger grundsätzlich zu einem Dialog bereit und kooperativ ist, kann er durch einfache Regeln zu einer erfolgreichen Kommunikation beitragen. Meist weiß der Empfänger bei einer Kommunikation zunächst nicht, auf welche Ebene der Kommunikation der Sender besonderen Wert legt. Daher ist es wichtig, zunächst auf alle vier Seiten der Nachricht zu achten und mit allen Ohren aufmerksam zuzuhören.

Sachinhalt

Wenn die Sachaussage nicht verstanden wurde, fehlen meist notwendige Informationen. Oft neigt der Empfänger dazu, offene Fragen in einem Gespräch selbst zu beantworten, er stellt also Vermutungen und Interpretationen an. Dabei besteht jedoch eine hohe Irrtums- und Fehlerwahrscheinlichkeit. Daher gilt: **Wenn die Sachinformation nicht klar verstanden wurde, muss nachgefragt werden.**

Selbstoffenbarung

Der Sender achtet bei der Selbstoffenbarung insbesondere darauf, was er von sich selbst preisgibt (**Selbstdarstellung**). Hierin liegt eine große Chance für den Empfänger. Es gilt, Wohlwollen für den Sender aufzubringen und möglichst keine negative Selbstenthüllung herauszuhören, die den Sender unnötig bloßstellt. Dem Sender sollte stets ermöglicht werden, sein Gesicht zu wahren.

Beziehung

Da jeder Mensch ein Grundbedürfnis nach Akzeptanz durch seine Mitmenschen hat, legt der Empfänger dieser Ebene ohnehin die größte Beachtung zugrunde. Missverständnisse können z. B. dann auftreten, wenn man früher negative Erfahrungen mit dem Gesprächspartner gemacht hat. Es ist daher sinnvoll, die Nachricht, die man als Empfänger auf dieser Ebene versteht, stets noch einmal objektiv zu überprüfen. Um die Nachricht korrekt zu entschlüsseln, empfiehlt es sich, auch die non- und paraverbalen Signale des Gegenübers zu beachten. Wenn nach gründlicher Analyse dennoch der Verdacht besteht, dass die Beziehungsebene gestört ist oder der Sender einen Angriff auf dieser Ebene gestartet hat, ist es ratsam, diesen Konflikt offen anzusprechen (Metakommunikation).

> *Praxistipp*
> Wenn Sie von einem Kunden auf der Beziehungsebene angegriffen werden, sprechen Sie ihn freundlich darauf an. Meist meint er nicht Sie persönlich, sondern ist über das Unternehmen verärgert. Klären Sie die Beziehungsebene und bieten Sie freundlich Ihre Hilfe für das sachliche Problem an.

Appell

Wenn der Appell vom Sender klar und deutlich als ein solcher vorgetragen wird, hat der Empfänger zu entscheiden, ob er dem Wunsch nachkommen will. Ist der Appell nicht deutlich zu erkennen bzw. der Empfänger meint, in einer Sachaussage einen Appell zu hören, sollte abgeklärt werden, ob die Botschaft richtig verstanden wurde.

Wenn der Appell einer Nachricht falsch interpretiert wurde und ohne klärende Fragen ausgeführt wird, kann es zu einer Störung auf der Beziehungsebene kommen.

> *Beispiel*
> Ein Kunde sagt zu Julia: „Ich habe gehört, dass es eine neue Finanzfix-Software gibt." Julia hört als Appell „Bitte senden Sie mir die neue Version zu." und reagiert entsprechend.
> Julia: „Ich sende Ihnen die Software gerne zu."
> Kunde: „Nein, ich wollte mich doch erst mal darüber informieren!"

Der eigentliche Appell war also: „Ich brauche Informationen über die neue Software." Über gezielte Fragen hätte Julia die Möglichkeit gehabt, den Appell richtig zu verstehen.

2.1.5 Die Transaktionsanalyse nach Berne

Der amerikanische Arzt und Psychiater **Eric Berne** entwickelte in den 1960er-Jahren das Modell der **Transaktionsanalyse** (TA). Ursprünglich entwickelt als Verfahren der Psychoanalyse, entstand daraus eine Methode, sich selbst besser kennenzulernen und als Konsequenz daraus mit anderen Menschen besser zu kommunizieren und umzugehen. Popularität erlangte die Transaktionsanalyse durch die Veröffentlichung von Bernes Mitarbeiter Thomas A. Harris: „Ich bin o.k – du bist o.k". Neben dem Einsatz als Therapiemethode findet die Transaktionsanalyse heute vor allem eine praxisorientierte Anwendung in der betrieblichen Kommunikation.

Grundannahmen

Berne entwickelte drei Grundannahmen über das Menschenbild, die für das Verständnis der Transaktionsanalyse von entscheidender Bedeutung sind:
1. Die Menschen sind so, wie sie sind, in Ordnung und gut.
2. Jeder Mensch besitzt die Fähigkeit zum Denken.
3. Der Mensch entscheidet über sein eigenes Schicksal und ist in der Lage, seine getroffenen Entscheidungen auch zu verändern.

Das Konzept der Transaktionsanalyse geht von der Annahme aus, dass der Mensch aus unterschiedlichen Persönlichkeitsstrukturen heraus handelt und kommuniziert. Dabei werden drei Persönlichkeitsebenen, die „**Ich-Zustände**", unterschieden:
- Das Eltern-Ich (EL)
- Das Erwachsenen-Ich (ER)
- Das Kind-Ich (K)

Das Eltern-Ich (EL)

Das EL beinhaltet das Wertesystem, die Normen und Regeln, die ein Mensch in seiner Erziehung erlernt hat. Es ist geprägt durch ein Handeln, wie eine Person es von den Eltern oder anderen Autoritätspersonen in der Kindheit erlebt hat.

Diese Ebene kann einen fürsorglichen, beschützenden, unterstützenden und nährenden Charakter aufweisen. Dann spricht man vom **nährenden Eltern-Ich (ELn)** oder auch **fürsorglichen Eltern-Ich (ELf)**.

Verhalten in der Kommunikation: mitfühlend, beschützend, sorgend und beratend.

Es können aber auch kritische, strenge und erziehende Charaktereigenschaften im Eltern-Ich auftreten. Dann spricht man vom **kritischen Eltern-Ich (ELk)**.

Verhalten in der Kommunikation: fordernd, belehrend, schimpfend und zurechtweisend.

Im Eltern-Ich handelt ein Mensch so, wie seiner Meinung nach seine (ehemaligen) Erziehungspersonen in der gleichen Situation gehandelt hätten. Jeder Mensch hat Normen und Regeln, wie er zu sein hat, seit der Kindheit in sich verankert. Einerseits kann das Eltern-Ich den Menschen einengen, indem einfach erlernte Regeln sein Verhalten bestimmen. Andererseits ist es oft von Vorteil, nicht jede Entscheidung neu bedenken zu müssen.

Im Eltern-Ich finden sich auch alle Vorurteile, die durch die Eltern in der Kindheit vorgelebt wurden.

Das Erwachsenen-Ich (ER)

Auf dieser Ebene finden sich das rationale und logische Verhalten. Der erwachsene Mensch hat gelernt, nüchtern und besonnen mit verschiedensten Situationen umzugehen. Im Erwachsenen-Ich stellt ein Mensch Fragen und handelt zielorientiert. Das Erwachsenen-Ich ist in der Lage, Entscheidungen auf Basis komplexer Überlegungen zu treffen.

Verhalten in der Kommunikation: Konstruktiv, fragend, objektiv, lösungs- und zielorientiert.

Das Kind-Ich (K)

Dieser Ebene entsprechen alle Erfahrungen und Handlungsweisen, die ein Erwachsener in seiner Kindheit gemacht und angewendet hat. Ein Handeln in diesem Persönlichkeitszustand kann folgende unterschiedliche Ausprägungen haben:

- Das **freie (natürliche) Kind-Ich (Kf)**: Hier sind Freude, Kreativität, Glück und Spieltrieb zu finden. Das freie Kind-Ich ist begeisterungsfähig, emotional und geprägt von Neugierde.
  Verhalten in der Kommunikation: begeistert, kreativ, freudig und spontan.

- Das **angepasste Kind-Ich (Ka)**: Diese Ausprägung der Persönlichkeit zeichnet sich durch ein hohes Maß an Hilfsbedürftigkeit, der Suche nach Anerkennung und Zuwendung sowie durch Gehorsam aus.
  Verhalten in der Kommunikation: Gehemmt, absichernd, vorsichtig und zurückhaltend.

- Das **rebellische Kind-Ich (Kr)**: In diesem Zustand findet sich Trotz und Widerstand als Reaktion auf Einengung.
  Verhalten in der Kommunikation: wütend, trotzig, aggressiv und fordernd.

In jedem Menschen sind alle diese Persönlichkeitsebenen vorhanden, je nach Persönlichkeit treten aber einzelne Ebenen verstärkt oder häufiger hervor als andere.

Transaktionen in der Kommunikation

Ein wichtiger Bestandteil der TA ist die Analyse der Interaktion und der Beziehung zwischen den Gesprächspartnern. Als Transaktion wird hier die Kommunikation zwischen **Sender** und **Empfänger** aus verschiedenen Persönlichkeitsebenen bezeichnet.

3 | 2.1.2

Der Sender richtet aus einem bestimmten Ich-Zustand eine Botschaft an den Empfänger, dabei spricht er auch gezielt einen Ich-Zustand beim Empfänger an. Der Empfänger kann dann entweder aus dem angesprochenen Ich-Zustand heraus antworten oder in einen anderen Ich-Zustand wechseln. In seiner Reaktion spricht er ebenfalls einen bestimmten Ich-Zustand beim Sender an.

Um diese Abläufe zu verdeutlichen, zeichnet man in der TA die Persönlichkeitszustände als Kreise auf und gibt durch Pfeile an, welche Interaktion stattgefunden hat.

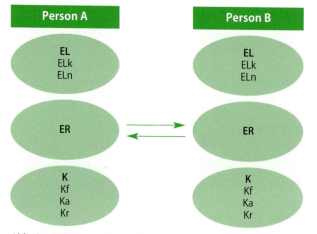

Abb.: Darstellung von Transaktionen

Beispiel

Daniel wird bei der Arbeit von einem Kollegen angesprochen: „Daniel, erledige bitte heute zwei Rückrufe für mich."
Daniel erwidert: „Ich habe heute noch einiges zu tun, ist es in Ordnung, wenn ich diese Rückrufe morgen früh erledige?"

In dem Beispiel wird Daniel von seinem Kollegen aus dem Erwachsenen-Ich angesprochen. Die Anfrage ist logisch begründet und weder unterwürfig noch von oben herab.
Daniels Reaktion erfolgt ebenfalls aus dem Erwachsenen-Ich, er reagiert der Situation angemessen, stellt klar, dass er den Auftrag heute nicht erledigen kann und erfragt Alternativen.

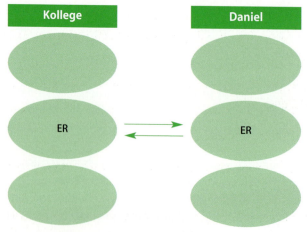

Abb.: Darstellung von Transaktionen (ER/ER)

Die Reaktion von Daniel kann auch aus anderen Ich-Zuständen erfolgen. Bei der gleichen Anfrage aus dem **ER** könnte Daniels Reaktion wie folgt aussehen:

> **Definition**
> Daniel: „Klar, mache ich sofort. Gib mir einfach die Nummern, zur Not bleibe ich eine halbe Stunde länger."

In diesem Fall reagiert Daniel sehr gehorsam und unterwürfig. Ihm ist es wichtig, dass der Kollege mit ihm zufrieden ist. Diese Reaktion kam aus dem **angepassten Kind-Ich (Ka)**, gerichtet an das **kritische Eltern-Ich**.

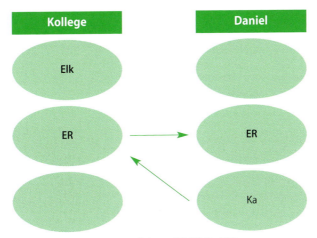

Abb.: Darstellung von Transaktionen (ER/ER/Ka/Elk)

Folgende weitere Reaktionen sind denkbar:

Reaktion aus dem rebellischen Kind-Ich

Daniel: „Klar mache ich das … und danach noch deine Wäsche, oder was? Wie soll ich das denn alles schaffen? Ich will auch mal irgendwann Feierabend machen, da lasse ich mir von dir nicht dazwischenfunken."

Hier reagiert Daniel betont rebellisch und emotional. Er lässt sich nicht einschränken und denkt an seinen Feierabend.

Reaktion aus dem freien Kind-Ich

Daniel: „Gib mir mal die Nummern, dann schaue ich, ob ich das heute noch schaffe. Wenn nicht, ist ja auch nicht so schlimm."

In diesem Fall geht Daniel sehr sorglos und spontan mit der Anfrage des Kollegen um, die Anfrage wird nicht weiter ernst genommen.

Reaktion aus dem kritischen Eltern-Ich

Daniel: „Das kann ich nicht machen. Hier ist ganz klar geregelt, dass jeder seine Rückrufe selbst macht. Wo kommen wir denn hin, wenn sich keiner an die Regeln hält?"

In diesem Fall macht Daniel sich zum Vertreter der Normen und Regeln des Unternehmens, sein Kollege wird zurechtgewiesen.

Reaktion aus dem nährenden Eltern-Ich

Daniel: „Ach, ich schaffe das heute eigentlich nicht mehr. Aber Moment, ich frag mal Thomas, vielleicht hat der ja Zeit dafür. Mach dir keine Sorgen, wir bekommen das schon irgendwie hin."

Daniel lehnt den Auftrag zwar ab, reagiert aber gütig und umsorgend. Er versucht Alternativen zu finden und die Sache in die Hand zu nehmen.

Die Arten der Transaktion

In den oben beschrieben Beispielen wurde die Anfrage an den Auszubildenden Daniel immer aus der Ebene des Erwachsenen-Ich gestellt. In der Kommunikation kann die Nachricht natürlich aus unterschiedlichen Ich-Zuständen erfolgen. Außerdem wird beim Empfänger immer ein bestimmter Ich-Zustand angesprochen.

> **Beispiel**
>
> Eine Nachricht, die aus dem Eltern-Ich abgesendet wird, ist an das Kind-Ich des Empfängers gerichtet. Dieser Vorgang läuft allerdings bei den meisten Menschen unbewusst ab.

Je nachdem, aus welchem Ich-Zustand der Empfänger auf die Anfrage reagiert oder welchen Ich-Zustand der Empfänger bei seiner Reaktion anspricht, unterscheidet man **Parallele, Gekreuzte** oder **Verdeckte Transaktionen**.

Parallele Transaktionen

Eine parallele Transaktion liegt vor, wenn
- die Antwort aus dem Ich-Zustand erfolgt, der bei der ursprünglichen Transaktion angesprochen wurde.
- die Erwiderung sich an den Ich-Zustand richtet, von dem aus die ursprüngliche Nachricht ausging.

> **Beispiel**
>
> Daniels Kollege: „Daniel, hattest du schon Zeit, die Rückrufe durchzuführen?"
> Daniel: „Bisher leider nicht. Bis wann müssen die denn erledigt sein?"

Die ursprüngliche Nachricht ging vom Erwachsenen-Ich (ER) an das ER des Gesprächspartners. Die Antwort geht wiederum vom ER des Empfängers an das ER des Senders.

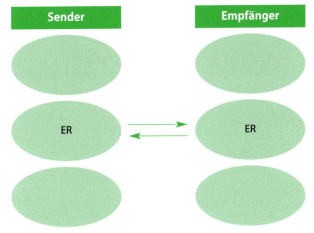

Abb.: Darstellung von Transaktionen (ER/ER)

Eine parallele Transaktion liegt auch dann vor, wenn Sender und Empfänger aus unterschiedlichen Ich-Zuständen reagieren, diese aber bei der Antwort des Empfängers beibehalten werden.

Hierbei kann die Reaktion natürlich aus einer der verschiedenen Ausprägungen des jeweiligen Ich-Zustands erfolgen. Auf das kritische Eltern-Ich kann der Gesprächspartner aus dem rebellischen, angepassten oder freien Kind-Ich reagieren.

Beispiel
Daniels Kollege: „Warum sind denn die Rückrufe noch nicht gemacht, wie oft muss ich noch danach fragen?!"
Daniel: „Tut mir leid, mache ich sofort, versprochen."

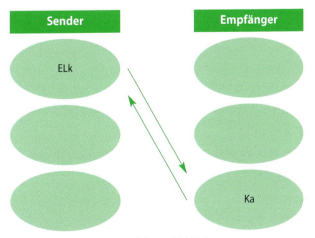

Abb.: Darstellung von Transaktionen (ELk/Ka)

Eine Kommunikation, die auf einer parallelen Transaktion beruht, kann meist störungsfrei ablaufen, da beide Gesprächspartner jeweils die Rolle einnehmen, die der andere erwartet. Diese Art der Kommunikation ist aber nicht zwangsläufig von Erfolg gekrönt.

> **Beispiel**
>
> Eine Kommunikation zwischen dem kritischen Eltern-Ich und dem angepassten Kind-Ich verläuft zwar störungsfrei, bringt aber nicht unbedingt eine sachliche Lösung für eine Fragestellung oder ein zwischenmenschliches Problem.

Gekreuzte Transaktionen

Eine gekreuzte Transaktion liegt vor, wenn
- die Erwiderung aus einem anderen als dem angesprochenen Ich-Zustand heraus erfolgt.
- die Erwiderung einen anderen Ich-Zustand anspricht.

> **Beispiel**
>
> Daniels Kollege: „Warum sind denn die Rückrufe noch nicht gemacht, wie oft muss ich noch danach fragen?!"
> Daniel: „Von welchen Rückrufen ist denn genau die Rede, ich kann mich gar nicht erinnern."
> Die ursprüngliche Nachricht ging vom kritischen Eltern-Ich an das Kind-Ich des Gesprächspartners. Die Antwort geht aber vom ER des Empfängers an das ER des Senders.

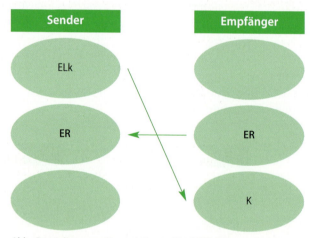

Abb.: Darstellung von Transaktionen (ELk/K/ER/ER)

Sobald eine Transaktion gekreuzt wird, kommt es – zumindest kurzfristig – zu einer Störung in der Kommunikation. Zunächst reden dann nämlich beide Gesprächspartner aneinander vorbei.

Dies kann natürlich in einem Streit enden, da man die Position, die der andere angesprochen hat, verlässt. Ob sich eine gekreuzte Transaktion tatsächlich zu einem Streit entwickelt, hängt stark davon ab, welche Persönlichkeitsebene genutzt wird.

> **Beispiel**
>
> Eine Kundin spricht aus dem **kritischen Eltern-Ich** heraus das **Kind-Ich** bei Daniel an. „Wieso schaffen Sie es denn nicht, mir direkt eine Antwort zu geben?"
> Daniel antwortet nicht aus dem Kind-Ich, sondern ebenfalls aus dem **kritischen Eltern-Ich** an das Kind-Ich der Kundin: „Sie müssen besser zuhören, dann erfahren Sie die Lösung."
>
> Aus dieser gekreuzten Transaktion wird sich zwangsläufig ein Streit entwickeln.

Es ist dann sinnvoll, eine Transaktion zu kreuzen, wenn die parallele Kommunikation keine Aussicht auf Erfolg hat. Ein Wechsel auf die Erwachsenen-Ebene ist dann oft die beste Möglichkeit, eine Wendung zu erzielen.

> **Beispiel**
>
> Eine Transaktion auf Eltern-Kind-Ebene verläuft unproduktiv oder für einen der Beteiligten unbefriedigend. Ein Gesprächspartner sendet dann aus dem Erwachsenen-Ich eine Nachricht an das Erwachsenen-Ich des Gegenüber, dadurch kann der Dialog eine Wendung erfahren.

> *Praxistipp*
> Wenn Sie von einem Kunden aus dem Eltern-Ich heraus angesprochen werden, achten Sie darauf, nicht automatisch aus dem Kind-Ich zu reagieren. Nehmen Sie einen Wechsel auf das Erwachsenen-Ich vor und sprechen Sie bei Ihrem Gesprächspartner ebenfalls diese Ebene an.

Um beim Gesprächspartner die Bereitschaft zu erhöhen, auf eine andere Persönlichkeitsebene zu wechseln, hilft es oft, erst aus dem angesprochenen Ich-Zustand heraus zu reagieren, und dann auf die Erwachsenen-Ebene zu wechseln.

> **Beispiel**
>
> Eine Kundin spricht Daniel aus dem **angepassten Kind-Ich** heraus an: „Ich komme absolut nicht mit der Software zurecht, ich weiß überhaupt nicht mehr weiter."
> Daniel antwortet zunächst aus dem **nährenden Eltern-Ich**: „Das kann ich gut verstehen, die Software ist auch am Anfang nicht leicht zu bedienen …" und wechselt dann in das **Erwachsenen-Ich**: „Welche Informationen können Ihnen denn weiterhelfen?"

Verdeckte Transaktionen

Verdeckte Transaktionen liegen dann vor, wenn die Kommunikation gleichzeitig auf zwei Ebenen verläuft, nämlich auf einer erkennbaren (verbalen) und einer nicht erkennbaren Ebene (para- oder nonverbalen Ebene).

Die erkennbare Ebene ist dabei nur Mittel zum Zweck, während die eigentliche Nachricht verdeckt übermittelt wird und nur mit Körpersprache oder Stimmlage zum Ausdruck kommt.

Beispiel

Daniels Kollege sagt mit zynischem Tonfall und durchdringendem Blick: „Daniel, bist du denn schon dazu gekommen, die Rückrufe durchzuführen?"

Die eigentliche Nachricht kann dem Erwachsenen-Ich zugeordnet werden und ist auch an das Erwachsenen-Ich gerichtet. Unterschwellig findet aber eine Botschaft vom kritischen Eltern-Ich an das Kind-Ich statt.

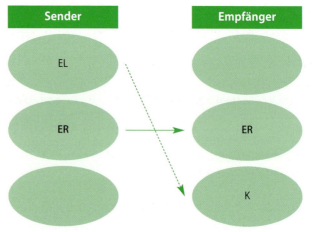

Abb.: Darstellung von Transaktionen (EL/K/ER/ER)

Der Erfolg einer solchen verdeckten Transaktion hängt davon ab, ob der Empfänger in der Lage oder willens ist, die verdeckte Botschaft zu erkennen und auf sie einzugehen.

Die Kommunikation in erkennbaren und verdeckten Botschaften kann zu großen Schwierigkeiten und Unstimmigkeiten führen: Es kann z. B. vorkommen, dass indirekte Botschaften gar nicht oder falsch wahrgenommen werden.

Das Egogramm

Da Kommunikation ein von beiden Gesprächspartnern zu gestaltender Prozess ist, ist es einerseits wichtig, die Wesenszüge des Gesprächspartners richtig einzuschätzen, andererseits aber auch, die eigenen Wesenszüge zu erkennen. Um eine solche Auswertung durchzuführen, eignet sich das **Egogramm**. Das Egogramm gibt Auskunft darüber, wie stark die einzelnen Ich-Zustände bei einer bestimmten Person vertreten sind. Egogramme werden über komplexe Fragebögen ermittelt, die z. B. in der einschlägigen Fachliteratur verfügbar sind.

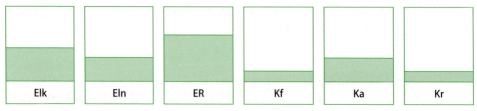

Abb.: Beispiel für ein Egogramm

> *Praxistipp*
> Ein Online-Egogramm können Sie z. B. über
> www.touchdown.ch/tdego/egogramm.asp ermitteln.

Emotionale Bedürfnisse

Die Transaktionsanalyse beschäftigt sich neben der Interaktion zwischen Sender und Empfänger auch mit den **emotionalen Bedürfnissen** der Gesprächspartner.

Jedem Menschen ist angeboren, dass er Zuwendung erfahren möchte. Dieses Streben nach Zuwendung ist bei den einzelnen Individuen natürlich unterschiedlich stark entwickelt, aber grundsätzlich immer vorhanden. Dabei kann eine solche Zuwendung sowohl negativ als auch positiv sein.

Folgende Möglichkeiten der Zuwendung, die entweder empfangen oder gegeben werden, können unterschieden werden:

- **Positiv ohne Bedingung:** Ein Mensch wird gemocht, weil es ihn gibt.

- **Positiv mit Bedingung:** Ein Mensch wird gemocht, wenn er gewisse Handlungen ausführt oder Bedingungen erfüllt.

- **Negativ ohne Bedingung:** Ein Mensch wird nicht gemocht, weil er der ist, der er ist.

- **Negativ mit Bedingung:** Ein Mensch wird nicht gemocht, wenn er bestimmte Kriterien erfüllt oder gewisse Handlungen vollzieht.

In jeder Person existiert der Wunsch nach einem gewissen Maß an bedingungsloser, positiver Zuwendung. Die positive und negative Zuwendung, die an Bedingungen geknüpft ist, erfahren wir oft in der Erziehung oder durch das **Führungsverhalten** im Unternehmen. **1 | 1.1.3** Dabei wird das Streben nach Zuwendung ausgenutzt, um jemanden zu bestimmten Handlungen zu veranlassen bzw. um bestimmte Handlungen abzustellen.

Eine weitere wichtige Erkenntnis der TA ist es, dass jedem Menschen die negative Zuwendung lieber ist, als überhaupt keine Beachtung durch andere zu finden. Wird also jemand mit kompletter Nichtbeachtung bestraft, so wird er mindestens versuchen, unangenehm aufzufallen, um negative Zuwendung zu erfahren.

> *Beispiel*
> Ein Schüler wird durch die Klassengemeinschaft ausgeschlossen, er erfährt keinerlei Beachtung. Er fängt an, die anderen Schüler zu ärgern, damit er zumindest eine negative Zuwendung erfährt.

Die menschliche Grundeinstellung

Jeder Mensch entwickelt im Laufe der Kindheit und Erziehung eine Grundhaltung über sich und andere Individuen. Je nachdem, von welchen Erfahrungen ein Mensch geprägt wurde, kann er sich und andere Menschen als in Ordnung (o.k.) oder nicht in Ordnung (nicht o.k.) bewerten.

In der Transaktionsanalyse werden die folgenden Grundhaltungen unterschieden:

1. **Ich bin o.k. – du bist o.k.**
   Diese Grundhaltung wird als die eines Gewinners bezeichnet. Jemand mit dieser Haltung findet sowohl sich in Ordnung als auch andere Menschen. Er kann offen mit eigenen Fehlern, Gefühlen und Zielen umgehen, sich aber auch mit denen von anderen Menschen auseinandersetzen. Diese Grundhaltung bedeutet nicht, dass man andere Personen zwangsläufig für gute Menschen hält, es bedeutet aber, dass man diese Möglichkeit zulässt.

2. **Ich bin o.k. – du bist nicht o.k.**
   Ein Mensch mit dieser Grundhaltung verlässt sich in schwierigen Situationen eher auf sich, Fehler sucht er bei anderen. Wenn jemand mit dieser Einstellung in einer komplexen Situation nicht weiterweiß, wird er wahrscheinlich niemanden zurate ziehen, denn der andere ist nicht in Ordnung – wie soll er Rat wissen, wenn schon der, der in Ordnung ist, scheitern musste?

3. **Ich bin nicht o.k. – du bist o.k.**
   Eine Person mit dieser Grundhaltung verlässt sich mehr auf andere Menschen. Fehler sucht sie stets bei sich selbst. Dieser Mensch ist oft auf den Rat und die Hilfe von Dritten angewiesen bzw. glaubt, darauf angewiesen zu sein.

4. **Ich bin nicht o.k. – du bist nicht o.k.**
   Diese Grundhaltung wird oft als die eines Verlierers bezeichnet. Ein Mensch mit dieser Grundhaltung wird immer wieder Situationen schaffen, die seine Theorie (Ich bin nicht in Ordnung, andere aber auch nicht) bestätigen und mit einer negativen Erfahrung enden.

Nutzen der Transaktionsanalyse

Sind einem Menschen diese Grundeinstellungen nicht bewusst, ist es kaum möglich, sie zu verändern. Macht man sich aber klar, wie man mit sich selbst und mit anderen Menschen umgeht, besteht die Möglichkeit, die eigene Einstellung zu überprüfen und ggf. zu ändern. Die in der Transaktionsanalyse insgesamt gewonnene Klarheit gegenüber eigenen Gefühlen und Wertungen hilft dem Mitarbeiter, Handlungsspielräume gegenüber anderen Menschen zu gewinnen, weil er in der Lage ist, Klarheit auch über die tatsächlichen Erwartungen seines Gegenübers zu erreichen. Das Ziel der Transaktionsanalyse, auch in schwierigen Gesprächen situationsgerecht agieren und reagieren zu können, stellt eine wertvolle Hilfe im Umgang mit kritischen, aufgebrachten, enttäuschten oder Hilfe suchenden Kunden dar. **5** | 4 Auch für innerbetriebliche Situationen kann die TA wertvolle Denkanstöße liefern:

- Coaching
- Mitarbeitergespräche
- Konfliktsituationen
- Teamentwicklung
- Mitarbeiterführung
- Mitarbeitermotivation
- Selbstmanagement etc.

2.1.6   Das Johari-Fenster

Bei jeder Person gibt es neben Bereichen (im Sinne von Charaktereigenschaften, Neigungen, Bedürfnissen), die anderen Menschen bekannt sind, auch Bereiche, die andere Menschen nicht kennen. Darüber hinaus gibt es Bereiche, die einer Person von sich selbst nicht bekannt sind, die sich aber dem Gesprächspartner erschließen. Eine Kommunikation erfolgt umso erfolgreicher, je mehr die Gesprächspartner voneinander wissen und je besser man einschätzen kann, welches Bild man beim jeweils anderen hinterlässt.

Das Johari-Fenster (benannt nach seinen Entwicklern, den amerikanischen Sozialpsychologen **Jo**seph Luft und **Har**ry Ingham) zeigt bewusste und unbewusste Verhaltensmerkmale und Charaktereigenschaften zwischen einer Person und ihrem Gesprächspartner auf. Luft und Ingham differenzieren dabei vier Bereiche:

Abb.: Das Johari-Fenster

Quadrant A: Mir bekannt und anderen bekannt

Dieser Bereich ist beiden Gesprächspartnern gleichermaßen bekannt. Hier verstehen sich beide und wissen, was der andere meint. Quadrant A wird auch als **Arena** oder **Feld der Begegnung** bezeichnet, da er Basis für eine offene und angstfreie Kommunikation ist. Es ist sinnvoll, diesen Bereich zu vergrößern um die Kommunikation zu erleichtern.

Grundsätzlich gibt es dazu folgende Möglichkeiten:

Offenheit: Eine Person gibt dem Gesprächspartner Informationen, die bis dahin nur ihr selbst bekannt waren. Dies verkleinert Quadrant B.

Rückmeldung/Feedback: Die andere Person erteilt Informationen darüber, wie die erste Person auf andere wirkt. Dies verkleinert Quadrant C.

Quadrant B: Mir bekannt, anderen unbekannt.

Hier befindet sich der Bereich, den jeder nur selbst von sich kennt, den man dem Gesprächspartner bewusst nicht öffnet. Dieser Bereich wird auch als **Privatperson** bezeichnet. Häufig verbergen sich darin auch heimliche Wünsche und verborgene Stellen. Je nach Art der Beziehung zu dem Gesprächspartner ist dieser Bereich unterschiedlich groß. Für eine erfolgreiche Kommunikation kann es zweckmäßig sein, durch vertrauensbildende Maßnahmen diesen Bereich zu verkleinern. Das bedeutet aber nicht, dass man jedem potenziellen Gesprächspartner auch jede intime Information preisgeben muss.

Quadrant C: Mir unbekannt, anderen bekannt

Was einem selbst nicht bewusst ist, wohl aber dem Gegenüber, wird auch als „**Der blinde Fleck**" bezeichnet. Häufig sind dies Gewohnheiten und Verhaltensweisen, die sich über non- und paraverbale Signale äußern. Erhält man zu diesem Fremdbild eine Rückmeldung von anderen Personen und weiß somit, wie man auf andere wirkt, kann dieser Bereich verkleinert werden.

Quadrant D: Mir unbekannt, anderen unbekannt

Der Bereich des **Unbewussten** spiegelt sich in Quadrant D wider. Hier sind Fähigkeiten und Charaktereigenschaften verborgen, die die jeweilige Person selbst noch nicht kennt und die sich daher auch dem Gesprächspartner nicht erschließen. Dies können z. B. ungenutzte Talente und Begabungen sein.

Eine zentrale Erkenntnis des Johari-Fensters für das Kommunikationsgeschehen ist, dass das wahrgenommene Verhalten einer anderen Person jeweils nur einen Teil von dem darstellt, was für diese Person in einer bestimmten Situation (z. B. bei einem Beschwerdeanruf) Bedeutung hat. Auch dem Einzelnen selbst sind wesentliche Aspekte des eigenen Verhaltens nicht bekannt, bewusst oder überhaupt zugänglich. Vieles davon spielt also sich im Bereich des Unbekannten und Unbewussten ab. Ebenso lassen sich durch das Johari-Fenster – ähnlich der Transaktionsanalyse – wertvolle Erkenntnisse für innerbetriebliche Kommunikationssituationen und Gruppenprozesse gewinnen.

2.1.7 Die Bedürfnispyramide nach Maslow

Das Modell der **Bedürfnispyramide** wurde vom amerikanischen Psychologen **Abraham Maslow** entwickelt, um die Motivation des menschlichen Handelns anhand von Bedürfnissen zu beschreiben.

Der Begriff **Motivation** bezeichnet die Einflüsse und Bedingungen, die einen Menschen zu bestimmten Handlungen bewegen. Basis dieser Motivation sind die **menschlichen Bedürfnisse**. Ein Bedürfnis motiviert einen Menschen demnach so lange zu einem bestimmten Verhalten, bis dieses befriedigt ist.

Bd. 2 | 6

Die Bedürfnispyramide skaliert die menschlichen Bedürfnisse nach einzelnen Stufen:

1. **Physiologische Grundbedürfnisse:** Diese Ebene hat für das menschliche Handeln absolute Priorität. Bedürfnisse auf dieser Ebene sind Hunger, Durst, Schlaf und der Drang nach Fortpflanzung, also dem Erhalten der eigenen Art.

2. **Sicherheitsbedürfnisse:** Sind die physiologischen Bedürfnisse erfüllt, das Überleben also gesichert, strebt jeder Mensch nach der Absicherung des eigenen Lebens. Bedürfnisse auf dieser Ebene sind: Wohnung, Versicherungen, Arbeitsplatz, Gesetze und Regeln etc.

3. **Sozialbedürfnisse:** Jeder Mensch möchte Zuwendung und soziale Kontakte, auch der Wunsch nach Kommunikation ist hier angesiedelt. Bedürfnisse auf dieser Ebene sind z. B.: Freunde, Familie, Geselligkeit und Austausch.

4. **Bedürfnis nach Wertschätzung und Anerkennung:** Für die geleistete Arbeit oder für die gesellschaftliche Position möchte man anerkannt und wertschätzend behandelt werden. Bedürfnisse auf dieser Ebene sind z. B.: Geltung, Anerkennung, Karriere, Macht und Status.

5. **Bedürfnis nach Selbstverwirklichung:** Auf der höchsten Stufe der Bedürfnispyramide findet sich das Streben nach Selbstverwirklichung. Der Mensch möchte gerne sich selbst erkennen, seine Talente ausbilden und seinen Platz in der Welt (und evtl. darüber hinaus) finden. Mögliche Bedürfnisse auf dieser Ebene sind: Individualität, Kunst, Religion, Philosophie und Ethik.

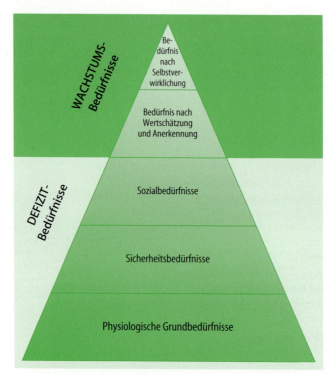

Abb.: Die Bedürfnispyramide nach Maslow

Die unteren drei Stufen werden auch **Defizitbedürfnisse** genannt. Um zufrieden zu sein, müssen diese Bedürfnisse gestillt sein, dann tritt aber eine Sättigung ein. Die **Wachstumsbedürfnisse** der beiden oberen Stufen können demgegenüber nie wirklich befriedigt werden. Nach Maslow wird aber jeder Mensch versuchen, zuerst die Bedürfnisse der unteren Stufen zu erfüllen, bevor er sich der nächsthöheren Stufe widmet. Kommt es zu einem Konflikt zwischen zwei Stufen, z. B. durch das gleichzeitige Auftreten unterschiedlicher Bedürfnisse, setzt sich im Zweifel das tiefer gelegene (niedrigere) Bedürfnis durch.

Auch in der Kommunikation stehen sich verschiedene Bedürfnisse gegenüber. Die Gesprächspartner sind daran interessiert, einzelne Bedürfnisse mithilfe des Gegenübers zu befriedigen.

Beispiel
Auslöser vieler Hotlineanrufe ist das Sicherheitsbedürfnis, also der Wunsch, eine als unklar und unsicher empfundene Situation zu verbessern.

Andererseits kommt es auch vor, dass Bedürfnisse die Kommunikation und deren Erfolg einschränken.

Beispiel

In einem Outbound-Gespräch ist ein Gesprächspartner kurz angebunden. Er möchte nicht lange reden und kann nicht an den Dialog denken, weil er starken Hunger empfindet. Aus Sicht dieser Person spielen andere Bedürfnisse im Moment keine Rolle, er möchte viel dringender ein physiologisches Bedürfnis befriedigen.

Eine große Bedeutung kommt der Bedürfnispyramide nach Maslow neben der **Bedarfsermittlung** in der **Verkaufspsychologie** im Rahmen des aktiven Verkaufsgesprächs zu.

5 | 1
Bd. 2 | 8

Zusammenfassung

- Um mit anderen Menschen in Kontakt zu treten, werden **verbale** (Worte), **paraverbale** (hörbare Ausdrucksform) und **nonverbale** (sichtbare Körpersprache) **Kommunikationsmittel** eingesetzt.

- Zum Vorgang der Kommunikation gehören immer **Sender, Empfänger** sowie die **Nachricht**, die gesendet werden soll. Bleibt der Empfänger in der reinen Zuhörerrolle, spricht man von einer **Ein-Wege-Kommunikation**, sendet der Empfänger eine Nachricht zurück, spricht man von einer **Zwei-Wege-Kommunikation**.

- Nach Watzlawick gibt es fünf **Axiome** (Regeln) der Kommunikation:
  1. Jeder Mensch kommuniziert, sobald er von einem anderen Menschen wahrgenommen wird.
  2. Jede Nachricht enthält einen Inhalts- sowie Beziehungsaspekt.
  3. Jeder Kommunikationspartner hat eine eigene Sichtweise vom Ablauf der Kommunikation.
  4. Digitale (verbale) und analoge (para- und nonverbale) Kommunikation verläuft gleichzeitig.
  5. Die Beziehung der Gesprächspartner bestimmt den Ablauf der Kommunikation.

- Gemäß dem Kommunikationsmodell nach Schulz von Thun besteht jede Nachricht aus **vier verschiedenen Seiten**:
  - Sachinhalt
  - Selbstoffenbarung
  - Beziehung
  - Appell

  Während die Sachaussage meist eindeutig ist, können die anderen Seiten vom Empfänger unterschiedlich gedeutet werden. Um Missverständnisse und Störungen in der Kommunikation zu vermeiden, sollte der Sender klar und offen über seine Ziele, Wünsche, Emotionen und den Sachverhalt sprechen. Der Empfänger hat darauf zu achten, alle Ebenen der Aussage richtig zu verstehen und ggf. nachzufragen.

- Die **Transaktionsanalyse** nach Berne beschäftigt sich mit der Interaktion von Gesprächspartnern aus verschiedenen Ich-Zuständen heraus. Jeder Mensch agiert aus den folgenden Ich-Zuständen:
  - Eltern-Ich
  - Erwachsenen-Ich
  - Kind-Ich

  Diese können jeweils in unterschiedlichen Ausprägungen auftreten. Im Kommunikationsprozess wird zwischen **parallelen, gekreuzten** und **verdeckten Transaktionen** unterschieden. Die Transaktionsanalyse unterscheidet zwischen vier menschlichen Grundeinstellungen, die sich im Laufe der Erziehung und der Entwicklung bei jeder Person einstellen:

- Ich bin o.k. – du bist o.k.
- Ich bin o.k. – du bist nicht o.k.
- Ich bin nicht o.k. – du bist o.k.
- Ich bin nicht o.k. – du bist nicht o.k.

- Das **Johari-Fenster** zeigt an, welche **Eigenschaften** einer Person der Person selbst und dem jeweiligen Gesprächspartner bekannt und welche unbekannt sind. Je mehr Eigenschaften beide Gesprächspartner von sich selbst und dem jeweils anderen kennen, desto besser kann Kommunikation verlaufen.

- Die **Bedürfnispyramide** nach Maslow beschreibt die Bedürfnisse, die einen Menschen zu bestimmten Handlungen motivieren. Maslow unterscheidet folgende Ebenen:
  1. Physiologische Grundbedürfnisse
  2. Sicherheitsbedürfnisse
  3. Sozialbedürfnisse
  4. Bedürfnis nach Wertschätzung und Anerkennung
  5. Bedürfnis nach Selbstverwirklichung

Aufgaben

1. *In der Kundenkommunikation per Telefon stehen die nonverbalen Kommunikationsmittel nicht zur Verfügung. Welche Möglichkeiten hat der Mitarbeiter, dies zu kompensieren?*

2. *Unterscheiden Sie kongruente und inkongruente Kommunikation. Welche Bedeutung hat eine kongruente Kommunikation im Callcenter?*

3. *Was versteht man unter Metakommunikation? Welche Funktion kann die Metakommunikation im Kundengespräch haben?*

4. *Analysieren Sie folgende Gesprächssituation gemäß den Axiomen der Kommunikation nach Watzlawick. Finden Sie eine Lösung, um den Konflikt zu bereinigen:*
   Kunde: „Der Drucker, den Sie mir geschickt haben, ist kaputt."
   Mitarbeiter: „Da haben Sie bestimmt die Bedienungsanleitung falsch gelesen."
   Kunde: „Das liegt aber nur daran, dass die so schlecht geschrieben ist."

5. *Bewerten Sie die folgenden Aussagen anhand des Kommunikationsmodells „Vier Seiten einer Nachricht" nach Schulz von Thun. Legen Sie dazu*
   a) *aus Sicht des Senders die vier Botschaften der Nachricht dar.*
   b) *Überlegen Sie, wie der Empfänger diese Nachricht mit den vier Ohren hört.*
   Aussagen:
   1. *Teamleiter zu Daniel: „Daniel, im Kopierer ist kein Papier mehr."*
   2. *Kunde zu Daniel: „Ich warte seit zwei Wochen auf die Lieferung."*
   3. *Daniel zu Julia: „Sag mal, hast du für heute die Hausaufgaben gemacht?"*

6. *Beschreiben Sie Möglichkeiten, die Sie als Hotlinemitarbeiter haben, um einen optimalen Empfang der Kundenbotschaften zu gewährleisten. Differenzieren Sie dabei nach den vier Seiten der Nachricht.*

7. *Bearbeiten Sie die nachfolgenden Aufgaben gemäß den Grundsätzen der Transaktionsanalyse nach Berne.*
   a) *Ordnen Sie den folgenden Dialogen die Persönlichkeitszustände der Beteiligten zu.*

b) Stellen Sie dann die Transaktionen zwischen den Gesprächspartnern anhand einer Zeichnung dar.
c) Entscheiden Sie, um welche Art von Transaktion es sich jeweils handelt.

Aussagen:
1. Ausbilder zu Julia: „Wann habe ich Herrgott noch mal endlich Ihr Berichtsheft auf dem Tisch?"
   Julia: „Tut mir leid, sofort ... meine Schuld."
2. Julia zu Daniel: „Wollen wir heute mal so richtig faulenzen, nix tun, einfach rumhängen?"
   Daniel: „Aujaaaaaa!"
3. Kunde zu Julia: „Ich will sofort eine Lösung, ich lasse mich hier nicht vertrösten."
   Julia: „Ich kümmere mich gerne um eine Lösung, das bekommen wir schon hin."
4. Kunde zu Daniel: „Veranlassen Sie sofort einen Rückruf durch Ihren Vorgesetzten."
   Daniel: „Ich kann Ihren Ärger verstehen, darf ich Ihnen auch meine direkte Hilfe anbieten?"

8. Wie kann man bei einem Kunden, der aus dem Eltern-Ich heraus agiert, die Bereitschaft erhöhen, auf das Erwachsenen-Ich zu wechseln?
9. Was versteht man bei der Transaktionsanalyse unter „verdeckten Transaktionen"? Welche Gefahren lauern dabei im Kundengespräch?
10. Beschreiben Sie konkrete Maßnahmen, durch die im Johari-Fenster die „Arena", der gemeinsame Bereich der Kommunikation, vergrößert werden kann.
11. Welchen Nutzen hat die Bedürfnispyramide nach Maslow für die Bedarfsanalyse im Kundengespräch?
12. Wodurch unterscheiden sich Defizitbedürfnisse und Wachstumsbedürfnisse?

3 Rhetorische Mittel einsetzen

■ Einstiegssituation

Die Dialogfix GmbH ist unter anderem für den technischen Telefonsupport von Hard- und Software zuständig. In der Abteilung „Technische Beratung" werden Bedienungsfragen beantwortet, aber auch komplexe Schwierigkeiten bei der Einrichtung von Hard- und Software gelöst. Diese Abteilung beschäftigt zurzeit 90 Mitarbeiter.

Oft melden sich bei „Tech Direkt" – so die interne Bezeichnung – Kunden, die Schwierigkeiten mit der Einrichtung oder Installation eines neu erworbenen Produkts haben. Diese Kunden möchten in erster Linie eine Hilfestellung zu dem bestehenden Fehler oder Tipps zur Installation, oft sind Kunden aber auch verärgert über ihre Erlebnisse und möchten im Rahmen des Service-Gesprächs diese Gefühle zum Ausdruck bringen.

Daniel arbeitet zurzeit in dieser Abteilung und hat gerade ein Gespräch mit einem Kunden.

Kunde: „Der Drucker, den ich bei Ihnen gekauft habe, funktioniert schon wieder nicht! Langsam frage ich mich, ob der das Geld wert war!"

Daniel: „Keine Sorge, das Gerät ist den Kaufpreis wert. Ich erkläre Ihnen die richtige Bedienung, dann funktioniert das wieder."

Kunde: „Ach so, der ist den Kaufpreis wert… Klar, warum funktioniert er dann die ganze Zeit nicht?"

Daniel: „Sie können mir glauben! Wenn ich Ihnen sage, der ist das Geld wert, dann ist er auch das Geld wert."

■ *Arbeitsaufträge*

1. *Analysieren Sie diese Gesprächssituation. Welche Fehler sind Daniel unterlaufen?*
2. *Erörtern Sie in der Klasse Techniken der Gesprächsführung, die in solchen Situationen eingesetzt werden können.*
3. *Welche Gründe hat der Kunde, weiterhin auf der Klärung der Frage nach dem Kaufpreis bzw. dem Wert seines Druckers zu bestehen, statt sich auf die Erklärung der Bedienung einzulassen?*

Neben den Grundlagen der Kommunikationspsychologie benötigt ein Mitarbeiter im Dialogmarketing eine hohe Methodenkompetenz in der Gesprächsführung. Um Kommunikation zielgerecht und professionell zu gestalten, stehen eine Vielzahl von **rhetorischen Mitteln** zur Verfügung.

3.1 Grundlagen der klassischen Rhetorik

„Daher ist es erforderlich, Kunstfertigkeit anzuwenden, ohne dass man es merkt, und die Rede nicht als verfertigt, sondern als natürlich erscheinen zu lassen – dies nämlich macht sie glaubwürdig." (Aristoteles, 384–322 v. Chr.)

Viele der vermeintlich modernen Erkenntnisse der Gesprächsführung oder auch der Präsentationstechnik basieren auf Überlegungen, die bereits älter als 2000 Jahre sind und im antiken Griechenland und dem alten Rom entstanden. Es ist daher lohnenswert, sich mit den grundlegenden Erkenntnissen der klassischen Rhetorik vertraut zu machen.

In der Antike bezeichnete man **Rhetorik** als die Kunst oder Geschicklichkeit der freien, öffentlichen Rede. Im heutigen Sprachgebrauch versteht man unter Rhetorik neben den Techniken der Rede und des Vortrags vor allem auch die **Gesprächsführungstechniken**.

Als wissenschaftliches Forschungsobjekt wird die Rhetorik von verschiedenen Disziplinen betrachtet, so z. B. von der Linguistik, der Psychologie oder der Soziologie.

In der klassischen Rhetorik nach Aristoteles kann die Überzeugungskraft einer Rede aus **drei Prinzipien** gewonnen werden, die sich im Idealfall ergänzen:

- **Ethos** (Charakter des Redners bzw. seine moralische Autorität)
  Der Redner zeichnet sich durch Glaubwürdigkeit, Ehrlichkeit und natürliche Autorität aus. Nach Aristoteles die höchste Form der Überzeugung.
- **Logos** (Wort, Gedanke, logische Argumentation)
  Der Redner überzeugt durch eine folgerichtige und nachvollziehbare Argumentation.
- **Pathos** (Gefühlsbewegung)
  Der Redner appelliert an die Emotionen des Zuhörers, der sich dann der Argumentation eher öffnet.

Die Gliederung der Rede richtet sich gemäß der klassischen Rhetorik nach folgenden Schritten:

1. **Festlegung** des Themas (Intellectio)
   Neben der Festlegung, um welche Sache es gehen soll, können hier auch Fragen der geeigneten Form und der einzusetzenden Medien Thema sein.

2. **Stoffsammlung** (Inventio)
   Hier geht es um das Sammeln, Ordnen, Bewerten und Auswählen der notwendigen Informationen und Argumente im Hinblick auf die Bearbeitung des festgelegten Themas.

3. **Gliederung**, Strukturierung (Dispositio)
   Der Aufbau der Rede folgt klassisch den folgenden Schritten:
   - Einstieg
   - Einordnung des Themas in einen größeren Zusammenhang
   - Argumentation
   - Schluss

4. Sprachliche **Gestaltung**, Formulierung (Elocutio)
   Bei der stilistischen Gestaltung ergänzen sich die Kunst, *richtig* (normgerecht) zu sprechen und die Kunst, *gut* (klar und schön) zu sprechen.

5. **Einprägen**, Auswendiglernen (Memoria)
   Eine gute Rede wird aus dem Gedächtnis gehalten. Dazu kann man sich verschiedener Lern- und Merktechniken bedienen.

6. **Aussprache**, Körpersprache (Pronuntiatio, Actio)
   Die Durchführung der Rede wird ganz entscheidend von Betonung, Stimme und Körpersprache geprägt.

Die Rede hat ihr Ziel erreicht, wenn folgende drei Wirkungen eintreten:
- Den Zuhörer gewinnen und erfreuen (conciliare et delectare).

- Den Zuhörer belehren, ihm etwas beweisen bzw. vor Augen führen (docere et probare).
- Den Zuhörer zu einer Reaktion oder Emotion bewegen, ihn von etwas überzeugen (movere et concitare).

Bereits in der Antike kam es zu Auseinandersetzungen, was der eigentliche **Zweck** der Rhetorik sei. Während es **Aristoteles** und seinen Mitstreitern darum ging, Einsichten und Erkenntnisse zu gewinnen, standen früher bei den **Sophisten** („Lehrer der schönen Rede") die Überredung und die Techniken der **Manipulation** im Vordergrund, bei denen der Zweck jedes Mittel heiligt.

Für die **Manipulation** („Handgriff") in diesem Sinne ist das Reduzieren des Gesprächspartners auf die Stufe einer Sache (dann kann man ihn „in die Hand nehmen") die Voraussetzung. Er wird nicht als Person ernst genommen. Statt respektvoll mit dem Gesprächspartner zu kommunizieren, wird in der Absicht gehandelt, ihn zu beeinflussen, und zwar ohne dass er sich dessen bewusst wird. Techniken der Manipulation werden vor allem dann eingesetzt, wenn die Sache selbst nicht überzeugend genug ist und dies verschleiert werden soll. Informationen und Inhalte muss man dabei nicht fälschen; es kann bereits genügen, sie gezielt auszuwählen oder wegzulassen.

Fragen der Ethik, der Tugend und der Moral sind somit schon seit der Antike Bestandteil der Rhetorik und haben bis heute nichts an ihrer Aktualität eingebüßt.

3.2 Techniken der Gesprächsführung

3.2.1 Argumentationstechnik

Ein Kernelement der menschlichen Kommunikation ist die **Argumentation**. Das Wort Argument stammt ursprünglich aus dem Lateinischen und bedeutet „beweisen" oder „erhellen". Heute wird der Begriff Argument als ein Beleg für eine bestimmte Ansicht verstanden.

Im Dialogmarketing steht der Mitarbeiter oft vor der Herausforderung, einen Kunden von den Produkten bzw. Dienstleistungen des eigenen Unternehmens oder eines externen Auftraggebers zu überzeugen oder zu einer bestimmten Handlung zu bewegen. Um dieses Ziel zu erreichen, muss er in der Lage sein, professionell und sachlich fundiert zu argumentieren.

Argumentationsaufbau

Die Grundlage einer Argumentation ist immer, dass ein Gesprächspartner von einer bestimmten Aussage, einem bestimmten Sachverhalt oder einem bestimmten Ziel überzeugt werden soll. Diese grundlegende Aussage wird als **These** bezeichnet. Um diese These zu belegen, wird ein Beweis herangezogen, der die Behauptung untermauern soll, das **Argument**. Dieses Argument ist in der logischen Argumentation immer sachlich fundiert, das heißt, es liegt dem Argument ein Beweis zugrunde, der belegbar ist, die **Schlussregel**. Die Schlussregel muss in der Argumentation nicht zwangsläufig erwähnt werden. Wenn diese sachliche Fundierung allerdings fehlt, ist die Argumentation nicht schlüssig, sondern eine aus der Luft gegriffene Behauptung.

Eine logische Argumentation besteht also immer aus folgenden Elementen:
1. These (Behauptung/Zielsatz)
2. Argument (Beweis)
3. Schlussregel (Grundlage des Arguments)

Eine Möglichkeit der Argumentation ist, die These aufzustellen und diese dann mit dem Argument zu belegen.

Beispiel
Julia zu einem Kunden: „Der Drucker Dialogfix xi744 ist für Sie geeignet, da er über eine hohe Bildqualität verfügt."

Bei dieser Argumentation wird die Aufmerksamkeit des Gesprächspartners geweckt, da die These zunächst im Mittelpunkt steht. Die Argumente werden aus der These abgeleitet, man spricht auch von einer **deduktiven** oder rückwärtsgewandten **Argumentation**. Es besteht dabei allerdings die Gefahr, dass sofort ein innerer Widerspruch beim Gesprächspartner ausgelöst wird, der dann die eigentliche Argumentation gar nicht mehr wahrnimmt.

Eine weitere Möglichkeit der Argumentation besteht darin, zunächst das Argument zu bringen und dann daraus die These abzuleiten. Dies wird auch als **induktive** oder vorwärtsgerichtete **Argumentation** bezeichnet. Hier besteht kaum die Gefahr eines voreiligen Widerspruchs, allerdings sind die Argumente für den Gesprächspartner zunächst nur schlecht einzuordnen.

Beispiel
Julia zu einem Kunden: „Da der Drucker xi744 über eine hohe Bildqualität verfügt, ist er das geeignete Gerät für Ihre Ansprüche."

Im oben genannten Beispiel kann die Schlussregel (also der Beweis für Julias Aussage) z. B. über die technischen Spezifikationen des Geräts oder über einen Vergleichstest in einer Zeitschrift hergeleitet werden. Fragt der Kunde nach einem Beleg, kann Julia diesen liefern. Julia kann diese Tatsache aber auch direkt in die Argumentation mit einbauen.

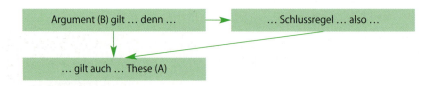

Beispiel
„Der Drucker verfügt über eine hohe Bildqualität, die er bereits im Vergleichstest der Zeitschrift ‚Drucken für Profis' unter Beweis gestellt hat. Daher ist er das geeignete Gerät für Ihre Ansprüche."

Praxistipp
Nutzen Sie niemals unbelegbare Argumente, da diese gezielten Rückfragen nicht standhalten.

Für eine überzeugende Argumentation ist es oft notwendig, die These mit mehreren Argumenten zu untermauern. Bei einem **linearen Aufbau** der Argumentation verdichten sich mehrere Argumente zu einer **Argumentationskette**. Diese Argumente können dann entweder logisch aufeinander aufbauen oder jedes für sich alleine Gültigkeit besitzen.

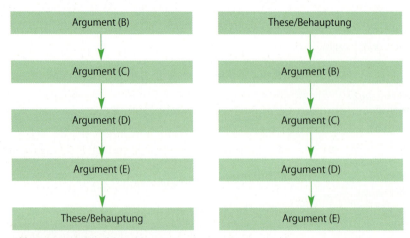

Abb.: Argumentationskette

Beim **dialektischen Aufbau** der Argumentation zielen die Argumente nicht linear in eine Richtung, sondern bestehen aus den gegensätzlichen Elementen Behauptung (**These**) und Gegenbehauptung (**Antithese**), die schließlich zusammengefasst und verknüpft werden (**Synthese**).

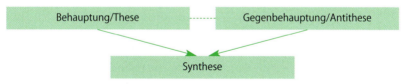

Abb.: Dialektischer Aufbau der Argumentation

Vorbereitung einer Argumentation

Im Dialogmarketing ist es oft notwendig, einen Kunden in einer begrenzten Zeitspanne von einer Sache zu überzeugen oder ihn zu einer bestimmten Handlung zu veranlassen.

> Beispiel
> **Outbound Kundenrückgewinnung:** Der Kunde soll dazu bewegt werden, in die Geschäftsbeziehung zurückzukehren.
> **Inbound Verkauf:** Der Kunde soll von den Vorteilen eines bestimmten Produkts überzeugt werden.

Um dieses Ziel zu erreichen, sollte eine Argumentation gründlich vorbereitet werden. Dabei sind folgende Schritte zu beachten:

1. Ziele formulieren	Am Anfang wird festgelegt, welches Ziel durch die Argumentation erreicht werden soll, worauf also die Argumente ausgerichtet werden müssen. Ein weiterer Gesichtspunkt kann z. B. sein, welche Interessen durch die Argumentation vertreten werden sollen.
2. Thema eingrenzen	Nachdem die Ziele gesteckt sind, wird festgelegt, aus welchen Bereichen (z. B. Produkteigenschaften, Preis, Vergleiche etc.) die Argumente gewonnen werden können.
3. Informationen sammeln	Aus den gewählten Bereichen werden dann Informationen zusammengetragen, die später als Argumente oder als Basis der Argumentation dienen sollen. Mögliche Informationsquellen sind Schulungsunterlagen, Produktinformationen, Zeitschriften, das Internet, etc.
4. Informationen abwägen	Die gesammelten Informationen werden nun im Hinblick auf den Themenbezug ausgewertet. Es wird geprüft, welche Informationen die These am besten stützen können, welche zwar relevant, aber nur zweitrangig sind und welche für die Argumentation nicht zu gebrauchen sind. Wenn sich nach der Prüfung herausstellt, dass nur sehr wenige Informationen für die Argumentation brauchbar sind, ist eine erneute Informationsrecherche empfehlenswert.

5. Argumentation aufbauen	Aus den gesammelten Informationen wird nun die Argumentation aufgebaut. Die Argumente werden unterschieden nach inhaltlicher Bedeutung und Überzeugungskraft. Außerdem wird überlegt, welche Gegenargumente der Gesprächspartner einbringen kann.
6. Rahmenbedingungen prüfen	Die vorbereiteten Argumente werden hinsichtlich Verständlichkeit und Relevanz zum Thema geprüft. Außerdem erfolgt ein Check, ob die wichtigsten Argumente in der zur Verfügung stehenden Zeit eingesetzt werden können.
7. Stichwortkonzept erstellen	Die Argumente, deren Reihenfolge sowie die wichtigsten Kerninformationen werden schriftlich festgehalten, damit man im Telefonat auf einen Leitfaden zurückgreifen kann.

Die Fünfsatz-Technik

Nachdem durch gründliche Vorbereitung die wichtigsten Informationen und Argumente zusammengetragen wurden, wird der eigentlichen Argumentation eine klare Struktur gegeben. Ein bewährtes Verfahren zur Strukturierung der Argumentation ist die **Fünfsatz-Technik**. Dabei handelt es sich um einen gedanklichen Bauplan, bei dem in fünf Denkschritten eine bestimmte Argumentationsfolge für eine These festgelegt wird. In der Grundstruktur basiert die Fünfsatz-Technik entweder auf einem linearen oder einem dialektischen Aufbau.

Die Fünfsatz-Technik kann eingesetzt werden, um in einer vorbereiteten Argumentation die These schlagkräftig zu untermauern, aber auch, um im Dialog angemessen auf ein Gegenargument zu reagieren.

Vorbereitung des „Fünfsatzes"

Bevor der eigentliche Fünfsatz-„Bauplan" erstellt werden kann, sind vorbereitend folgende Schritte zu leisten:

1. **Formulierung der These oder des Zielsatzes:** Die These oder das Ziel werden formuliert: Welche Reaktion soll beim Gegenüber erreicht werden? Wovon soll der Gesprächspartner überzeugt werden?

2. **Argumente formulieren:** Es werden drei Argumente formuliert, die den Zielsatz begründen.

3. **Einstiegssatz formulieren:** Hier wird ein gelungener Einstieg für die eigentliche Argumentation formuliert. Wird in einer Gesprächssituation auf ein Gegenargument reagiert, dann sollte der Einstiegssatz stets an den bisherigen Gesprächsverlauf anknüpfen.

Ablauf im Dialog

Der Ablauf im Gespräch entspricht nicht dem eigentlichen Ablauf der Vorbereitung. Stattdessen wird folgende Reihenfolge eingehalten:
1. **Einstiegssatz**
2. **Drei Argumente**
3. **These oder Zielsatz**

Mögliche Baupläne der Fünfsatz-Technik

Abb.: Baupläne der Fünfsatz-Technik

1. Aufsatzplan

Beim Ausatzplan wird die Argumentation in Einleitung, Hauptteil und Schluss gegliedert, ähnlich der Aufsatzgliederung. Der Hauptteil besteht aus drei Argumenten, die inhaltlich nicht aufeinander aufbauen müssen, sondern auch nebeneinander angeordnet sein können. Das stärkste Argument wird in der Regel am Schluss gebracht.

Der Aufsatzplan als eine sehr einfache Variante des Fünfsatzes und eignet sich daher besonders für Einsteiger in diese Argumentationsmethode oder für einfache Sachverhalte.

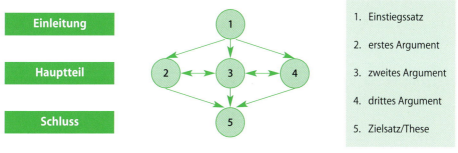

Abb.: Aufsatzplan

Beispiel
1. „Ich möchte noch einmal darauf hinweisen, dass der xi 744 ein sehr gutes Gerät ist."
2. „Er ist für jede Art des Fotodrucks geeignet."
3. „Außerdem profitieren Sie von der 5-Jahres-Garantie."
4. „Und Sie erhalten dieses Gerät zu einem sehr günstigen Preis."
5. „Daher ist er das geeignete Gerät für Ihre Ansprüche."

2. Der Kettenbauplan

Bei dieser Variante wird ein Gedankengang entwickelt, bei dem die Argumente in Beziehung zueinander gesetzt werden. Dieser Gedankengang kann entweder logisch oder zeitlich aufeinander aufbauen.

Der Einsatz dieser Variante eignet sich besonders, um etwas Ruhe in eine schwierige Gesprächssituationen zu bringen.

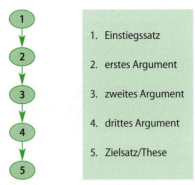

Abb.: Der Kettenbauplan

Beispiel
1. „Der xi744 ist ein sehr gutes Gerät."
2. „Er hat in einem Vergleichstest sehr gut abgeschnitten."
3. „… und dies nicht zuletzt wegen seines tollen Preis-Leistungs-Verhältnisses."
4. „Dabei erhält man zu diesem Preis trotzdem die 5-Jahres-Garantie."
5. „Daher ist der xi744 das passende Gerät für Ihre Ansprüche."

3. Der dialektische Aufbau

Der dialektische Aufbau des Fünfsatzes orientiert sich an dem aus der klassischen Rhetorik stammenden Prinzip von These, Antithese und Synthese. Bei dieser Variante werden schrittweise Pro- und Contra-Argumente gegeneinander abgewogen. Der dialektische Aufbau ist dafür geeignet, die Gegenargumente des Gesprächspartners aufzunehmen, zu analysieren und dann durch eigene Argumente zu entkräften.

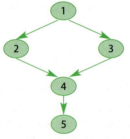

Abb.: Der dialektische Aufbau

1. Einstiegssatz (mit Bezugnahme auf das Argument des Gesprächspartners)
2. Argument 1 (Analyse des Gegenarguments)
3. Argument 2
4. Synthese
5. Zielsatz

Beispiel

1. „Ihr Hinweis, dass der xi744 nicht mehr mit der neuen Generation der Drucker mithalten kann, war sehr interessant."
2. „Fasziniert hat mich insbesondere der fundierte Vergleich mit den Konkurrenzprodukten."
3. „In diesem Zusammenhang möchte ich darauf hinweisen, dass unser Gerät in der Zeitschrift ‚Drucken für Profis' eben mit diesen Konkurrenzdruckern verglichen wurde und mehr als gut abgeschnitten hat."
4. „Die Resultate dieses Tests sind eindeutig, unser Drucker ist das bessere Gerät."
5. „Ich empfehle Ihnen daher den Kauf des xi744."

4. Der Kompromiss

Bei dieser Variante werden zwei gegensätzliche Positionen gegenübergestellt. Aus dieser Gegenüberstellung wird dann aufbauend auf die Gemeinsamkeiten beider Thesen eine dritte Position (die eigene These/der eigene Zielsatz) abgeleitet, die eine konsensorientierte Lösung anstrebt.

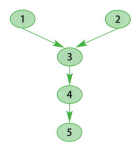

1. These 1 (Einstieg)
2. These 2
3. Argument 1 (Herausarbeiten der Gemeinsamkeiten)
4. Argument 2 (Einigung anstreben)
5. Eigene These/Zielsatz

Abb.: Der Kompromiss

Beispiel

1. „Sie sind der Meinung, dass der Drucker xi780 zu teuer ist."
2. „Ich bin der Meinung, dass Qualität einen gewissen Preis hat."
3. „Wir kommen aber beide darin überein, dass Sie einen Drucker mit einer guten Fotoqualität brauchen."
4. „Der xi744 erzielt ebenfalls sehr gute Ergebnisse in diesem Bereich und ist günstiger als der xi780."
5. „Ich schlage daher vor, dass wir uns in der Mitte treffen und Sie den xi744 nehmen."

5. Die Ausklammerung

Diese Variante dient dazu, bisher diskutierte Themen in den Hintergrund zu stellen und einen neuen Punkt, einen eigenen Zielsatz, in den Dialog einzubringen. Dies wird dadurch erreicht, dass andere Themen, die als weniger bedeutsam oder der Argumentation weniger dienlich angesehen werden, ausgeklammert werden.

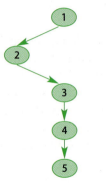

1. Einstieg mit Bezugnahme auf das diskutierte Thema
2. Bezugnahme auf bisher gebrachte Argumente
3. Argument 1 (Einbringen des eigenen Themas)
4. Argument 2
5. Eigener Zielsatz/These

Abb.: Die Ausklammerung

Beispiel

1. „Bisher haben wir über die Kosten eines Druckers gesprochen."
2. „Dabei haben Sie sehr viel Wert auf einen günstigen Preis gelegt."
3. „Wie gut ein Drucker allerdings im Bereich des Fotodrucks arbeitet, haben wir bisher außer Acht gelassen."
4. „Gerade dieser Punkt ist aber sehr wichtig, der xi744 zum Beispiel bietet bei einem angemessenen Preis gute Ergebnisse im Fotodruck."
5. „Daher empfehle ich Ihnen dieses Gerät."

6. Der Vergleich

Bei dieser Fünfsatz-Variante wird der Zielsatz aus dem Vergleich zweier unterschiedlicher Ansichten entwickelt. Die Begründungen der unterschiedlichen Auffassungen werden dabei gegenübergestellt, um daraus einen eigenen abweichenden Zielsatz zu entwickeln.

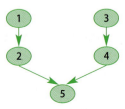

1. Aussage A
2. Begründung für Aussage A
3. Aussage B
4. Begründung für Aussage B
5. Eigener Zielsatz/These

Abb.: Der Vergleich

Beispiel

1. Die Zeitschrift „Drucken für Profis" meint, dass vor allem die Fotodruckqualität beim Kauf eine Rolle spielt.
2. Als Begründung wird angeführt, dass dies das beste Merkmal ist, um echte Qualität zu erkennen.
3. In der Zeitschrift „Hardware Test" wird behauptet, dass der Preis der Druckerpatronen beim Kauf am meisten beachtet werden soll.
4. Als Grund wird dort genannt, dass die laufenden Kosten der wichtigste Aspekt beim Kauf eines neuen Druckers sind.
5. Beide Aussagen sind zu pauschal. Beim Kauf eines Druckers ist es am wichtigsten, darauf zu achten, was für den einzelnen Kunden individuell entscheidend ist.

Rhetorische Argumentation

Die klassische Argumentationslehre basiert auf einem strengen logischen Zusammenhang, einer sachlich wahren Beweisführung. Darüber hinaus haben sich im Laufe der Zeit eine Vielzahl weiterer Argumentationsformen herausgebildet, die nicht zwangsläufig auf diesem Grundprinzip basieren, sondern andere rhetorische Mittel einsetzen, um den Gesprächspartner zu überzeugen. Häufig wird der Argumentationsweg dabei verkürzt, um ein wesentliches Argument in den Mittelpunkt zu stellen. Daher wird diese Form der Argumentation auch als verkürzte Argumentation oder **rhetorische Argumentation** bezeichnet. Mögliche Varianten sind z. B.:

- Argumentieren mit **Statistiken**
  Beispiel: „Bereits 70% unserer Kunden haben sich für die neue Finanzfix-Software entschieden."
- Argumentieren mit **Autoritäten**
  Beispiel: „Sogar viele Steuerberater nutzen unsere Finanzfix-Software."
- Argumentieren mit **Analogien** (Ähnlichkeiten)
  Beispiel: „Sie waren doch bereits von der letzten Version der Finanzfix-Software so begeistert."

Bei diesen Argumentationen ist jedoch große Aufmerksamkeit geboten, da die Gefahr besteht, dass sich **manipulative Elemente** in die Argumentation einschleichen. Dies geschieht vor allem dann, wenn die eigentliche sachliche Basis der Argumentation recht schwach oder schlicht unwahr ist. Häufig wird dadurch beim Gesprächspartner ein unguter Eindruck hinterlassen, der sich negativ auf die langfristige Geschäftsbeziehung auswirkt. Der Kunde erhält den Eindruck, dass es sich um „bloße Rhetorik" handelt.

Praxistipp
Achten Sie auch bei der rhetorischen Argumentation darauf, dass die Argumente wahr und überprüfbar sind.

3.2.2 Fragetechnik

Bedeutung der Fragetechnik

Um ein Gespräch mit einem Kunden kompetent führen zu können, muss der Mitarbeiter genau wissen, welche Erwartungen, Ziele, Gefühle und Ansprüche der Kunde in das Gespräch mitbringt. Darüber hinaus sollte der Mitarbeiter das Ziel haben, stets die Führung oder die Kontrolle über den Dialog zu behalten.

Daher ist es für jeden Mitarbeiter im Dialogmarketing von großer Bedeutung, die **Fragetechnik** zu beherrschen. Fragetechnik bezeichnet dabei den Einsatz verschiedener Frageformen zur Steuerung des Gesprächs sowie zur Informationsbeschaffung.

Fragen im Kundengespräch können dazu dienen,
- Sachverhalte und unterschiedliche Ansichten zu klären,
- den Gesprächspartner zum Nachdenken anzuregen,
- den Gesprächspartner zu motivieren, eigene Auffassungen in den Dialog einzubringen,
- Interesse zu signalisieren,
- Sympathie beim Gesprächspartner zu wecken,
- Zeit (zum Nachdenken) zu gewinnen.

Frageformen

Im Gespräch stehen eine Vielzahl unterschiedlicher Frageformen zur Verfügung. Jede Frageform hat dabei ihre Besonderheiten, Vorteile und Nachteile, die es im konkreten Gesprächseinsatz zu beachten gilt:

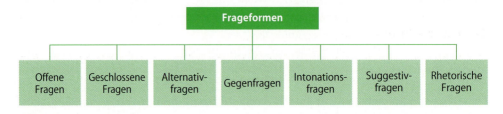

Praxistipp
Die Aufzählung der Frageformen stellt keinen abschließenden und vollständigen Katalog dar. Weitere Frageformen lassen sich jedoch meist auf die genannten Formen zurückführen.

Offene Fragen

Offene Fragen beginnen immer mit einem **Fragewort** (Was, Wie, Wann, Welche, Wo etc.).

Sie erlauben dem Gesprächspartner ausführliche Antworten und liefern dadurch weitreichende Informationen über Ziele und Befindlichkeiten des Gesprächspartners.

Offenen Fragen können dazu dienen,
- ein Gespräch in Gang zu bringen.
- eine positive Beziehung mit dem Kunden herzustellen.
- viele Informationen zu erhalten.
- die Meinung und die Befindlichkeit des Kunden kennenzulernen.
- die Bedürfnisse des Kunden zu erfahren.

> *Beispiel*
> „Was kann ich für Sie tun?"
> „Was halten Sie von …"
> „Was passiert genau?"

Vorteile	Nachteile
Der Kunde kann viele Informationen geben.	Das Gespräch wird wenig gesteuert.
Der Kunde hat einen großen Antwortspielraum.	Die Antworten benötigen viel Zeit.
Der Kunde fühlt sich nicht eingeengt.	Evtl. unpräzise und schwammige Antworten.
Die Beziehungsebene zum Kunden wird aufgebaut.	Es fließen auch unrelevante Informationen.

Praxistipp

Setzen Sie offene Fragen vor allem zu Beginn des Gesprächs bzw. zu Beginn der Bedarfsermittlung ein. Dies führt dazu, dass der Kunde sich wertschätzend behandelt fühlt und Sie eine ausreichende Menge an Informationen erhalten.

Geschlossene Fragen

Geschlossene Fragen beginnen mit einem Verb oder Hilfsverb und lassen nur kurze Antworten zu: Ja, nein oder eine Sachangabe. Durch geschlossene Fragen wird der Gefragte zu einer Entscheidung aufgefordert.

Praxistipp

Die geschlossene Frage ist auch als **Ja/Nein-Frage** oder **Entscheidungsfrage** bekannt.

Geschlossene Fragen können dazu dienen,
- die erhaltenen Informationen abzusichern.
- das Gespräch zu steuern.
- den Abschluss in einem Gespräch zu finden.

Beispiel

„Wurde der Drucker schon geliefert?"
„Soll ich Ihnen das Angebot zusenden?"
„Haben Sie bereits die neue Finanzfix-Software?"

Vorteile	Nachteile
Der Kunde wird zu einer Entscheidung aufgefordert.	Die Antwortmöglichkeiten sind erheblich eingeengt, dadurch können wichtige Informationen wegfallen.
Die Antwort fällt kurz und präzise aus, dadurch kann Zeit gespart werden.	Der Kunde kann sich beeinflusst und unter Druck gesetzt fühlen.
Es können gezielt einzelne Sachverhalte abgefragt werden.	Wird nach Sachinformationen gefragt, die dem Kunden nicht bekannt sind, gibt er eventuell eine falsche Antwort.

> *Praxistipp*
> Setzen Sie geschlossene Fragen am Ende der Bedarfsermittlung ein. So können Sie absichern, dass Sie den Kunden richtig verstanden haben.

Alternativfragen

Alternativfragen liefern zwei oder mehr Antwortmöglichkeiten und geben dem Gesprächspartner eine Richtung vor. Weitere Alternativen neben den genannten werden damit ausgeschlossen.

> *Praxistipp*
> Häufig bleibt die letztgenannte Alternative am besten im Ohr des Gesprächspartners haften.

Alternativfragen können dazu dienen,
- das Gespräch zu steuern.
- Informationen abzusichern.
- den Abschluss eines Gesprächs herbeizuführen.

> Beispiel
> „Möchten Sie den xi744 oder den xi749 bestellen?"
> „Wollen Sie warten oder noch einmal anrufen?"
> „Möchten Sie den Termin am Montag oder am Mittwoch wahrnehmen?"

> *Praxistipp*
> Bei Terminvereinbarungen ist die Alternativfrage geeigneter als die offene Frage, z. B. besser „Montag oder Mittwoch" statt „Wann?".

Vorteile	Nachteile
Dem Gesprächspartner werden (scheinbar) Wahlmöglichkeiten eingeräumt.	Der Kunde kann sich beeinflusst und manipuliert fühlen.
Der unentschlossene Kunde erhält eine Entscheidungsvorlage.	Die Gesprächsatmosphäre kann dauerhaft belastet werden.
Das Gespräch kann zu einem gewünschten Ziel gesteuert werden.	Es können keine Informationen abgefragt werden, da der Fragende die Wahlmöglichkeiten vorgibt.

> *Praxistipp*
> Setzen Sie Alternativfragen ein, wenn der Kunde eine Entscheidung nur mit ihrer Hilfe treffen kann oder um den Abschluss in einem Gespräch zu finden.

Gegenfrage

Statt mit einer Antwort wird auf die Frage des Gesprächspartners mit einer Frage reagiert.

Gegenfragen können dazu dienen,
- weitere Informationen zu erhalten, um eine Frage richtig zu beantworten.
- die Geschwindigkeit eines Gesprächs zu verringern.
- Fragen des Kunden richtig zu verstehen.
- einer Antwort auszuweichen.

> **Beispiel**
> Der Kunde fragt: „Welcher Drucker ist der Richtige für mich?"
> Gegenfrage: „Wozu möchten Sie ihn denn nutzen?"

Vorteile	Nachteile
Unpassende Fragen können mit einer Gegenfrage abgewehrt werden.	Wenn jemand eine Frage stellt, erwartet er eine Antwort. Durch die Gegenfrage wird diese Erwartung enttäuscht.
Die Geschwindigkeit im Gespräch kann verringert werden.	Es kann der Eindruck entstehen, dass man sich um eine Antwort drücken möchte.
Man kann Zeit zum Nachdenken gewinnen.	Der Gesprächsfluss gerät ins Stocken.
Man erfährt, was der Kunde meint, wenn die erste Frage nicht richtig verstanden wurde.	Zu viele Gegenfragen werden als unhöflich betrachtet.

> ***Praxistipp***
> Setzen Sie Gegenfragen ein, wenn Ihnen zur Beantwortung einer Frage des Kunden Informationen fehlen. Achten Sie aber darauf, nicht zu viele Fragen mit einer Gegenfrage zu beantworten.

Intonationsfragen

Durch das Anheben der Stimme (Intonation) am Ende eines Satzes wird aus einer eigentlichen Aussage eine Frage.

Intonationsfragen können dazu dienen,
- wenig Druck auf den Gesprächspartner auszuüben.
- das Gespräch zu beruhigen.
- die Steuerung des Gesprächs zu mindern bzw. dem Gesprächspartner zu überlassen.

> **Beispiel**
> „Sie sind bis 20:00 Uhr erreichbar?"
> „Sie suchen einen preisgünstigen Drucker?"

Vorteile	Nachteile
Der Gesprächspartner fühlt sich ernst genommen.	Liefert kaum Informationen.
Diese Frageform übt keinen Druck auf den Kunden aus.	Wirkt auf Dauer sehr eintönig.

Praxistipp
Setzen Sie Intonationsfragen ein, wenn der Gesprächspartner sich durch zu viele Fragen bereits manipuliert fühlt.

Suggestivfragen

Bei der Suggestivfrage handelt es sich um eine Form der geschlossenen Frage, bei der dem Gesprächspartner die Antwort durch die Frage bereits vorgegeben wird. Dem Gesprächspartner wird die Antwort bereits in den Mund gelegt, seine Entscheidungsfreiheit ist dadurch stark eingeengt.

Suggestivfragen können dazu dienen,
- den Gesprächspartner zu überrumpeln.
- den Kunden zu bevormunden.
- den Gesprächspartner zu manipulieren

Beispiel
„Sie als ökonomisch denkender Mensch sind doch auch der Meinung, dass der xi744 das richtige Gerät für Ihre Ansprüche ist?"
„Möchten Sie nicht auch Millionär werden?"

Vorteile	Nachteile
Im wertschätzenden Kundendialog gibt es keine Vorteile.	Der Kunde wird bevormundet.
	Die Beziehungsebene wird stark belastet.
	Der Kunde antwortet eventuell wie gewollt, hält sich aber dann nicht an Vereinbarungen.

Praxistipp
Verzichten Sie gänzlich auf Suggestivfragen.

Rhetorische Fragen

Bei der rhetorischen Frage beantwortet der Fragende seine Frage selbst. Eine Reaktion des Gesprächspartners wird meist nicht erwartet.

Rhetorische Fragen können dazu dienen,
- das Interesse des Gesprächspartners zu wecken.
- den Einstieg in einen Monolog vorzubereiten.

Beispiel
„Was sind nun die herausragenden Eigenschaften des xi744?"

Vorteile	Nachteile
Der Fragende erhält (vorübergehend) die Aufmerksamkeit des Gefragten.	Es werden keine Informationen beschafft.
	Diese Fragetechnik kann nicht in der Bedarfsermittlung eingesetzt werden.
	Der Kunde wird dauerhaft vom Gesprächsverlauf ausgeschlossen.

Praxistipp
Setzen Sie rhetorische Fragen als Stilmittel bei Reden ein. In der Kundenkommunikation haben diese Fragen nichts verloren.

3.2.3 Zuhören

Um ein Gespräch führen zu können, ist es wichtig, dass man genau versteht, was der Gesprächspartner zum Ausdruck bringen möchte. Im Dialogmarketing kommt vor allem der Technik des Zuhörens eine besondere Bedeutung zu. Einerseits ist es wichtig, dass der Mitarbeiter die Wünsche und Anliegen des Kunden erfährt, andererseits muss der Kunde merken, dass der Mitarbeiter ihm zuhört. Da der Kunde den Mitarbeiter nicht sieht, führt Schweigen leicht zu Missverständnissen. Der Kunde fragt sich unweigerlich, ob der Mitarbeiter überhaupt noch da ist und stellt evtl. seine Ausführungen ein.

Die vier Arten des Zuhörens

Folgende Arten des Zuhörens werden unterschieden:
- „Pseudo-Zuhören"
- Aufnehmendes Zuhören
- Umschreibendes Zuhören
- Aktives Zuhören

„Pseudo-Zuhören"

Hierbei handelt es sich eigentlich gar nicht um echtes Zuhören. Aufmerksamkeit wird vorgetäuscht, um ein Gespräch schnell zu beenden oder um selbst das Wort übernehmen zu können. Dies wird häufig durch beiläufige **Floskeln** wie z. B. ein leicht gereiztes „Ja, ja" oder „schon klar" zum Ausdruck gebracht.

Praxistipp
„Pseudo-Zuhören" ist ein echter Gesprächsstörer, den der Gesprächspartner meist rasch entlarven wird. Vermeiden Sie daher diese Verhaltensweise.

Aufnehmendes Zuhören

Bei dieser Technik widmet der Empfänger dem Sender seine volle **Aufmerksamkeit**, er achtet auf alle Sachinhalte, um die Botschaft inhaltlich genau zu verstehen. Der Zuhörer schweigt, solange der Sender spricht. Dass dem Gesprächspartner zugehört wird, wird durch bestätigende Signale (z. B. „hmm", „ja", „aha") signalisiert.

Praxistipp
Aufnehmendes Zuhören ist das Mindeste, was der Gesprächspartner von Ihnen erwarten kann.

Umschreibendes Zuhören

Bei dieser Technik wird das soeben Gehörte mit eigenen Worten wiedergegeben (**paraphrasieren**). Damit wird signalisiert, dass dem Gegenüber zugehört wird und die Aussagen richtig verstanden wurden. Eigene Meinungen und Bewertungen bleiben zunächst noch außen vor.

Durch die Wiederholung der Ausführungen merkt der Gesprächspartner genau, dass Interesse besteht und seine Ausführungen richtig verstanden wurden. Er wird motiviert, das Gespräch fortzusetzen. Diese Technik ist als Zuhörerreaktion bei sachlichen Ausführungen des Kunden geeignet, zum Beispiel während der Bedarfsermittlung.

Praxistipp
Achten Sie auf einen angemessenen, aber nicht übertriebenen Einsatz des umschreibenden Zuhörens. Bei übermäßigem Einsatz besteht leicht die Gefahr, dass der Gesprächsfluss unnötig ins Stocken gerät.

Aktives Zuhören

Geprägt wurde der Begriff **Aktives Zuhören** durch den amerikanischen Psychologen Thomas Gordon, der durch seine Bücher „Familienkonferenz" und „Managerkonferenz" weltweit Popularität erlangte. Aktives Zuhören bedeutet, dass man beim Zuhören nicht nur auf das tatsächlich Gesagte eingeht, sondern auch auf das, was der Gesprächspartner „zwischen den Zeilen" sagt, also auf die Gefühle, die der Gesprächspartner zum Ausdruck bringt.

Da jede Mitteilung eines Senders an den Empfänger sowohl einen Inhalts- als auch einen Beziehungsaspekt hat ist es wichtig, nicht nur auf die Sachinhalte einzugehen, sondern auch in der Reaktion zu zeigen, dass die **Gefühlsebene** verstanden wurde.

3 | 2.1.3

Beim aktiven Zuhören werden aber nicht nur Informationen und Emotionen aufgenommen, sondern es wird auch dem Gesprächspartner signalisiert, dass Interesse für das Gesagte und die mitschwingenden Gefühle besteht. Darüber hinaus spiegelt man dem Gesprächspartner auch immer zurück, wie seine Botschaft angekommen ist bzw. wie man die Informationen und Emotionen interpretiert. Dies bedeutet nicht zwangsläufig, den Standpunkt des Gesprächspartners zu teilen, es wird aber signalisiert, dass man sich mit den Gedanken und Gefühlen des Gegenübers ernsthaft auseinandersetzt.

Diese Technik ist als Zuhörerreaktion im Dialogmarketing geeignet, wenn der Kunde nicht nur reine Sachinformationen übermittelt, sondern auch durch Stimme und Betonung seine Gefühle zum Ausdruck bringt. Aktives Zuhören ist die Basis für das Beschwerdemanagement, da manche Beschwerden rein über den Gefühlsausdruck übermittelt werden.

Praxistipp
Durch aktives Zuhören können Sie erfahren, welche Emotionen in den Ausführungen des Gesprächspartners mitschwingen und entsprechend darauf eingehen.

Bestandteile des Zuhörens im Dialogmarketing

1. **Konzentrieren:**
   Widmen Sie dem Kunden Ihre ungeteilte Aufmerksamkeit. Erlauben Sie sich nicht, in Gedanken abzuschweifen oder einen Kommentar oder eine Bewertung zu formulieren. Achten Sie darauf, spontane Reaktionen zurückzuhalten. Notieren Sie beim telefonischen Kontakt wichtige Informationen.

2. **Bestätigen Sie Ihre Aufmerksamkeit:**
   Satzwiederholungen oder Bestätigungslaute (z. B. „ah", „mhm", „ach", „ja") mit emotionaler Betonung stellen eine gute Basis für das Zuhören dar. Stellen Sie außerdem Rückfragen (z. B. „Das wurde so gesagt? Wie bitte?!").

3. **Einladen:**
   Reißt der Kunde ein Thema nur kurz an, bitten Sie ihn, mehr zu erzählen. Oft beginnen Menschen mit einem Thema und werden dann unsicher, ob die Zuhörer überhaupt interessiert sind. Menschen sind oft zurückhaltend während des Dialogs, weil sie daran gewöhnt sind, dass Zuhörer im Allgemeinen nicht viel Geduld und Aufmerksamkeit aufbringen. Formulieren Sie deshalb offene oder anregende Fragen, die direkt am Kern der Äußerungen bleiben.

4. **Ernst nehmen:**
   Schöpfen Sie erst die Quellen Ihres Gesprächspartners aus, bevor Sie etwas Eigenes beitragen. Nehmen Sie die Gedanken Ihres Gesprächspartners genauso ernst wie Ihre eigenen.

5. **Absichern:**
   Prüfen Sie, ob Sie den Kunden richtig verstanden haben, schließen Sie Missverständnisse aus. Testen Sie Ihre Annahmen durch Fragen („So habe ich Sie verstanden ... – ist das richtig?"). Gestatten Sie dem Kunden, Ihre Ansichten zu korrigieren.

3.2.4 Gesprächsstörer und Gesprächsförderer

Einen Dialog kann man durch einfache Mittel und bestimmte Verhaltensweisen positiv beeinflussen. Genauso einfach kann die Kommunikation aber durch falsches Verhalten gestört oder eingeschränkt werden.

Gesprächsstörer

> *Definition*
> Gesprächsstörer sind Aussagen und Verhaltensweisen, die das Gespräch mit dem Kunden erschweren.

Zu den typischen Gesprächsstörern gehören:
- Befehlen
- Überreden
- Drohen oder Warnen
- Vorwürfe machen
- Bewerten
- Herunterspielen

Befehlen

Befehle, oft gekennzeichnet durch das Wort **„müssen"**, lassen den Kunden glauben, dass der Mitarbeiter sich über ihn stellt und es keine weitere Möglichkeit der Diskussion gibt. Meist wird der Kunde aber nicht einfach bereit sein, die Befehle blind zu akzeptieren und eher Widerstand aufbauen. Selbst wenn er mit widerstrebendem Gehorsam reagiert, wird die Beziehung dauerhaft belastet.

> *Beispiel*
> „Sie müssen die Bezahlung heute vornehmen!"

Überreden

Ähnlich wie bei den Befehlen wird hier die Entscheidung nicht dem Kunden überlassen. Er soll dazu bewogen werden, etwas zu tun, was er nicht möchte. Häufig geschieht dies auf der Beziehungsebene. Auch bei Überredungsversuchen werden die meisten Menschen eher widerstrebend als kooperativ reagieren.

Beispiel

„Na, nun geben Sie sich doch einen Ruck und kaufen Sie schon den Drucker!"

Drohen oder Warnen

Durch das Aufzeigen von negativen Folgen oder eines angeblichen Fehlverhaltens eines anderen soll der Kunde zum „richtigen" Handeln bewegt werden. Dies geschieht meist durch eine subtile „Entweder-oder"-Botschaft. Auch hier wird der Kunde eher mit Widerstand reagieren, kein Mensch lässt sich gerne drohen.

Beispiel

„Wenn Sie sich heute nicht für den Drucker entscheiden, dann gilt das Angebot nicht mehr. Ab morgen müssen Sie den regulären Preis bezahlen."

Vorwürfe machen

Der Kunde wird nachträglich auf sein Fehlverhalten hingewiesen. Damit wird die Absicht verfolgt, dass er aus seinen Fehlern lernen soll. Da der Kunde aber nicht darauf angewiesen ist, etwas zu lernen, sondern kompetente Beratung erwartet, wird er eher ablehnend oder wütend auf die Vorwürfe reagieren.

Beispiel

„Also, Herr Meier, wenn Sie den Drucker falsch anschließen und dann auch noch zu spät anrufen, dann wird das natürlich nix!"

Bewerten

Das Verhalten oder die Aussage des Kunden wird bewertet und mit der eigenen Meinung, die im schlimmsten Fall dann noch als die einzig richtige angesehen wird, verglichen. Häufig wird die Bewertung mit suggestiven Aussagen verknüpft.

Der Kunde wird aus einem Selbstschutz heraus mit Ablehnung reagieren und nicht zulassen, dass er von anderen Menschen bewertet wird.

Beispiel

„Na, da machen Sie es sich ja sehr einfach, Herr Meier."
„Das ist aber eine sehr magere Information, meinen Sie nicht?"

3   Rhetorische Mittel einsetzen

Herunterspielen

Das Anliegen oder sogar das Problem des Kunden wird heruntergespielt und nicht ernst genommen. Dies ist eine extreme Form der Geringschätzung. Die mangelnde Wertschätzung wird den Kunden dazu verleiten, seinen Standpunkt noch viel massiver zu vertreten.

> **Beispiel**
> „Ach, Her Meier, ist doch gar kein Problem … Wenn so ein Drucker mal nicht funktioniert, geht die Welt doch davon nicht unter!"
> „Ihre Probleme möchten andere gerne haben …"

> **Praxistipp**
> Vermeiden Sie im Kundengespräch unbedingt die Gesprächsstörer.

Gesprächsförderer

> **Definition**
> Gesprächsförderer sind Verhaltensweisen, die dem Kunden signalisieren, dass er ernst genommen wird und eingeladen ist, sein Anliegen vorzutragen.

Einer der wichtigsten Gesprächsförderer ist das bereits beschriebene aktive Zuhören.

Weitere Gesprächsförderer sind:
- Zustimmen
- Nachfragen
- Denkanstöße geben
- Pausen

Zustimmen

Jeder Mensch strebt nach Anerkennung seiner Meinung. Daher ist es wichtig, dem Kunden zu signalisieren, dass seine Meinung verstanden und nachvollzogen wird. Dies gelingt auch, wenn der Mitarbeiter die Meinung nicht teilt.

> **Beispiel**
> „Da haben Sie recht."
> „Das kann ich nachvollziehen."
> „Ich stimme Ihnen zu."

Nachfragen

Nachfragen signalisiert dem Gesprächspartner Interesse. Durch verschiedene Frageformen gelingt es zu verstehen, was der Kunde möchte.

Beispiel

„Wie darf ich Ihnen helfen?
„Was ist Ihnen wichtig?"

Denkanstöße geben

Anstatt den Kunden zu überreden, kann er mit logischen Argumenten dazu veranlasst werden, selbst Gründe für oder gegen eine Entscheidung zu finden. Eine so getroffene Entscheidung wird den Kunden langfristig zufrieden stellen.

Beispiel

Kunde: „Ich kann mich nicht zwischen den Druckern xi744 und xi780 entscheiden."
Mitarbeiter: „Der xi780 ist zwar teurer in der Anschaffung, dafür sind die Tintenpatronen 25% günstiger. Überlegen Sie doch mal, ob sich das für Sie rechnet."

Pausen

Im Dialog mit dem Kunden sind Pausen ein einfaches und sicheres Stilmittel, um das Gespräch zu fördern. Durch Pausen wird der Gesprächspartner eingeladen, sich eigene Gedanken zu machen oder in die Diskussion einzusteigen.

Pausen können dazu dienen,
- schwierige Gesprächssituationen zu beruhigen.
- auf die Einwände des Kunden zu reagieren.
- Spannung zu erzeugen.
- das Gespräch in Sinnabschnitte zu gliedern und inhaltliche Höhepunkte vorzubereiten.

Die besondere Bedeutung der Pausentechnik als Mittel der **Einwandbehandlung** wird ausführlich im Rahmen des Verkaufsgesprächs thematisiert.

Bd. 2 | 8

3.2.5   Sprechausdruck

Neben der inhaltlichen Seite des Gesprächs beeinflusst auch die Ausdrucksweise des Mitarbeiters, der sog. **Sprechausdruck**, das Ergebnis des Dialogs.

Bei einem unzureichenden Sprechausdruck kommt es zu Störungen in der Kommunikation. Der Gesprächspartner versteht entweder überhaupt nicht, was mit der Aussage gemeint war oder es wird eine schlechte Gesprächsatmosphäre erzeugt.

5 | 1.1.3

Beispiel

Thomas spricht in einem Kundengespräch sehr leise und nuschelt. Der Kunde muss sich darauf konzentrieren, alles akustisch zu verstehen und nicht Verstandenes im Geiste selbst zusammenzusetzen. Er kann sich nicht gänzlich auf den Inhalt konzentrieren, da ihn das Empfangen der Nachricht bereits erheblich anstrengt.

Folgende Aspekte des Sprechausdrucks sollten beachtet werden:

- **Stimme**

  Die Stimme eines Menschen wird auch von seinen Emotionen beeinflusst. Wenn man seelisch angespannt ist, merkt man meist eine direkte Veränderung der Stimme, diese kann dann energielos oder blockiert klingen. Um den Gesprächspartner mit der eigenen Stimme zu überzeugen, ist es wichtig, dass man fließend und unverkrampft spricht.

- **Lautstärke**

  Die Lautstärke sollte so gewählt werden, dass der Gesprächspartner ohne Anstrengung jedes Wort versteht. Auf keinen Fall sollte man zu laut oder zu leise sprechen. Zu lautes Sprechen wirkt hektisch und aggressiv, zu leises Sprechen unsicher und inkompetent.

- **Tonlage**

  Mit der Stimme ist man in der Lage, unterschiedliche Tonhöhen und Klangfarben zu produzieren. Wenn man gut gelaunt ist, spricht man in einer hellen Tonlage, bei schlechter Laune in einer dunklen Tonlage.

  In einem Kundengespräch kann man die Tonlage bewusst variieren, so kann **Abwechslung** in einen Dialog gebracht und die Aufmerksamkeit des Gesprächspartners erhöht werden. Mit einer hellen Tonlage können z. B. freudige Akzente gesetzt werden, die den Gesprächspartner motivieren. Mit einer dunklen Tonlage kann man besonders wichtige oder eindringliche Gedanken untermalen, der Gesprächspartner wird quasi aufgefordert, sich das Gesagte einzuprägen.

- **Betonung**

  In der Sprache kann man durch Betonung einem Satz verschiedene Bedeutungen geben. Außerdem kann man einzelne Sinneinheiten hervorheben. Eine Sprache ohne Betonung einzelner Aspekte wirkt monoton und unstrukturiert.
  Im Kundengespräch sollten daher wichtige Aussagen betont werden, um die Aufmerksamkeit des Zuhörers zu erhöhen, Engagement zu zeigen und Monotonie vorzubeugen.

- **Sprechtempo**

  Jeder Mensch hat ein eigenes Sprechtempo, das sich je nach Gesprächssituation verändern kann. Wenn man unsicher ist oder Angst hat, neigt man dazu, schnell zu sprechen. Ist man gelangweilt oder nicht ganz bei der Sache, neigt man zu einer langsamen Sprechweise. Im Kundengespräch sollte man weder zu schnell sprechen, da dies gehetzt und ungeduldig wirkt, noch zu langsam, da dies müde und lustlos wirkt.

Eine gute Möglichkeit, das Sprechtempo zu beeinflussen, bietet der Einsatz von **Pausen**. Mit einer Sprechpause kann man dem Gesprächspartner Sicherheit vermitteln und ihm Zeit geben, das eben Gesagte zu verarbeiten. Außerdem bieten Pausen dem Mitarbeiter die Möglichkeit, selbst durchzuatmen und die Gedanken für den nächsten Satz zu ordnen.

Über die Länge von Sprechpausen gibt es verschiedene Faustregeln. Eine besagt, dass die Pause zwischen 3–5 Sekunden dauern sollte, eine andere, dass die Pause einen Atemzug lang sein sollte.

Praxistipp
Achten Sie bewusst auf den Einsatz von Sprechpausen und finden Sie dabei die für Sie optimale Länge heraus.

- **Aussprache**

Eine verständliche und deutliche Aussprache (**Artikulation**) ist eine wesentliche Grundvoraussetzung, damit das Gesagte auch vom Empfänger richtig gehört werden kann. Bei der Aussprache sollte darauf geachtet werden, die Lippen nicht zu fest aneinanderzupressen. Auch eine ruhige und gleichmäßige Atmung ist dabei hilfreich. In den meisten Callcentern ist zudem eine **dialektfreie Aussprache** Grundvoraussetzung. Eine übertrieben deutliche Aussprache kann allerdings auch leicht belehrend und distanziert wirken.

Praxistipp
Zeichnen Sie Telefonate von sich auf und hören Sie sich selbst zu. Wie wirkt Ihre Stimme? Finden Sie heraus, ob Sie zu schnell oder zu langsam sprechen, ob Sie die richtige Tonlage sowie Betonung wählen und ob die Lautstärke angemessen ist.

3.2.6 Körpersprache

Obwohl der Kunde den Gesprächspartner im Callcenter nicht sieht, beeinflusst die Körpersprache des Mitarbeiters in erheblichem Ausmaß das Ergebnis des Gesprächs. Da die Körpersprache oder Körperhaltung einen direkten Einfluss auf die Stimme, Stimmlage, den Ausdruck und die Tonlage hat, hört der Kunde auch, welche Körperhaltung der Mitarbeiter einnimmt.

Mimik und Gestik

Ein Lächeln in der Stimme wird vom Gesprächspartner wahrgenommen und vermittelt ein entsprechend positives Gefühl. Reagiert man hingegen auf eine Beschwerde des Kunden oder vermittelt eine unschöne Botschaft, hilft ein entsprechend ernster Gesichtsausdruck zur passenden Stimmlage.

Praxistipp
Nutzen Sie während des Gesprächs auch mal einen Spiegel, um den eigenen Gesichtsausdruck zu überprüfen.

Es kann sinnvoll sein, eigene Aussagen mit gestischen Elementen, z. B. durch Bewegungen der Arme, zu unterstreichen. Dadurch wird eine gewisse Dynamik in der Aussprache erreicht, außerdem hört man sich motivierter an. Teilweise wird sogar die Wortwahl positiv beeinflusst. Es sollte allerdings darauf geachtet werden, nicht zu viel zu gestikulieren. Es besteht dann die Gefahr, dass man außer Atem gerät, auch das hört der Gesprächspartner.

Körperhaltung

Eine aufrechte oder stehende Haltung hat einen positiven Einfluss auf das Volumen und den Klang der Stimme. Automatisch fällt es dem Mitarbeiter so leichter, die Stimme positiv zu beeinflussen. Eine liegende Haltung hingegen führt zu einer ungünstigen Färbung der Stimme.

Praxistipp
Stehen Sie wenn möglich beim Telefonieren auf.

Zusammenfassung

- Gemäß den Prinzipien der klassischen Rhetorik gewinnt eine Rede ihre Überzeugungskraft aus **Ethos** (moralische Autorität), **Logos** (logische Argumentation) und **Pathos** (Gefühlsbewegung).
- Eine logische Argumentation besteht aus den Elementen **These** (Behauptung/Zielsatz), **Argument** (Beweis) und **Schlussregel** (Grundlage des Arguments), die sowohl induktiv als auch deduktiv aufgebaut sein können.
- Beim linearen Aufbau einer Argumentation verdichten sich mehrere Argumente zu einer **Argumentationskette**, beim dialektischen Aufbau besteht die Argumentation aus den gegensätzlichen Elementen Behauptung (**These**), Gegenbehauptung (**Antithese**) und der zusammenfassenden **Synthese**.
- Bei der **Fünfsatz-Technik** handelt es sich um einen gedanklichen Bauplan der Argumentation, bei dem in fünf Denkschritten eine bestimmte Argumentationsfolge für eine These festgelegt wird. Fünfsatzpläne bestehen aus:
  - Einstiegssatz
  - Drei Argumenten
  - These oder Zielsatz

Mögliche **Baupläne** der Fünfsatz-Technik sind:
- Aufsatzplan
- Kettenbauplan
- dialektischer Aufbau
- Kompromiss
- Ausklammerung
- Vergleich

- Als **Fragetechnik** wird der Einsatz verschiedener Frageformen bezeichnet, der dazu dient, ein Gespräch zu steuern und wichtige Informationen zu erhalten. Jede Frageform hat dabei ihre Besonderheiten, Vorteile und Nachteile, die es im konkreten Gesprächseinsatz zu beachten gilt. Folgende Frageformen werden unterschieden:
  - Offene Fragen
  - Geschlossene Fragen
  - Alternativfragen
  - Gegenfragen
  - Intonationsfragen
  - Suggestivfragen
  - Rhetorische Fragen

- Es gibt verschieden Arten des **Zuhörens**:
  - „Pseudo-Zuhören"
  - Aufnehmendes Zuhören
  - Umschreibendes Zuhören
  - Aktives Zuhören

Aktives Zuhören bedeutet, dass man beim Zuhören nicht nur auf das tatsächlich Gesagte eingeht, sondern auch auf die Gefühle, die der Gesprächspartner zum Ausdruck bringt. Damit signalisiert man dem Gesprächspartner, dass Interesse für das Gesagte und die mitschwingenden Gefühle besteht.

- Einen Dialog kann man durch einfache Mittel und spezielle Verhaltensweisen positiv oder negativ beeinflussen bzw. die Kommunikation fördern oder stören.

Gesprächsstörer	Gesprächsförderer
• Befehle	• Aktives Zuhören
• Überreden	• Zustimmen
• Drohen oder Warnen	• Nachfragen
• Vorwürfe machen	• Denkanstöße geben
• Bewerten	• Pausen
• Herunterspielen	

- Als **Sprechausdruck** bezeichnet man die Ausdrucksweise einer Person. Dazu gehören
  - Stimme
  - Lautstärke
  - Tonlage

- – Betonung
- – Sprechtempo
- – Aussprache
- Obwohl der Kunde den Gesprächspartner im Dialogmarketing nicht sieht, beeinflussen die **Gestik** und **Mimik** des Mitarbeiters das Ergebnis des Gesprächs. Durch eine aufrechte Haltung werden die Stimmlage und das Volumen positiv beeinflusst.

■ *Aufgaben*

1. *In welchen Techniken der Gesprächsführung finden sich Inhalte der klassischen Rhetorik?*

2. *Beschreiben Sie die Schritte, die zur Vorbereitung einer Argumentation notwendig sind.*

3. *Bilden Sie zwei Gruppen und bereiten Sie für die folgenden Thesen mehrere Argumente vor:*

   Gruppe A: „Kunden per Outbound anzusprechen steigert die Marktpräsenz und das Image und hilft so bei der Kundenbindung."

   Gruppe B: „Kunden per Outbound anzusprechen führt zu einem schlechten Image und schädigt das Verhältnis zum Kunden."

   Erarbeiten Sie dann jeweils einen geeigneten Fünfsatzplan mit der jeweiligen Argumentation. Anschließend wird ein Sprecher ausgewählt, der die Argumentation vorträgt.

4. *Analysieren Sie in der Klasse Gesprächsleitfäden aus verschiedenen Ausbildungsbetrieben im Hinblick auf eingesetzte Elemente der Fünfsatz-Technik.*

5. *Erarbeiten Sie anhand des Kettenbauplans eine Argumentation zu der These: „Die Ausbildung im Dialogmarketing ist zukunftsorientiert."*

6. *Finden Sie je drei Gesprächssituationen, in denen der Einsatz von offenen Fragen geeignet bzw. nicht geeignet ist.*

7. *Bilden Sie Zweier-Gruppen, je einer spielt in einem Rollenspiel einen Kunden, der andere den Mitarbeiter im Dialogmarketing. Entwerfen Sie Rollenanweisungen für beide Spieler. Der Kunde hält auch den Anrufgrund schriftlich fest. Durch Einsatz gezielter Fragen muss der Mitarbeiter nun den Anrufgrund herausfinden. Danach werden die Rollen getauscht und ein neuer Anrufgrund festgehalten und analysiert.*

8. *Diskutieren Sie in der Klasse die Einsatzmöglichkeiten des aktiven Zuhörens in Ihrem Ausbildungsbetrieb. Analysieren Sie Gesprächsituationen, die Sie selbst erlebt haben und erläutern Sie, wie diese durch aktives Zuhören hätten beeinflusst werden können.*

9. *Formulieren Sie für folgende Kundenaussagen Reaktionen gemäß den Grundsätzen des aktiven Zuhörens:*
   - *„Ich warte bereits seit 5 Minuten in der Warteschleife."*
   - *„Ich habe schon dreimal die Bedienungsanleitung durchgelesen."*
   - *„Hoffentlich können Sie mir jetzt weiterhelfen."*
   - *„Der Drucker geht immer noch nicht."*
   - *„Ich weiß nicht, wo die Bedienungsanleitung ist."*

10. *Erläutern Sie die Bestandteile des Zuhörens im Dialogmarketing.*

11. *Analysieren Sie folgende Gesprächsstörer und finden Sie eine bessere Reaktion:*
    - *Kunde hat die Bedienungsanleitung verloren. Reaktion: „Da sind Sie ja auch selbst schuld, wenn Sie nicht besser auf Ihre Sachen aufpassen."*

1 | 5.6

- Kunde ruft wegen eines defekten Geräts an. Reaktion: „Machen Sie sich nichts draus, das ist schon vielen Kunden passiert."
- Kunde ist unschlüssig. Reaktion: „Na kommen Sie schon, als langjähriger guter Kunde wissen Sie doch, dass wir der beste Anbieter sind."
- Kunde kann Drucker nicht nutzen. Reaktion: „Alles halb so wild ... kein Grund, sich aufzuregen."

12. Durch welche Faktoren kann die Wirkung der Stimme positiv beeinflusst werden?
13. Bilden Sie Zweier-Gruppen und führen Sie ein simuliertes Kundengespräch mit verteilten Rollen Kunden/Mitarbeiter durch. Entwerfen Sie dazu entsprechende Rollenspielkarten. Wechseln Sie danach die Rollen.
    a) Geben Sie sich gegenseitig Feedback hinsichtlich:
       Stimme, Lautstärke, Tonlage, Betonung, Sprechtempo, Aussprache
    b) Wie hat die Körpersprache des Gegenübers das Sprachverhalten beeinflusst?
14. Welche Faktoren der Körpersprache können eingesetzt werden, um eine positive Atmosphäre am Telefon zu schaffen?

4 Kundentypen und Sprachverhalten berücksichtigen

■ Einstiegssituation

Julia ist heute in der Outbound-Beratung von KommunikativAktiv eingesetzt. Ihr Auftrag: Sie soll im Auftrag von Dialogfix die neue Finanzfix-Software an Bestandskunden verkaufen, die bereits die alte Software genutzt haben.

Ihr erster Anruf verläuft positiv. Sie hat einen sehr aufgeschlossenen Kunden am Telefon, der sich gerne ihre Argumente anhört, offen und freundlich mit Julia umgeht. Schnell findet Julia einen Weg, das neue Angebot zu platzieren und den Kunden vom Kauf der Software zu überzeugen.

Motiviert durch dieses Erlebnis macht sich Julia an das nächste Telefonat. Mit der gleichen Strategie wie beim ersten Gespräch geht sie auf den nächsten Kunden zu. Dieser reagiert allerdings nicht wie erwartet. Er ist ablehnend und eher wütend, dass Julia ihn anruft. Julias Verkaufsversuch scheitert.

■ Arbeitsaufträge

1. Diskutieren Sie, welche Gründe für Julias Scheitern im zweiten Gespräch verantwortlich sein könnten.
2. Welche verschiedenen Kundentypen sind Ihnen in Ihrem Ausbildungsbetrieb bereits begegnet?
3. Welche Strategien kann man am Telefon einsetzen, um verschiedenen Kundentypen richtig zu begegnen?

Im Dialogmarketing – egal ob im Outbound oder im Inbound – trifft der Mitarbeiter auf die unterschiedlichsten Menschentypen. Je nach Anrufgrund reagieren Kunden unterschiedlich: Mancher ist einem Outbound-Anruf gegenüber offen eingestellt, ein anderer möchte eigentlich gar nichts mit einer Hotline zu tun haben und ärgert sich, wenn er gezwungen ist, dort anzurufen.

Um erfolgreich mit verschiedenen Kunden umzugehen, ist es wichtig, den Gesprächspartner richtig einzuschätzen. Wenn man einen langjährigen Bestandskunden per Outbound anspricht, kann eine entsprechende Vorbereitung getroffen werden, z. B. über die Kundenhistorie. Ruft man allerdings einen neuen Kunden an oder erhält ein Telefonat im Inbound, muss diese Einschätzung sehr schnell während des Gesprächs vorgenommen werden.

4.1 Kundentypologie

Es haben sich bestimmte Kundentypen herauskristallisiert, mit denen der Umgang durch das richtige Verhalten zumindest erleichtert wird. Im Folgenden werden daher einige „klassische" Gesprächs- oder Kundentypen vorgestellt und mögliche Verhaltensweisen für den Mitarbeiter gegeben.

> *Praxistipp*
> Nicht jeder Mensch lässt sich exakt in ein solches Raster einordnen. Behandeln Sie jeden Kunden trotz aller Vorgaben immer individuell und wertschätzend.

Der Besserwisser

Dieser Gesprächstyp weiß nicht nur fast alles, sondern meistens auch alles besser als sein Gesprächspartner. Gerne tritt er auch in der Variante „Nörgler" auf, der an allem etwas auszusetzen hat. Er hat eine feste Meinung, von der er sich nur schwer abbringen lässt. Bei diesem Kundentypen muss man echte Überzeugungsarbeit leisten, in der Beratung erzählt eher er dem Mitarbeiter, was zu tun ist, als umgekehrt.

Typische Aussagen des Besserwissers:

- „Ich erzähle Ihnen mal, wie das wirklich ist …"
- „Mit so was bin ich bestens vertraut …"
- „Da meinen Sie, dass das was Neues ist …"
- „Habe ich schon mal gemacht …"

Strategie für den Dialog:

Die beste Möglichkeit ein gutes Gespräch zu führen, ist es, diesen Kunden um Hilfe zu bitten. Stellen Sie ihm z. B. Fragen darüber, was Sie an Ihrem Produkt verbessern können oder was noch unklar ist. Sobald er sich genug bestätigt fühlt, wird er eventuell auch die Ausführungen der Gegenseite akzeptieren. Auf keinen Fall darf dieser Kundentyp zurechtgewiesen werden.

Der Vielredner

Der Vielredner ist jemand, der zu jedem Thema etwas zu sagen hat. Gerne werden auch private Dinge angesprochen. Dabei redet er meist viel, laut und steigert sich oft in seine eigenen Ausführungen hinein. Er möchte er nur ungern unterbrochen werden, unterbricht aber gerne seine Gesprächspartner.

Typische Aussagen des Vielredners:

- „Da habe ich mal was erlebt …"
- „Erst vor einer Woche habe ich …"
- „Da kann ich Ihnen aber was erzählen …"
- „Wussten Sie schon, dass …"

Strategie für den Dialog:

Man sollte sich auf keinen Fall beirren lassen und weiter ruhig den Gesprächsleitfaden oder die Argumentation verfolgen. Da nur wenige Gesprächspausen zu erwarten sind, sollten gezielte Unterbrechungen angestrebt werden. Zwischenzeitliche Zusammenfassungen können helfen, wieder zum Thema zurückzukehren.

Der Aggressive

Dieser Typ wirkt wütend und herausfordernd. Er gibt nur kurze, grobe Antworten und achtet nicht besonders auf Höflichkeit und Stil.

Typische Aussagen des Aggressiven:

- „Lassen Sie mich in Ruhe …"
- „Brauche ich nicht …"
- „Erzählen Sie mir nichts …"
- „Toller Laden seid ihr …"

Strategie für den Dialog:

Auf keinen Fall darf man sich provozieren lassen, man weiß nicht, warum der Kunde so reagiert. Vielleicht ist das schon sein dritter Kontakt mit der Hotline an diesem Tag, oder in seinem Privatleben stimmt etwas nicht. Die beste Möglichkeit ist es, ruhig und gelassen zu bleiben. Eventuell müssen Sie ein Beschwerdemanagement durchführen, um den Kunden zu beruhigen. Möglicherweise hat er gute Gründe, sauer zu sein.

Der Ungeduldige

Der Ungeduldige hat wenig Zeit, das Telefongespräch passt ihm überhaupt nicht in seine aktuelle Planung. Oft beschäftigt er sich während des Telefonats noch mit anderen Dingen, nur selten hat man seine volle Aufmerksamkeit.

Typische Aussagen des Ungeduldigen:

- „Ja, ja …"
- „Geht das auch schneller?"
- „Machen Sie hin …"
- „Ich habe keine Zeit …"

Strategie für den Dialog:

Man sollte sich nicht aus der Ruhe bringen lassen. Zu viel Hektik in einem Gespräch führt nicht dazu, dass es schneller beendet wird, sondern eher im Gegenteil. Wichtig ist es, nicht den roten Faden zu verlieren und den Gesprächspartner mit Fragen im Dialog zu halten.

Der Impulsive

Ein impulsiver Kunde ist schnell zu begeistern. Es freut ihn, dass er sich mit jemandem unterhalten kann. Einem Angebot stimmt er sehr schnell zu. Außerdem fällt er durch eine positive Ausdrucksweise auf.

Typische Aussagen des Impulsiven:

- „Das finde ich gut."
- „Super …"
- „Das machen wir …"

Strategie für den Dialog:

Dieser Kundentyp ist zwar schnell zu begeistern, er verliert aber auch schnell wieder das Interesse. Hier ist es wichtig, einen verbindlichen Abschluss im Gespräch zu finden und die nächsten Schritte genau zu besprechen.

Der Entscheidungsschwache

Dieser Kundentyp hält sich mit Zusagen zurück und hinterfragt oft die Aussagen des Gesprächspartners. Eine Entscheidung oder eine Vereinbarung mit ihm ist nur sehr schwer zu treffen. Häufig macht er Einwände geltend oder vertröstet auf einen späteren Zeitpunkt.

Typische Aussagen des Entscheidungsschwachen:

- „Tja, ich weiß nicht."
- „Sind Sie sicher, dass ..."
- „Schwer zu sagen ..."
- „Vielleicht rufe ich noch mal an ..."

Strategie für den Dialog:

Der Entscheidungsschwache sollte auf keinen Fall gedrängt werden, sonst zieht er sich aus dem Gespräch zurück. Wichtig ist eine gezielte Fragetechnik, mit der die Bedürfnisse des Kunden exakt ermittelt werden können. Eine gute Strategie ist es, mit dem Kunden bisherige (Zwischen-)Ergebnisse zusammenzufassen, dies erleichtert ihm die Entscheidung.

4.2   Sprachverhalten von Kunden

Verständigungsschwierigkeiten

In der telefonischen Kundenkommunikation kann es immer wieder zu Verständigungsschwierigkeiten aufgrund des Sprachverhaltens von Kunden kommen. Viele Agents empfinden es als unangenehm, mit Kunden zu sprechen, die der Landessprache nicht (ausreichend) mächtig sind. Für **fremdsprachige Kunden** stehen daher häufig eigene Ansprechpartner zur Verfügung oder besonders geschulte Mitarbeiter können mit einem entsprechenden Gesprächsleitfaden das Anliegen klären. Dies ist aber natürlich nicht für alle Sprachen und in allen Unternehmen möglich. Sollte kein Mitarbeiter mit den erforderlichen Sprachkenntnissen im Unternehmen beschäftigt sein, kann man den Kunden um Mithilfe bitten. Möglicherweise kann ein Nachbar, Freund oder ein Bekannter am Telefon übersetzen. Die Verständigungsprobleme totzuschweigen hilft keiner der beteiligten Seiten. Das Gleiche gilt für schwierige **Dialekte**, die eine Verständigung nahezu unmöglich machen.

Gespräche in einer Fremdsprache annehmen

Hilfreich bei fremdsprachigen Kunden kann eine **gemeinsame Sprachbasis** sein. Daher sollte jeder Mitarbeiter im Dialogmarketing mit einigen wichtigen Standardsätzen und Formulierungen auf **Englisch** – der internationalen Verkehrssprache – vertraut seit. Sei es, um den Kunden weiterzuverbinden, einfache Anfragen aufzunehmen oder einen Rückruf zu vereinbaren.

Praxistipp
Nicht alle Redewendungen lassen sich immer wörtlich vom Deutschen ins Englische übertragen. Beachten Sie dies, sonst kann Ihr Sprachverhalten zu Missverständnissen führen und unprofessionell wirken.

Im Englischen gibt es verschiedene Arten, sich am Telefon zu melden. Privatleute melden sich meist nur mit „Hello?", wobei die zweite Silbe betont wird. In der Kundenkommunikation meldet man sich aber mit dem Namen.

Beispiel

„This ist Julia Lauer."
„Julia Lauer speaking."

Oft geht es darum, Informationen aufzunehmen bzw. diese weiterzugeben. Dabei kann die Verwendung der internationalen Buchstabiertafel hilfreich sein.

	Deutsch	International			
A	Anton	Amsterdam	N	Nordpol	New York
Ä	Ärger		O	Otto	Oslo
B	Berta	Baltimore	Ö	Ökonom	
C	Cäsar	Casablanca	P	Paula	Paris
CH	Charlotte		Q	Quelle	Quebec
D	Dora	Dänemark	R	Richard	Roma
E	Emil	Edison	S	Samuel	Santiago
F	Friedrich	Florida	SCH	Schule	
G	Gustav	Gallipoli	T	Theodor	Tripoli
H	Heinrich	Havana	U	Ulrich	Uppsala
I	Ida	Italia	Ü	Übermut	
J	Julius	Jerusalem	V	Viktor	Valencia
K	Kaufmann	Kilogramme	W	Wilhelm	Washington
L	Ludwig	Liverpool	X	Xanthippe	Xanthippe
M	Martha	Madagaskar	Y	Ypsilon	Yokohama
			Z	Zacharias	Zürich

Abb.: Internationale Buchstabiertafel

Zahlenblöcke wie Telefon- oder Bestellnummern werden zu Zweierblöcken zusammengefasst. Verdoppelungen werden dabei mit „double" ergänzt. Die Null wird im amerikanischen Englisch als „zero", im britischen Englisch mit „oh" ausgedrückt.

Beispiel

Bestellnummer: 2 35 66 48
Order number: two – three five – double six – four eight

Telefonnummer: 06 81 / 84 00 03 54
Phone number: oh six – eight one – eight four – double oh – oh three – five four

Um das Gespräch zu beenden, sagt man einfach „Bye" oder „Goodbye".

Hilfreiche englische Standardsätze beim Telefongespräch

Deutsch	Englisch
Was kann ich für Sie tun?	What can I do for you?
Nennen Sie mir bitte Ihren Namen.	May I have your name, please?
Wen möchten Sie sprechen?	Who would you like to speak to?
Ich verbinde Sie.	I'll connect you.
Die Leitung ist leider besetzt.	I'm afraid, the line is busy.
Soll ich eine Nachricht hinterlassen?	Can I leave a message?
Soll Herr/Frau … Sie zurückrufen?	Should Mr./Mrs … return your call?
Ich verstehe Sie leider nicht.	I'm afraid, I don't understand you.
Können Sie bitte etwas langsamer sprechen?	Could you speak a bit more slowly?
Warten Sie bitte einen Moment.	Please hold on a second.
Würden Sie das bitte wiederholen?	Could you repeat that, please?
Die Verbindung ist leider ziemlich schlecht.	I'm sorry the line is rather bad.
Sie haben leider die falsche Nummer erwischt.	I'm sorry, but you've dialed the wrong number.
Auf Wiederhören. Danke für Ihren Anruf.	Goodbye. Thanks for calling.

Zusammenfassung

- Um erfolgreich mit verschiedenen Kunden umzugehen, ist es wichtig, den **Gesprächs-typ** richtig einzuschätzen. Je nach Kundentyp empfiehlt sich ein angepasstes Verhalten. Folgende Typen können unterschieden werden:
  - Der Besserwisser
  - Der Vielredner
  - Der Aggressive
  - Der Ungeduldige
  - Der Impulsive
  - Der Entscheidungsschwache
- Für den Umgang mit fremdsprachigen Kunden sollte jeder Mitarbeiter im Dialogmarketing mit einigen wichtigen Standardsätzen und Formulierungen auf **Englisch** vertraut seit.

Aufgaben

1. Ordnen Sie folgende Aussagen einem Kundentyp zu und entwickeln Sie jeweils einen situationsgerechten Antwortsatz:
   - „Oje ... da rede ich besser noch mal mit meiner Frau."
   - „Können Sie bitte endlich auf den Punkt kommen!"
   - „Ich erkläre Ihnen mal, wie das wirklich funktioniert."
   - „Dazu kann ich was Interessantes berichten."

2. Welche Regelungen gibt es in Ihrem Ausbildungsbetrieb für den Umgang mit fremdsprachigen Kunden bzw. bei Verständigungsschwierigkeiten mit dem Kunden?

3. Mr. Jones ist sauer. Bei einer seiner zahlreichen Geschäftsreisen in Deutschland gab es Schwierigkeiten mit seinem portablen Drucker von Dialogfix. Bei der technischen Hotline von Dialogfix wurde ihm aber nicht weitergeholfen, da Azubi Daniel in der Hotline kein Wort verstanden und einfach den Hörer aufgelegt hat. Nach einer Beschwerde bei der Geschäftsführung entscheidet Dialogfix, die Prozesse der Ablauforganisation in der technischen Beratung anzupassen: Meldet sich ein fremdsprachiger Kunde in der Hotline, wird er zunächst mit dem Team „Foreigner" verbunden, in dem Mitarbeiter mit unterschiedlichsten Fremdsprachenkenntnissen angesiedelt sind. Sollten in diesem Team alle Leitungen belegt sein, wird der Kunde zunächst in eine Warteschleife mit mehrsprachiger Ansage geschickt und anschließend mit dem Team „Foreigner" verbunden. Erstellen Sie für diesen Prozess einen PAP.

1 | 1.2.3

5 Stimme und Sprechen

Einstiegssituation

Julias Kollege Knut Reiter fällt auf, dass die Stimme von Julia im Laufe des Arbeitstages immer mehr an Kraft verliert. Besorgt nimmt er Julia in einer Bildschirmpause zur Seite: „Julia, mir ist aufgefallen, dass deine Stimme immer mehr krächzt, ist alles in Ordnung?" „Tja, das ist mir auch schon aufgefallen. Gerade wenn ich viele Calls an einem Tag mache, versagt mir immer mal wieder die Stimme. Ich kann mir das gar nicht erklären." „Ich denke, das liegt daran, dass du es nicht gewohnt bist, so lange und so intensiv am Stück zu sprechen. Deine Stimme ist einfach untrainiert."

„Untrainiert? Ist es denn nicht normal, dass die Stimme irgendwann versagt, wenn man zu viel spricht?" „Nein! Ich war mal bei einem Stimmseminar, es ist tatsächlich so, dass man seine Stimme falsch benutzen kann, sie jedoch für den Dauereinsatz trainieren und festigen kann." „Hmm, die ständige Heiserkeit nervt mich schon ein wenig, vielleicht sollte ich so ein Seminar auch mal besuchen ..."

- **Arbeitsaufträge**

1. Diskutieren Sie in der Klasse: Welche Erlebnisse haben Sie mit Belastungen der Stimme in Ihrer Ausbildung gemacht?
2. Wie kann man seine Stimme „trainieren"?

Wenn mit der *Stimme* etwas nicht *stimmt*, ist die gute *Stimmung* schnell *verstummt*. Viele Begriffe und Redewendungen *stimmen* darauf ein, dass die *Stimme* für den Menschen eine ganz besondere Bedeutung hat. Dies gilt für Mitarbeiter im Dialogmarketing in ganz besonderem Maße. Allerdings wird jeder Leser zu*stimmen*, dass es hier lediglich darum gehen kann, auf das Thema einzu*stimmen*. Ein *stimmiges* Gesamtbild vermittelt die einschlägige Fachliteratur.

5.1 Physiologische Grundlagen

Der Sprechvorgang besteht aus drei Teilen: Der **Atmung** (Respiration), der **Stimmgebung** (Phonation) und der **Aussprache** (Artikulation). Bei allen drei Vorgängen ist der gesamte Körper beteiligt, und eine Vielzahl von Muskeln wirkt zusammen, wobei die Koordination zentral vom Gehirn gesteuert wird.

Im Kehlkopf befinden sich die beiden Stimmbänder. Sie verschließen die Luftröhre bis auf einen kleinen Spalt, die **Stimmritze** (Glottis). Den lufthaltigen Raum oberhalb der Stimmbänder (Rachen, Mund- und Nasenraum) bezeichnet man als **Ansatzrohr** (Vokaltrakt). Die Stimmbänder sind beim normalen Atmen entspannt, und die Stimmritze ist breit, damit die Luft ungehindert ein- und ausströmen kann. Um Töne zu erzeugen, werden die **Stimmlippen** angespannt. Die Stimmritze ist dann bis auf einen kleinen Spalt verengt. Wenn nun die Luft aus der Lunge kommt, werden die Stimmbänder in Schwingungen versetzt. Die im Ansatzrohr befindliche Luft schwingt mit. Ein Ton, der **Stimmklang**, entsteht.

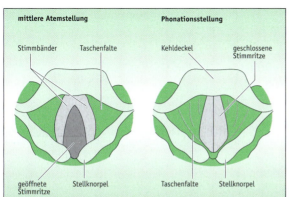

Stimmritzen

Kehlkopf

5.2 Belastungen im Arbeitsalltag

Menschen in Sprechberufen sind wesentlich häufiger durch Belastungen der Stimme geschädigt als in anderen Berufen. Manche Berufe fordern von der Stimme mehr, als die Natur eigentlich für den Menschen vorgesehen hat. Die Konsequenz ist, dass bei diesen Menschen überdurchschnittlich häufig Stimmbeschwerden auftreten.

Beispiele für Sprechberufe:
- Schauspieler
- Moderatoren
- Lehrer
- Politiker
- Radiosprecher
- Callcenter Agents

Kommunikation findet jedoch bei weitem nicht nur über die Stimme statt. Andere Faktoren wie **Gestik, Mimik** und der **Inhalt** des Gesagten spielen eine wichtige Rolle beim Übermitteln einer Information und können beeinflussen, wie die Information beim Empfänger ankommt. Ein Nachrichtensprecher zum Beispiel hat beim Verlesen von Nachrichten in der Regel einen seriösen, möglichst neutralen Gesichtsausdruck, ist adrett gekleidet und sitzt aufrecht mit dem Körper zur Kamera. All dies sind Faktoren, die den Gesamteindruck beim Empfänger der Nachricht beeinflussen. Einem Radionachrichtensprecher, der dieselbe Nachricht vorträgt, fehlen sämtliche visuellen Möglichkeiten, das Gesagte zu unterstreichen. Nur mit Stimme und Tonfall muss er den gleichen Inhalt vermitteln.

Auch bei der täglichen Arbeit im Callcenter sind die Mitarbeiter durch das Fehlen anderer Kommunikationsmittel eingeschränkt. Viele Agents belasten ihre Stimme zusätzlich, indem sie unnatürlich sprechen. Die Stimme wird verstellt, um das Fehlen der anderen Kommunikationsmittel auszugleichen. So wird z. B. oft in einer zu hohen Stimmlage gesprochen, um freundlich zu klingen. Diese Umstände sorgen für eine erhöhte Belastung der Stimme und führen häufig zu Beschwerden und stimmbedingten Krankheitsfällen.

Als zusätzliche Belastung spielen zudem **äußere Faktoren** eine Rolle. Im Winter führt die ohnehin hohe Stimmbelastung von Agents im Zusammenspiel mit schlechtem Wetter, ständig wechselnder Lufttemperatur und trockener Heizungsluft zu einer zusätzlichen Belastung. Diese Belastung äußert sich schnell in **Heiserkeit**. Diese Heiserkeit wird in den meisten Fällen verursacht durch Entzün-

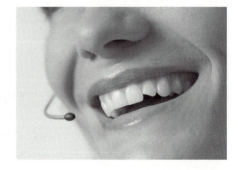

dungen im Kehlkopfbereich und kann sogar eine Lautbildung komplett verhindern. Im schlimmsten Falle führt die Dauerbelastung zu einer chronischen Heiserkeit und somit zur Arbeitsunfähigkeit des Agents.

Je nach Arbeitsumfeld – zum Beispiel bei lauten Umgebungsgeräuschen durch andere Mitarbeiter oder Bürogeräte – muss ein Agent lauter sprechen, um den Lärm zu kompensieren. Durch diese und andere Arten des unökonomischen Sprechens ermüden die Sprechorgane schnell, der Sprecher verbraucht zu viel Energie, was zu einer mechanischen Überbelastung der Stimme führt. Zu trockene Luft im Büroraum beansprucht ebenfalls die Stimme. Auch fehlende **Ergonomie** am Arbeitsplatz kann die Stimme negativ beeinflussen. Falsches Sitzen bzw. eine Fehlhaltung beim Sprechen wirkt sich negativ auf die Stimme aus, da die **Körperspannung** einen nicht unwesentlichen Anteil beim Erzeugen der Stimme hat. Die Köperspannung beeinflusst ebenfalls das Klangbild und die Klangfarbe einer Stimme. 1 | 3.1

Neben den vielen physischen Belastungen der Stimme kann auch **Stress** oder eine andere emotionale Belastung die Stimme negativ beeinflussen. Der sprichwörtliche „Kloß im Hals" bedeutet eine erhöhte Muskelspannung in der Kehle, der die Stimme höher werden lässt und zu zusätzlichen Problemen führt. 3 | 6

Rauchen sorgt verständlicherweise ebenfalls für Belastungen, da Rauchen sämtliche Sprechorgane negativ beeinflusst.

5.3 Stimmstörungen erkennen und beheben

Praxistipp
„Zu Risiken und Nebenwirkungen fragen Sie Ihren Arzt oder Apotheker …"
Die Stimme ist das wichtigste Kapital für einen Callcenter-Mitarbeiter. Zögern Sie daher im Zweifelsfall nicht, fachärztliche Hilfe in Anspruch zu nehmen.

Viele Unternehmen haben erkannt, dass Stimmbeschwerden zum Problem werden können. Durch Ausfälle des Personals entstehen ihnen krankheitsbedingt hohe Folgekosten. Als Gegenmaßnahme werden immer häufiger professionelle **Stimmtrainings** angeboten, um diesen Ausfällen vorzubeugen. Zum einen kann die menschliche Stimme trainiert werden, um sie belastbarer zu machen. Zum anderen wird in solchen Trainings vermittelt, wie man unnötige Belastungen der Stimme vermeidet bzw. auf ein Minimum reduziert. Auch die **Berufsgenossenschaft** bietet entsprechende Hilfen an.

Belastung	Lösungsansatz
Untrainierte Stimme	Professionelles Stimmtraining; Erlernen des ökonomischen Gebrauchs der Stimme.
Unnatürliches Sprechen, um fehlende Gestik und Mimik auszugleichen	Natürlich sprechen, die Stimme nicht verstellen, sich dafür aber gut artikuliert und stimmschonend ausdrücken.
Wetterbedingte Belastungen der Stimme	Durch das Tragen eines warmen Schals kann Entzündungen des Kehlkopfs vorgebeugt werden. Setzen Sie sich nicht kalter Zugluft aus.
Belastungen durch fehlende Ergonomie	Arbeitsplätze sollten ergonomisch eingerichtet sein. Zusätzlich beugen eine angenehme Temperatur am Arbeitsplatz und das Fehlen von lauten Umgebungsgeräuschen zusätzlichen Belastungen vor.
Stress	Erkennen und anschließendes Reduzierung von Stressoren verhindern eine Zusatzbelastung durch Stress.
Rauchen	Reduzierung bzw. Einstellen des Tabakkonsums.
Unkenntnis der Mitarbeiter über Stimmbelastungen	Beratung durch den Betriebsrat oder Fortbildungsmaßnahmen durch Stimmtrainings.
Gereizte Stimme	Der Arbeitnehmer sollte bei bereits gereizter Stimme anderen Tätigkeiten nachgehen, die die Stimme nicht weiter belasten (z. B. E-Mail-Bearbeitung).

Abb.: Maßnahmenkatalog

Praxistipp
Ein entscheidender Faktor zur Stimmhygiene ist eine ausreichende **Flüssigkeitszufuhr**. Bevorzugen Sie dabei Wasser und vermeiden Sie zu kalte Getränke sowie große Mengen an Kaffee oder schwarzem Tee.

Zusammenfassung

- Der Sprechvorgang besteht aus der **Atmung** (Respiration), der **Stimmgebung** (Phonation) und der **Aussprache** (Artikulation).
- Zahlreiche **Belastungen**, wie z. B. unnatürliches Sprechen, fehlende Ergonomie am Arbeitsplatz, Wetter, Stress und Rauchen wirken sich negativ auf die Stimme aus.
- Für viele Belastungen der Stimme gibt es **Gegenmaßnahmen**. Zögern Sie bei ernsthaften Beschwerden aber nicht, fachärztliche Hilfe in Anspruch zu nehmen.

■ *Aufgaben*

1. Informieren Sie sich in Ihrem Ausbildungsbetrieb über Möglichkeiten für ein Stimmtraining (z. B. beim Betriebsrat).
2. Testen Sie – soweit möglich – die vorgeschlagenen Lösungsansätze bei Stimmschwierigkeiten. Bewerten Sie mit zeitlichem Abstand die Wirkung der Maßnahmen.

6 Stressmanagement

- *Einstiegssituation*

Thomas ist gestresst. Sein Supervisor hat ihm zusätzlich zur normalen Arbeit eine Sonderaufgabe zugeteilt: Er soll für das nächste Teammeeting einige Diagramme mit einem Tabellenkalkulationsprogramm erstellen, dabei kennt er sich damit noch gar nicht richtig aus. Thomas sehnt sich schon nach dem Feierabend, aber zu Hause wartet noch ein ganzer Berg Hausaufgaben auf ihn, und für die Englischklassenarbeit muss er auch noch lernen. Seine Freundin beschwert sich in letzter Zeit häufig, dass er immer weniger Zeit für sie hat und drängt ihn, sich mehr Zeit zu nehmen. Thomas ist unzufrieden und hat das Gefühl, dass ihm langsam alles über den Kopf wächst. Sein Vater meint, das läge alles nur daran, dass er schlecht organisiert sei und eine viel zu pessimistische Einstellung habe.

- *Arbeitsaufträge*

1. In welchen Situationen sind Sie an Ihrem Arbeitsplatz mit Stress konfrontiert?
2. Welche Auswirkungen hat der Stress auf Sie?

6.1 Stressoren im Arbeitsalltag

Unter Stress versteht man eine Reaktion, die durch übermäßige Belastungen ausgelöst. Es wird unterschieden zwischen **Eustress** und **Disstress**.

- Unter **Eustress** versteht man die positive Reaktion auf Stress. Dadurch können das Leistungsvermögen und die Konzentrationsfähigkeit steigen. Eustress kann z. B. ausgelöst werden durch ein persönliches Lob vom Vorgesetzten, positiv verlaufende Telefonate, beruflichen Erfolg etc.

- **Disstress** bezeichnet die negative Reaktion des Menschen auf Stress. Der Mensch wird angespannt, unkonzentriert, fühlt sich unwohl und außerstande, vernünftig weiterzuarbeiten. Disstress kann z. B. durch Versagensangst, Überforderung oder schlechtes Betriebsklima ausgelöst werden. Im allgemeinen Sprachgebrauch wird Stress meist mit Disstress gleichgesetzt.

Die äußeren Reize, die den Stress auslösen, werden als **Stressoren** oder Stressfaktoren bezeichnet, unabhängig davon, ob Eustress oder Disstress ausgelöst wird.

Im Arbeitsalltag findet sich eine ganze Palette von Stressoren, die auf den Mitarbeiter wirken können. Auch unterscheidet der Mensch nicht so einfach zwischen Arbeits- und Berufsleben und bringt im wahrsten Sinne des Wortes „den Stress von der Arbeit nach Hause mit." Das Gleiche gilt natürlich auch umgekehrt.

Typische Stressoren im **Arbeitsalltag** sind z. B.:
- Überforderung
- Unterforderung
- Verantwortung
- Mobbing
- Beförderung
- Termindruck
- Veränderungen
- Lärm
- Raumklima
- Betriebsklima

Die Arbeit im Callcenter konfrontiert den Mitarbeiter oft mit zusätzlichen, berufsspezifischen Stressoren:

Erfolgreiche Agents in gesunder Arbeitsumgebung

„Gerade in Callcentern gibt es vielfältige Formen von Stress", sagt die Trainerin Tanja Hartwig aus Köln: hohes Call Volumen, schwierige Kundengespräche, Großraumbüros, kaum Privatsphäre und Verkaufsdruck. Dadurch bedingter Stress kann sich als psychische und körperliche Belastung auswirken und so die Krankenquote erhöhen. Am Ende stehe eine hohe Fluktuationsrate.

„60 bis 70 % aller Erkrankungen beruhen auf psychischen Belastungen, häufig ist die Ursache negativer Stress", erklärt Hartwig. Weil in Callcentern nicht immer die Umwelt-

bedingungen geändert werden könnten, müsse man in Stressbewältigungs-Trainings als Erstes auf jeden Mitarbeiter individuell eingehen und die Widerstandskraft bei jedem Einzelnen stärken.

„Es ist ratsam, mit präventiven und konkreten Konzepten zu arbeiten", sagt Hartwig. Im Vorfeld müsse stets eine Analyse erfolgen, die klärt, welcher Stresstyp der jeweilige Agent ist. Dies sei notwendig, um so die passende Technik und Methode zur Stressbewältigung zu finden.

Quelle: TeleTalk, 03/2005

Auch die schichtbedingt häufig wechselnden **Arbeitszeiten** und flexiblen **Einsatzpläne** werden oft als belastend empfunden.

Oft kommen mehrere Stressoren zusammen und verursachen Stress. Das Empfinden von Stress ist allerdings sehr personenabhängig, es kommt also immer darauf an, wie der Einzelne damit umgeht. Stress wirkt sich auf das Verhalten und das Wohlbefinden des Menschen aus und belastet ihn.

Mögliche Auswirkungen von Stress:
- Konzentrationsprobleme
- Aggressivität
- Unbelastbarkeit
- Mattheit
- Krankheit
- Kraftlosigkeit
- Kopfschmerzen
- Lustlosigkeit

6.2 Stressbewältigungsstrategien

Die beste Methode, um Stress zu bewältigen, ist, Stress gar nicht erst aufkommen zu lassen. Um Stress zu verhindern gilt es, die Stressoren zu reduzieren bzw. Stressoren gar nicht erst entstehen zu lassen. Der Mensch muss sich also mit den Stressoren auseinandersetzen, die auf ihn ganz persönlich wirken und ihnen vorbeugen.

Bewältigungsstrategien von beruflichen Stressoren:

- Durch das Setzen von klaren **Zielen** und durch Definition der Zuständigkeiten für die Arbeit lassen sich Über- bzw. Unterforderung vermeiden.

- Das Anpassen von **Arbeitszeiten** (Schichtarbeit, Gleitzeit) auf die persönlichen Bedürfnisse beugt Zeitstressoren vor.

- Ein **ergonomischer Arbeitsplatz** reduziert umgebungsbedingte Stressoren.

- **Abwechslungsreiche Tätigkeiten** beugen Monotonie und Lustlosigkeit vor.

- **Klare Kommunikation** verhindert Missverständnisse.

- Das Fehlen von **Informationen** kann zum Stressauslöser werden. Diese Informationen sollten eingefordert werden, um Stress zu vermeiden.

- Bei Konflikten hilft ein klärendes **Gespräch**.

Je nach Beschäftigungssituation treten beim Callcenter Agent ähnliche körperliche Beschwerden auf, wie sie auch bei Fließbandarbeitern zu finden sind. Die teils monotone Arbeit, die ständig in der selben Körperhaltung durchgeführt wird, führt zu Stress. Der so erzeugte Disstress äußert sich wiederum in körperlichen Beschwerden und sorgt somit für eine erhöhte Krankenquote. Viele Callcenter-Betreiber haben diese Problematik erkannt und haben Gegenmaßnahmen entwickelt, die längerfristig wirtschaftlicher sind.

Unternehmerische Maßnahmen gegen Stress im Callcenter:

- Mitarbeiter können die Pausenzeiten frei wählen
- Abwechslungsreiche Tätigkeiten
- Wellness-Programme für Mitarbeiter, wie Sportzuschüsse, Massagen, Entspannungs- übungen etc.
- Erholungsräumlichkeiten
- Bonus- und Prämienprogramme für gesunde Lebensweisen
- Ergonomische Erkenntnisse beim Gestalten von Büroräumen anwenden

Zusammenfassung

- Stressauslösende Reize nennt man **Stressoren**.
- **Eustress** bezeichnet positiven, **Disstress** negativen Stress für den Menschen.
- Neben den an jedem Arbeitsplatz zu findenden Stressoren zeichnen sich Callcenter- Arbeitsplätze durch zusätzliche berufsspezifische Stressoren aus.
- Stress lässt sich am besten vermeiden, indem die Anzahl der Stressoren vermindert wird.
- Bei bestehendem Stress können verschiedene **Maßnahmen** die Belastung mindern.

Aufgaben

1. *Erläutern Sie, warum ein Stressor sowohl Eusstress als auch Disstress auslösen kann.*

2. *Wegen notwendiger Überstunden herrscht bei KommunikativAktiv derzeit ein angespann- tes Betriebsklima. Die Mitarbeiter sind alle aufgrund der Mehrarbeit gestresst und unmoti- viert. Entwickeln Sie fünf Gegenmaßnahmen, die die Geschäftsleitung einleiten kann, um den Stress für die Mitarbeiter zu reduzieren.*

3. *Die Maßnahmen der Geschäftsleitung waren erfolgreich. Wie lassen sich zukünftig Stresso- ren im Büro vermeiden? Erstellen Sie einen Maßnahmenkatalog.*

Lernfeld 4:

Simultan Gespräche führen, Datenbanken nutzen und Informationen verarbeiten

1 Kommunikationsanlagen nutzen

- **Einstiegssituation**

Thomas ist gerade im Kundengespräch mit Frau Stiegel von der Speditionsfirma Flottweg AG. Frau Stiegel ergänzt telefonisch eine größere Bestellung, die sie bereits vorab per Fax an Dialogfix gesandt hat. Zu den bestellten Waren hat Frau Stiegel noch Klärungsbedarf, da nicht alle Features der Drucker, die sie bestellen möchte, im Katalog aufgeführt waren. Um die Fragen der Kundin beantworten zu können, muss Thomas in der Dialogfix Lösungsdatenbank nachschlagen. Er findet ein detailliertes Datenblatt zu den Druckern und schickt es der Kundin per E-Mail zu. Als Frau Stiegel bereits aufgelegt hat, stellt Thomas fest, dass die Firmenanschrift in dem Kundendatensatz unvollständig ist. Im Internet sucht er nach dem Firmennamen und dem Ort und ergänzt die fehlende Anschrift für die Lieferung.

- **Arbeitsaufträge**

1. Welche Geräte und Medien nutzt Dialogfix in der dargestellten Situation? Nennen Sie dazu weitere Beispiele aus Ihrem Ausbildungsbetrieb.
2. Welche Anforderungen stellt die Bedienung dieser Geräte und Medien an einen Mitarbeiter im Dialogmarketing?

In der Kundenkommunikation werden viele verschiedene Arten von **Kommunikationskanälen** bedient. Dazu werden unterschiedliche Geräte und Dienste benötigt. Das Telefon wird nach wie vor als häufigstes Medium von den Kunden genutzt, dennoch stehen den Kunden auch Fax, Internet und Brief als weitere Kanäle zur Verfügung.

Praxistipp
In vielen Unternehmen hat der Begriff **Whitemail** das Wort „Brief" abgelöst.

1.1 Telefonie

> **Definition**
> Als Telefonie bezeichnet man Geräte und Dienste, die Menschen über einen direkten, technischen Weg miteinander kommunizieren lassen.

Das Basisgerät für die Telefonie ist dabei das Telefon.

1.1.1 Telefonnetze

Um ein Telefon nutzen zu können, ist ein **Telefonnetz** notwendig. Mittlerweile stehen verschiedene Netze zur Verfügung. Die drei gängigsten sind:

- **Analog über das analoge Fernsprechnetz**

Über die analoge Leitung (den „klassischen" Telefonanschluss) werden die Schallwellen über Kupferdraht 1:1 übermittelt.

Schallwellen werden über die Telefonleitung übertragen

Abb.: Analoge Leitung

- **Digital über ISDN (Integrated Services Digital Network)**

Die Schallwellen werden in digitale Signale umgewandelt und komprimiert übertragen. Auf der Gegenseite werden diese digitalen Daten wieder in Schallwellen zurückverwandelt. Auf diese Art nehmen die Daten auf der Übertragungsstrecke weniger Platz ein. Dies schafft Freiräume für z. B. mehrere Telefonnummern und mehrere Geräte über einen Anschluss.

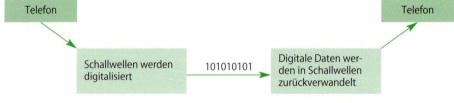

Datenübertragung (digital)

Abb.: Digital über ISDN

- **VoIP (Voice over IP)**

  VoIP ist auch als „Internet-Telefonie" bekannt. Es kann entweder direkt über den PC telefoniert werden mittels einer bestehenden Internetverbindung und einer Telefonsoftware, oder ein analoges Telefon wird direkt an einen **ATA** (Analog Telephone Adaptor) angeschlossen. Dieser ATA verbindet das Telefon direkt mit einem VoIP-Anbieter, der das Telefonat ins gewünschte Netz weiterleitet. Auch bei dieser Variante des Telefonierens werden die Daten in digitaler Form übermittelt.

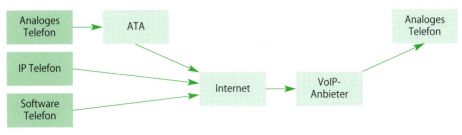

Abb.: VoIP

Abb.: VoIP-Telefon

Die Nutzung der einzelnen Telefonnetze ist mit verschiedenen Vor- und Nachteilen verbunden:

Telefonieren mit …	Vorteile	Nachteile
Analog	– hohe Abdeckung/Erreichbarkeit – gute Sprachqualität – hohe Zuverlässigkeit	– nur wenige Zusatzleistungen möglich – monatliche Kosten
ISDN	– hohe Abdeckung/Erreichbarkeit – gute Sprachqualität – mehrere Telefonnummern möglich – Zusatzleistungen wie z. B. Telefonkonferenz möglich	– hohe monatliche Kosten – langsameres Internet als DSL – hoher Anschaffungspreis von ISDN-Geräten

| VoIP | – günstige Tarife
– viele Zusatzleistungen inklusive
– im selben Netz meist kostenlos telefonieren | – setzt Internet über DSL voraus
– teilweise technisch unzuverlässig
– Sprachqualität variiert |

1.1.2 Telefonkonferenzen

Telefonkonferenzen sind im Unternehmensalltag eine gängige Methode, um sich unkompliziert austauschen zu können. Sie ermöglichen Meetings mit Teilnehmern, die nicht alle am gleichen Ort sein müssen. Somit ist auch Kommunikation über Gebäude- und Landesgrenzen hinaus möglich.

Bei Telefonkonferenzen innerhalb des gleichen Hauses kann meist auf die TK-Anlage zurückgegriffen werden, alle Teilnehmer werden zusammengeschaltet. Telefonkonferenzen mit bis zu drei Teilnehmern an verschiedenen Standorten sind z. B. mit ISDN-Zusatzleistungen problemlos möglich. Sobald es mehrere Teilnehmer sein sollen, muss auf eine andere Variante zurückgegriffen werden. Hier lassen sich grundsätzlich zwei Methoden unterscheiden:

Dial-In-Konferenz

Alle Teilnehmer wählen sich gemeinsam zu einem bestimmten Termin auf einer Konferenzplattform eines Anbieters ein.

Dial-Out-Konferenz

Hierbei tritt der umgekehrte Fall ein, der Anbieter ruft alle Teilnehmer zu einem vereinbarten Termin an und schaltet die Teilnehmer zusammen.

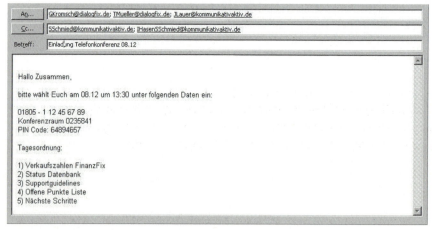

Abb.: Einladungs-E-Mail zu einer Telefonkonferenz

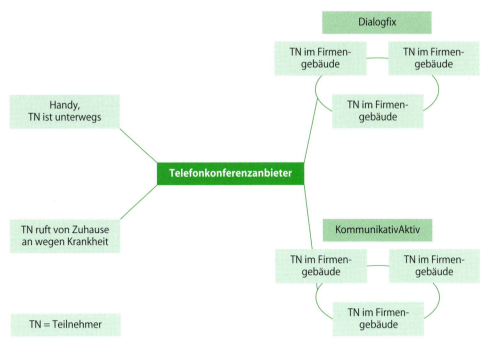

Abb.: Telefonkonferenz mit Teilnehmern von Dialogfix und KommunikativAktiv

Praxistipp
Regeln für eine Telefonkonferenz:
- Nur sprechen, wenn der Konferenzleiter Sie dazu auffordert.
- Unterbrechen Sie keinen anderen Teilnehmer beim Sprechen.
- Notieren Sie sich Fragen.
- Sprechen Sie laut und deutlich.
- Beschränken Sie sich beim Sprechen auf das Wesentliche.
- Hören Sie den anderen Teilnehmern aufmerksam zu.

1.2 Betriebsübliche Medien

Neben der Telefonie wird im Dialogmarketing üblicherweise eine Vielzahl weiterer Kommunikationskanäle genutzt. Dabei handelt es sich meist um **indirekte Medien**, die Kommunikationsteilnehmer im Gegensatz zu den direkten Medien (z. B. Telefonie) nur passiv miteinander verbinden, ohne dass ein direkter Austausch stattfindet.

1.2.1 Anrufbeantworter

Nicht immer ist ein gewünschter Gesprächspartner zu erreichen. Um Zeit zu sparen und damit wichtige Informationen nicht verloren gehen, können Anrufer eine Nachricht hinterlassen.

Anrufbeantworter lassen sich grundsätzlich in **Hardware-Anrufbeantworter** und **virtuelle** („scheinbare") **Anrufbeantworter** unterscheiden.

Der **Hardware-Anrufbeantworter** wird direkt an das Telefon angeschlossen und schaltet sich ein, wenn nach einer festgelegten Zeitspanne das Gespräch nicht angenommen wurde. Der Anrufer kann auf dem Gerät eine Nachricht hinterlassen, diese kann später abgehört werden.

Bei den **virtuellen Anrufbeantwortern** kommen verschiedene Arten zum Einsatz. Beispielsweise sind diese in den TK-Anlagen integriert und können für jeden Teilnehmer im Firmentelefonnetz angelegt werden. Für Privathaushalte bietet z. B. die Deutsche Telekom die T-Net-Box an. Der Kunde hat hierbei kein eigenes Gerät zu Hause stehen, die Funktionen der T-Net-Box können über das Telefon bedient werden. Virtuelle Anrufbeantworter können einfach von verschiedenen Standorten abgerufen werden, man benötigt keine Zusatzgeräte und muss nicht am selben Standort wie das Gerät sein.

> *Praxistipp*
> Das Prinzip eines virtuellen Anrufbeantworters gleicht dem einer Mobilfunkmailbox.

1.2.2 Voicemail

Eine besondere Variante des Anrufbeantworters stellt die **Voicemail** dar. Bei einer Voicemail (engl. „Sprachbrief") wird eine auf dem Anrufbeantworter hinterlassene Nachricht digital gespeichert (als wave- oder mp3-Datei) und z. B. per E-Mail an den Empfänger gesendet. Somit entfällt das Abhören des Anrufbeantworters.

1.2.3 Telefax

Um gedruckte Dokumente und Texte schnell zu versenden, wird ein Telefax- oder kurz Faxgerät verwendet. Faxgeräte werden alternativ an das analoge oder das ISDN-Netz angeschlossen und haben entweder eine eigene Faxnummer oder die gleiche Nummer wie ein Telefon, sofern sich das Faxgerät und das Telefon eine Leitung teilen. Es gibt auch die Möglichkeit, Faxe mithilfe einer PC-Faxkarte über das Internet zu versenden. Diese Variante wurde mittlerweile jedoch weitgehend durch das Medium E-Mail abgelöst.

Um ein Fax zu versenden, wird das Dokument zunächst auf die Einzugsfläche gelegt. Im Anschluss wird durch das Anwählen der Faxnummer eine Verbindung mit dem Gerät auf der Gegenseite aufgebaut. Bei diesem Vorgang verständigen sich beide Seiten auf eine gemeinsame Übertragungsgeschwindigkeit. Im Anschluss werden die Daten über das angeschlossene Netz übertragen. Auf der Gegenseite wird eine exakte Kopie des Dokuments ausgedruckt.

Druckart	Vorteile	Nachteile
Tintenstrahldruck	• Geringer Anschaffungspreis • Farbdruck möglich	• Folgekosten durch teure Patronen • Dokumente verblassen im Laufe der Zeit • Geringe Druckgeschwindigkeit
Laserdruck	• Hohe Druckqualität • Günstiger Preis/Seite • Hohe Druckgeschwindigkeit	• Hohe Anschaffungskosten • Hoher Stromverbrauch

Funktionsmerkmale

Viele Funktionen von Faxgeräten sind denen von Telefonen sehr ähnlich. Faxgeräte verfügen meist über:
• Wiederwahlfunktion
• Rufnummernspeicher
• Kurzwahlfunktion

Zusätzliche Funktionen sind:
• Faxabruf (**Mehrwertdienste**)
• Gruppenanwahl
  Eine bestimmte Gruppe von Teilnehmern anwählen, z. B. verschiedenen Firmen oder Abteilungen gleichzeitig ein Fax senden.
• Vorlagenspeicherung
  Zeitverzögertes Versenden von Faxen, mehrere Seiten werden eingelesen und zu einer bestimmte Uhrzeit versendet. Damit können z. B. preisgünstigere Telefonzeiten ausgenutzt werden.

4 | 3.1

1.2.4 Netzwerke

> **Definition**
> Unter einem **Netzwerk** versteht man einen Verbund von mehreren Rechnern, die über verschiedene Leitungen miteinander kommunizieren können.

1 Kommunikationsanlagen nutzen | 271

Im Allgemeinen unterscheidet man **öffentliche** und **geschlossene Netzwerke**. Das Firmennetz (Intranet) der Dialogfix GmbH ist ein geschlossenes Netzwerk, das Internet hingegen ist ein öffentliches Netzwerk, das für jeden zugänglich ist.

Ein weiteres Unterscheidungsmerkmal für Netzwerke ist Entfernung der einzelnen Netzwerknutzer:

- **LAN** (Local Area Network)
  Entfernung: Gebäudeintern, Kurzstrecken
  Anwendungsgebiete: Firmennetzwerk Dialogfix, Wohngemeinschaften, Vereine.

- **WAN** (Wide Area Network)
  Entfernung: WANs decken einen großen geographischen Bereich ab
  Anwendungsgebiete: WANs verbinden z. B. mehrere LANs oder Rechner miteinander.

> *Praxistipp*
> WAN ist nicht zu verwechseln mit dem **WLAN** (Wireless Local Area Network), eine kabellose Lösung des LANs.

- **GAN** (Global Area Network)
  Entfernung: Weltweit
  Anwendungsgebiete: Internet

1.2.5 Internet

Das **Internet** ist ein weltweites Netzwerk, ein Verbund von vielen unabhängigen Netzwerken. Theoretisch kann jeder daran angeschlossene PC mit jedem anderen PC innerhalb dieses Netzwerks kommunizieren. Das Internet hat die Kommunikation der Menschen stark vereinfacht und beschleunigt. Laut Statistischem Bundesamt nutzen bereits über 90 % der Unternehmen (mit mehr als 10 Mitarbeitern) in Deutschland das Internet.

Seine Wurzeln hat das Internet in der militärischen Forschung. In den späten 1960er-Jahren wurde aus einem Forschungsprojekt des US-Verteidigungsministeriums das so genannte **ARPA-Net** (Advanced Research Project Agency) entwickelt. Zielsetzung des Projekts war es, ein Netz zu schaffen, das auch für verschiedenartige Bauarten von Computersystemen zugänglich ist. Weiterhin sollte verhindert werden, dass bei einer Fehlfunktion eines einzelnen Netzteilnehmers das gesamte Netzwerk gestört ist. Aus diesen Überlegungen heraus entstand das so genannte **Client-Server-Prinzip**. Unter dem Begriff **Server** versteht man den Teil des Internets, der Informationen anbietet und unter **Clients** die Nutzer dieses Angebots.

Internetprotokolle

Um hardwareunabhängig eine gemeinsame Kommunikation zwischen den einzelnen Netzwerkteilnehmern zu ermöglichen, wird ein gemeinsames Protokoll – also eine exakte Vereinbarung – verwendet, die festlegt, auf welche Art und Weise Daten zwischen den Netzwerkteilnehmern ausgetauscht werden: Das **TCP/IP** (Transmission Control Protocol/ Internet Protocol).

Bei der Benutzung des Internets, z. B. beim Senden und Empfangen von E-Mails, Herunterladen von Dateien oder dem Aufrufen von Webseiten stößt der Benutzer auf weitere Protokolle:

- **HTTP:** Hypertext Transfer Protocol. Dieses Protokoll dient zur Übertragung von Daten. Es wird hauptsächlich dazu verwendet, Webseiten aus dem Internet zu übertragen, um diese in einem Browser darzustellen.

- **FTP:** File Transfer Protocol. Es steuert Downloads und Uploads von Dateien.

- **POP3:** Post Office Protocol 3. Dieses Protokoll ist ein Übertragungsprotokoll, das E-Mails vom Server abholt, z. B. in das E-Mail-Programm des Anwenders.

- **SMTP:** Simple Mail Transfer Protocol. Dieses Protokoll ist zuständig für das Versenden von E-Mails über das Internet.

Top Level Domains

Top Level Domains geben an, aus welchem Land eine Webseite kommt bzw. welchen Inhalt die Webseite hat. Bei den Top Level Domains wird unterschieden zwischen **Länderkennzeichen** und **Kennzeichen für Unternehmen und Strukturen**.

Beispiele für Länderendungen:

.de	Deutschland
.fr	Frankreich
.nl	Niederlande
.us	USA
.it	Italien

Beispiele für Strukturen:

.com	Kommerzielle Webseiten
.org	Organisationen und Vereine
.biz	Unternehmen
.net	Netzverwaltungseinrichtung
.edu	Bildung

Praxistipp
Die Top Level Domain **.tv** steht nicht, wie man irrtümlich meinen könnte, für Fernsehen. Es handelt sich um eine Länderkennzeichnung für Tuvalu, ein Land nördlich von Neuseeland, das die Rechte an der Länderkennung .tv verkauft hat. Somit nutzen viele TV-Sender diese Top Level Domain für ihre Webseiten.

Webadresse

Eine Webadresse, auch als **URL** (Uniform Resource Locator) bekannt, gibt die exakte Bezeichnung und Identifizierung einer Internetseite an.

Beispiel Aufbau einer Webadresse

http://www.dialogfix.de

http: Gibt das Übertragungsprotokoll an.

www: Die Angabe für den Dienst, in dem das Angebot aufgerufen werden soll. In diesem Fall World Wide Web, also das Internet.

dialogfix: Gibt den Namen des Internetangebots an.

.de: Die Top Level Domain.

Technische Voraussetzungen

Um Zugang zum Internet zu erhalten, gibt es verschiedene technische Varianten:

Analoge Einwahl

Über den **analogen Telefonanschluss** kann mithilfe eines **Modems** eine Wählverbindung zum Internet hergestellt werden. Die digitalen Daten des PCs werden vom Modem in analoge Signale umgewandelt und anschließend über das Telefonkabel übertragen. Ein gleichzeitiges Telefonieren und Surfen im Internet ist jedoch nicht möglich, da die Modemverbindung die Telefonleitung belegt.

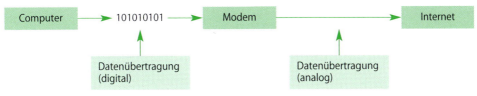

Abb.: Analoge Einwahl

ISDN Basisanschluss

ISDN verwendet drei Kanäle. Zwei **Basiskanäle** (B1 und B2) und einen **Steuerkanal** (D-Kanal). Die Datenübertragung ist bei ISDN digital. Die Basiskanäle können voneinander unabhängig oder gebündelt genutzt werden. Jeder Basiskanal hat eine maximale Geschwindigkeit von 64 Kbit/s, gebündelt erhöht sich die Übertragungsrate auf 128 Kbit/s. Der D-Kanal dient zur Verständigung zwischen dem Anschluss und der ISDN-Vermittlungsstelle. Gleichzeitiges Telefonieren und Surfen ist also möglich, sofern die Kanäle nicht gebündelt werden. An die Telefondose (TAE-Anschluss) wird der **NTBA** (Network Termination of Basic Access) angeschlossen. An den NTBA wiederum können ISDN-Endgeräte oder Telefonanlagen angeschlossen werden.

Beim Basisanschluss kann der Kunde sich zwischen einem **Mehrgeräteanschluss** und einem **Anlagenanschluss** entscheiden. Beim Mehrgeräteanschluss erhalten die Kunden drei Rufnummern, die ISDN-Endgeräten fest zugeordnet werden können. Dies ist sinnvoll, wenn mehrere Geräte wie Telefon, Fax und Computer gleichzeitig betrieben werden sollen. Beim Anlagenanschluss wird direkt an den NTBA eine TK-Anlage angeschlossen, die die Endgeräte verwaltet.

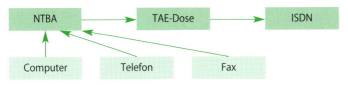

Abb.: ISDN-Mehrgeräteanschluss

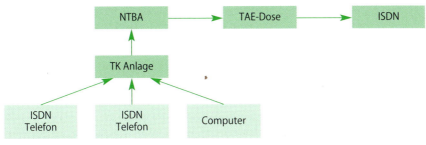

Abb.: ISDN-Anlagenanschluss

DSL (Digital Subscriber Line)

Bei **DSL** werden die Daten wie bei der analogen Variante über Kupferkabel übertragen. DSL hat eine wesentliche höhere Datenübertragungsrate als ISDN oder ein analoges Modem. DSL kann derzeit je nach Verfügbarkeit eine Übertragungsgeschwindigkeit von bis zu 16.000 Kbit/s haben. Diese Geschwindigkeit wird mit einem **Trick** realisiert: Die Telefonleitung wird aufgeteilt in drei Bereiche, zwei Bereiche zum Übertragen der Daten, ein Bereich zum Telefonieren. Die zu übertragenden Datenpakete werden komprimiert und auf dem analogen Telefonsignal „huckepack" genommen. Um die Daten wieder in ihre Bestandteile zu trennen, ist ein zusätzliches Gerät notwendig, der **Splitter**. DSL kann sowohl bei einem analogen Telefonanschluss als auch bei einem ISDN Anschluss geschaltet werden. Bei beiden Varianten muss der Splitter direkt an die TAE-Dose angeschlossen werden. DSL ermöglicht gleichzeitiges Telefonieren und Surfen.

Internetzugang

Um schlussendlich einen Zugang zum Internet zu bekommen, braucht man einen Anbieter, der den Zugang zur Verfügung stellt. Man nennt diese Anbieter **Internet Service Provider** (ISP). Der Internetzugang wird dabei über Volumen- oder Zeittarife bzw. eine Flatrate abgerechnet.

Beispiele für ISPs:
- T-Online
- Arcor
- AOL
- Alice
- 1&1
- Freenet

1.2.6   Intranet

Das Intranet basiert prinzipiell auf den gleichen Techniken wie das Internet, jedoch steht dieses Netzwerk nur einer begrenzten Anzahl von Nutzern zur Verfügung. Der Zugriff auf ein Intranet ist dabei nicht zwangsläufig räumlich begrenzt, sondern kann z. B. über mehrere Unternehmensstandorte genutzt werden.

> **Beispiel**
>
> Dialogfix nutzt das Intranet als Informationsplattform für die Mitarbeiter. Die Mitarbeiter können im Intranet Dienstvorschriften, Reglungsabsprachen, aktuelle Informationen der Personalabteilung etc nachlesen.

1 | 3.5

1.2.7 Unified Messaging

Die betriebliche Nutzung der vielfältigen Kommunikationsmedien kann durchaus zu einer gewissen **Unübersichtlichkeit** führen. E-Mails, Briefe, Faxe, Sprachnachrichten usw. sollten jedoch im Unternehmen in einer für alle Mitarbeiter nachvollziehbaren und einheitlichen Form vorliegen. Eine weitverbreitete Methode, dieses Ziel zu erreichen, stellt das **Unified Messaging** dar. Damit bezeichnet man ein Verfahren, das alle eingehenden und zu sendenden Nachrichten in eine einheitliche Form bringt und dem Nutzer über verschiedenste Wege Zugriffs- und Auswertungsmöglichkeiten gewährt. Häufig kann mit entsprechender Softwareunterstützung über das Intranet oder über eine Datenbank auf die einzelnen Dokumente zugegriffen werden. Auch die Deutsche Telekom und andere Telefongesellschaften bieten entsprechende Lösungen an.

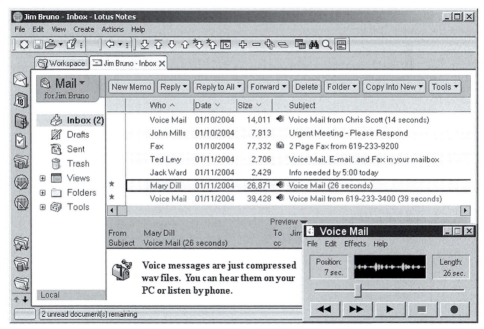

Abb.: Unified Messaging über Lotus Notes

1.3 Brachenspezifische Besonderheiten

Zusätzlich zu den Medien, die prinzipiell in jedem Unternehmen gefunden werden können, haben Unternehmen im Dialogmarketing besondere Ansprüche hinsichtlich der Kommunikationsanlagen. So findet man z. B. in Callcentern Geräte und Anlagen, die es in dieser Form in anderen Unternehmen nicht gibt.

1.3.1   TK-Anlage

Grundvoraussetzung für jedes Callcenter ist es natürlich, Anrufe empfangen zu können und selbst anzurufen. Herzstück eines Callcenters ist daher die Telefonanlage, branchenüblich als **TK-Anlage (Telekommunikationsanlage)** bezeichnet. Der Callcenter-Betrieb stellt ganz besondere Anforderungen an eine Telefonanlage:

- Erreichbarkeit sicherstellen
- Intelligente Verteilung ein- und ausgehender Anrufe
- Statistische Auswertbarkeit
- Warteschlangenmanagement
- Möglichkeit der Anpassung an eigene Bedürfnisse

1.3.2   ACD (Automatic Call Distribution)

Diese Anforderungen werden mit der **ACD** (Automatic Call Distribution) verwirklicht. Als Kernstück moderner TK-Anlagen steuert, verteilt, kontrolliert und verwaltet die ACD das aktuelle Anrufaufkommen. Die ACD bietet dem Unternehmen individuelle Einstellungsmöglichkeiten und kann somit optimal für die eigenen Bedürfnisse konfiguriert werden.

Hauptaufgabe der ACD ist die **Call Distribution** (Verteilung der Anrufe). Üblicherweise werden Anrufer, die zuerst in der Warteschlange waren (**longest waiting**), an den nächsten freien Mitarbeiter durchgestellt bzw. an den Mitarbeiter, der am längsten kein Gespräch mehr geführt hat (**longest idle**). Diese Methode vermeidet lange Wartezeiten der Kunden und bewirkt eine optimale Auslastung der Mitarbeiter. Für Sondersituationen können die Prioritäten der Anrufverteilung angepasst werden.

> **Beispiel**
>
> Sabine Berger wird von ihrem Supervisor gecoacht. Da es jedoch früher Vormittag ist, kommen nicht sehr viele Anrufe an. Aus diesem Grund erhöht Sabines Supervisor die Priorität von Sabine in der ACD, damit bei jedem ankommenden Anruf Sabine zuerst ausgesucht wird, sofern sie nicht gerade ein anderes Gespräch führt. Auf diese Weise hat Sabine viele Anrufe hintereinander ohne lange Pausen, und ihr Supervisor kann bei wesentlich mehr Gesprächen mithören.

Die ACD liefert weiterhin wichtige statistische Daten, die benötigt werden, um Anrufkapazitäten optimal planen zu können. Die Planung basiert hierbei meist auf Erfahrungswerten aus der Vergangenheit und den aktuellen Daten, die von der ACD geliefert werden (**forecasting**). Sowohl in Inbound- als auch in Outbound-Callcentern ist eine genaue Kapazitätsplanung nicht möglich, da man nie genau wissen kann, wie viele Anrufe ankommen bzw. wie viele Kunden man erreicht.

Zur **langfristigen Auswertung** liefert die ACD z. B. Antworten zu folgenden Fragen:

- Zu welchen Tageszeiten kommen die meisten Anrufe?
- Wie lange dauert es, bis ein Kunde einem Agent vermittelt wird?
- Ab welcher Wartezeit legen die Kunden im Durchschnitt wieder auf?
- Wie viele Anrufe hat ein Agent bekommen?

Darüber hinaus sind auch **tagesaktuelle Daten** verfügbar:

- Wie viele Agents sind zurzeit für einen Anruf frei? (available)
- Wie viele Agents sind zurzeit im Gespräch?
- Wie viele Agents sind unproduktiv, z. B. durch Pausen, Vor- und Nachbereitung? (idle)
- Wie viele Kunden sind in der Warteschleife?
- Wie lange dauert ein Gespräch im Durchschnitt (AHT)?

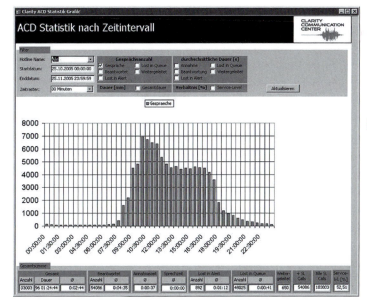

1.3.3 IVR (Interactive Voice Response)

Ein weiterer häufig genutzter Bestandteil von TK-Anlage ist die **IVR** (Interactive Voice Response). Dabei handelt es sich um eine Art Sprachcomputer, der Informationen und Optionen für den Anrufer bereitstellt. Der Anrufer kann mit Sprachkommandos oder durch Eingaben auf der Telefontastatur das Menü der IVR steuern. Die IVR dient zunächst dazu, den Anrufgrund herauszufinden und liefert wichtige Hinweise, in welche Abteilung der Kunde möchte. Manche Anfragen können sogar durch die IVR schon direkt beantwortet werden, sodass der Kunde gar nicht erst mit einem Mitarbeiter sprechen muss, was wiederum Kapazitäten für andere Kunden schafft, die mit einem Agent sprechen möchten. Die Kombination von IVR und anschließendem Telefongespräch hat durchaus Vorteile, da die Wartezeit des Kunden sinnvoll genutzt wurde und die bereits bekannten Informationen wie z. B. Kundennummer oder Kundenstammdaten dem Agent bei Gesprächsbeginn schon vorliegen.

Beispiel für das IVR-Menü der Dialogfix-Hotline:

> „Herzlich willkommen bei Dialogfix. Um Ihre Anfrage optimal bearbeiten zu können, beantworten Sie uns bitte die folgenden Fragen. Sie können Ihre Antworten über die Tastatur Ihres Telefons eingeben oder nach dem Signalton sprechen.
>
> Wenn Sie allgemeine Informationen zu unserem Angebot erhalten möchten, drücken Sie bitte die 1.
>
> Wenn Sie kaufmännische Fragen haben, rund ums Thema Abrechnung und Bestellung, drücken Sie bitte die 2.
>
> Brauchen Sie technische Unterstützung zu Produkten von Dialogfix, drücken Sie bitte die 3.
>
> Möchten Sie direkt mit einem Kundenberater verbunden werden, drücken Sie bitte die 4."

1.3.4 CTI (Computer Telephony Integration)

CTI (Computer Telephony Integration) verwirklicht eine Verschmelzung mehrerer Medien am Arbeitsplatz. Durch CTI werden Telefon, Computer und Datenbanken direkt miteinander verbunden und können als Einheit funktionieren. So können z. B. dem Mitarbeiter die Kundendaten bei einem eingehenden Anruf mittels eines Screen Pop-ups direkt auf dem Bildschirm angezeigt werden. CTI wird eingesetzt, um Zeit zu sparen und Prozesse zu optimieren.

Beispiel

Herr Ralus ruft bei Dialogfix an und landet in der Warteschleife. Die ACD erkennt die Telefonnummer von Herrn Ralus und versucht ihn zu seinem „persönlichen" Kundenberater durchzustellen. Durch einen Datenbankabgleich öffnen sich am PC-Bildschirm von Thomas Müller bereits die Kundendaten von Herrn Ralus. Durch CTI wurden die Daten, die eigentlich nur am Telefon „ankommen", gleichzeitig am PC angezeigt.

Für den Mitarbeiter entfällt hierbei nicht nur die Abfrage der Kundennummer. Er kann sogar schon sehen, welches Anliegen der Kunde hat, da der Kunde „Anfrage zur Abrechnung" bereits in der IVR ausgewählt hat. Sollte es notwendig werden, den Kunden in eine andere Abteilung zu verbinden, muss der Kunde sein Anliegen auch nicht immer wieder neu schildern, da durch CTI der entsprechende Datensatz auf dem Bildschirm des Kollegen erscheint.

1.3.5   Skill Based Routing

Agents können durch die ACD zu **virtuellen Gruppen** zusammengefasst werden, die sich durch besondere Fähigkeiten auszeichnen. Die speziellen Fähigkeiten der einzelnen Mitarbeiter werden auch **Skills** (Fähigkeit, Talent) genannt. Die ACD-Anlage kann nun eingehende Anrufe analysieren und an einen passenden Mitarbeiter oder ein passendes Team verteilen. Diese Funktion nennt man **Skill Based Routing**, also Anrufverteilung aufgrund von Fähigkeiten der Agents. Diese Funktion ermöglicht eine sehr flexible und kundenorientierte Gestaltung von Bereichen und Abteilungen innerhalb eines Callcenters.

> **Beispiel**
>
> Die ACD erkennt anhand der Telefonnummer, dass der Anruf aus England kommt. In der ACD sind 30 Mitarbeiter gespeichert, die besonders gut Englisch sprechen. Die Telefonanlage versucht nun, den Anruf bevorzugt einem Agent durchzustellen, der den Skill „Englischkenntnisse" aufweist.

1.3.6   Outbound Dialer

Um den Anwählvorgang bei Outbound-Telefonaten zu optimieren und vor allem zu beschleunigen, werden so genannte **Dialer** (to dial = wählen, anwählen) eingesetzt. Diese sind Bestandteil der ACD und wählen für den Agent Kundenkontakte an. Die Funktionsweise der Dialer unterscheidet sich je nach Outbound-Aktion oder Bedürfnissen des Callcenters.

Beim **Preview Dialing** („Wählen mit Vorschau") wählt der Dialer erst nach einem bestätigenden Befehl des Agents. Diese Art des Wählvorgangs ermöglicht dem Agent eine Vorbereitungszeit auf das Telefonat, z. B. können Informationen aus der Datenbank über den Kunden angezeigt werden. Dennoch wird der Vorgang beschleunigt, da der Dialer schneller wählen kann, als dies der Agent könnte.

Beim **Power Dialing** werden vom Dialer Kundekontakte automatisiert und intelligent hergestellt und automatisch einem freien Agent zugeteilt. Je nach Funktionsweise des Dialers stellt dieser nur Gespräche für freie Agents her und auch nur jeweils ein Gespräch pro Agent. Oft können in Power Dialern dynamische Nacharbeitszeiten eingestellt werden, d. h. sollte ein Call länger dauern als der Durchschnitt, wartet der Dialer entsprechend länger, bis der nächste Call vermittelt wird. Dies gibt dem Agent Zeit, den Anruf nachzubereiten.

Eine weitere Form des Dialings ist das **Predictive Dialing** („vorhersagendes Wählen"). Der Dialer greift auf statistische Auswertungen und mathematische Formeln zurück und berechnet in Echtzeit, wie viele Calls gerade getätigt werden und wie lange diese voraussichtlich dauern. Ziel dieser Art von Dialer ist es, eine bestmögliche Verteilung von Mitarbeiterressourcen und Datenmaterial zu erreichen. Sollte der Dialer eine Verbindung hergestellt haben, die nicht bedient werden kann, da kein freier Agent verfügbar ist, legt der Dialer in diesem Fall wieder auf.

Praxistipp
Nicht alle Dialer-Anbieter sind sich einig, was die Unterscheidung und Begrifflichkeiten von **Power**, **Predictive** und **Preview Dialer** angehen. Wenn Sie Angebote miteinander vergleichen, achten Sie vor allem auf den Funktionsumfang.

Zusammenfassung

- Im Dialogmarketing kommen viele verschiedene **Kommunikationsanlagen** zum Einsatz, die in Telefonie sowie betriebsübliche und branchenspezifische Anlagen unterschieden werden können.
- Die gängigen **Telefonnetze** sind: Analog, digital über ISDN und das internetbasierte VoIP.
- **Telefonkonferenzen** ermöglichen schnelle und ortsungebundene Kommunikation und bieten effizienten Austausch von Informationen.
- Ein indirekter sprachlicher Austausch von Informationen geschieht z. B. über **Anrufbeantworter** und **Voicemail**.
- **Dokumente** und Schriftverkehr werden über Fax, E-Mail und Whitemail (Brief) ausgetauscht.
- Zentrale Einheit eines Callcenters ist die **TK-Anlage** mit ACD, die Hauptaufgabe der ACD ist das Verteilen von Anrufen.
- Die **IVR** interagiert mit dem Kunden und liefert wichtige Informationen für die Verteilung der Anrufe.
- **CTI** sorgt für die Verschmelzung von Medien am Arbeitsplatz
- **Skill Based Routing** verteilt Anrufe aufgrund der Fähigkeiten der Agents.
- **Outbound Dialer** sind Anwählgeräte, die zusammen mit der ACD Outbound-Telefonate aufbauen und an Agents verteilen. Zu unterscheiden sind Preview Dialer, Power Dialer und Predictive Dialer

■ Aufgaben

1. Beschreiben Sie den Unterschied zwischen analogem und digitalem Telefonieren.
2. Wodurch unterscheiden sich Dial-In-Telefonkonferenzen von Dial-Out-Telefonkonferenzen?
3. Die Geschäftsführung von KommunikativAktiv überlegt, auf die Internet-Telefonie umzusteigen. Erstellen Sie mittels der PMI-Methode eine Entscheidungsvorlage.
4. Welche Zugangsmöglichen zum Internet gibt es? Nenne Sie jeweils drei Vor- und Nachteile der Verbindungsarten.
5. Erläutern Sie die Vorteile, die das Unified Messaging für ein Unternehmen bietet.
6. Beschreiben Sie die Hauptaufgabe der ACD.
7. Stellen Sie Vor- und Nachteile der IVR-Nutzung gegenüber.
8. Nennen Sie Vorteile, die durch Nutzung der CTI entstehen.
9. Was versteht man unter Skill Based Routing?
10. Welche Anwahlmechanismen von Dialern lassen sich grundsätzlich unterscheiden? Informieren Sie sich im Internet über den Leistungsumfang verschiedener Dialer (z. B. www.teletalk.de/Dialer.451.0.html).

2 Betriebssysteme und Software

- *Einstiegssituation*

Familie Lauer sitzt beim Frühstück. Vater Lauer beschwert sich: „Julia, da stimmt schon wieder was nicht mit der Kiste. Der will dauernd irgendeine Silbentrennung installieren, wenn ich einen Brief schreiben will. Das ist heutzutage alles so furchtbar kompliziert. Früher bei meiner Schreibmaschine hatte ich keine solchen Probleme. Schau bitte später mal danach, ja?" „Mensch, Papa", entgegnet Julia, „so furchtbar kompliziert ist das gar nicht, wie du immer tust. Auf deinem PC ist doch kaum was installiert. Wenn du wüsstest, wie viele verschiedene Programme wir im Betrieb haben und auch benutzen müssen!"

- *Arbeitsaufträge*

1. Welche Betriebssysteme und welche Software nutzen Sie in Ihrem Ausbildungsbetrieb?
2. Welche konkreten Arbeitserleichterungen und Vereinfachungen bringt die Nutzung der EDV mit sich?
3. Welche Nachteile sehen Sie in der Verwendung der EDV?

2.1 Betriebssysteme

Ein **Betriebssystem** ermöglicht die Grundfunktionalität eines Computers. Zu den typischen Aufgaben eines Betriebssystems gehören:

- Bereitstellen einer graphischen Benutzeroberfläche (**GUI** = Graphical User Interface)
- Verwalten von Hardware wie z. B.
  – Arbeitsspeicher
  – Prozessor
  – Externe Laufwerke
  – Eingabegeräte wie Tastatur und Maus
- Laden und Beenden von Programmen
- Bereitstellen eines Dateisystems

Beispiele für Betriebssysteme:
- DOS
- Windows
- Linux
- Unix
- Solaris
- OS2
- Mac OS

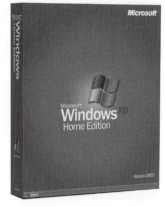

Hauptaufgabe eines Betriebssystems ist die Steuerung und Koordination von Arbeitsabläufen auf einem Computer. Dabei spielt es keine Rolle, ob es um eine Arbeitsstation oder um einen Großrechner geht, Betriebssysteme erfüllen überall die gleichen Grundaufgaben.

Praxistipp
Oft wird ein Betriebssystem mit der Abkürzung **OS** (Operating System) bezeichnet.

2.2 Standardsoftware

Unabhängig von Betrieb und Branche wird überall mit so genannter **Standardsoftware** gearbeitet. Trotz der Bezeichnung „Standard" gibt es keine amtlichte Richtlinie, was nun eigentlich Standardsoftware bedeutet.

Dennoch sind die Erwartungen, die Unternehmen hinsichtlich der Softwarekenntnisse an ihre Mitarbeiter stellen, meist recht ähnlich:

---

dialogfix GmbH

Callcenter-AgentIn (Outbound)

Telefonische Akquisition von Neukunden und Vertrieb von Softwareprodukten

Ihre Aufgaben:

- Akquisition von Neukunden
- Nachfassen von Mailings
- Kundenbetreuung
- Adressqualifikation
- Terminvereinbarung mit den Kunden

Anforderungen:

- Mehrjährige Callcenter-Erfahrung, vorzugsweise im Outbound-Bereich
- Gute EDV-Kenntnisse, speziell im Umgang mit Office-Programmen und Kundendatenbanken
- Akzentfreies Deutsch, angenehme Telefonstimme, gute Ausdrucksformen, Freude am Kundenkontakt, überzeugende Argumentation
- Positive Ausstrahlung und gesundes Selbstbewusstsein

Einstellungstermin:

- Ab sofort

Fühlen Sie sich angesprochen? Dann senden Sie Ihre Bewerbung inklusive Lebenslauf per E-Mail an folgende Adresse: **jobs@dialogfix.de**

Abb.: Stellenanzeige der Dialogfix GmbH

Office-Paket

In vielen Betrieben findet man **Office-Pakete** als Standardsoftware auf jeder Arbeitsstation. Office-Pakete umfassen Programme zur **Textverarbeitung, Tabellenkalkulation, Präsentationserstellung** und **Datenbankerstellung**. Es gibt auf dem Markt sowohl Einzellösungen als auch komplette Pakete.

Beispiele für Office-Pakete:
- OpenOffice
- IMB Lotus SmartSuite
- Microsoft Office
- StarOffice

Textverarbeitung

Unter einem **Textverarbeitungsprogramm** versteht man eine Software, mit deren Hilfe man Texte erstellen und bearbeiten kann. Über die Funktionen des Programms könne Dokumente formatiert und somit optisch aufgewertet werden. Typische betriebliche Anwendungen sind etwa:
- Erstellen von Briefen
- Faxe schreiben
- Optisches Aufbereiten von Dokumenten
- Berichte erstellen

Beispiele für Textverarbeitungsprogramme:
- OpenOffice Writer
- Corel WordPerfect
- Microsoft Word
- QuarkXPress

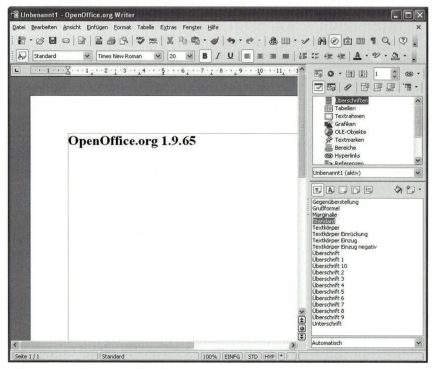

Abb.: Textverarbeitung OpenOffice Writer

Tabellenkalkulation

Eine **Tabellenkalkulation** ist ein Programm, mit dessen Hilfe Daten tabellarisch berechnet werden können. Die Programmoberfläche unterteilt sich in Spalten und Zeilen. Durch dieses Raster entstehen eindeutig adressierbare Zellen.

Mit dem Programm können sowohl einfache mathematische Grundfunktion berechnet und dargestellt werden (Addition, Subtraktion, Multiplikation, Division), als auch komplexe Funktionen und Zusammenhänge (WENN/DANN-Funktion, Mittelwert ermitteln etc.).

Typische betriebliche Anwendungen:
- Erstellen von Personaleinsatzplänen
- Erstellen von Statistiken
- Auswertung von ACD-Daten
- Grafische Darstellung von Zusammenhängen

Beispiele für Tabellenkalkulationssoftware:
- Microsoft Excel
- OpenOffice Calc
- Lotus Improv

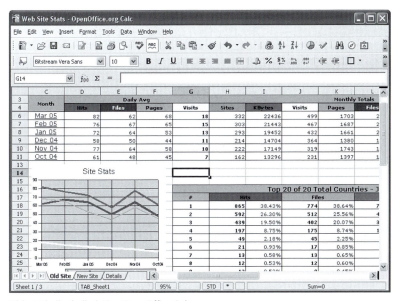

Abb.: Tabellenkalkulation OpenOffice Calc

Präsentationssoftware

Eine **Präsentationssoftware** wird verwendet, um bei Meetings, Trainings und Referaten die vorgestellten Informationen visuell zu unterstreichen. Der Benutzer erstellt so genannte **Folien**, auf denen die Inhalte dargestellt werden. In Präsentationen können Bilder, Grafiken, Tabellen und Diagramme eingebunden werden. Das Programm unterstützt den Benutzer dabei, die Informationen und Inhalte so aufzubereiten, dass sie einem größeren Publikum vorgestellt werden können. Vorgeführt werden Präsentationsdateien meist mithilfe eines **Beamers**, der das Bild auf eine Leinwand wirft.

2 | 3.3

Betriebliche Inhalte für Präsentationen:
- Anrufstatistik darstellen
- Tagesordnungspunkte einer Konferenz
- Lernziele eines Trainings
- Ergebnisse einer Kundenbefragung

Beispiele für Präsentationssoftware:
- OpenOffice Impress
- Microsoft PowerPoint

Abb.: Präsentationssoftware OpenOffice Impress

Datenbankprogramme

Mithilfe von **Datenbankprogrammen** können Datenbanken erstellt und verwaltet werden. Eine Datenbank besteht aus zwei Kernkomponenten, dem **Datenbankmanagementsystem** und der eigentlichen **Datenbank**. Die Software unterstützt den Benutzer dabei, Datenbanken zu erstellen sowie Tabellen, Formulare und Abfragen für die Datenbank anzufertigen. In erster Linie stellt das Datenbankprogramm eine grafische Benutzeroberfläche bereit, um die Erstellung und Pflege der Datenbanken zu vereinfachen.

Betriebliche Verwendung von Datenbanksoftware:
- Ressourcenplanung
- Lagerverwaltung
- Kundendatenbank
- Lösungsdatenbank

Beispiele für Datenbanksoftware:
- Microsoft Access
- Dbase
- Oracle
- OpenOffice Base

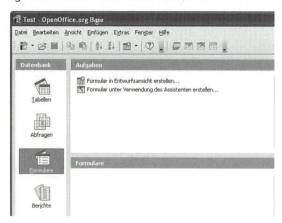

Abb.: Datenbankprogramm OpenOffice Base

Texterkennung

OCR (Optical Character Recognition) ist eine Bezeichnung für Texterkennungsprogramme. Durch eine OCR-Software werden bei eingescannten Vorlagen die Zeichen gedeutet und in digitale Form übertragen. Das Programm ermittelt intelligent Wahrscheinlichkeiten für die Deutung von eingescannten Buchstaben und Ziffern. Je nach Art des Texterkennungsprogramms können OCR-Softwareprogramme auch logische Zusammenhänge erkennen und Bedeutungen wiederherstellen.

> **Beispiel**
>
> Der erste Buchstabe des Wortes „Angebot" wird aufgrund der schlechten Qualität des Ausdrucks als 4 erkannt: „4ngebot". Das Programm prüft, ob es das Wort „4ngebot" überhaupt gibt. Da diese Überprüfung fehlschlägt, ändert das OCR-Programm die 4 in ein A um.

Betriebliche Verwendung von Texterkennungssoftware:

- Kundenkorrespondenz
- Formulare
- Anträge
- Verträge

Beispiele für Texterkennungssoftware:

- Omnipage
- Readiris
- GOCR
- Ocrad

2.3 Branchensoftware

Zusätzlich zur Standardsoftware, die man in nahezu jedem Unternehmen finden kann, sind im Dialogmarketing branchenspezifische Software und Anwendungen im Gebrauch. Dies umfasst sowohl Programme, die man nur in dieser Branche findet als auch Programme, die speziell für diesen Bereich angepasst wurden.

Zeiterfassung

Callcenter benötigen aufgrund von verschiedenen Schichten und Sonderzuschlägen bei Nacht- oder Feiertagsarbeit eine individuelle **Zeiterfassung**. Die Zeiterfassung muss ein flexibles System sein, das sich auf die Bedürfnisse des Callcenters anpassen lässt. Im Ideal-

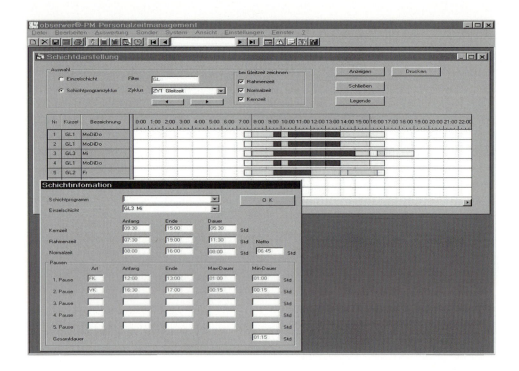

fall lässt sich ein solches System direkt mit den Arbeitsstationen der Agents verbinden, eine Anmeldung kann dann z. B über das Telefon erfolgen. Vorteil: Es muss keine zusätzliche Hardware angeschafft werden.

Personaleinsatzplanung (PEP) & Workforce-Management-Systeme (WMS)

Besonders bei Callcentern, die 24 Stunden am Tag erreichbar sind, stellt die Personaleinsatzplanung die Betriebe vor eine große Herausforderung. Die Callcenter nutzen **Personaleinsatzplanungssoftware** und **Workforce-Management-Systeme**, um die Kapazitäten an Agents für die Hotline zu planen. Meist umfassen diese Softwarepakete auch gleichzeitig Programme, die für die Urlaubsplanung der Hotlinemitarbeiter verantwortlich sind. Diese bieten den Vorteil, dass bei der Personaleinsatzplanung schon direkt Fehlzeiten von Mitarbeitern berücksichtigt werden können.

Pausenverwaltung

Im laufenden Betrieb braucht ein Inbound-Callcenter eine Software, die die Hotline bei der **Pausenverwaltung** unterstützt. Ein Pausenprogramm soll verhindern, dass alle Agents gleichzeitig in Pause gehen oder eine Bildschirmarbeitsunterbrechung machen. Die Agents können sich in der Pausensoftware eintragen, wann sie Pause machen möchten. Je nach Anzahl der Agents, die zu einer gewissen Zeit am Telefon verfügbar sein müssen, bietet das Programm Pausenslots an, die die Agents belegen können.

Zusammenfassung

- **Betriebssysteme** sorgen für die Grundfunktionalität von Computern und koordinieren die Arbeitsabläufe.

- **Office-Pakete** umfassen Software zur Textverarbeitung, Tabellenkalkulation, Präsentationssoftware und Datenbankprogramme. Oft sind Kenntnisse in Standardsoftware in Unternehmen Einstellungsvoraussetzung

- Mit **Textverarbeitungssoftware** werden Dokumente erstellt und bearbeitet.

- **Tabellenkalkulationssoftware** wird zur Berechnung von Daten und statistischen Zusammenhängen genutzt.

- Mit **Präsentationssoftware** lassen sich Vorträge visuell unterstreichen, Informationen können grafisch dargestellt werden.

- **Datenbanksoftware** unterstützt den Benutzer mit einer grafischen Benutzeroberfläche bei der Erstellung und Pflege von Datenbankanwendungen.

- **OCR** wird zur Texterkennung und somit zum Digitalisieren von Dokumenten verwendet.

- Callcenter nutzen meist branchentypische Software bzw. Software, die für die speziellen Callcenter-Bedürfnisse angepasst wurde. Dazu gehören Programme zur **Zeiterfassung, Personaleinsatzplanung** und **Pausenverwaltung**.

▪ Aufgaben

1. Beschreiben Sie die Aufgaben eines Betriebssystems.

2. Recherchieren Sie im Internet und ermitteln Sie die Verbreitung der genannten Betriebssysteme. Stellen Sie Ihre Rechercheergebnisse mit geeigneten Office-Anwendungen dar.

3. Teamleiter Roland Pelter gibt Thomas den Auftrag, eine bebilderte Anleitung für das Pausenfix-Programm zu erstellen. Der Leser soll mit dieser Unterlage verstehen können, wie das Pausenprogramm von Dialogfix funktioniert. Um eine Kurzschulung zu erstellen, soll Thomas die fertige Unterlage für eine Bildschirmpräsentation umbauen. Worauf ist dabei zu achten? Welche Software kann für diese Aufgabe eingesetzt werden? Welche Schwierigkeiten können bei der Umsetzung auftreten?

4. Nennen Sie fünf Anwendungsbeispiele für eine Tabellenkalkulation.

5. Welche Vorteile ergeben sich für ein Unternehmen durch das Digitalisieren von Dokumenten?

6. Welche Merkmale muss eine OCR-Software haben, damit sie betrieblichen Ansprüchen genügt?

7. Vergleichen Sie die unternehmensspezifische Software, die in Ihren Ausbildungsbetrieben genutzt wird.

3 Informationsnetze und -dienste nutzen

■ *Einstiegssituation*

Thomas Müller bekommt von seinem Supervisor den Auftrag, telefonisch Blumen für Frau Brück-Jungmann, die Abteilungsleiterin des Bereichs „Technische Beratung", zu bestellen. Wegen des zehnjährigen Betriebsjubiläums von Frau Brück-Jungmann möchte Roland Pelter, dass Thomas eine seltene Rosenart bestellt, die Morgentaurose. Als Thomas die Telefonnummer des Blumengeschäfts wählt, stellt er fest, dass diese Telefonnummer nicht mehr existiert. Hilfe suchend wendet sich Thomas an seinen Kollegen Peter Panski. „Na, Thomas, dass ist doch kein Problem, da rufst du eben die Auskunft an und fragst nach der neuen Telefonnummer." Roland Pelter kommt während des Gesprächs hinzu und wendet sofort ein: „Nichts da, Thomas! Die Auskunft ist viel zu teuer, wenn du die Nummer brauchst, schaust du gefälligst ins Telefonbuch."

Als Herr Pelter außer Hörreichweite ist, flüstert Peter augenzwinkernd Thomas zu: „Der Herr Pelter ist halt einer von der alten Schule … Such einfach im Internet nach dem Geschäft. Und falls es das nicht mehr gibt, suchst du nach der Rosenart, da wirst du bestimmt fündig."

■ *Arbeitsaufträge*

1. Sammeln Sie Dienste, die bei der Informationsbeschaffung hilfreich sein können. Welche Dienste nutzen Sie in Ihrem Ausbildungsbetrieb regelmäßig?
2. Welche Kosten sind mit der Informationsbeschaffung verbunden?

3.1 Fernsprechdienste

Mehrwertdienste

Zusätzlich zu den Standardangeboten moderner Kommunikationsmittel bieten viele Basisdienste einen zusätzlichen Mehrwert. Diese **Mehrwertdienste** sind optional und dienen den Anbietern als zusätzliche Einnahmequelle und Erweiterung ihres Serviceangebots. Die Kunden profitieren von Zusatzleistungen und erleben mehr Flexibilität in der Angebotsstruktur.

Praxistipp
Häufig wird für Mehrwertdienst der englische Begriff **VAS** (Value Added Services) verwendet.

Beispiele für Basis- und Mehrwertdienste:

Medium	Basisdienste	Mehrwertdienste
Telefon	• Anrufen • Angerufen werden	• Telefonauskunft • R-Gespräche • Abstimmungen (T-Vote-Call) • Servicenummern anrufen
Telefax	• Faxe versenden • Faxe empfangen	• Faxabruf
Internet	• Internetzugang	• Fernsehen via Internet • Telefonieren via Internet
Fernsehen	• Fernsehprogramme empfangen	• Pay-TV • Zusatzsender
Zeitung	• Zeitung lesen	• Zeitungslieferung • Fernsehbeilage dazubestellen

Telefonauskunft

Bei der Telefonauskunft können telefonisch alle Auskünfte abgefragt werden, die auch im Telefon- oder Branchenbuch zu finden sind, wie z. B. Telefon- und Faxnummern. Seit einiger Zeit ist es auch möglich, über die Telefonnummer die Anschriften von Privatpersonen und Firmen (**Rückwärtssuche, Inverssuche**) zu ermitteln.

Telefonauskunft Telegate setzt auf die „Rückwärtssuche"

Der reine Auskunftsmarkt sei zwar rückläufig, Telegate wolle dies jedoch mit neuen Diensten ausgleichen. Die vor einigen Monaten eingeführte Auskunft via SMS mache „noch keine Riesenvolumina" aus, doch der Markt werde sich auch mit der so genannten Rückwärtssuche schneller entwickeln, hofft der Telegate-Chef. Kunden können so auch die zu Rufnummern gehörigen Namen von der Auskunft identifizieren lassen. In Italien machen Auskunftsdienstleister bereits zehn Prozent ihres Umsatzes mit der Rückwärtssuche.

Quelle: Die Welt, 29. 07. 2004

Mittlerweile umfasst der Auskunftsmarkt neben dem ehemaligen Monopolisten Telekom viele verschiedene Anbieter, die über den klassischen Auskunftsdienst weitere Informationen und Dienstleistungen bereitstellen. Somit kann man sich über **Auskunftsdienste** über das Wetter, Börsenkurse, Nachrichten usw. informieren. Diese Anbieter vermitteln ferner auch Dienstleistungen anderer Anbieter. Man kann z. B. Konzertkarten bestellen, sich Restaurants empfehlen oder dort direkt einen Tisch reservieren lassen. Leistungen und Preise können sich dabei deutlich unterscheiden.

Beispiele für Anbieter Telefonauskunft:

- Deutsche Telekom
- Telegate
- Ventelo
- Fred
- Auskunft 24

Call by Call

Der Telekommunikationsmarkt war einst völlig in öffentlichen Händen. Alleiniger Anbieter für Telefonieren in Deutschland war bis 1998 die Deutsche Telekom. Seit der **Liberalisierung des Marktes** ist es auch anderen Anbietern möglich, Telefondienstleistungen anzubieten. Durch eine **Vorvorwahl** kann der Kunde mit seinem normalen Telefonanschluss zu Preisen und Konditionen anderer Anbieter telefonieren. Eine Call-by-Call-Vorwahl beginnt meist mit den Ziffern 010 und wird ergänzt durch Auswahlziffern, die für den Call-by-Call-Anbieter stehen.

Abgerechnet werden diese Dienste über den jeweiligen Anbieter, den Einzug des Rechnungsbetrags für den Call-by-Call-Anbieter übernimmt der Anbieter des Haupttelefonanschlusses, z. B. die Deutsche Telekom. Durch das Wählen der Vorvorwahl geht man einen Vertrag mit dem Call-by-Call-Anbieter ein. Somit ist dieser Anbieter auch Ansprechpartner für den Kunden bei Fragen zum Thema Abrechnung, Tarife Reklamationen etc.

Beispiele für Call-by-Call-Anbieter:

- Freenet
- 3U
- OneTel
- Tele2

Preselection

Preselection bezeichnet die feste Verbindung mit einem Anbieter. Der Kunde bindet sich vertraglich an einen Preselection-Anbieter, die Telekom programmiert dessen Netzkennzahl in den Vermittlungsrechner ein. Der Telefonanschluss bleibt bei der Telekom, es fallen somit weiter die Grundgebühren an. Die Gespräche werden jedoch ausschließlich über den Preselection-Anbieter abgerechnet. Eine Call-by-Call-Nutzung von anderen Anbietern ist dennoch möglich. Die meisten Call-by-Call-Anbieter bieten auch Preselection-Tarife an.

R-Gespräch

Unter einem **R-Gespräch** versteht man ein Telefonat, bei dem der Angerufene zahlt. Durch eine Vermittlungsstelle wird bei einem Teilnehmer angerufen. Dies kann über eine reale Person passieren oder über ein Sprachdialogsystem. Nach der Zustimmung des Angerufenen, die Kosten für das Gespräch zu tragen – meist durch Drücken von Tasten auf der Telefontastatur oder durch mündliche Zusage des Angerufenen – wird der Anrufer durchgestellt. Der Begriff R-Gespräch kommt aus dem Englischen von „return call". R-Gespräche sind für den Angerufenen verhältnismäßig kostspielig. Neben der Deutschen Telekom bieten mittlerweile auch viele private Anbieter R-Gespräche an.

Faxabruf

Der **Faxabruf**, auch Fax-Polling genannt, ist ein Mehrwertdienst, der es dem Benutzer ermöglicht, bereitgestellte Informationen über ein Faxgerät quasi „herunterzuladen". Die meisten Faxgeräte erfordern eine Umstellung auf den Polling-Betrieb, bevor sie in der Lage sind, einen Faxabruf zu tätigen.

Im Anschluss muss die Faxnummer des Abrufdienstes eingegeben und auf Starten gedrückt werden. Nachdem der Dienst kontaktiert wurde, startet die Übertragung bzw. das Ausdrucken der Dokumente. Berechnet wird dieser Dienst meist über eine 0900-Servicenummer.

> Beispiel
> Dialogfix bietet einen Faxabrufdienst an. Die Kunden können per Faxabruf die aktuellen Preise für das Druckerangebot anfordern.

Servicerufnummern

Um die Abrechnung von Mehrwertdiensten und Serviceleistungen per Telefon möglichst einfach zu halten, wählen viele Anbieter eine Abrechnung über die Telefonrechnung. Der Vorteil liegt klar auf der Hand: Eine Telefonrechnung bekommen die meisten Menschen ohnehin zugeschickt, auf diese Art und Weise brauchen die Anbieter keine eigenen Rechnungen zu versenden, sondern nutzen die Telefonrechnung einfach mit. Jede Servicenummer ist fest definiert und verursacht meist Gebühren, die über das normale Telefonieren hinausgehen. Der Abrechnungstakt kann auch je nach Servicenummer variieren.

Wichtige Servicenummern samt Kosten:

Rufnummerngasse	Kosten aus dem Festnetz	Besonderheiten
0180 – 1	3,9 Cent/Min.	
0180 – 2	6 Cent pro Anruf	
0180 – 3	9 Cent/Min.	
0180 – 4	20 Cent pro Anruf	
0180 – 5	14 Cent/Min.	

0700	Mo bis Fr, 9 bis 18 Uhr: 6,2 Cent/30 Sekunden restliche Zeit: 6,2 Cent/Min.	Vanity-Nummern
0800	Kostenlos	
0900	frei tarifierbar Preis laut Ansage	
0900 – 1	frei tarifierbar Preis laut Ansage	Information, Faxabruf
0900 – 3	frei tarifierbar Preis laut Ansage	Unterhaltung (jedoch keine Erwachsenenunterhaltung), Faxabruf
0900 – 5	frei tarifierbar Preis laut Ansage	beliebiger Inhalt, voranging Erwachsenenunterhaltung, Faxabruf
0900 – 9	frei tarifierbar Preis laut Ansage	Dialer
0137, 0138	Je nach Endziffer bis zu 100 Cent pro Anruf oder 14 Cent pro Minute	Televoting T-Vote-Call

Stand: 01. 01. 2007

Praxistipp
Aktuelle Tarife finden Sie z. B. unter www.teltarif.de/sonderrufnummern.html

Freecall 0800

Alle Anrufe, die über eine 0800-Nummer erfolgen, sind kostenlos. Kostenlose Hotlines sind ein besonderer Service für den Kunden, der zu Anrufen ermuntern soll.

Beispiel
Der Radiosender Loud'n'Heavy hat eine kostenlose 0800-Nummer, damit die Hörer für den Verkehrsfunk Staus und Blitzer melden können.

Rufnummerngasse 0180

Viele Hotlines verwenden 0180-Nummern, um Services und Dienstleistungen anzubieten. Vorteil dieser Rufnummerngasse ist, dass sie sowohl vom Festnetz als auch durch Mobilfunk erreichbar ist. Die Kosten der Nummer leiten sich an der Zusatzziffer hinter 0180 ab. In Callcentern werden häufig 0180-5-Nummern als Hotlinenummern geschaltet, um so den Kunden an den Kosten der Hotline zu beteiligen. Daher werden diese Nummern auch als **Shared-Cost-Rufnummern** („geteilte Kosten") bezeichnet.

Typische Einsatzgebiete von 0180-Nummern:
- Katalogbestellung
- Technischer Support
- Rechnungssupport
- Gewinnspiele
- Kinokartenhotline

Rufnummergasse 0900

Die Vorwahl 0900 (Premium Rate Dienste) hat die alte 0190-Nummer mittlerweile vollständig ersetzt. 0190-Nummern wurden oft dazu missbraucht, Nutzer aufgrund der hohen Minutenpreise und des Abrechnungswirrwarrs zu täuschen. Die neuen 0900-Nummern werden von der **Bundesnetzagentur** vergeben und sind streng reguliert. Für den Nutzer dieser Nummern müssen die Preise klar ersichtlich sein bzw. angesagt werden. Für 0900-Nummern gilt eine Obergrenze von 2 EUR pro Minute, und nach maximal einer Stunde wird das Gespräch automatisch getrennt. Der vorgesehene Verwendungszweck kann der Tabelle weiter oben entnommen werden. Missbräuchliche Nutzung wird durch die Bundesnetzagentur geahndet. Durch die strenge Gesetzeslage ist die Nutzung von 0900-Nummern lange nicht mehr so gefahrenbehaftet wie zu Zeiten der 0190-Nummern. Sowohl die Anbieter solcher Dienste als auch die Nutzer profitieren von den strengen Vorgaben. Die Kunden sind genau informiert, welche Kosten durch die Nutzung der Nummern entstehen, und die Anbieter können durch 0900 unkompliziert Mehrwertdienste abrechnen. Die Akzeptanz der Verbraucher ist heutzutage bei 0900-Nummern tendenziell höher, als es bei den 0190-Nummern aufgrund vieler negativer Presseberichte der Fall war.

Bei Anruf Abzocke

[…] In der Telekommunikation hat sich die Situation etwas entspannt, weil die Bundesnetzagentur umfassende Informationen und Beschwerdemöglichkeiten anbietet. Wichtig ist, den Verursacher ausfindig zu machen, was durch die Infos zu den „Rufnummerngassen" erleichtert wird. Dort sind die Nutzer der vergebenen Nummern aufgelistet, unterschieden nach den Nutzungsmöglichkeiten. Allein im September hat die Behörde 14-mal 0900-Nummern abgeschaltet. „Hinzu kommen Rechnungslegungs- und Inkassoverbot", sagt Renate Hichert von der Netzagentur.

Quelle: Die Welt, 24. 10. 2006

Vanity-Rufnummer 0700

Vanity-Rufnummern bezeichnen eine so genannte „Wortwahl-Rufnummer". Ähnlich wie beim SMS-Schreiben hat jede Ziffer mehrere zugeordnete Buchstaben. Die Nummer entspricht also einem Wort oder einem Namen. Damit fällt es dem Kunden leichter, sich die Telefonnummer des Unternehmens zu merken.

Beispiel
0700 – 3 42 56 43 49 ist gleichbedeutend mit 0700 – DIALOGFIX.

Das Vanity-Prinzip kann auch ohne eine 0700-Vorwahl benutzt werden. Diese Vorwahl bedeutet nur, dass es sich eindeutig um eine Vanity-Nummer handelt. Denkbar wäre auch 0800 – AUSKUNFT.

1	2 abc	3 def
4 ghi	5 jkl	6 mno
7 pqrs	8 tuv	9 wxyz
*	0	#

Abb.: Vanity

Televoting 0137/0138

Diese Nummern werden vorrangig zu **Abstimmungen** verwendet, wie z. B. beim Eurovision Song Contest. Die Zuschauer können per Telefon abstimmen, welcher Sänger oder Gruppe gewinnen soll.

3.2 Mobilfunk

Das **Mobiltelefon** ist aus dem heutigen Gesellschaftsbild nicht mehr wegzudenken. Für die Geschäftswelt hat das Handy einen sehr hohen Nutzen. Durch ein Handy ist man immer und überall erreichbar. Dennoch kann der massive Einsatz von mobiler Kommunikationselektronik für Unternehmen zum Kostenfaktor werden. Ziel ist es also, ein ausgewogenes Verhältnis zwischen Kosten und Nutzen zu wahren.

> *Praxistipp*
> Der Begriff **Handy** für ein mobiles Telefon wird nur in Deutschland benutzt. Übersetzt bedeutet der Begriff „handlich". Im Englischen heißt ein Handy „mobile phone", „cell phone" oder als Kurzform „cell".

Netzbetreiber und Serviceprovider

In Deutschland gibt es vier große **Netzbetreiber**: T-Mobile, O2, E-Plus und Vodafone. Diesen Netzbetreibern gehören die Anlagen, die zum Betreiben der Mobilfunknetze notwendig sind, wie Antennen, Basisstation und Vermittlungsstellen. Die Netzbetreiber bieten selbst Mobilfunkdienstleistungen an, verkaufen aber auch das Nutzungsrecht an ihren Anlagen an die so genannten **Serviceprovider**. Die Serviceprovider haben keine eigenen Netze, sondern treten als Wiederverkäufer der Dienstleistungen auf, die sie bei den Netzbetreibern erworben haben.

Abb.: Netzbetreiber und Serviceprovider

Beispiele für Serviceprovider in Deutschland:

- Debitel
- ALDI
- Tchibo
- Mobilcom
- Base
- simyo

Die **Vorwahlnummern** der Netzbetreiber sind grundsätzlich fest zugeteilt. Aufgrund der **Rufnummerportierung**, einem Zusatzdienst, den viele Anbieter gewähren, können jedoch anhand der Vorwahl keine Rückschlüsse auf die Netzherkunft gezogen werden. Bei der Rufnummerportierung können Kunden, die den Anbieter wechseln, ihre Telefonnummer behalten. Da ein Anruf ins Fremdnetz meist sehr teuer sein kann, verfügt jeder Mobilfunkanbieter über einen kostenlosen Dienst, der Auskunft über die Netzherkunft einer Handynummer bietet.

Abrechnungsmodalitäten

Die Angebote zum mobilen Telefonieren teilen sich in zwei Varianten auf: **Prepaid** und **Postpaid**. Diese Begriffe beschreiben die Abrechnungsmodalitäten der Handynutzung. Bei **Prepaid** kauft der Kunde vorab ein Gesprächsguthaben, mit dem er sein Handy aufladen kann und telefoniert dieses ab. Bei **Postpaid** bekommt der Kunde monatlich eine Rechnung für die Handynutzung, ähnlich wie beim Festnetz-Telefonanschluss.

Die Minutenpreise sind bei der Prepaid-Variante meist teurer als bei Postpaid, wohingegen die Postpaid-Verträge meist eine Grundgebühr beinhalten. Das Angebot an Tarifen, Verträgen und Konditionen ist riesig. Welches Angebot für den einzelnen Privatnutzer oder das einzelne Unternehmen das Richtige ist, hängt ganz vom individuellen Nutzerprofil ab.

Im Internet werden verschieden **Preisvergleiche** angeboten, mit denen sich Tarife und Angebote sehr gut miteinander vergleichen lassen (z. B. www.teltarif.de).

Technik

SIM-Karte

Herzstück des Handys ist die **SIM-Karte** (Subscriber Identity Module). Die SIM-Karte wird vom Netzbetreiber oder vom Serviceprovider an den Kunden geliefert. Eingelegt in das Handy, stellt sie eine Verbindung zum Funknetz her und ermöglicht so das mobile Telefonieren. Weiterhin dient die SIM-Karte als Gedächtnis des Handys, auf ihr werden unter anderem Telefonnummern und Nutzerdaten gespeichert. Eine Mobilfunknummer ist nicht an ein Gerät gebunden, sondern an die SIM-Karte, die in das Gerät eingelegt ist.

Netzstandards

In Deutschland gibt es zwei Standards für Mobiltelefone: **GSM 900** und **GSM 1800**. Diese gemeinsamen Standards ermöglichen eine volldigitale Datenübertragung, das Verwenden von Datendiensten und die Datenverschlüsselung. Die Abkürzung **GSM** steht für Group Special Mobile. Die Zahlen 900 und 1800 stehen für den MHz-Bereich auf dem Frequenzband.

	GSM 900		GSM 1800	
Netzbetreiber	D1	D2	E-Plus	O2
Vorwahlen	0151 0160 0170 0171 0175	0152 0162 0172 0173 0174	0177 0178 0157	0179 0176 0159
Frequenzbereich	900 MHz, 124 Kanäle.		1800 MHz, 374 Kanäle	

Unterscheidungskriterium bei den Mobilfunkgeräten sind die **Netzstandards**, die unterstützt werden:

- Single-Band-Handy
  Je nach Werkseinstellung können sie lediglich entweder auf GSM 900 oder GSM 1800 senden und empfangen. Diese Handys sind heutzutage kaum noch gebräuchlich.

- **Dual-Band-Handy**
  Diese Art Handy ist in der Lage, sich auf beiden GSM-Standards einzuwählen.

- **Triband-Handy**
  Triband-Geräte umfassen die beiden GSM-Standards und können außerdem in den USA für das PCS 1900 Netz genutzt werden.

- **Quad-Band-Handy**
  Quad-Band-Handys können zusätzlich zu den Triband-Funktionen noch den GSM 850 Standard (Südamerika und Australien) nutzen.

Einsatzmöglichkeiten

Der Trend bei Mobilfunkgeräten geht immer mehr in Richtung **Multifunktionsgerät**. Handys haben sich vom reinen Telefon zum Multimedia-Allrounder gewandelt. Mit modernen Handys kann man telefonieren, ins Internet gehen, Faxe schreiben, fotografieren, Videos aufzeichnen, Radio hören und digitale Musikdaten abspielen.

SMS

In Ergänzung zum Telefonieren können mit Handys kurze Textnachrichten, so genannte **SMS** (Short Message Service) versendet werden. Diese Nachrichten können bis zu 160 Zeichen lang sein. Es besteht jedoch auch die Möglichkeit, längere Nachrichten zu versenden, diese werden dann in mehrere SMS zu je 160 Zeichen aufgeteilt und anschließend beim Empfänger wieder zusammengefügt. Um eine SMS versenden zu können, muss im Handy eine SMS-Versendezentrale eingetragen sein, diese ist meist bereits in den Werkseinstellungen vorhanden.

MMS

Die **MMS** (Multimedia Message Service) ist eine Weiterentwicklung der SMS. Zusätzlich zur Textbotschaft können **Multimedia-Inhalte** wie Töne, Videos, Bilder und Dateien mithilfe einer SMS versendet werden. In der Regel muss in einem Handy der Empfang von MMS erst freigeschaltet werden.

3.3 Internetnutzung

Meistgenutzte Informationsquelle ist heutzutage das **Internet**. Durch die richtige Nutzung bietet das Internet eine Fülle von nützlichen Informationen, die häufig kostenlos zur Verfügung stehen.

Arten von Suchmaschinen

Das Internet bietet eine wahre Flut von Informationen. Um nicht den Überblick zu verlieren und genau die Informationen zu bekommen, die benötigt werden, gibt es so genannte **Suchmaschinen**. Die Suchmaschinen durchforsten das Internet nach Begriffen, die der Benutzer eingegeben hat. Die meisten Suchmaschinen greifen auf eine riesige Datenbank zurück und bieten dem Benutzer individuelle Suchoptionen. Suchmaschinen sind über eigene Webseiten oder Webportale zu erreichen.

Beliebte Suchmaschinen im Internet:

Name	URL
Google	www.google.de
Yahoo	www.yahoo.de
Lycos	www.lycos.de
Fireball	www.fireball.de
Metacrawler	www.metacrawler.de
WEB.de	www.web.de
Altavista	www.altavista.de
Klug Suchen	www.klug-suchen.de

Die Bedienung von Suchmaschinen ist in der Regel recht einfach. Meist findet man zentral eine Eingabemaske für den Suchbegriff und einen Button, um die Suche zu starten.

Abb.: Suchmaschine Fireball

Methoden von Suchmaschinen

Man unterscheidet drei Arten von Suchmethoden:
- Volltextsuche
- Katalogisierte Suche
- Metasuche

Bei der **Volltextsuche** wird die Suchmaschinendatenbank aufgrund des eingegeben Schlagwortes durchforstet. Anschließend werden die Suchergebnisse angezeigt. Der Nutzer kann einen beliebigen Text in die Suchmaske eingeben.

Bei der **katalogisierten Suche** wurden bereits Suchergebnisse und Informationen zu Themengebieten zusammengefasst und redaktionell, ähnlich wie bei einer Zeitung, aufbereitet.

Beispiel
Die Webredaktion der Suchmaschine web.de durchforstet täglich das Internet nach aktuellen Nachrichten und Schlagzeilen. Die gefundenen Webseiten werden von der Redaktion eingeteilt in die Rubriken Nachrichten, Wetter, Sport, Regionales, Weltgeschehen, Klatsch, Wellness, Technik etc.

Die **Metasuche** greift auf die Suchfunktion von mehreren Suchmaschinen zurück und bereitet die Suchergebnisse für den Benutzer auf. Dabei werden Doppelungen und eher unpassende Treffer automatisch entfernt. Dies bietet Vorteile für den Nutzer, da er mit nur einer Oberfläche die Suchfunktionen von vielen Suchmaschinen gleichzeitig nutzen kann.

Nutzung von Suchmaschinen

Um auch wirklich die Informationen zu finden, nach denen man sucht, gibt es verschiedene Suchoptionen, um die Ergebnisse einzugrenzen:

Suchen mit **Operatoren**

Beispiel
Julia Lauer sucht im Internet nach einem neuen Handy. Sie möchte sich über die Features und die technischen Fakten der Telefone informieren. Der Suchbegriff „Handy" liefert jedoch viele Informationen und Angebote für Handys, die für Julia nicht interessant sind.

Mithilfe von Operatoren wie dem Plus- und Minus-Zeichen kann die Suche eingegrenzt werden.

Beispiele für sinnvolle Eingaben:

Handy – Angebote – ebay – kaufen – günstig – billig
Alle Begriffe, die mit einem Minus-Zeichen versehen sind, werden bei der Suche ignoriert.

Handy + Features + Technik + Datenblatt
Durch die Eingabe der Plus-Zeichen werden nur Suchergebnisse angezeigt, die alle eingegebenen Wörter enthalten.

„Handy Datenblatt"
Durch das Setzen der Anführungszeichen durchsucht die Suchmaschine nur Webseiten, die den Suchbegriff in genau dieser Reihenfolge enthalten.

Zusatzfunktionen

Suchmaschinen haben oft viele Zusatzfunktionen, die über die reine Suchfunktion hinausgehen. Dies lässt sich z. B. anhand der beliebten Suchmaschine **Google** demonstrieren:

Abb.: Google-Suchmaske

① Suchbereiche

Web:	Bezeichnet die Standardsuchfunktion im Internet.
Bilder:	Google Bildersuche. Das ganze Internet wird nach Bildern durchsucht. Der Benutzer kann als Einschränkung nach bestimmten Bildgrößen suchen.
Groups:	Es wird nach Informationen in Newsgroups gesucht
News:	Bietet die Möglichkeit, nach aktuellen Nachrichten und Schlagzeilen zu suchen.
Froogle:	Froogle ist eine Art Preissuchmaschine und vergleicht Produktpreise bei verschiedenen Anbietern. Der Benutzer kann so den günstigsten Preis für ein Produkt finden.

② Buttons und Suchoptionen

Google-Suche:	Ein Klick auf diesen Button startet die Suche, im Anschluss werden die relevanten Suchergebnisse angezeigt. Die Reihenfolge der Ergebnisse wird dabei nach einem komplexen Verfahren ermittelt, das z. B. die Zahl der Links, die auf eine Seite verweisen, berücksichtigt.
Auf gut Glück!:	Mit einem Klick auf diesen Button wird automatisch das Erste zum Suchbegriff gefundene Ergebnis angezeigt.
Das Web:	Diese Option bewirkt, dass das komplette Internet durchsucht wird.
Seiten auf Deutsch:	Alle Suchergebnisse werden von Google übersetzt angezeigt, sofern sie nicht aus Deutschland kommen.
Seiten aus Deutschland:	Mit dieser Suchoption werden explizit nur Seiten angezeigt, die aus Deutschland kommen.

Sonderfunktionen von Google

Google bietet darüber hinaus weitere Sonderfunktionen, die bei der Recherche oder im Arbeitsalltag sehr nützlich sein können.

Die Define-Funktion: Der Befehl *Define*: liefert Definitionen von Begriffen, die hinter dem Doppelpunkt eingegeben werden.

Abb.: Sonderfunktion define

Rechnen: Google kann mathematische Formeln berechnen. Durch Eingabe einer Formel (z. B. *(54-87)^2*) und Betätigen des Suche-Buttons liefert Google das Ergebnis.

Abb.: Sonderfunktion Rechnen

Suchen nach Dateitypen: Google kann nach bestimmten Dateitypen suchen, z. B. *Grundgesetz filetype:pdf*. Dieser Befehl bewirkt, dass nur PDF-Dokumente gesucht werden, die im Zusammenhand mit dem Begriff Grundgesetz stehen.

Übersetzung: Google kann nach Übersetzungen für fremdsprachige Begriffe suchen. Der Befehl *Water en-de* liefert deutsche Übersetzungen des englischen Wortes Water. Die Sprachenoperatoren hinter dem Suchwort können auch ausgeschrieben werden z. B. Water englisch-deutsch.

Abb.: Abb.: Sonderfunktion Übersetzen

> *Praxistipp*
> Eine vollständige Liste mit allen Features von Google ist unter folgendem Link zu finden: www.google.de/intl/de//features.html

Preisvergleich im Internet

Eine Unterart von Suchmaschinen sind **Preissuchdienste** im Internet. Ähnlich wie Froogle durchsuchen diese Dienste das Internet nach Preisen für Produkte und geben dem Benutzer die Möglichkeit, verschiedene Angebote miteinander zu vergleichen.

> **Beispiel**
> Thomas Müller hat den Auftrag, einen Anbieter für 100 neue Headsets für Dialogfix zu suchen. Dabei soll er darauf achten, dass die Headsets mit einem Vorverstärker ausgestattet sind und dass er einen möglichst günstigen Anbieter findet. Thomas gibt die Begriffe *Headset+Vorverstärker* in eine Preissuchmaschine ein und sortiert die Ergebnisse nach Preis. Er entscheidet sich für das drittgünstigste Angebot, da dort die Versandkosten bei größeren Bestellungen günstiger sind und es bei diesem Anbieter einen Mengenrabatt gibt. All diese Informationen hat Thomas mithilfe des Preisvergleichs ermitteln können.

Beispiele für Preisvergleichdienste im Internet:
- www.preissuchmaschine.de
- www.preispiraten.de
- www.guenstiger.de
- www.billiger.de
- www.geizhals.de

Zusammenfassung

- Ein Mitarbeiter im Dialogmarketing muss täglich simultan viele **Informationen** aufnehmen und verarbeiten sowie **Medien** und **Dienste** nutzen, um sich neue Informationen anzueignen.

- **Mehrwertdienste** bieten über den Standard hinausgehende Dienstleistungen und können zur Informationsbeschaffung genutzt werden.

- Die **Telefonauskunft** liefert unkompliziert und schnell Adressen, Telefonnummern, Dienstleitungen, Eventtermine und vieles mehr.

- Bei einem **R-Gespräch** zahlt der Angerufene nach seiner Zustimmung alle anfallenden Gesprächskosten.

- Unter einem **Faxabruf** bzw. Fax-Polling versteht man die Bereitstellung von Informationen in Form eines Fax, das der Kunde sich über sein eigenes Faxgerät anfordern kann.

- Beim **Beschaffen von Informationen** muss immer auf den Kostenaspekt geachtet werden. Es stellt sich dabei die Frage, ob eine Information gratis beschafft werden kann oder ob ein kostenpflichtiger Dienst genutzt werden muss.

- Viele Mehrwertdienste werden über **Servicerufnummern** abgerechnet:
  - 0800-Nummern sind für den Anrufer grundsätzlich kostenlos.
  - 0180-Nummern werden oft für Service-Hotlines verwendet, sie kosten zischen 3,9 Cent bis 14 Cent pro Minute bzw. zwischen 6 Cent bis 20 Cent pro Anruf.
  - 0900-Nummern ersetzen 0190-Nummern und haben durch die **Bundesnetzagentur** besondere Einschränkungen erhalten, um Missbrauch einzuschränken.
  - 0700-Nummern, die sog. **Vanity-Nummern**, ermöglichen es, Telefonnummern mit Buchstaben darzustellen.
  - 0137/0138-Nummern werden für **Abstimmungen** verwendet und kosten bis zu 100 Cent pro Anruf oder 14 Cent pro Minute.

- Der **Mobilfunk** öffnet den Betrieben neue Möglichkeiten. Die Kommunikation kann überall und jederzeit stattfinden. Mit der Nutzung von mobilen Diensten sind jedoch ebenfalls Kosten verbunden.

- **Suchmaschinen** unterstützen bei der Informationsbeschaffung. Die Nutzung von kostenlosen Diensten im Internet bringt den Unternehmen viele Vorteile.

- Bei der Arbeit mit Suchmaschinen helfen **Operatoren**, die Suchergebnisse einzuschränken.

- Um Angebote und Preise miteinander zu vergleichen, eigenen sich besonders **Preisvergleichsdienste** im Internet.

■ *Aufgaben*

1. *Ihr Teamleiter beauftragt Sie, möglichst kostengünstig über eine Telefonauskunft folgende Informationen zu recherchieren:*
   - *Faxnummer Bäumchen Spezialfloristik, Berlin*
   - *Telefonnummer Mr. Jim Steinman, New York, USA*
   - *Inhaber der Telefonnummer 06899/767263*

   Führen Sie eine entsprechende Internetrecherche zum Kostenvergleich bei verschiedenen Anbietern von Telefonauskünften durch.

2. Welche Vorteile bietet die Nutzung einer 0900-Nummer zur Informationsbeschaffung?
3. Was versteht man unter Shared-Cost-Telefonnummern?
4. Unterscheiden Sie Serviceprovider und Netzbetreiber.
5. Nennen Sie Vor- und Nachteile eines Postpaid-Mobilfunkvertrags.
6. Welche Funktionsmerkmale von Mobilfunkgeräten können im Dialogmarketing nützlich sein?
7. Was versteht man unter Operatoren bei der Suche im Internet?
8. Nennen Sie drei Varianten, um eine Onlinesuche einzugrenzen.
9. Finden Sie fünf Anwendungen für Sonderfunktionen von Suchmaschinen, die im Arbeitsalltag von Interesse sein können.
10. In Ihrem Ausbildungsbetrieb sollen folgende Gegenstände angeschafft werden:
    – Ein Flipchart
    – 20 Flachbildschirme, 17 Zoll
    – 5000 Seiten Druckerpapier, reinweiß
    Führen Sie im Internet einen Preisvergleich durch, der unter Berücksichtigung von Versandkosten und möglichen Rabatten das jeweils günstigste Ergebnis ermittelt.

4 Datenbanken nutzen

- *Einstiegssituation*

Thomas ist in der technischen Hotline von Dialogfix eingesetzt. Im Beratungsgespräch ist es ihm gelungen, gemeinsam mit der Kundin Frau Mutig den Drucker Printfix 500 XL zu installieren. Die Kundin ist begeistert.

Frau Mutig: „Das haben Sie aber ganz toll gemacht, jetzt funktioniert der Drucker endlich. Aber sagen Sie mal, wie machen Sie das eigentlich? Sie haben doch mehr als 30 verschiedene Druckermodelle im Angebot, und da kennen Sie sich bei jedem so gut aus?"

Thomas: „Um ehrlich zu sein, Frau Mutig, natürlich kenne ich mich mit den Druckern ganz gut aus. Aber in solchen speziellen Fällen hilft mir doch unsere Datenbank weiter …"

- *Arbeitsaufträge*

1. Welche Einsatzmöglichkeit einer Datenbank hat Thomas hier genutzt?
2. Welche weiteren Einsatzmöglichkeiten von Datenbanken kennen Sie aus Ihrem Ausbildungsbetrieb?

4.1 Funktionsweise einer Datenbank

> **Definition**
> Unter einer Datenbank versteht man eine systematische Sammlung von zusammengehörenden, unternehmensspezifischen Daten.

Datenbanken sind vielseitig einsetzbar und werden in zahlreichen Branchen verwendet. Gerade bei der Arbeit mit mehreren Personen, die gleichzeitig Daten nutzen, wird die Datenbank unerlässlich. Datenbanken ermöglichen auch bei großen Datenmengen das Auffinden von spezifischen Informationen anhand von Schlüsselmerkmalen oder Suchbegriffen.

Bestandteile einer Datenbank

Die kleinste logische Einheit einer Datenbank ist das **Datenfeld**, welches aus einzelnen **Zeichen** besteht.

> **Beispiel**
> In der Dialogfix Kundendatenbank ist der Nachname eines Kunden ein Datenfeld.

Die Zusammenfügung von mehreren logisch zusammengehörenden Datenfeldern, die ein bestimmtes Objekt repräsentieren, ergibt einen **Datensatz**. Einen Datensatz kann man sich als eine Art Karteikarte vorstellen.

> **Beispiel**
> In der Dialogfix Kundendatenbank ergeben alle Datenfelder eines Kunden (Nachname, Vorname, Anschrift etc.) einen Datensatz.

Eine **Datei** setzt sich aus einer Vielzahl von gleichartigen, zusammengehörenden Datensätzen zusammen.

> **Beispiel**
> In der Dialogfix Kundendatenbank setzt sich die Datei „Kunden" aus allen Kundendatensätzen zusammen.

Die Verknüpfung verschiedener Dateien, zwischen denen eine logische Abhängigkeit besteht, wird schließlich als **Datenbank** bezeichnet.

> **Beispiel**
> Die Dialogfix Kundendatenbank besteht u. a. aus der Datei „Kunden" und verschiedenen Produktdateien.

Die Verwaltung der Datenbank erfolgt durch ein **Datenbankmanagementsystem** (DBMS). Das DBMS ist z. B. verantwortlich für das Speichern, Löschen, Wiederauffinden und Ändern der Daten. Darüber hinaus werden die unterschiedlichen Zugriffsrechte bei mehreren Benutzern geregelt.

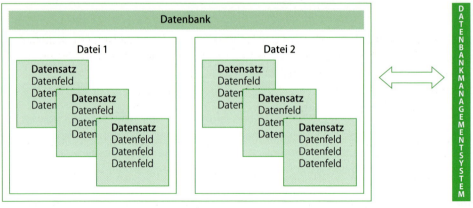

Abb.: Grundstruktur Datenbank

Datenarten

Datenarten lassen sich durch folgende Kategorien klassifizieren:

Einteilung nach Aufgabenart:

Hier lassen sich **Rechendaten** und **Ordnungsdaten** unterscheiden. Rechendaten werden immer dann verwendet, wenn es darum geht, Werte zu ermitteln (z. B. Rechnungserstellung, Preiskalkulation). Ordnungsdaten dienen der eindeutigen Identifikation von Personen oder Elementen im Verarbeitungsprozess (z. B. Kundennummer).

Einteilung nach Veränderungsintervall:

Oft werden Daten aufgrund ihres Veränderungsintervalls unterschieden. Daten, die sich häufig ändern (z. B. Bestellmenge, Bestelldatum), nennt man **Bewegungsdaten**. Daten, die sich selten bis gar nicht verändern (z. B. Adresse, Geburtsdatum), nennt man **Stammdaten**.

Einteilung nach der Stellung im Verarbeitungsprozess:

Je nach Status innerhalb eines Verarbeitungsprozesses können Daten entweder **Eingabedaten** oder **Ausgabedaten** sein. Eingabedaten sind Daten, die in eine Datenbank eingegeben werden (z. B. Eingabe einer Bestellnr.). Ausgabedaten sind Ergebnis einer Datenbankabfrage (z. B. Abfrage Bestellstatus).

Einteilung nach der Zeichenart:

Zeichenart	Beispiel
numerisch	2041488
alphanumerisch	KDNR 1269745-14
alphabetisch	Erwin Rinoa

4.2   Nutzungsmöglichkeiten

Im Dialogmarketing sind die Nutzungsmöglichkeiten von Datenbanken sehr vielfältig:

- **Lösungsdatenbank** (Knowledge Base) im technischen Support, enthält Lösungsschritte für technische Anfragen und Probleme der Kunden.
- **Kundendatenbank**, enthält Kundendaten wie Anschrift, Kundennummer, Rabatte etc.
- **Rechnungsdatenbank**, enthält Abrechnungsinformationen, Rechnungen, Zahlungseingänge.
- **Produktdatenbank**, enthält Informationen über die Produkte und Dienstleistungen eines Unternehmens.
- **Kontaktdatenbank**, enthält Anschriften von Partnerfirmen, Zulieferern etc.

Die Unternehmen können dabei auf eine Vielzahl von Datenbanken zurückgreifen, die auf dem Markt erhältlich sind. Die Angebote unterscheiden sich ganz erheblich in Nutzungsumfang und Preis. Häufig werden auch unternehmensspezifische Lösungen entwickelt.

Für die Mitarbeiter im Dialogmarketing ergeben sich – unabhängig von der konkret genutzten Datenbank – verschiedene Anforderungen hinsichtlich der Dateneingabe und der Datenpflege. Die Umsetzung dieser Anforderungen wird meist noch dadurch erschwert, das die Nutzung der Datenbank simultan zum Telefongespräch erfolgt

4.3   Relationale Datenbank

Die gebräuchlichste Art der Datenbank ist die relationale Datenbank. Entwickelt wurde die Idee vom britischen Mathematiker **Edgar F. Codd**. Er formulierte erstmals ein Datenbankmodell, welches auf der mathematischen Definition einer Relation, also einer Beziehung, basiert. Im relationalen Datenbankmodell werden Datenbanken in Form von zweidimensionalen Tabellen dargestellt.

Die Relationen bestehen dabei aus Attributen und Tupeln. Die **Attribute** entsprechen den Spalten der Tabelle. Sie haben jeweils eine Bezeichnung und einen Wert. Die Summe aller Attribute, also die Zeilen der Tabelle, wird als Datensatz oder **Tupel** bezeichnet. Alle Tupel mit identischen Attributen bezeichnet man als **Relation**.

Um innerhalb einer relationalen Datenbank die Beziehungen herstellen zu können, muss ein sog. **Primärschlüssel** definiert werden. Anhand dieses Primärschlüssels werden Datensätze eindeutig identifiziert. Durch die Vergabe eines Primärschlüssels wird das Verknüpfen von mehreren Tabellen erst möglich.

Beispiel

Die Relation *Drucker* identifiziert alle Tupel (Zeilen) über die Artikelnummer (Primärschlüssel), die Attribute befinden sich in den Spalten der Tabelle. Die Bezeichnungen der Attribute lauten *Artikelnummer*, *Drucker*, *Format* und *Preis*. In der Tabelle *Kunden* lauten die Bezeichnungen der Attribute *Kundennummer*, *Vorname*, *Nachname*. Der Primärschlüssel ist hier die Kundennummer. Durch die Verknüpfung dieser beiden Tabellen zur Relation *Verkäufe* lassen sich verkaufte Drucker den Käufern zuordnen.

Kundennummer	Vorname	Nachname
402879	Stefan	Hogarth
658741	Wilhelm	Dick
804154	Markus	Kelly

Relation Kunden

Artikelnummer	Kundennummer
4120	658741
2515	804154
8741	804154

Verknüpfte Relation Verkäufe

Artikelnummer	Drucker	Format	Preis
2515	Printfix 200	DIN A 4	289,80 EUR
8741	InkFix XL	DIN A 4	69,70 EUR
4120	Nadelfix classic	DIN A 4	30,90 EUR

Relation Drucker

Die Werte, mit denen man Relationen miteinander verknüpft, bezeichnet man als **Fremdschlüssel** oder Sekundärschlüssel. Im Beispiel sind in der verknüpften Relation *Verkäufe* Artikelnummer und Kundennummer Fremdschlüssel.

Zusammenfassung

- Die relationale Datenbank ist die gebräuchlichste Datenbankart. Sie speichert Daten in Form von Tabellen (Relationen) ab, die sich aus Attributen (den Spalten der Tabelle) und Tupeln (den Zeilen der Tabelle) zusammensetzen.
- Durch einen Primärschlüssel werden Datensätze eindeutig identifiziert. Werte, die Relationen miteinander verknüpfen, bezeichnet man als Fremdschlüssel oder Sekundärschlüssel.

Aufgaben

1. Welche Vorteile bietet die Nutzung einer Datenbank?
2. Entscheiden Sie begründet, ob es sich bei den nachfolgenden Angaben um Datensätze, Datenfelder oder Dateien handelt:
   a) Druckerpreis, b) Lieferanten von Dialogfix, c) Druckerdatenblatt mit technischen Spezifikationen, d) Druckgeschwindigkeit.
3. Welche Aufgaben hat das Datenbankmanagementsystem?
4. Nach welchen Kriterien lassen sich Datenarten klassifizieren?
5. Geben Sie begründet an, ob sich die nachfolgenden Daten als Primärschlüssel eignen:
   a) Bestelldatum, b) Kundennummer, c) Geburtsdatum, d) Sozialversicherungsnummer.

5 Datensicherung und IT-Sicherheit

■ Einstiegssituation

Um die Mittagszeit ist in der Bestellannahme bei Dialogfix nicht viel los. Azubi Thomas langweilt sich und sucht im Internet nach Browserspielen, um sich die Zeit ein wenig zu vertreiben. Nach kurzer Zeit wird er fündig und probiert verschiedene Spiele aus. Als er versucht, das Spiel *Rocket Bomber* zu starten, zeigt der Webbrowser einen Sicherheitshinweis an. Genervt klickt Thomas die Meldung weg und möchte mit dem Spielstart fortfahren. Plötzlich meldet

das Antivirenprogramm einen Virenfund und zeigt ein Alarmfenster an. Ohne weiter darauf zu achten, schließt Thomas auch dieses Fenster und schaltet kurzerhand das Antivirenprogramm aus, um in Ruhe mit dem Spiel fortfahren zu können. Nach kurzer Zeit stoppt der komplette PC und zeigt einen Bluescreen mit einer kritischen Fehlermeldung an. Erschrocken zieht Thomas den Stromstecker und sucht sich schleunigst einen anderen Arbeitsplatz.

■ Arbeitsaufträge

1. *Beschreiben Sie, welche Fehler Daniel gemacht hat.*
2. *Sammeln Sie betriebliche Situationen, die an Ihrem PC-Arbeitsplatz besondere Verhaltensweisen voraussetzen.*
3. *Schildern Sie persönliche Erfahrungen, die Sie mit der Sicherheit von Computern gemacht haben.*

5.1 Bedrohungen

Um den firmeneigenen Datenbestand sowie die Hard- und Software zu schützen, müssen heutzutage umfangreiche Maßnahmen ergriffen werden. Auch privat sollte jeder Computernutzer sich mit **Computersicherheit** auseinandersetzen. Unternehmen sind sogar dazu verpflichtet, für die Sicherheit der Daten Sorge zu tragen. Die häufigsten Bedrohungen für Computer und Netzwerke sind:

- Computerviren, Spyware, Adware
- Höhere Gewalt (Stromausfall, Wasserschaden, Blitzeinschläge, Naturkatastrophen)
- Sabotage
- Unbefugter Zugriff durch Hacker und Angriffe aus dem Internet
- Unsachgemäße Handhabung durch die Benutzer

> *Praxistipp*
> **Malware** ist ein zusammenfassender Begriff für schadenverursachende Software.

Als absolutes Minimum werden in Unternehmen ein aktuelles **Antivirenprogramm** und eine **Firewall** vorausgesetzt. Des Weiteren bedrohen Spam, Spyware, Adware, Dialer, Phishing und Sicherheitslücken in Betriebssystemen die Computersicherheit. Somit müssen für diese Bedrohungen ebenfalls vorbeugende Maßnahmen ergriffen werden.

5.1.1 Schadenverursachende Software

dialogfix GmbH

*Auszug aus dem Dialogfix Intranet:
Lexikon der Schadsoftware, Dialogfix Virenlexikon*

Trojaner
Der Name kommt von der griechischen Legende um die Stadt Troja. Ein Trojaner gaukelt vor, ein harmloses Programm zu sein, hat häufig allerdings zum Ziel, Daten und persönliche Informationen zu stehlen und zu versenden.

Wurm
Ein Wurm ist ein Netzwerk-Virus, das auf dem PC oder im Netzwerk Rechenzeit beansprucht und somit das System lahmlegen kann. Er befällt anders als andere Viren keine Dateien, kann sich aber selbstständig vermehren und in andere Netzwerke ausbreiten.

Adware
Adware ist ein Kunstwort aus dem englischen Wort für Werbung (Advertising) und Software. Oft finanzieren sich kostenlose Programme über Werbeinblendungen und zusätzliche Werbeprogramme, die mit dem eigentlichen Programm mitinstalliert werden.

Spyware
Spyware ist eine Software, die meist ohne Wissen des Benutzers installiert wurde und das persönliche Surfverhalten oder persönliche Daten zu Werbezwecken an Dritte weiterleitet.

Hoax und Hoax-Viren
Ein passendes Synonym für Hoax in der deutschen Sprache ist Ente (vgl. Zeitungsente). Ein Hoax ist also eine Falschmeldung, die Panik und häufiges Weiterleiten von E-Mails auslösen soll.

Ein Hoax-Virus ist eine Datei, die sich als Virus ausgibt (durch Fehlermeldungen, Öffnen und Schließen des CD-ROM-Laufwerks etc.). Diese Art Virus soll dem Nutzer einen Schrecken einjagen bzw. ein Scherz sein.

Dialer
Ein Dialer ist ein Einwahlprogramm, das sich im analogen Telefonnetz über eine teure 0900-Nummer einwählt und Kosten verursacht. Dialer müssen bei der Bundesnetzagentur registriert sein und genau darüber informieren, welche Kosten sie verursachen. Dennoch werden viele Dialer missbräuchlich benutzt, um bei Internetnutzern in betrügerischer Absicht überzogene Telefonrechnungen zu erzeugen.

Praxistipp
Aktuelle Informationen finden sich z. B. auf folgenden Websites:
www.dialerschutz.de, www.trojaner-info.de, www.heisec.de, www.testvirus.de.

5.1.2 Spam

Unter **Spam** versteht man den flutartigen Massenversand von elektronischen Nachrichten, meist via E-Mail. Spam ist für Unternehmen zum Kostenfaktor geworden, da unangeforderte Werbebotschaften die Mailboxen verstopfen und viel Zeit investiert werden muss, erwünschte E-Mails von unerwünschten zu trennen. Experten schätzen den wirtschaftlichen Schaden, den Spam jährlich weltweit verursacht, auf 10–20 Mrd. EUR.

Um Spam zu reduzieren, kommen verschiedene **Abwehrmechanismen** zum Einsatz. E-Mail-Anbieter versuchen bereits, bevor eine E-Mail dem Adressaten zugestellt wird, mögliche Spammails auszusortieren. Meist arbeiten die Provider mit Hilfsprogrammen, die Spam identifizieren und automatisch filtern. Dieses Vorgehen deckt jedoch meist nur einen gewissen Anteil von Spammails ab. Es ist Aufgabe des Benutzers, weitere Maßnahmen gegen Spam zu ergreifen. Die meisten E-Mail-Programme und Provider bieten dem Benutzer Optionen an, um sich gegen unerwünschte E-Mails zu schützen.

Unerwünschte Werbemails – Fünf Tipps gegen Spam

Die Anzahl unerwünschter Mails steigt. Der Spam-Anteil an allen gesendeten elektronischen Nachrichten beträgt in Deutschland inzwischen gut 80 %, teilte der Bundesverband Informationswirtschaft, Telekommunikation und neue Medien (Bitkom) mit.

Ein Großteil der störenden elektronischen Post kommt demnach aus den USA und China. Besonders häufig werde darin für Medikamente oder Finanzprodukte geworben.

„Spam belästigt nicht nur die Empfänger, sondern führt auch zu hohen Kosten bei den Internet-Providern. Sie müssen Daten transportieren – für nichts und wieder nichts", sagte Bitkom-Vizepräsident Jörg Menno Harms.

Zum Schutz gab der Verband **fünf Tipps**:

- Internet-User sollten eher eine komplizierte Adresse mit langer oder ungewöhnlicher Zeichenfolge wählen. Dies erschwere die Arbeit der Spam-Absender, die automatisch E-Mail-Adressen generieren und ausprobieren.

- Keinesfalls sollte man auf Spam-Mails antworten. Künftig gebe es sonst nur noch mehr Post.

- Die privat genutzte E-Mail-Adresse sollte nur in Ausnahmefällen herausgegeben werden. Für Chats oder Bestellungen ist es laut Bitkom besser, sich eine zweite Kennung anzulegen. Wer über diese Adresse zu viel Spam bekommt, kann einfach zu einer neuen wechseln.

- Mithilfe von Spamfiltern gelangen weniger unerwünschte Mails in den Posteingang. Die Filter sortieren verdächtige Mails aus und legen diese beispielsweise in einem gesonderten Ordner ab.

- Internet-User sollten vorsichtig mit Kontaktdaten von Freunden und Kollegen umgehen. Wer eine Nachricht an mehrere Personen verschickt, sollte alle E-Mail-Adressen im Feld „BCC" (Blindkopie) eingeben. Mit dieser Option sehen die Empfänger nur ihre eigene Adresse.

Quelle: Süddeutsche Zeitung, 06. 10. 2006

5.1.3 Phishing

Phishing ist ein kombiniertes Wort aus den Begriffen **Password** und **Fishing**. Durch eine E-Mail wird der Nutzer dazu aufgefordert, persönliche Daten wie z. B. das Passwort oder Bankdaten einzugeben. In den E-Mails befinden sich meistens Hyperlinks zu gefälschten Webseiten, die dem Nutzer eine echte bzw. vertrauenswürdige Webseite vorgaukeln. Sollte der Benutzer seine Daten eingeben, kann der Phisher diese Daten missbrauchen. Schätzungen gehen davon aus, dass der Schaden durch Phishing mittlerweile in die Milliarden geht.

Bemerken Sie: Das ist eine Dienstnachricht mit der mit Ihrer Bank verbundenen Information. Es kann spezifische Details über Transaktionen, Produkte oder On-Line-Dienstleistungen einschlie?en. Wenn Sie kurzlich Ihre Rechnung annullierten, ignorieren Sie bitte diese Nachricht.

Liebe PostBank Kunde:

Im Zusammenhang mit der komplizierten Situation, die in unserem Land mit online - Banking zustande gekommen ist, haben wir die Verordnung bekommen, alle online - Konten von unserer Bank zu uberprufen. Diese Ma?nahme wurde wegen der "Tageskonten" getroffen, die von den Missetatern fur Geldwasche der gestohlenen Mittel benutzt werden.

Wir bitten unsere Kunden instandig, die Form der Kontobestatigung auf unserer offiziellen Seite https://login.postbank.de/app/login.prep.do

Die Konten, die bis zum 07.11.05 in dieser Form nicht angegeben werden, werden bis zur Feststellung der Umstande ihrer Eroffnung und Verwendung gebunden. Diese Kontrolle ist sowohl fur die Privatkunden, als auch fur die Firmenkunden aktuell.

Wir entschuldigen uns fur die Unannehmlichkeiten, die wir Ihnen mit der Durchfuhrung der Ma?nahme bereitet haben, wir hoffen auf Ihre Mithilfe und Verstandnis.

Mit freundlichen Gru?en, Sicherheitsabteilung,

PostBank

©2005 PostBank

Abb.: Phishingmail

> *Praxistipp*
> Häufig sind Phishingmails in englischer Sprache oder in schlechtem Deutsch mit zahlreichen Fehlern verfasst. Ursache für die merkwürdige Sprache sind Übersetzungsprogramme, die für die Übertragung in andere Sprachen verwendet werden. Anhand dieser Merkmale können Sie leicht eine gefälschte Mail erkennen.

5.1.4 Manipulation und Umwelteinflüsse

Technischen Anlagen sind ständig Gefahren aus der Umwelt ausgesetzt. So könnte z. B. bei einem Gewitter ein Blitzeinschlag das Stromnetz überlasten und für einen Hardwaredefekt an der Anlage selbst sorgen oder durch einen Stromausfall Datenverlust verursachen. Denkbar ist auch ein Wasserrohrbruch oder eine Überhitzung der Anlage im Sommer.

Ungesicherte Systeme sind ebenfalls anfällig für Sabotage bzw. mutwillige Zerstörung durch Dritte.

5.2 Schutzmaßnahmen

5.2.1 Passwortsicherheit

Ständiger Begleiter bei der Nutzung von technischen Anlagen und im Alltag sind **Passwörter, Pincodes** und **Sicherheitsabfragen**. Passwörter schützen persönliche Daten und Systeme vor fremdem Zugriff. Ein Passwort sollte immer sicher gewählt und nur dem Inhaber des Passworts bekannt sein. Durch die Fülle von Passwörtern, die sich die Menschen heutzutage merken müssen, neigen viele dazu, einfache Passwörter zu wählen, die leicht zu behalten sind. Entscheidender Nachteil dieser Art von Passwörtern ist, dass sie immens schnell herausgefunden werden können und unbefugten Personen Zugriffe ermöglichen.

Typische unsichere Passwörter:

Username: asdf
Passwort: jklö

Username: Vorname
Passwort: Passwort
            Codewort
            Qwertz
            Qweasy
            Liebe
            Universum
            Geheimnis
            Gott
            Sommer
            Berlin

Als ebenso unsicher gelten Passwörter, die mit dem Benutzer in direkte Verbindung gebracht werden können, wie z. B.

- Geburtstage
- Lieblingsfilme
- Hobbys
- Haustiere
- Blumen

Diese Passwörter gelten als unsicher, weil sie bereits ohne großen technischen Aufwand durch Ausprobieren und Erraten herausgefunden werden können. Ein Hacker wird im Regalfall diese einfachen, gängigen Passwörter einfach mal ausprobieren.

Sollte das Ausprobieren nicht zum Erfolg führen, kommen kleine Hilfsprogramme zum Einsatz, deren Zweck es ist, Passwörter herauszufinden. Diese Programme gehen nach zwei verschiedenen Methoden vor.

Dictionary (Wörterbuch) Methode

In einem solchen Spionageprogramm ist meist eine so genannte **Wordlist** hinterlegt, in der sämtliche Wörter verzeichnet sind, die es auch in einem Wörterbuch gibt. Das Programm versucht nun, jedes dieser Wörter als Passwort einzusetzen, bis es Erfolg hat.

Praxistipp
Sämtliche Wörter, die es in gesprochenen Sprachen gibt, eignen sich nicht als Passwort.

Brute Force (Brutale Gewalt) Methode

Diese Methode kommt zum Einsatz, wenn die Dictionary-Methode versagt hat. Man gibt dem Programm einen **Zeichenpool** vor (z. B. Buchstaben A–Z und die Zahlen 0–9) und eine maximale Passwortlänge. Das Programm versucht nun, alle nur erdenklichen Kombinationen durch, die es aus diesen Vorgaben erstellen kann, bis es Erfolg hat.

Besteht das Passwort z. B. nur aus Kleinbuchstaben aus dem Alphabet (26 verschiedene Zeichen) ergeben sich bei einer Passwortlänge von

4 Zeichen = 456.976 Kombinationsmöglichkeiten
8 Zeichen = 208.827.064.576 Kombinationsmöglichkeiten
12 Zeichen = 95.428.956.661.682.200 Kombinationsmöglichkeiten.

Erhöht sich der Zeichenpool z. B. auf den kompletten **ASCII-Zeichensatz** (128 verschiedene Zeichen) verhalten sich die Kombinationsmöglichkeiten wie folgt:

4 Zeichen = 268.435.456 Kombinationsmöglichkeiten
8 Zeichen = 72.057.594.037.927.900 Kombinationsmöglichkeiten
12 Zeichen = 19.342.813.113.834.100.000.000.000 Kombinationsmöglichkeiten

Praxistipp
Durch die Erhöhung von Zeichenpool und Anzahl der Zeichen innerhalb eines Passworts erhöht sich auch die Zeit, die ein Brute-Force-Algorithmus benötigt, um alle Kombinationsmöglichkeiten durchzuprobieren. Ein sicheres Passwort besteht somit aus verschiedenen Zeichen (Zahlen, Buchstaben und Sonderzeichen) und sollte mindestens 8 Zeichen lang sein, besser sind mehr Zeichen.

Sichere Passwörter enthalten somit:

- GROSS- und Kleinschreibung

- Sonderzeichen wie #+!"§$%&/()=?^°,.-

- Buchstaben und Zahlen

- Mind. 8 Zeichen, besser mehr

- keine Wörter, die es in gesprochenen Sprachen gibt

Viele Benutzer tun sich schwer, sich solch aufgebaute Passwörter zu merken. Dennoch gibt es Methoden, ein sicheres Passwort zu erstellen, das leicht zu merken ist.

> **Beispiel**
>
> Man nehme den Satz:
>
> *Ich bin so vergesslich, wie merke ich mir ein Passwort?*
>
> Als Passwort werden nun die Anfangsbuchstaben der Wörter sowie die Satzzeichen genommen.
>
> *ibsv,wmim1P?*
>
> Somit erhält man ein leicht zu merkendes Passwort, das dennoch die Sicherheitskriterien erfüllt.
> Noch sicherer ist:
>
> *#(Ibsv,wmim1P?)#*

5.2.2 Antivirenprogramme

Ein **Computervirus** ist eine Datei oder ein Programm, das auf einem oder mehreren PCs Schaden verursachen soll. Ein **Antivirenprogramm** kann solche schadenverursachenden Dateien erkennen, den Benutzer informieren und die Viren sicher verwahren bzw. entfernen. Auf dem Markt finden sich viele verschiede Antivirenprogramme, sowohl kostenlose Programme für den Heimgebrauch als auch Vollpreisprodukte für Unternehmen und Komplettpakete für Zuhause. Die meisten Antivirenprogramme arbeiten vollautomatisch, der Benutzer muss dennoch dafür Sorge tragen, dass das Programm in der Lage ist, sich selbst aktuell zu halten d. h. Zugriff auf das Internet hat. Damit die Antivirenprogramme ständig auf dem neusten Stand sind, muss ein regelmäßiges Internet-Update erfolgen.

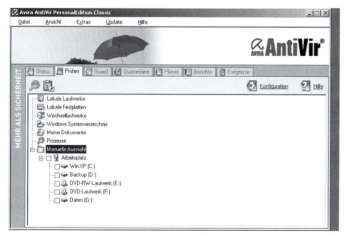

Abb.: Antivirenprogramm Antivir in der Prüfübersicht

Bestandteile von Antivirenprogrammen

- Scannen

  Virenprogramme können Festplatten und angeschlossene Laufwerke eines PCs auf Viren überprüfen. Der Scan kann je nach Geschwindigkeit des PCs und Größe der Laufwerke zwischen 20 Minuten und 2 Stunden dauern. Die Antivirenprogramme greifen dabei auf Datenbanken zurück, in denen so genannte **Virendefinitionen** enthalten sind. Diese Definitionen sorgen dafür, dass das Programm die Viren als solche erkennt und entfernen kann.

- Wächter

  Verschiedene Virenprogramme verwenden zusätzlich zu dem Virenscan eine Art **Echtzeitschutz**. Dieser Wächter überwacht ständig im Hintergrund sämtliche Anwendungen, die auf einem PC laufen und überprüft, ob eine schädliche Datei versucht, auf den Rechner zuzugreifen. In diesem Fall schlägt der Wächter Alarm und bietet dem Benutzer Optionen zur Behebung des Virenfundes.

- Quarantäne

  Fast jedes Antivirenprogramm besitzt ein verschlüsseltes Verzeichnis, in dem eine schadenverursachende Datei wie in einer Art Gefängnis eingesperrt werden kann. Diese Option bietet sich an, um im Falle einer fälschlich verschobenen Datei den Ursprungszustand wieder herzustellen.

- Internetupdate

  Um die Virendefinitionen auf dem neusten Stand zu halten, werden diese regelmäßig über das Internet aktualisiert. Diese Funktion hilft dem Programm, erst kürzlich aufgetretene Viren zu erkennen. Die meisten Virenprogramme haben mittlerweile die Möglichkeit, zwischen stündlich und tägliche neue Updates herunterzuladen. Die Frequenz, in der neue Updates zur Verfügung stehen, hängt vom Programmhersteller ab.

- **Zeitplaner**
  Der Benutzer kann im Zeitplaner einstellen, zu welchen Uhrzeiten bzw. an welchen Wochentagen Operationen ausgeführt werden sollen, wie z. B. das Internetupdate oder die Rechnerüberprüfung.

5.2.3 Firewall

> **Definition**
> Eine **Firewall** ist eine Anwendung, die den Datenverkehr zwischen zwei Netzen regelt, protokolliert, kontrolliert und gegebenenfalls verhindert.

Die Firewall ist also eine Art Türsteher zwischen dem Internet und dem eigenen Netzwerk. Für den Heimgebrauch kommt eine Personal-Firewall zum Einsatz. Dabei handelt es sich um eine Softwarefirewall, die auf dem PC installiert ist. In großen Firmennetzen hingegen wird eine Netzwerkfirewall eingesetzt (Hardwarefirewall).

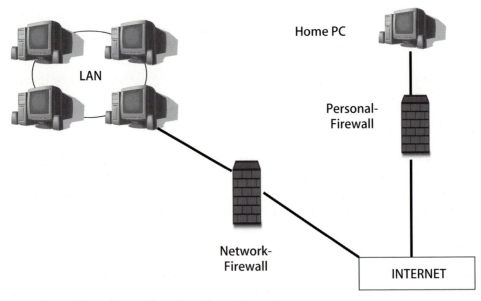

Abb.: Schematischer Aufbau von firewallgeschützten Netzwerken

Aufgaben einer Firewall

Die Firewall kann verschiedene Aufgaben erfüllen:
- Programmzugriffskontrolle (Welche Software darf Kontakt mit dem Internet herstellen und welche nicht?)
- Blockieren von Hacker-Angriffen

- Meldung von Angriffen
- Abschirmen des eigenen Netzwerks nach außen
- Reglementierung von Diensten
- Paketfilterung

Funktionen einer Firewall

Sicherheitsstufe

Viele Firewalls bieten vereinfachte Optionen durch standardisierte Sicherheitsstufen. Diese Sicherheitsstufen umfassen Regeln, die bei einzelnen Sicherheitsmaßnahmen eingeschaltet sind.

Eine **hohe Einstellung** bedeutet, dass nur Programme einen Internetzugriff bekommen, die explizit vom Benutzer freigegeben wurden. Unbekannte Anwendungen und IP-Adressen werden ohne weitere Nachfrage abgeblockt. Auch sonstige Anfragen an die Firewall werden blockiert.

Eine **mittlere Einstellung** bedeutet, dass bei neuen Anwendungen durch eine Meldung der Benutzer gefragt wird, ob eine Anwendung oder ein Dienst auf das Internet zugreifen darf. Standardanwendungen haben vollen Zugriff.

Eine **niedrige Einstellung** lässt grundsätzlich alle Anwendungen und Dienste zu. Nur fest definierte Angriffe auf das Netzwerk werden blockiert.

Anwendungskontrolle

In der Anwendungskontrolle kann der Nutzer festlegen, welche Programme auf das Netzwerk zugreifen dürfen. Je nach Firewall sind hier auch sehr feinkörnige Einstellungen möglich, es kann z. B. eingestellt werden, zu welchen Uhrzeiten Zugriffe erlaubt sind oder in welche Richtung (ein- oder ausgehende Verbindungen oder beides).

Warneinstellungen

Hierbei können Optionen über Warnungen und Protokolle der Firewall eingestellt werden, z. B. welche Ereignisse die Firewall melden soll oder welche Vorkommnisse zu protokollieren sind.

Zoneneinstellungen

In Firewalls können oft vom Benutzer Zonen definiert werden bzw. sind bereits definiert. Es wird z. B. die Netzwerk- und die Internetzone unterschieden. Für jede Zone können eigene Richtlinien und Freigaben erstellt werden. Für das eigene Netzwerk bestimmt man z. B. eine vertrauenswürdige Einstellung, für die Internetzone Anwendungsregeln mit einer höheren Sicherheit.

5.2.4 Spamfilter

Jeder E-Mail-Anbieter und jedes E-Mail-Programm bieten dem Benutzer Schutzmaßnahmen gegen Spam:

Adressatenfilter

Der Benutzer kann eine Liste mit Adressen erstellen, denen es erlaubt ist, E-Mails zu versenden (**Whitelist**).

Der umgekehrte Weg ist, alle Adressen, von denen keine E-Mails empfangen werden sollen, zu sperren (**Blacklist**).

Wortfilter

Über den Wortfilter können **Schlüsselwörter** eingegeben werden, die typisch für Spammails oder E-Mails sind, die der Nutzer nicht empfangen möchte.

Abb.: Freenet Freemail, Einstellungen für den Spamschutz

5.2.5 IT-Richtlinien

Jedes Unternehmen hat **IT-** oder **EDV-Richtlinien** bzw. Vorschriften. Diese Richtlinien dienen dazu, die firmeneigene Hard- und Software so wenigen Bedrohungen wie möglich auszusetzen.

dialogfix GmbH

Auszug aus den Dialogfix EDV-Vorschriften:

Vorschriften zur EDV-Nutzung

1 Geltungsbereich

Diese Vorschriften zur EDV-Nutzung gelten für alle Mitarbeiter von Dialogfix sowie sämtlicher Partnerfirmen.

2 Allgemeine Sicherheitshinweise

Den Mitarbeitern ist es untersagt,
- Downloads von ausführbaren Dateien, nichtlizenzierter Software oder von Dateien mit nach geltender Rechtslage illegalen Inhalten vorzunehmen.
- Software des Arbeitgebers auf nicht für den Dienstgebrauch bestimmten Datenträgern zu speichern oder zu verschicken.
- an der Hardware Veränderungen vorzunehmen, die Geräte zu öffnen, Hardwareteile ein- oder auszubauen oder eigene Hardware mit der Hardware am Arbeitsplatz in Verbindung zu bringen.
- private und/oder firmenfremde Komplettsysteme mit dem firmeneigenen Netzwerk zu verbinden.
- bestehende Software zu verändern oder zu löschen, so dass hierdurch eine Nutzung durch andere erschwert, eingeschränkt oder unmöglich wird.
- Veränderungen am Antivirensystem vorzunehmen, d. h. insbesondere nicht Löschen oder Abschalten.

3 Umgang mit Daten, Software und Passwörtern
- Es ist untersagt, Passwörter an Dritte weiterzugeben, zu speichern, zu notieren oder in irgendeiner Form für andere zugänglich zu machen.
- Die Mitarbeiter sind dazu verpflichtet, ihre persönlichen Daten regelmäßig auf den dafür vorgesehenen Backup-Medien zu sichern. Im Falle einer Nichtbeachtung ist der Mitarbeiter für einen eventuellen Datenverlust verantwortlich.
- Die auf den Arbeitstationen installierte Software ist nur für Unternehmenszwecke zu nutzen.

Praxistipp

Informieren Sie sich in Ihrem Ausbildungsbetrieb, welche Vorschriften es gibt und halten Sie sich gewissenhaft daran.

5.2.6 Physikalischer Schutz

Zum Schutz vor Umwelteinflüssen und Manipulation von Dritten sind folgende Maßnahmen sinnvoll:

- **Notstromversorgung** bzw. unterbrechungsfreie Stromversorgung aller wichtigen EDV-Anlagen
- **Lagerung** von Hardware in abgetrennten, verschlossenen Bereichen
- **Zugangskontrollen** mithilfe von elektronischen Schlössern, Alarmanlagen, Videoüberwachung etc.
- **Klimatisierte Räumlichkeiten** zum Schutz der Hardware vor Überhitzung und Umwelteinflüssen
- Verbot von offenem **Feuer**, Rauchen oder sonstigen Gefährdungen
- **Sicherung** von Computerzugängen durch Passwörter und Benutzerkennungen

5.2.7 Backup

Zur Datensicherheit gehört eine regelmäßige **Datensicherung**. Man unterscheidet zwischen einem **kompletten Backup**, einem **partiellen Backup** und dem **inkrementellen Backup**.

Beim **kompletten Backup** (Vollbackup) werden alle Daten 1:1 gesichert, dies dient als Basis jedes weiteren Backups. Nachteil dieser Methode ist der immense Speicherbedarf.

Bei dem **inkrementellen Backup** werden nur die Daten gesichert, die sich seit dem letzen Vollbackup geändert haben. Der Nachteil der inkrementellen Methode besteht darin, dass die neu gesicherten Daten wertlos sind, wenn das Vollbackup verloren geht.

Beim **partiellen Backup** werden die wichtigsten Dateien in einem Verzeichnis zusammengefasst und täglich auf widerbeschreibbare Medien wie externe Festplatten, USB-Sticks und CD/DVD-RWs gesichert. Dies sollte abwechselnd auf verschiedenen Medien geschehen, um im Falle einer Beschädigung Ersatz zu haben.

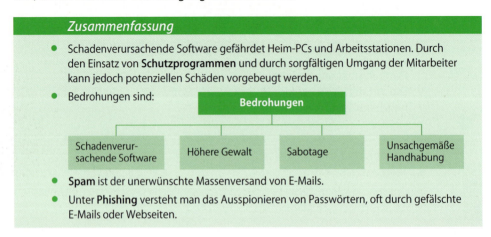

- **Passwörter** müssen sicher gewählt sein, sollten aus Buchstaben und Zahlen bestehen und mindestens 8 Zeichen lang sein.
- Eine **Antivirensoftware** schützt den Computer vor vielen verschiedenen Arten von **Malware**, hautsächlich vor Viren, Würmern und Trojanern.
- Eine **Firewall** regelt und kontrolliert den ein- und ausgehenden Datenverkehr auf einem Computer und kann unerwünschte Verbindungen blockieren.
- Durch einen **Spamfilter** wird die unerwünschte E-Mail-Flut eingedämmt. Der Benutzer kann eigene Listen mit Adressen erstellen, die er zulassen oder verhindern möchte.
- Unter **physikalischem Schutz** der Hardware versteht man vorbeugende Maßnahmen, um die Hardware vor Umwelteinflüssen zu schützen und Manipulationen durch Dritte zu verhindern.
- Ein regelmäßiges **Backup** der Daten schränkt den Datenverlust im Falle eines Computercrashs ein.

Aufgaben

1. Unterscheiden Sie Adware von Spyware.
2. Welche Software schützt Ihren PC von schadhaften Programmen?
3. Was ist Spam? Welche Schutzmaßnahmen gegen Spam gibt es?
4. Wie baut man ein sicheres Passwort auf? Begründen Sie Ihre Antwort!
5. Woran kann man eine Phishingmail erkennen?
6. Nennen Sie physikalische Bedrohungen für Computersysteme.
7. Warum sind IT-Richtlinien für Unternehmen wichtig? Vergleichen Sie die unterschiedlichen Richtlinien in den einzelnen Ausbildungsbetrieben.
8. Unterscheiden Sie inkrementelles und partielles Backup voneinander.
9. Welche Medien bieten sich für betriebliche Backups an?
10. Was können Sie persönlich zur Datensicherheit beitragen?

6 Datenschutz

Einstiegssituation

Thomas wird zurzeit in der kaufmännischen Beratung von Dialogfix am Telefon eingesetzt. Er erhält einen Anruf von Herrn Schneider, der Fragen zu einer Buchung auf seinem Kundenkonto hat. Thomas erfragt die Kundennummer von Herrn Schneider und ruft den Datensatz in der Kundendatenbank auf. Ihm fällt auf, dass die Kundendaten des genannten Kontos auf eine andere Person lauten, auf Maria Lehmann. „Herr Schneider, unter der genannten Kundennummer finde ich nur die Daten eines anderen Kunden. Ich darf Ihnen dazu leider keine Auskunft erteilen."

Herr Schneider: „Das geht schon in Ordnung, das ist meine Mutter. Ich habe über ihre Kundennummer bestellt, deshalb möchte ich nun auch wissen, woher die Differenz auf dem Konto kommt."

Thomas: „Tut mir sehr leid, Herr Schneider, Sie sind hier nicht als Ansprechpartner eingetragen, ich darf Ihnen keinerlei Auskünfte erteilen. Ihre Mutter möchte uns bitte in dieser Angelegenheit direkt kontaktieren."

Herr Schneider: „Nun hören Sie mal, junger Mann! Ich bin der Sohn und kann Ihnen allen Daten nennen, die Sie brauchen. Jetzt machen Sie mal hin!"

Thomas: „Herr Schneider, ich kann Ihren Ärger durchaus nachvollziehen, gerade deshalb ist es wichtig, dass ich mich an den Datenschutz halte. Wenn jeder Anrufer hier persönliche Daten von Ihnen erfragen könnte, wären Sie doch bestimmt noch mehr verärgert, oder?"

Herr Schneider: „Hmm, da ist was Wahres dran …"

- *Arbeitsaufträge*

1. *War das Verhalten von Thomas richtig oder hätte er den Kundenwunsch erfüllen müssen?*
2. *Mit welchen schützenswerten Daten sind Sie in Ihrem Ausbildungsbetrieb konfrontiert?*

Durch die stetige technische Entwicklung, die das Erheben, Sammeln, Speichern und Verarbeiten von personenbezogenen Daten immer einfacher und schneller macht, gewinnt der Datenschutz gleichermaßen immer mehr an Bedeutung. Gerade die neuen Medien wie Internet und PC vereinfachen die Datenverarbeitung erheblich und fördern das Sammeln von Daten.

Praxistipp
Geben Sie Ihren Vor- und Nachnamen sowie Ihren Wohnort in eine Suchmaschine ein. Sie werden erstaunt sein, was das Internet so alles über Sie weiß.

6.1 Bundesdatenschutzgesetz

Beim Datenschutz geht es um die Wahrung der **informationellen Selbstbestimmung**. Darunter versteht man das Recht des Einzelnen, selbst darüber zu bestimmen, was mit seinen personenbezogenen Daten geschieht. Zentraler Zweck des Datenschutzes ist es also, das **Persönlichkeitsrecht** des Einzelnen, der Privatperson, zu schützen.

Praxistipp
Verwechseln Sie Datenschutz nicht mit der Datensicherheit.

Um einer Willkür beim Datensammeln und der Gefahr des sog. „gläsernen Menschen" vorzubeugen, gibt es Gesetze und Regelungen zum Datenschutz. Bei der Verarbeitung und Nutzung personenbezogener Daten ist man somit rechtlich dazu verpflichtet, einen sorgsamen Umgang mit diesen Daten zu pflegen. Unter personenbezogene Daten fallen sämtliche Daten, die sich einer natürlichen Person fest zuordnen lassen, selbst dann, wenn die Person nicht namentlich genannt wird.

Beispiel

In der Kundendatenbank von Dialogfix sind folgende Daten gespeichert:

Name
Straße
Hausnummer
Postleitzahl
Wohnort
Telefonnummer
Kontonummer
Name des Ehepartners
Abos
Produkte
Anrufhistorie
Rabatte

Alle diese Daten lassen sich fest einer Person zuordnen.

Reglementiert wird der Umgang mit den Daten im **Bundesdatenschutzgesetz** (BDSG), das sowohl für private Einrichtungen als auch für öffentliche Stellen gilt. Des Weiteren gibt das BDSG den Straf- und Bußgeldkatalog bei Verstößen vor. Die Vielfalt der datenschutzrechtlich relevanten Begriffe wird in § 3 näher erläutert:

§ 3 Weitere Begriffsbestimmungen

(1) Personenbezogene Daten sind Einzelangaben über persönliche oder sachliche Verhältnisse einer bestimmten oder bestimmbaren natürlichen Person (Betroffener).

(2) Automatisierte Verarbeitung ist die Erhebung, Verarbeitung oder Nutzung personenbezogener Daten unter Einsatz von Datenverarbeitungsanlagen. Eine nicht automatisierte Datei ist jede nicht automatisierte Sammlung personenbezogener Daten, die gleichartig aufgebaut ist und nach bestimmten Merkmalen zugänglich ist und ausgewertet werden kann.

(3) Erheben ist das Beschaffen von Daten über den Betroffenen.

(4) Verarbeiten ist das Speichern, Verändern, Übermitteln, Sperren und Löschen personenbezogener Daten. Im Einzelnen ist, ungeachtet der dabei angewendeten Verfahren:
1. **Speichern** das Erfassen, Aufnehmen oder Aufbewahren personenbezogener Daten auf einem Datenträger zum Zwecke ihrer weiteren Verarbeitung oder Nutzung,

2. **Verändern** das inhaltliche Umgestalten gespeicherter personenbezogener Daten,
3. **Übermitteln** das Bekannt geben gespeicherter oder durch Datenverarbeitung gewonnener personenbezogener Daten an einen Dritten in der Weise, dass
   a) die Daten an den Dritten weitergegeben werden oder
   b) der Dritte zur Einsicht oder zum Abruf bereitgehaltene Daten einsieht oder abruft,
4. **Sperren** das Kennzeichnen gespeicherter personenbezogener Daten, um ihre weitere Verarbeitung oder Nutzung einzuschränken,
5. **Löschen** das Unkenntlichmachen gespeicherter personenbezogener Daten.

(5) Nutzen ist jede Verwendung personenbezogener Daten, soweit es sich nicht um Verarbeitung handelt.

Abb.: Auszug aus dem Bundesdatenschutzgesetz

Das BDSG sieht im Grundsatz vor, dass sämtliche oben genannten Tätigkeiten verboten sind, jedoch gibt es einen Erlaubnisvorbehalt nach § 4 BDSG. Sollte demnach eine natürliche Person ausdrücklich die Erlaubnis erteilen, ist das Verarbeiten oder Speichern personenbezogener Daten erlaubt. Dies ist z. B. auch relevant für das in der Dialogmarketingbranche häufig anzutreffende **Monitoring**, d. h. das Mitschneiden oder Mithören von Telefongesprächen zu Ausbildungs- oder Schulungszwecken. Hier erfolgt die Einverständniserklärung meist durch eine dem Telefonat vorangestellte Bandansage.

Bd. 2 | 8

> **Beispiel**
>
> Bei Bedarf wird in der Dialogfix-Hotline folgende Bandansage dem Kundengespräch vorangestellt: *„Wir weisen Sie darauf hin, dass Gespräche zur Qualitätskontrolle unserer Mitarbeiter aufgezeichnet und/oder mitgehört werden können. Telefonmitschnitte erfolgen ausschließlich zum Zwecke der Verbesserung unseres Services. Die aufgezeichneten Daten werden anonymisiert und unmittelbar nach dem Gespräch zwischen Mitarbeiter und Trainer gelöscht."*

Weiterhin hält das Gesetz dazu an, einen **sparsamen Gebrauch** von Daten verarbeitenden Systemen zu pflegen. Es sollen nach Möglichkeit keine oder nur wenige Daten gesammelt bzw. verarbeitet werden.

Eine weitere Feinheit besteht beim Schutz besonders **intimer Daten**. Diese werden nicht ausschließlich über den Erlaubnisvorbehalt reglementiert, sondern sind durch einen Ausnahmenkatalog besonders geschützt. Zur Nutzung dieser Daten ist eine weitere ausdrückliche Zustimmung erforderlich.

§ 3 Abs. 9 BDSG:

Besondere Arten personenbezogener Daten sind Angaben über die rassische und ethnische Herkunft, politische Meinungen, religiöse oder philosophische Überzeugungen, Gewerkschaftszugehörigkeit, Gesundheit oder Sexualleben.

Natürliche Personen, über die Daten gespeichert wurden, haben ein Recht auf Benachrichtigung bzw. ein Auskunftsrecht über die Art der gespeicherten Daten und zu welchem Zweck diese gespeichert wurden. Das Gesetz spricht in diesem Falle von „**Betroffenen**". Betroffene haben das Recht, die Löschung, die Sperrung und das Übermitteln ihrer Daten an Dritte zu verlangen bzw. zu untersagen. Weiterhin kann ein Betroffener sich über Datenmissbrauch beschweren oder die Berichtigung falscher Daten verlangen.

Wer Daten verarbeitet, ist auch zur **Verschwiegenheit** über diese Daten verpflichtet. Diese Verpflichtung regelt § 5 BDSG:

> **§ 5 Datengeheimnis**
>
> Den bei der Datenverarbeitung beschäftigten Personen ist untersagt, personenbezogene Daten unbefugt zu erheben, zu verarbeiten oder zu nutzen (Datengeheimnis). Diese Personen sind, soweit sie bei nichtöffentlichen Stellen beschäftigt werden, bei der Aufnahme ihrer Tätigkeit auf das Datengeheimnis zu verpflichten. Das Datengeheimnis besteht auch nach Beendigung ihrer Tätigkeit fort.

Beispiel

Daniel erledigt einen Rückruf. Er erreicht nur die Tochter des Kunden und erfährt von ihr einen besseren Rückruftermin. Da die Tochter Daniel sehr sympathisch war, notiert er sich die Telefonnummer, um von zu Hause aus die Tochter noch einmal anzurufen und ins Kino einzuladen.

Das Notieren der Telefonnummer für private Zwecke ist in diesem Fall ein Verstoß gegen das Datengeheimnis, da die personenbezogenen Daten nur für Firmenzwecke von Dialogfix verwendet werden dürfen.

Bundesbeauftragter für den Datenschutz

Zur Wahrung des Datenschutzes und als Ansprechpartner in Missbrauchsfällen wählt der Bundestag einen **Bundesbeauftragten für den Datenschutz**. Die Amtszeit beläuft sich auf 5 Jahre, wobei eine einmalige Wiederwahl möglich ist. Zum Zeitpunkt der Wahl muss er das 35. Lebensjahr abgeschlossen haben. Der Bundesbeauftragte für den Datenschutz informiert Behörden über **Verstöße** gegen das BDSG und ist allgemein für die Einhaltung der Bestimmungen verantwortlich. Alle zwei Jahre erstellt der Bundesbeauftragte für den Datenschutz einen Tätigkeitsbericht. Der Bundesbeauftragte ist beim **Bundesministerium des Innern** angesiedelt.

Weiterhin berät und kontrolliert er öffentliche Einrichtungen in Sachen Datenschutz und vertritt Deutschland bei internationalen Konferenzen zum Thema.

Praxistipp
Auf der Webseite des Bundesbeauftragten für den Datenschutz und die Informationsfreiheit www.bfd.bund.de/ finden sich weitere aktuelle Informationen.

6.2 Betriebliche Umsetzung

Datenschutzbeauftragter

Nach § 4f BDSG ist jeder Betrieb mit zehn oder mehr Mitarbeitern, die personenbezogene Daten verarbeiten, dazu verpflichtet, einen **Datenschutzbeauftragten** zu bestimmen. Dazu darf aber nur bestellt werden, wer die zur Erfüllung dieser Aufgaben erforderliche Fachkunde und Zuverlässigkeit besitzt. Der Beauftragte ist zwar der Geschäftsleitung unterstellt, er ist jedoch nicht dazu verpflichtet, Weisungen der Geschäftsleitung zu befolgen, sofern er bei der Wahrung seiner Pflichten beeinträchtigt wird. Um dies sicherzustellen, darf der Datenschutzbeauftragte nicht der Geschäftsleitung angehören.

Zu seinen Aufgaben gehört im Wesentlichen die **Wahrung der Datenschutzbestimmungen** innerhalb des Betriebs. Das bedeutet im Einzelnen:

- Überwachung der im Betrieb angewendeten Datenverarbeitungsprogramme, mit deren Hilfe personenbezogene Daten verarbeitet werden sollen
- Vermitteln von Kenntnissen über das BDSG und die praktische Anwendung für Mitarbeiter, die personenbezogene Daten verarbeiten
- Überwachen und Koordinieren der Datenschutzbestimmungen innerhalb des Betriebs
- Mitwirkung bei der Benachrichtigungs- und Auskunftserteilung
- Beratung über technische und organisatorische Maßnahmen im Betrieb zur Wahrung des Datenschutzes. Er muss sicherstellen, dass allen Anforderungen entsprochen wird.
- Entgegennahme von Beschwerden
- Einhaltung des Datengeheimnisses
- Einhalten der Verschwiegenheitspflicht

Verpflichtungserklärung der Mitarbeiter

Gemäß § 5 BDSG verlangen Unternehmen, die vom Datenschutzgesetz betroffen sind, eine entsprechende schriftliche **Verpflichtungserklärung**, mit der die Mitarbeiter auf die wesentlichen Verpflichtungen aufmerksam gemacht werden.

dialogfix GmbH

Verpflichtungserklärung
nach § 5 des Bundesdatenschutzgesetzes (BDSG)

Dialogfix GmbH, 66250 Randstadt
      Name der Firma

Sehr geehrte(r) Frau/Herr ....,

aufgrund Ihrer Aufgabenstellung in unserem Unternehmen gilt für Sie
das Datengeheimnis nach § 5 des Bundesdatenschutzgesetzes (BDSG).
Nach dieser Vorschrift ist es Ihnen untersagt, personenbezogene Daten
unbefugt zu erheben, zu verarbeiten oder zu nutzen.

Gem. § 5 BDSG sind Sie verpflichtet, das Datengeheimnis zu wahren.
Diese Verpflichtung besteht auch über das Ende Ihrer Tätigkeit in unserem Unternehmen hinaus.

Wir weisen Sie darauf hin, dass Verstöße gegen das Datengeheimnis
nach §§ 44, 43 Abs. 2 BDSG und anderen Strafvorschriften mit Frei-
heits- oder Geldstrafe geahndet werden können. Abschriften der
genannten Vorschriften des BDSG (§§ 5 und 44, 43 Abs. 2) sind beigefügt.

Ihre sich ggf. aus dem Arbeits- bzw. Dienstvertrag und der Arbeitsord-
nung ergebende allgemeine Geheimhaltungsverpflichtung wird durch
diese Erklärung nicht berührt. Geben Sie bitte die beigefügte Zweit-
schrift dieses Schreibens nach Vollzug Ihrer Unterschrift an die Personalabteilung zurück.

      Ort, Datum   Unterschrift der Firma

Über die gesetzlichen Bestimmungen des Bundesdatenschutzgesetzes
wurde ich unterrichtet. Die sich daraus ergebenden Verhaltensweisen
wurden mir mitgeteilt. Meine Verpflichtung auf das Datengeheimnis
nach § 5 BDSG habe ich hiermit zur Kenntnis genommen.

      Ort, Datum   Unterschrift der Mitarbeiterin
  bzw. des Mitarbeiters

Abb.: Muster Verpflichtungserklärung

Datenschutzerklärung

Um das Vertrauen der Kunden zu gewinnen, veröffentlichen Unternehmen oft eine eigene **Datenschutzerklärung**, in der sie für den Kunden die nähere Umsetzung des Datenschutzes erläutern. Diese Erklärung wird z. B. auf Anfrage zugeschickt oder auf der Unternehmenshomepage veröffentlicht.

dialogfix GmbH

Datenschutzerklärung

Der Schutz Ihrer personenbezogenen Daten hat bei der Dialogfix GmbH oberste Priorität. Die nachfolgende Datenschutzerklärung informiert Sie darüber, wie Ihre Daten unter dem Aspekt eines zuverlässigen Datenschutzes genutzt werden.

Grundsätze der Datenschutzerklärung

Gegenstand dieser Erklärung ist die Erhebung, Verarbeitung und Nutzung („Verwendung"). Verantwortliche Stelle im Sinne des Datenschutzrechts ist die Dialogfix GmbH.

Sollten Sie Fragen bezüglich der Verwendung Ihrer Daten haben oder von den hier beschriebenen Optionen zum Datenschutz Gebrauch machen wollen, setzen Sie sich bitte mit der telefonischen Kundenbetreuung „Datenschutz" in Verbindung.

Für die Verwendung Ihrer Daten sind die jeweils geltenden gesetzlichen Bestimmungen maßgeblich, insbesondere das deutsche Bundesdatenschutzgesetz.

Soweit die Verwendung der Daten Ihr Einverständnis erfordert, werden Sie vor der Verwendung jeweils um Ihre ausdrückliche Einwilligung gebeten. Sie können Ihre Einwilligung jederzeit widerrufen. Zum Schutz der gespeicherten Daten wurden umfangreiche technische und betriebliche Sicherheitsvorkehrungen getroffen. Sämtliche Mitarbeiter, die mit der Verwendung Ihrer Daten betraut sind, haben Datenschutzerklärungen abgegeben. In diesen wird ein Verstoß gegen datenschutzrechtliche Bestimmungen unter erhebliche Sanktionen (wie z. B. die Kündigung des Anstellungsverhältnisses) gestellt.

Verwendung von Daten

Wenn Sie sich für die Nutzung von Produkten oder Online-Diensten von Dialogfix GmbH registrieren, werden Sie um bestimmte Angaben zu Ihrer Person gebeten (personenbezogene Daten). Als Pflichtangaben sind nur diejenigen vorgesehen, die für die Begründung des Vertragsverhältnisses bzw. die Durchführung der Dienste erforderlich sind.

334 | Lernfeld 4: Simultan Gespräche führen, Datenbanken nutzen und Informationen verarbeiten

Außerdem werden gegebenenfalls anonymisierte Nutzungsprofile, die keine Rückschlüsse auf Ihre persönlichen Daten zulassen, zur Marktforschung und Verbesserung der Produkte und der Online-Dienste ausgewertet. Auch insoweit haben Sie jederzeit das Recht, dieser Nutzung Ihrer Daten zu widersprechen.

Im Falle Ihrer ausdrücklichen Einwilligung werden Ihre Daten für die Übermittlung von auf Ihre persönlichen Interessen zugeschnittenen Angebote der Dialogfix GmbH und deren Werbepartnern verwendet.

Datenübermittlung an Dritte

Die Dialogfix GmbH übermittelt Ihre persönlichen Daten grundsätzlich nicht an Dritte, es sei denn, die Übermittlung ist zum Zwecke der Durchführung oder Abrechnung von Diensten notwendig; die Übermittlung persönlicher Daten an Kreditversicherer, Kreditkartenunternehmen und Banken erfolgt mit Ihrer Einwilligung zwecks Bonitätsprüfung; Strafverfolgungsbehörden oder Gerichte verlangen aufgrund der anwendbaren Gesetze Auskünfte zum Zwecke der Strafverfolgung oder Ihre Einwilligung zur Übermittlung ist ausdrücklich erfolgt.

Auskunft über Bearbeitung und Löschung von persönlichen Daten

Sie haben das Recht, jederzeit Auskunft über die zu Ihrer Person gespeicherten persönlichen Daten und Einstellungen Ihres Kundenkontos zu verlangen und diese korrigieren, ergänzen oder löschen zu lassen. Wenn Sie es wünschen, kann Ihr Kundenkonto auch komplett gelöscht werden, vorausgesetzt, das Vertragsverhältnis lässt dies zu. In allen Fällen wird ein schriftlicher Auftrag von Ihnen benötigt.

Soweit die Speicherung Ihrer Daten nicht mehr erforderlich ist, werden die Daten nach Ablauf der gesetzlichen Speicherfristen automatisch gelöscht.

Abb.: Datenschutzerklärung

Zusammenfassung

- Beim **Datenschutz** geht es um die Wahrung der informationellen Selbstbestimmung. Das Recht einer Privatperson an ihren Daten soll geschützt werden.

- Das **Bundesdatenschutzgesetz** fasst alle Bestimmungen des Datenschutzes zusammen. Wichtige Begriffe des Datenschutzes sind Erheben, Bearbeiten, Nutzen, Speichern, Verändern, Übermitteln, Sperren und Löschen.

- Zur Wahrung des Datenschutzes wählt der Bundestag den **Bundesbeauftragten für den Datenschutz**. Der Bundesbeauftragte für den Datenschutz hat eine beratende und kontrollierende Funktion

- Betriebe mit zehn oder mehr Mitarbeitern müssen einen **Datenschutzbeauftragten** bestimmen, der die Einhaltung des Datenschutzes innerhalb des Betriebs sicherstellt.
- Nach § 5 BDSG sind Mitarbeiter verpflichtet, das **Datengeheimnis** zu wahren.
- Mitarbeiter von Unternehmen, die mit Daten umgehen, müssen mit einer **Verpflichtungserklärung** auf die Datenschutzbestimmungen aufmerksam gemacht werden
- Oft erstellen Unternehmen eine **Datenschutzerklärung**, um die Kunden über die Umsetzung des Datenschutzes im Unternehmen zu informieren

■ *Aufgaben*

1. *Welche Verpflichtungen und Einschränkungen ergeben sich für Sie in Ihrem Ausbildungsbetrieb aufgrund der Datenschutzbestimmungen?*

2. *Beschreiben Sie die Hauptaufgabe des Datenschutzes.*

3. *Übertragen Sie die Begriffe Erheben, Bearbeiten, Nutzen, Speichern, Verändern, Übermitteln, Sperren und Löschen aus § 3 BDSG auf den Arbeitsalltag in Ihrem Ausbildungsbetrieb. Erstellen Sie dazu jeweils ein Praxisbeispiel.*

4. *Welche Rechte sichert das Bundesdatenschutzgesetz dem einzelnen Bürger?*

5. *Unter welchen Bedingungen ist ein Betrieb verpflichtet, einen Datenschutzbeauftragten zu bestellen? Welche Personen können dazu ernannt werden?*

6. *Wer ist zurzeit Bundesbeauftragter für den Datenschutz? Welche Aufgaben hat der Bundesbeauftragte für den Datenschutz?*

7. *Ermitteln Sie im BDSG die entsprechenden gesetzlichen Regelungen, auf die in der Verpflichtungserklärung der Mitarbeiter (S. 333) bzw. in der betrieblichen Datenschutzerklärung (S. 334) Bezug genommen wird.*

Lernfeld 5:

Kundinnen und Kunden im Dialogmarketing betreuen und binden

1 Professionelle Gesprächsführung im Beratungsgespräch

■ *Einstiegssituation*

Julia wird gerade durch ihren Teamleiter Torben bei einigen Servicegesprächen begleitet. Momentan bearbeitet Julia im Inbound Anrufe für den Kundenservice von Dialogfix. Beim letzten Anruf hatte Julia einige Schwierigkeiten, das Gespräch zu steuern. Zunächst schien sie von einem Lösungsvorschlag zum nächsten zu springen und wirkte etwas unsicher, hatte dann am Ende aber doch die richtige Lösung parat.

Nach ein paar Minuten bittet der Teamleiter Julia, das Headset abzunehmen, damit er ihr eine Rückmeldung zu ihrem Gespräch geben kann.

„Du hast die Gespräche sehr freundlich geführt, die Kundenanliegen konntest du kompetent lösen. Was du verbessern kannst, ist die Struktur deiner Gespräche. Damit wirst du auch mehr Sicherheit gewinnen."

Julia sieht ihren Vorgesetzten etwas ratlos an. „Struktur? Ist es nicht besser, immer gerade das zu sagen, was in dieser Situation passt? Ich möchte doch schnell eine Lösung anbieten, um den nächsten Kunden zu bedienen."

„Richtig", antwortet Torben, „aber es bringt nichts, dem Kunden eine Lösung anzubieten, bevor du nicht ganz genau herausgefunden hast, was der Kunde möchte und ob du ihn richtig verstanden hast. Wenn du die verschiedenen Schritte eines Gesprächs kennst, kannst du auch besser darauf achten, welche Schritte in welcher Phase eines Gesprächs wichtig sind."

■ *Arbeitsaufträge*

1. *Welche Vorteile hat es, Gespräche zu strukturieren?*

2. *Entwerfen Sie einen Vorschlag für eine sinnvolle Gesprächsstruktur.*

3. *In vielen Gesprächen im Dialogmarketing wird ein Gesprächsleitfaden eingesetzt. Sammeln Sie Vor- und Nachteile, die ein solcher Leitfaden beim Einsatz in einem Servicegespräch bringt.*

Das Beratungsgespräch am Telefon ist für Mitarbeiter im Dialogmarketing die wichtigste Kontaktmöglichkeit zum Kunden. Dabei legen Kunden nicht nur Wert auf eine gute Erreichbarkeit. Genauso wichtig ist für den Kunden, dass seine Anliegen professionell und kompetent gelöst werden bzw. dass er eine perfekte Beratung erhält.

2 | 2.2 Im Dialogmarketing können vielfältige **Beratungsanlässe** auftreten:

- Kundenbefragung
- Kundenbedarfsanalyse
- Produkt- oder dienstleistungsbezogene Beratungen
- Zufriedenheitsbefragungen
- Beschwerdemanagement
- Haltegespräche
- Rückgewinnungsgespräche

So unterschiedlich die Beratungsanlässe zunächst auch erscheinen, so gibt es dennoch eine gemeinsame Basis, eine gemeinsame Grundstruktur des Gesprächsaufbaus. Häufig ergeben sich aus Beratungsgesprächen auch Verkaufsanlässe. Das eigentliche **aktive Ver-**
Bd. 2 | 8 **kaufsgespräch** steht an dieser Stelle aber nicht im Mittelpunkt.

Um dem Kunden eine optimale Beratung zu liefern, muss der Mitarbeiter im Dialogmarketing zum einen **Experte** der Produkte und Dienstleistungen seines Unternehmens oder Auftraggebers sein, zum anderen aber auch **Methodenspezialist** in der Gesprächsführung. Reines Fachwissen reicht nicht aus, um beim Kunden kompetent und überzeugend zu erscheinen.

Mitarbeiter im Dialogmarketing müssen die Fähigkeit haben, Gespräche zu steuern und dabei trotzdem immer freundlich zu sein. Um dies zu gewährleisten, sind neben einem
3 | 2 u. 3 strukturierten Vorgehen viele **kommunikative Kompetenzen notwendig.**

338 | Lernfeld 5: Kundinnen und Kunden im Dialogmarketing betreuen und binden

Ein professionelles Beratungsgespräch gliedert sich üblicherweise in vier Schritte:

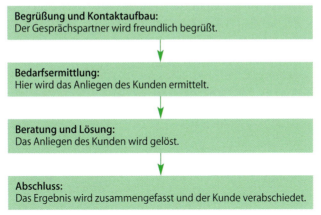

Abb.: Die vier Schritte des Beratungsgesprächs

Dabei gibt es in jedem Schritt besondere Methoden, die der Mitarbeiter nutzt, um das Gespräch zu steuern und den Kunden zufriedenzustellen.

1.1 Die vier Schritte im Beratungsgespräch

1.1.1 Begrüßung und Kontaktaufbau

Der Anfang vor dem Anfang

In dieser Phase des Gesprächs legen Sie den Grundstein für den späteren Erfolg. Auch im Beratungsgespräch gilt: **Der erste Eindruck zählt.**

Achten Sie dabei auf eine gerade Körperhaltung und lächeln Sie, bevor Sie das Gespräch annehmen. Auch wenn Ihr Gesprächspartner Sie nicht sieht, wirkt sich Ihre „Haltung" auf den weiteren Gesprächsverlauf aus. Ab der ersten Sekunde müssen Sie sich auf den Kunden konzentrieren. Es ist wichtig, jeden Kunden individuell anzunehmen, auch wenn Sie täglich eine Vielzahl von Kunden am Telefon bedienen und sich bestimmte Gesprächsinhalte wiederholen.

3 | 3.2.6

Praxistipp
Wenn Sie gerade ein sehr anstrengendes Gespräch geführt haben, atmen Sie mehrmals tief durch, bevor Sie den nächsten Anruf entgegennehmen.

Die Meldeformel

Die meisten Unternehmen im Dialogmarketing geben den Mitarbeitern eine verbindliche **Meldeformel** vor, mit der das Gespräch startet. In der Praxis hat sich die folgende Struktur für eine Meldeformel bewährt:

- **Begrüßung**
  Der Anrufer erkennt, dass er nun einen Gesprächspartner zur Verfügung hat und bekommt einen ersten Eindruck.
- **Name der Firma/der Abteilung**
  Die Nennung des Firmennamens bzw. der Abteilung versichert dem Anrufer, dass er genau an der richtigen Stelle ist.
- **Name des Mitarbeiters**
  Durch die Namensnennung des Mitarbeiters wird das Gespräch auf eine individuelle Ebene geführt. Der Anrufer erkennt, dass er mit einer konkreten Person spricht, nicht mit einem anonymen Unternehmen. Dies verschafft einen Sympathiegewinn. Auch für spätere Rückfragen ist die Namensnennung wichtig.

- **Offene Frage**
  Damit ist der Anrufer am Zug. Durch die offene Frage wird er ermuntert, umfangreiche Informationen zu geben.

> **Beispiel**
> Die Meldeformel der Auszubildenden Julia Lauer bei Aufträgen für Dialogfix lautet:
> „Herzlich willkommen bei der Kundenbetreuung von Dialogfix, mein Name ist Julia Lauer. Was kann ich für Sie tun?"

Berücksichtigen Sie bei der Meldeformel stets, ein Lächeln in die Stimme zu legen. Auch am Telefon kann man Lächeln hören! Legen Sie Wert auf eine deutliche Aussprache und die richtige Lautstärke, der Kunde soll merken, dass er willkommen ist.

Der Name des Kunden

Achten Sie zu Beginn des Gesprächs auf den Namen des Kunden. Sollte der Kunde seinen Namen nicht nennen oder haben Sie ihn nicht richtig verstanden, fragen Sie nach. Es ist wichtig, den Kunden während des weiteren Gesprächsverlaufs mit Namen anzusprechen, das wirkt persönlicher, wertschätzender und verstärkt die Aufmerksamkeit Ihres Gesprächspartners. Sicherheitshalber sollte der Name des Kunden zu Beginn des Gesprächs notiert werden, um ein späteres peinliches Nachfragen zu vermeiden. Mit der Frage „Wie war doch noch mal Ihr Name?" können Sie im Gesprächsverlauf einen guten Eindruck sofort ruinieren.

Praxistipp
Setzen Sie den Namen des Kunden mindestens dreimal pro Gespräch ein.

Der Datenschutz

Ruft ein Bestandskunde Ihres Unternehmens an, ist es wichtig sicherzustellen, dass es sich auch tatsächlich um diesen Kunden handelt. Bevor Sie also weiter in das Gespräch einsteigen und unter Umständen wichtige persönliche Daten preisgeben, müssen Sie prüfen, **4 | 6** dass der Anrufer berechtigt ist, Auskünfte zu erhalten.

Dafür ist in der Regel eine unternehmensspezifische **Prüfungsroutine** vorgesehen. Dabei handelt es sich um Daten, die der Betrieb über den Kunden gespeichert hat und die nur dem Kunden bekannt sein können. Durch gezielte Fragen über diese Daten kann nun rasch die Identität des Anrufers überprüft werden. Bei häufigem telefonischem Kontakt wird zur Vereinfachung oft zwischen Kunde und Unternehmen ein Passwort oder ein Code vereinbart.

Typische **Prüfdaten** sind:
- Die Kontonummer
- Das Geburtsdatum des Kunden
- Das Datum der ersten Bestellung
- Die Kundennummer
- Der letzte Rechnungsbetrag
- Eine vom Kunden erdachte Frage inkl. Antwort

Je nachdem, um welchen telefonischen Service es sich handelt, desto strenger sind diese Richtlinien. Die Hotline einer Direktbank wird sicher mehr und genauere Daten abfragen als die Bestellhotline eines Buchclubs. Ergänzend zur gesetzlichen Verpflichtung sollte jedes Unternehmen darauf achten, nur seinen tatsächlichen Kunden Auskunft zu geben, um das gegenseitige Vertrauen nicht zu gefährden.

> **Beispiel**
> Dialogfix erfragt bei jedem Gespräch, in dem es um personenbezogene Daten geht, zunächst die Kundennummer und das Geburtsdatum.

1.1.2 Bedarfsermittlung

Die Bedeutung der Bedarfsermittlung

Um ein Gespräch kundenorientiert führen zu können, ist es notwendig, das Anliegen des Kunden genau herauszufinden. Nur wenn Sie genau wissen, was der Kunde möchte und welche Erwartungen er an das Gespräch hat, wird es Ihnen später gelingen, eine optimale Lösung zu erzielen. Dabei ist es wichtig, jeden Kunden individuell zu betrachten und jedes Mal auf ein Neues zu prüfen, welches Anliegen der Kunde hat. Achten Sie darauf, **Kundenanliegen** nicht vorschnell einzuordnen. Stecken Sie den Kunden auf keinen Fall in eine Schublade, nur weil Sie eventuell kurz zuvor einen ähnlichen Fall erlebt haben.

1 Professionelle Gesprächsführung im Beratungsgespräch

Durchführung der Bedarfsermittlung

Die **Bedarfsanalyse** beginnt mit der ersten Frage, die Sie dem Kunden stellen. Meist ist diese auch der letzte Satz in der Meldeformel. Im obigen Beispiel beginnt die Bedarfsermittlung mit der Frage „Was kann ich für Sie tun?".

> *Praxistipp*
> Alternative Einstiegsmöglichkeiten in die Bedarfsermittlung lauten:
> „Wie kann ich Ihnen helfen?"
> „Welche Frage kann ich Ihnen beantworten?"
> „Welchen Wunsch haben Sie?"

3 | 3.2.3

Gleich zu Beginn des Gesprächs erhalten Sie so sehr viele wichtige Informationen. Setzen Sie die Technik des **Aktiven Zuhörens** ein, um auch die emotionale Ebene des Kunden zu realisieren, und filtern Sie die für Ihre Beratung wichtigen Informationen heraus.

Nachdem der Kunde diese erste Frage beantwortet hat, ist es in vielen Fällen notwendig, näher nachzufragen, um das Anliegen einzugrenzen. Der Kunde kann häufig aus seinem Sachverständnis heraus gerade bei komplizierten Anfragen, z. B. zu technischen Geräten oder Abrechnungsfragen, nicht genau einschätzen, welche Informationen Sie benötigen. Oft weiß er auch nur, dass etwas nicht funktioniert, kann aber die Symptome nicht beschreiben.

> **Beispiel**
> Ein Kunde beantwortet die Frage „Was kann ich für Sie tun?" in der technischen Beratung von Dialogfix mit der Aussage: „Der Drucker geht nicht."
>
> In diesem Fall ist es wichtig, dass der Mitarbeiter genauer nachfragt: „Welche Fehlermeldung wird denn angezeigt?"

3 | 3.2.2

Abb.: Fragetrichter

Die Bedarfsanalyse wird so lange fortgesetzt, bis der Mitarbeiter sich absolut sicher ist, dass er das Anliegen des Kunden richtig verstanden hat. Dafür werden verschiedene **Fragetechniken** eingesetzt.

Zu Beginn der Bedarfsanalyse werden vor allem **offene Fragen** eingesetzt, zum Ende **geschlossene Fragen**. Offene Fragen stellen sicher, dass Sie genügend Informationen erhalten und schaffen eine positive Beziehung zum Kunden. Mit den geschlossenen Fragen zum Ende sichern Sie ab, ob Sie den Kunden richtig verstanden haben. Somit machen Sie sich erst ein umfassendes Bild von der Situation des Kunden, um dann anhand aller Informationen die genaue Anfrage einzugrenzen.

Im weiteren Verlauf der Bedarfsermittlung leisten auch **Gegenfragen** und **Alternativfragen** nützliche Dienste, um den Bedarf des Kunden zu konkretisieren.

Praxistipp
Vergegenwärtigen Sie sich stets die Besonderheiten der verschiedenen Fragetechniken und achten Sie auf einen situationsgerechten Einsatz.

Auswertung der Bedarfsermittlung

Nachdem Sie alle wichtigen Informationen erhalten haben, fassen Sie das Ergebnis für den Kunden zusammen. Damit können Sie mit dem Kunden gemeinsam absichern, ob Sie seine Situation richtig einschätzen bzw. seine Anfrage richtig verstanden haben, bevor Sie in die Beratung einsteigen.

Erst wenn der Kunde Ihnen bestätigt hat, dass Sie auf dem richtigen Weg sind, können Sie in die Beratung einsteigen.

1.1.3 Beratung und Lösung

Durch die vorangegangenen Schritte können Sie jetzt sicher sein, das Anliegen des Kunden genau zu kennen. Jetzt steht die **kundenorientierte Bearbeitung** im Mittelpunkt. In dieser Phase des Gesprächs erarbeiten Sie mit dem Kunden eine Lösung bzw. beantworten seine Anfrage.

Der konkrete Inhalt dieser Gesprächsphase hängt entscheidend davon ab, welche Art von Leistung genau erbracht wird.

Einige Beispiele:
- **Technischer Support**
  Der Kunde erhält direkte Hilfestellung zu einer technischen Anfrage.
- **Kaufmännische Anfragen**
  Der Kunde erhält Beratung zu Preisen, Tarifen, Kosten etc.
- **Lieferungsanfragen**
  Der Kunde erhält Auskunft über den Verbleib seiner bestellten Ware.

Inhaltlich können sich diese Gespräche also stark unterscheiden, methodisch ist die Vorgehensweise jedoch ähnlich. Es ist wichtig, in der Beratungs- und Lösungsphase des Gesprächs zusammen mit dem Kunden ein **Ergebnis** zu erzielen, das sowohl für den Kunden als auch für das Unternehmen einen Nutzen bringt. Der Anrufer hat meist sehr hohe Erwartungen an das Gespräch, diese gilt es zu erfüllen. Gleichzeitig müssen aber auch die Vorgaben des Unternehmens oder eines externen Auftraggebers eingehalten werden.

Um diese Ziele zu erreichen, trifft in dieser entscheidenden Gesprächsphase eine Vielzahl von Faktoren zusammen, die gemeinsam zu einem gelungenen Gespräch beitragen:

Sprechweise

Sprechen Sie nicht zu schnell, aber auch nicht zu langsam. Wenn Sie zu langsam sprechen, wirken Sie gelangweilt und desinteressiert, der Kunde wird rasch ungeduldig. Bei zu schneller Sprechweise wirken Sie gehetzt, und der Kunde kann Ihnen nur schwer folgen.

Sprechen Sie daher ruhig und deutlich. Achten Sie darauf, dass die zu vermittelnden Informationen klar strukturiert sind. Machen Sie genügend **Pausen**, um sich zu versichern, dass der Kunde Ihnen folgen kann. Dabei gilt es, lieber öfter und dafür kürzere Pausen einzulegen. Eine Gesprächspause von 1–2 Sekunden wird von den meisten Anrufern als ausreichend betrachtet, deutlich längere Pausen werden hingegen als Gesprächslücke empfunden.

Praxistipp
Prüfen Sie während der Beratung durch Fragen, ob der Kunde Ihnen folgen konnte.

Achten Sie auch auf die **Lautstärke**, mit der Sie sprechen. Wenn Sie zu laut werden, wirken Sie schnell hektisch und unsympathisch. Wenn Sie sehr leise sprechen, wirken Sie unsicher und wenig kompetent. Sprechen Sie stets mit einer für den Kunden angenehmen Lautstärke und Tonlage.

Praxistipp
Sitzen sie aufrecht oder stehen Sie, dann erhält Ihre Stimme mehr Volumen. Achten Sie darauf, dass Ihr Mikrofon die richtige Entfernung zum Mund hat.

Wortwahl und Satzbau

Die meisten Unternehmen im Dialogmarketing achten darauf, dass die Mitarbeiter ein angenehmes **Hochdeutsch** einsetzen, aber auch den alltäglichen Sprachgebrauch berücksichtigen. Ziel ist dabei, eine Vertrauensbasis zum Kunden zu schaffen. Unangebrachte Fachausdrücke oder Anglizismen sind daher zu vermeiden.

Jede Aussage sollte in einfache und klar strukturierte **Sinneinheiten** gegliedert werden. Lange und verschachtelte Sätze werden oft nicht verstanden. Kurze und knappe Sätze unterstützen eine prägnante Ausdrucksweise. Setzen Sie, wann immer es möglich ist, Beispiele und Bilder ein, um dem Kunden komplexe Vorgänge näher zu bringen.

Praxistipp
Eine mit unnötigen Fachbegriffen gespickte Sprache wirkt auf den Kunden nicht professionell, sondern abgehoben.

Sichere Formulierungen

In der Beratung geht es oft darum, einen Kunden von einem bestimmten **Sachverhalt** zu überzeugen. Grundvoraussetzung ist es daher, dass Sie dem Kunden gegenüber sicher und glaubwürdig auftreten. Reden Sie nicht „um den heißen Brei herum", sondern sprechen Sie jeden Sachverhalt direkt an.

Vermeiden Sie Konjunktive, diese lassen Sie unsicher erscheinen und wirken dem Kunden gegenüber unterwürfig.

Unsichere Formulierung	Sichere Formulierung
„Dürfte ich Sie nach Ihrer Adresse fragen?"	„Bitte nennen Sie mir Ihre Adresse."
„Ich würde vorschlagen …"	„Wir gehen wie folgt vor …"
„Könnten Sie mir Ihren Namen nennen?"	„Wie lautet Ihr Name?"
„Hätten Sie vielleicht die Möglichkeit, morgen anzurufen?"	„Bitte melden Sie sich morgen telefonisch bei …"

Missverständnisse vermeiden

Vermeiden Sie Aussagen, die der Kunde falsch interpretieren kann. Viele Aussagen kommen beim Kunden anders an, als Sie das vielleicht beabsichtigt haben.

Aussage	Was der Kunde hört
„Ich werde versuchen, Ihnen das zu erklären."	„Sie werden mich bestimmt nicht verstehen."
„Wie wir Ihnen bereits schriftlich mitgeteilt haben."	„Sie haben den Brief nicht richtig gelesen."
„Das habe ich noch nicht erlebt."	„Sie sind seltsam."
„Der Kollege hatte keine Ahnung."	„Bei uns arbeiten nur unfähige Menschen."
„Das kann ich am Telefon nicht klären."	„Ich habe keine Zeit für Sie."
„Sie irren sich."	„Sie sind dumm."

Reizwörter vermeiden

Viele Wörter oder Phrasen werden von Kunden falsch aufgenommen und lösen negative Gefühle und Assoziationen aus. Diese **Tabu-** oder **Reizwörter** sollten Sie keinesfalls einsetzen:

- „Ja, aber …"
  Sie bestätigen nicht, was der Kunde gesagt hat, sondern zeigen, dass Sie anderer Meinung sind.
- „Vielleicht …"
  Mit Relativierungen wollen Sie eine klare Festlegung vermeiden, signalisieren dem Kunden aber Unsicherheit und Unverbindlichkeit.
- „Müssen"
  Der Kunde muss nichts! Er fühlt sich zu einer Handlung gezwungen.
- „Nein."
  Bevor Sie kategorisch nein sagen, bieten Sie lieber Alternativen an.
- „Problem"
  Wenn der Kunde nicht von einem Problem spricht, dann tun Sie es auch nicht. Reden Sie dem Kunden nicht ein, dass er eins hat.

Positive Formulierungen verwenden

Viele Formulierungen sind geeignet, beim Kunden positive Gefühle auszulösen:

- „Gut, dass Sie sich damit an uns wenden."
  Sie laden den Kunden ein und zeigen ihm, dass er willkommen ist.
- „Da haben Sie recht."
  Der Kunde ist nicht mehr alleine mit seiner Meinung, er hat einen Verbündeten in Ihnen gefunden. Jetzt können Sie gemeinsam an einer Lösung arbeiten.
- „Wir beide …"
  Sie zeigen dem Kunden, dass Sie zusammen mit ihm eine Lösung erarbeiten wollen.

Versuchen Sie im Gesprächsverlauf möglichst viele dieser positiven Verstärker einzusetzen.

Bestätigen des Kunden

Vermitteln Sie dem Kunden stets das Gefühl, dass Sie das Gesagte aufgenommen und verstanden haben. Setzen Sie dazu geeignete **Techniken des Zuhörens** ein. Viele **Bestätigungsmöglichkeiten** (z. B. Körpersprache, Kopfnicken) fehlen am Telefon. Daher ist eine verbale Bestätigung von besonderer Bedeutung:

- „Das sehe ich genauso …"
- „Da haben Sie recht …"
- „Ich bin ganz Ihrer Meinung …"
- „Das kann ich nachvollziehen …"
- „Ich verstehe …"
- „Das glaube ich Ihnen …"

Hilfreich können auch kurze Bestätigungen wie „Ja" oder „Mmmh" sein.

Nutzenargumentation

Ein Kunde wird eine Lösung dann akzeptieren, wenn er den **Nutzen** dieser Lösung für sich selbst erkennt. Der Nutzen ist vielfach das zentrale Motiv für den Kunden. Verbinden Sie daher stets Ihre Lösungsangebote mit Argumenten, die den Nutzen des Angebots für den Kunden verdeutlichen.

> Beispiel
> - „Sie erhalten die Software direkt per Download aus dem Internet, dadurch sparen Sie Zeit."
> - „Sie geben uns eine Einzugsermächtigung, die Zahlung erfolgt dann ganz bequem für Sie direkt von Ihrem Konto."

Typische Satzeinleitungen helfen dem Kunden, den Nutzen zu erkennen:
- „Ihr Vorteil ist …"
- „Dadurch haben Sie …"
- „Sie können hiermit …"
- „Für Sie bedeutet das …"

Einwandbehandlung

In manchen Gesprächen wird der Kunde **Einwände** gegen Ihre Argumentation finden. Einwände bedeuten aber nicht, dass sich ein Gespräch zu Ihren Ungunsten entwickelt. Einwände zeigen, dass der Kunde gedanklich in Ihre Argumentation einsteigt: Einerseits ist der Kunde zwar noch abgeneigt, Ihrer Lösung direkt zuzustimmen, andererseits hat er aber Interesse an eben dieser oder einer ähnlichen Lösung.

Bd. 2 | 8

Greifen Sie den Kundeneinwand auf und nutzen Sie ihn für Ihre Argumentation. Gehen Sie dabei wie folgt vor:

1. **Bestätigen Sie die Gefühle des Kunden:** Signalisieren Sie, dass Sie den Einwand und die damit verbundenen Gefühle des Kunden verstehen.
   Beispiel: „Ich verstehe, dass Sie darüber besorgt sind."

2. **Zeigen Sie dem Kunden, dass Sie den Einwand verstanden haben:** Sie müssen dem Kunden nicht Recht geben, zeigen Sie ihm aber, dass Sie inhaltlich verstanden haben, was er meint.
   Beispiel: „Ich weiß, was Sie meinen, das ist wirklich ein guter Punkt."

3. **Argumentation:** Stellen Sie jetzt Ihren eigenen Standpunkt dar. Achten Sie aber darauf, keine Gegenposition zum Kunden zu beziehen.
   Beispiel: „Die neue Software ist teurer als die frühere Version, dafür stehen Ihnen weitaus mehr Funktionen zur Verfügung."

1 Professionelle Gesprächsführung im Beratungsgespräch

4. **Absicherung:** Sichern Sie das Ergebnis der Einwandbehandlung ab.
   Beispiel: „Die Software kostet 70 EUR, ich kann Ihnen einen Rabatt von 5 EUR einräumen. Möchten Sie mehr über die Vorteile der neuen Version erfahren?"

Praxistipp
Vermeiden Sie in der Einwandbehandlung Formulierungen, die mit: „Ja, aber ..." beginnen.

Die Sie-Ansprache

3 | 1.2 Vermitteln Sie dem Kunden stets, dass er im Mittelpunkt des Handelns steht. Um dies zu erreichen, werden alle Aussagen, in denen es um eine Leistung geht, in der **„Sie-Ansprache"** formuliert. Vermeiden Sie Aussagen in der Ich-Form, wenn dem Kunden ein Vorschlag unterbreitet wird oder er von einem Produkt überzeugt werden soll. Verwenden Sie stattdessen Formulierungen wie Sie, *Ihnen* oder den *Namen* des *Kunden*.

Ich-Ansprache	Sie-Ansprache
„Ich sende Ihnen Informationen per Post."	„Sie erhalten von mir Informationsmaterial per Post."
„Ich möchte Sie über unseren neuen Drucker informieren."	„Sie erhalten von mir Informationen über unseren neuen Drucker."
„Ich empfehle Ihnen ..."	„Was halten Sie davon, wenn ..."
„Ich versichere Ihnen ..."	„Sie können sicher sein, dass ..."

Wenn Sie dem Kunden allerdings eine **schlechte Nachricht** überbringen müssen, gilt es, die „Sie-Ansprache" zu vermeiden. Beziehen Sie negative Botschaften immer auf eine Sache oder einen Vorgang.

Sie-Ansprache	Sachbezogene Ansprache
„Sie haben Ihre Rechnung nicht bezahlt."	„Die Zahlung ist bei uns bisher nicht eingegangen."
„Sie müssen die Lieferung bei der Post abholen. Sie waren nicht zu Hause, als der Postbote geklingelt hat."	„Die Lieferung wartet bei der Post auf Sie. Der Postbote hat Sie zu Hause nicht angetroffen."
„Sie haben einen defekten Drucker."	„Der Drucker ist defekt."

Das Ergebnis absichern

Nachdem Sie den Kunden bezüglich seines individuellen Bedarfs beraten oder ihm ein entsprechendes Angebot unterbreitet haben, müssen Sie sicherstellen, dass er mit dem

Ergebnis einverstanden ist. Es ist wichtig, dass der Kunde die angebotene Lösung akzeptiert. Vergewissern Sie sich daher, dass die gefundene Lösung für den Kunden in Ordnung ist und klären Sie, ob er weitere Fragen hat.

1.1.4 Gesprächsabschluss

Idealerweise sollte das Gespräch jetzt angenehm beendet werden. Genau wie bei der Gesprächseröffnung gilt es hier, eine **gute Stimmung** beim Kunden zu erzeugen. Stellen Sie sicher, dass der Kunde eine gute Erinnerung an das Gespräch behält.

Folgende Schritte sind in der Abschlussphase zu beachten:

1. **Zielvereinbarung**
   Für Vereinbarungen, die während der Beratung getroffen wurden, wird an dieser Stelle noch einmal die Verbindlichkeit hergestellt.

2. **Zusammenfassung**
   Am Ende des Beratungsgesprächs wird das Wichtigste noch einmal zusammengefasst.

3. **Terminvereinbarung**
   Bei Bedarf werden genaue Terminvereinbarungen getroffen.

4. **Abschlussfrage**
   Durch eine abschließende geschlossene Frage wird dem Gesprächspartner die Möglichkeit gegeben, selbst die Initiative zur Gesprächsbeendigung zu ergreifen. Der Gesprächspartner wird dabei noch einmal beim Namen genannt.

   > **Beispiel**
   > „Kann ich sonst noch etwas für Sie tun, Herr Ralus?"

5. **Verabschiedung**
   Eine freundliche Abschlussformel rundet das Gespräch ab. Dem Gesprächspartner wird z. B. ein schöner Tag oder ein schönes Wochenende gewünscht. Je nach Beratungsanlass kann auch ein Dank angebracht sein.

6. **Gesprächsende**
   Der Mitarbeiter beendet erst dann technisch das Gespräch, wenn er sich versichert hat, dass der Gesprächspartner aufgelegt hat. Ist der Kunde noch in der Leitung, kann eine technische Beendigung des Gesprächs einen ungeduldigen und unhöflichen Eindruck hinterlassen.

Ein typisches produktbezogenes Beratungsgespräch von Dialogfix könnte wie folgt aussehen:

	Gesprächsverlauf	Handlungsschritte
Thomas Müller:	*„Herzlich willkommen bei der Kundenbetreuung von Dialogfix, mein Name ist Thomas Müller. Was kann ich für Sie tun?"*	**Begrüßung und Kontaktaufbau**
Herr Ralus:	*„Guten Tag, mein Name ist Ralus. Ich wollte gerade auf Ihrer Homepage einen Drucker bestellen. Ich weiß aber nicht genau, welcher für mich geeignet ist."*	
Thomas Müller:	*„Herr Ralus, da helfe ich Ihnen gerne weiter. Nennen Sie mir bitte zunächst Ihre Kundennummer."*	
Herr Ralus:	*„54875523."*	
Thomas Müller:	*„Danke sehr. Dann brauche ich bitte zum Sicherheitsabgleich noch Ihr Geburtsdatum."*	
Herr Ralus:	*„Ich bin am 04. 11. 1970 geboren."*	
Thomas Müller:	*„Vielen Dank, Herr Ralus."*	
Thomas Müller:	*„Sie möchten gerne einen Drucker kaufen. Für welche Aufgaben möchten Sie den Drucker denn nutzen?"*	**Bedarfsermittlung**
Herr Ralus:	*„Hauptsächlich, um Digitalfotos auszudrucken."*	
Thomas Müller:	*„Gut, Sie möchten also Digitalfotos ausdrucken. Was ist Ihnen noch wichtig?"*	
Herr Ralus:	*„Also, die Bildqualität soll natürlich gut sein, und ich möchte gerne eine Garantie mit Abholservice."*	
Thomas Müller:	*„Ja ... Wie viel möchten Sie denn ausgeben, Herr Ralus?"*	
Herr Ralus:	*„Ich hatte mir maximal 200 EUR vorgestellt."*	
Thomas Müller:	*„Gut, Herr Ralus, dann fasse ich noch mal zusammen. Sie möchten hauptsächlich Digitalfotos drucken, die Bildqualität ist Ihnen wichtig sowie Garantie inklusive Abholservice. Ist das so richtig?"*	

350 | Lernfeld 5: **Kundinnen und Kunden im Dialogmarketing betreuen und binden**

Herr Ralus:	„Ja."	
Thomas Müller:	„Das Gerät soll maximal 200 EUR kosten?"	
Herr Ralus:	„Ja."	
Thomas Müller:	„Gut, dass Sie uns direkt angerufen haben, jetzt kann ich Ihnen ein passendes Angebot machen. Ich empfehle Ihnen das Modell Dialogfix xi744."	**Beratung und Lösung**
Herr Ralus:	„Ja …?"	
Thomas Müller:	„ Der xi744 liefert eine gute Bildqualität und eignet sich hervorragend zum Drucken von Digitalfotos auf Fotopapier. Sie erhalten drei Jahre Garantie mit Abholservice. Dadurch sind Sie bei Beschädigungen stets abgesichert."	
Herr Ralus:	„Das klingt gut, was kostet der?	
Thomas Müller:	„Der Preis liegt bei 189 EUR. Dafür erhalten Sie ein sehr gutes Gerät, an dem Sie lange Freude haben werden."	
Herr Ralus:	„Prima, den nehme ich."	
Thomas Müller:	„Die Bestellung nehme ich gerne auf. Ihre Adresse haben wir ja, oder hat sich an Ihren Daten seit der letzten Bestellung etwas geändert?"	
Herr Ralus:	„Nein, da hat sich nichts geändert."	
Thomas Müller:	„Die Lieferung dauert 5 Werktage. Ich empfehle Ihnen wie bislang eine Zahlung per Einzugsermächtigung, dann fallen keine Versandgebühren an."	
Herr Ralus:	„So machen wir das."	
Thomas Müller:	„Das ist nett. Ich fasse mal zusammen: Wir buchen die 189 EUR ab. In 5 Tagen ist das Gerät dann bei Ihnen. In der Verpackung finden Sie dann auch Ihre Garantiebestätigung. Wollen wir so verbleiben?"	
Herr Ralus:	„Das hört sich gut an."	

1 Professionelle Gesprächsführung im Beratungsgespräch | 351

Thomas Müller:	*„ Haben Sie noch weitere Fragen, Herr Ralus?"*	**Gesprächs-abschluss**
Herr Ralus:	*„Nein."*	
Thomas Müller:	*„Dann wünsche ich Ihnen einen schönen Tag und danke Ihnen für den Anruf."*	
Herr Ralus:	*„Danke, auf Wiederhören."*	
Thomas Müller:	*„Auf Wiederhören, Herr Ralus."*	

1.2   Der Gesprächsleitfaden

Um Mitarbeitern den Aufbau und die Struktur der Gespräche zu vereinfachen, wird oft ein Gesprächsleitfaden vorgegeben. Der **Gesprächsleitfaden** ist ein vorbereitetes Skript, das dazu dient, den Mitarbeitern den Ablauf sowie einzelne Formulierungen in einem Gespräch vorzuzeichnen.

Leitfaden zur Bedarfsermittlung

In Gesprächssituationen zur Bedarfsermittlung wiederholen sich viele Anfragen der Kunden. Für die Mitarbeiter ist es daher nicht immer einfach, alle wichtigen Fragen zu stellen und keinen Aspekt außer Acht zu lassen. Ein standardisierter Leitfaden zur Bedarfsermittlung gewährleistet, dass alle Eventualitäten berücksichtigt werden und sichergestellt ist, dass das Anliegen des Kunden exakt erfragt wird.

Auszug aus dem Leitfaden zur Bedarfsermittlung von Dialogfix	
Anfrage des Kunden	**Fragen**
Mein Drucker funktioniert nicht.	• Welche Fehlermeldung erhalten Sie? • Was passiert genau, wenn Sie versuchen, einen Ausdruck zu machen? • Seit wann tritt der Fehler auf? • Wurde an Ihrem System etwas verändert? • Haben Sie bereits die Verkabelung untersucht? • Hat der Drucker schon einmal funktioniert?

Viele Unternehmen nutzen zu diesem Zweck auch eine **Lösungsdatenbank**, die beispielsweise über das Intranet zur Verfügung steht. Die Fragen werden dazu direkt über eine Bildschirmmaske eingegeben bzw. angeklickt, dann liefert das System passende Lösungsmöglichkeiten.

352 | Lernfeld 5: Kundinnen und Kunden im Dialogmarketing betreuen und binden

Weitere Einsatzmöglichkeiten

Der Einsatz eines Gesprächsleitfadens ist vor allem dann sinnvoll, wenn die Gesprächssituationen mit den Kunden gleichbleibend sind bzw. die Lösung durch den Anrufgrund bereits vorgegeben ist.

Dies ist zum Beispiel der Fall bei:
- Bestellhotline für einige wenige Produkte
- Rufnummernauskunft
- Meinungsumfragen
- Termindisposition

> **Beispiel**
>
> Dialogfix gibt an KommunikativAktiv den Auftrag, die Bestellhotline für den Verkauf einer neuen Steuer- und Finanz-Software zu übernehmen. Die Telefonnummer ist auf einem Werbeflyer abgedruckt, der verschiedenen Computerzeitschriften beiliegt. Damit ohne umfangreiche Schulung der Mitarbeiter die Bestellungen im Sinne von Dialogfix aufgenommen werden können, liefert das Unternehmen einen entsprechenden Gesprächsleitfaden, der von KommunikativAktiv eingesetzt wird.

Auszug aus dem Gesprächsleitfaden für KommunikativAktiv

Aussagen/Formulierungen	Gesprächsphase
„Herzlich willkommen bei der Kundenbetreuung von Dialogfix, mein Name ist <Name des Mitarbeiters>. Was kann ich für Sie tun?"	**Begrüßung und Kontaktaufbau**
„Herr/Frau <Name des Kunden>, zum Abgleich Ihrer Daten nennen Sie mir bitte Ihre Kundennummer sowie Ihr Geburtsdatum."	**Datenschutz**
„Welche Software haben Sie bisher genutzt?" *„Für welche Zwecke möchten Sie die Software einsetzen?"* *„Welches Betriebssystem nutzen Sie zurzeit?"*	**Bedarfsanalyse**
„Ich empfehle Ihnen <Name des Produktes>." *„Sind Sie mit dem Angebot einverstanden?"* *Falls der Kunde nicht einverstanden ist:* *„Ich kann Ihnen folgende Alternative <Alternativvorschlag> anbieten."* *„Um Ihre Bestellung aufzunehmen, benötige ich Ihre vollständige Anschrift."*	**Beratung und Lösung**

1   Professionelle Gesprächsführung im Beratungsgespräch

„Die Lieferung erfolgt für Sie bequem per Post."	
„Haben Sie noch weitere Fragen Herr/Frau <Name des Kunden>?" „Vielen Dank für Ihren Anruf. Ich wünsche Ihnen noch einen schönen Tag."	**Abschluss**

Der Einsatz eines Gesprächsleitfadens stößt immer dann an seine Grenzen, wenn es **individuelle Anliegen** des Kunden zu klären gilt oder vom Leitfaden abweichende Situationen gibt. So ist z. B. bei einer Beschwerdehotline der Einsatz eines Gesprächsleitfadens wenig sinnvoll, da hier die Nachteile die Vorteile deutlich überwiegen.

Vor- und Nachteile eines Gesprächsleitfadens	
Vorteile	**Nachteile**
Die Gesprächsstruktur ist vorgegeben.	Die Struktur lässt nicht zu, auf individuelle Anfragen einzugehen.
Der Mitarbeiter erhält Formulierungshilfen.	Wenn Mitarbeiter nur Formulierungen aus dem Gesprächsleitfaden einsetzen, besteht die Gefahr, dass die Gesprächsführung nicht authentisch wirkt.
Der Mitarbeiter kann ohne großen Schulungsaufwand mithilfe des Leitfadens arbeiten.	Auf Situationen, die im Leitfaden nicht berücksichtigt sind, kann der Mitarbeiter nicht reagieren.
Der Leitfaden gibt den Mitarbeitern Sicherheit.	Treten Situationen ein, die der Leitfaden nicht berücksichtigt, werden Mitarbeiter unsicher.
Ein einheitliches Auftreten des Unternehmens ist sichergestellt.	Die individuellen Kommunikationsstärken des Mitarbeiters können nicht eingesetzt werden.

Zusammenfassung

- Ein **Beratungsgespräch** gliedert sich in die vier Schritte
  1. Begrüßung und Kontaktaufbau
  2. Bedarfsermittlung
  3. Beratung und Lösung
  4. Gesprächsabschluss

- In der **Begrüßungsphase** wird der Grundbaustein für ein erfolgreiches Gespräch gelegt. Dabei ist auf Freundlichkeit, Sprechweise und Körperhaltung zu achten. Der Name des Kunden sollte während des gesamten Gesprächs mehrfach eingesetzt werden.

- Die **Bedarfsermittlung** ist der Schlüssel zur richtigen Beratung. Erst wenn genau geklärt ist, welches Anliegen der Kunde hat, kann richtig beraten werden.

- Bei der Bedarfsermittlung werden zu Beginn **offene Fragen** eingesetzt und am Ende **geschlossene Fragen**. Nachdem der Bedarf ermittelt wurde, wird das Ergebnis für den Kunden zusammengefasst.

- Nach der Bedarfsermittlung wird in der **Beratungs-** und **Lösungsphase** zusammen mit dem Kunden eine Lösung erarbeitet. In dieser Phase ist es wichtig, nutzenorientiert zu kommunizieren, in einfachen und verständlichen Sätzen den Kunden zu beraten und Methoden der **Einwandbehandlung** zu beherrschen.

- Zum **Gesprächsabschluss** werden die sechs Schritte der Abschlussphase eingesetzt:
  1. Zielvereinbarung
  2. Zusammenfassung
  3. Terminvereinbarung
  4. Abschlussfrage
  5. Verabschiedung
  6. Beendigung des Gesprächs

- Ein **Gesprächsleitfaden** dient dazu, Ablauf und Formulierungen in einem Gespräch vorzugeben. Dabei ist auf einen situationsgerechten Einsatz zu achten.

■ *Aufgaben*

1. *Stellen Sie die vier Schritte des Beratungsgesprächs mit ihren einzelnen Komponenten in einer Mind-Map dar.*   1 | 5.5

2. *Vergleichen Sie in der Klasse die verschiedenen Meldeformeln Ihrer Ausbildungsbetriebe. Welche Gemeinsamkeiten und Unterschiede gibt es?*

3. *Was sind typische Prüfdaten, um den Datenschutz in einem Beratungsgespräch zu gewährleisten?*

4. *Was versteht man unter dem Fragetrichter? Welche Bedeutung hat der Fragetrichter im Beratungsgespräch?*

5. *Analysieren Sie die folgende Formulierung eines Hotline-Mitarbeiters: „Dürfte ich, bevor ich weitermache, eventuell noch fragen, wie Ihre Kundennummer wäre?"*
   Finden Sie eine bessere Formulierung.

6. *Nennen Sie fünf typische Reizwörter in einem Beratungsgespräch und finden Sie stattdessen eine positive Formulierung.*

7. *Welche Schritte werden bei der Einwandbehandlung durchgeführt?*

8. *In welchen Situationen sollte die „Sie-Ansprache" verwendet werden, in welchen die sachbezogene Ansprache?*

9. *Beschreiben Sie je drei Situationen, in denen der Einsatz eines Gesprächsleitfadens sinnvoll bzw. nicht sinnvoll ist.*

10. *In der kaufmännischen Beratung von Dialogfix werden u. a. alle Kundenanfragen zu einmaligen und laufenden Kosten einer neuen Finanzsoftware beantwortet. Entwerfen Sie für diese Hotline einen Gesprächsleitfaden.*

11. *Simulieren Sie anschließend das Beratungsgespräch in einem Rollenspiel.*   1 | 5.6

2 Kundendaten erfassen und pflegen

■ *Einstiegssituation*

Thomas ist in der kaufmännischen Beratung von Dialogfix eingesetzt. Gerade hat er einen Kunden am Telefon, der einen neuen Drucker bestellen möchte. Thomas nimmt sorgfältig alle Kundenwünsche auf und trägt diese in die Eingabemaske des Bestell-Programms ein.

Da es sich um einen Kunden handelt, der in der Datenbank schon vorhanden ist, erfragt er weder Name, Adresse, Telefonnummer etc., sondern übernimmt einfach den bestehenden Datensatz. Nach dem Gespräch fällt ihm auf, dass die letzte Bestellung des Kunden schon mehr als 5 Jahre zurückliegt, außerdem fehlt in der Datenbank die Telefonnummer.

Thomas wendet sich an seinen Kollegen Jürgen, der neben ihm sitzt:

„Sag mal, Jürgen, ich habe die Daten des Kunden gerade einfach aus unserer Datenbank übernommen, um das Gespräch etwas abzukürzen. Jetzt ist mir erst aufgefallen, dass der Datenbestand schon alt ist und die Telefonnummer fehlt. Kann es da Schwierigkeiten geben?"

Jürgen: „Das kann schon problematisch sein, Thomas. Wenn die Daten nicht mehr stimmen, dann liefern wir vielleicht an die falsche Adresse. Wenn das passiert, haben wir dann nicht mal die Möglichkeit, den Kunden anzurufen."

Thomas: „Oje …"

Jürgen: „Wir sollen eigentlich jeden Kontakt nutzen, um die Kundendaten zu überprüfen, damit wir immer die aktuellen Daten unserer Kunden haben. So können wir auch sichergehen, dass zum Beispiel Mailings oder andere Werbeaktionen unsere Kunden erreichen. Unsere Kundendatenbank muss immer aktuell sein."

Thomas: „Dann habe ich jetzt an der falschen Stelle gespart …"

■ *Arbeitsaufträge*

1. Sammeln Sie typische Kundendaten, die bei einer Bestellung per Hotline gespeichert werden.
2. Warum ist es für ein Unternehmen wichtig, Kundendaten immer aktuell zu halten?
3. Welche Möglichkeiten kennen Sie, die Daten von Bestandskunden zu pflegen?

2.1 Die Kundendatenbank

Bedeutung der Kundendatenbank

Unternehmen pflegen seit jeher eine Datei, in der vielfältige Informationen über die Kunden verzeichnet sind. Früher setzte man dafür **Karteikästen** mit Karteikarten ein, auf denen wichtige Informationen über den Kunden eingetragen wurden. Mittlerweile wurde dieses Verfahren durch moderne, leistungsfähige **Datenbanksysteme** ersetzt, die rasch und effizient eine Vielzahl von Kundendaten und Informationen verwalten können.   4 | 4

Im Rahmen der **gesetzlichen Bestimmungen** sind Unternehmen daran interessiert, möglichst viele Informationen über Interessenten und Kunden zu speichern und mit anderen Daten, die im Verlauf der Kundenbeziehung gesammelt werden, zu verknüpfen. Diese Daten werden dann ständig gepflegt und ausgewertet, um z. B. Marketingaktionen gezielter einsetzen zu können oder um mit Bestandskunden einen intensiven Kontakt aufzubauen.   4 | 6

Je größer der Bestand an Kunden- und Interessentendaten ist und je genauer diese Daten sind, desto größer ist z. B. der **Erfolg** von Marketingaktionen.

> **Beispiel**
>
> Dialogfix hat rund 200.000 Kunden erfasst und kann exakt feststellen, welche Kunden davon schon einmal einen Drucker gekauft haben und wie lange dieser Kauf zurückliegt. In einer Aktion erhalten alle Kunden, die einen Drucker länger als 3 Jahre besitzen, per Post ein Angebot, einen neuen Drucker zu einem vergünstigten Preis zu erwerben.
>
> Die Erfolgsaussichten dieser Aktion sind weitaus höher und die Kosten gleichzeitig niedriger, als wenn alle Kunden der Datenbank eine Broschüre erhalten.

Der Aufbau einer stabilen und umfassenden **Kundendatenbank** hat für ein Unternehmen im Dialogmarketing daher eine erhebliche strategische Bedeutung:
- Minimierung von Streuverlusten
- Direkte Zielgruppenansprache
- Ermittlung von Cross- und Up-Selling-Gelegenheiten
- Langfristige Kundenbindung
- Höhere Kundenzufriedenheit

Zum Aufbau der Datenbank werden beim ersten Kundenkontakt die relevanten Informationen gesammelt und gespeichert. Dies ist jedoch nur der erste Schritt. Im weiteren Verlauf der Kundenbeziehung geht es darum, diese Daten ständig zu pflegen und anzupassen. Alte oder falsche Daten bringen keinen Nutzen. Wenn man z. B. Marketingaktionen oder Aktionen zur Kundenbindung auf der Basis falscher Daten plant, wird die Aktion keinen Erfolg haben. Je nach Ausrichtung des Unternehmens werden sich Art und Umfang der gesammelten Daten im Detail unterscheiden.

Kategorien in einer Kundendatenbank

Grundsätzlich lassen sich die erfassten Daten in die Kategorien Grund-, Aktions- und Reaktionsdaten differenzieren:

Grunddaten Wer ist der Kunde?	Aktionsdaten Was passierte wann?	Ergebnisdaten Welche Ergebnisse liegen vor?
Adressdaten: • Name • Vorname • Anschrift • Telefonnummer • E-Mail-Adresse **Soziodemographische Daten:** • Geburtsdatum • Familienstand • Nationalität • Beruf **Bonitätsdaten:** • Einkommen • Arbeitgeber • Schufa-Auskunft	• Anfragen • Anzahl der Kontakte • Abwicklung • Reaktionen auf Werbung und Aktionen • Umtausch/Retouren • Gutschriften • Beschwerden • Mahnungen	• Umsatz • Kaufhäufigkeit • Letzter Einkauf • Zahlungsart • Artikelpräferenz • Zahlverhalten • Käufe in Relation zu Anfragen • Bestellweg (Internet, Hotline, Post) • Durchschnittsumsatz je Bestellung

Abb.: Typische Kategorien in einer Kundendatenbank

Die Daten werden dabei üblicherweise direkt während des Telefonats in eine meist unternehmensspezifisch angepasste Datenmaske eingegeben.

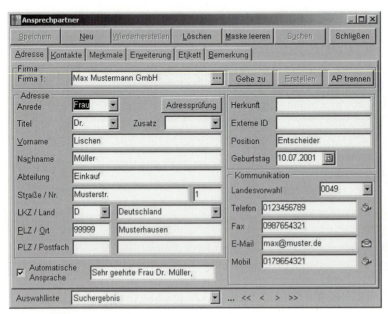

Abb.: Kundendatenerfassung mit Intermail 2.0

Externe Daten nutzen

Wenn der Bestand an eigenen Adressen, die ein Unternehmen zur Verfügung hat, für eine Marketingaktion zu gering ist oder wenn ein Unternehmen gerade neu in den Markt eingestiegen ist, können über spezielle Anbieter – so genannte **Adressbroker** – sowohl Privat- als auch Geschäftsadressen und -daten eingekauft werden.

In diesem Bereich hat sich eine Vielzahl von Dienstleistern etabliert, die Unternehmen mit Kundendaten versorgen und eine umfangreiche Beratungsleistung anbieten. Die Kundendaten können dabei nach verschiedenen **Kriterien** wie z. B. Geschlecht, Kaufkraft oder Alter, selektiert werden.

Beispiele für Adressbroker im Internet:
- www.riek.de
- www.schober.de
- www.kompass.com
- www.ama-adress.de
- www.europages.de

2.2 Die Daten von neuen Kunden erfassen

Mitarbeiter am Telefon haben oft den ersten Kontakt zu einem neuen Kunden, z. B. bei einer Outbound-Aktion oder in einer Bestellhotline. Kommt es zu einer konkreten Bestellung bzw. der Aufnahme einer Geschäftsbeziehung, werden alle relevanten Kundendaten aufgenommen.

Zu diesem Zweck werden die wichtigsten Daten des Kunden in der **Eingabemaske** der Kunden- oder Bestelldatenbank aufgenommen.

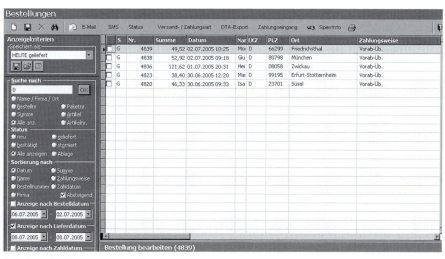

Abb.: Beispiel für eine Bestellmaske

Meist stehen dem Mitarbeiter neben der eigentlichen Kundendatenbank noch weitere Datenbanksysteme zur Verfügung, die gleichzeitig genutzt werden müssen, z. B.:

- Produktdatenbank
- Lösungsdatenbank
- Lieferdatenbank

Je besser diese Systeme aufeinander abgestimmt sind, desto einfacher ist es, diese gleichzeitig zu bedienen.

Um den späteren Aufwand zur Datenpflege zu reduzieren, sollten bereits bei der Aufnahme von Kundendaten folgende **Grundsätze der Datenerfassung** beachtet werden:

- **Richtigkeit:**
  Wenn die Adresse falsch geschrieben ist, kann z. B. keine Lieferung erfolgen.

- **Vollständigkeit:**
  Es müssen alle relevanten Daten aufgenommen werden. Wenn z. B. die Telefonnummer fehlt, können später keine schnellen Rückfragen beim Kunden erfolgen.

- **Redundanzvermeidung:**
  Bevor tatsächlich ein neuer Kunde in die Datenbank aufgenommen wird, muss unbedingt überprüft werden, ob der Kunde evtl. schon im System vorhanden ist. Ist ein Datensatz doppelt vorhanden, spricht man bei Datenbanken von **Mehrfach-Adressen** oder **Dubletten**. Diese doppelten Datensätze können einen großen Schaden anrichten. So erhält z. B. der Kunde jede Werbeaktion doppelt, das kostet das Unternehmen Geld und der Kunde wird verärgert.

- **Zeitstabilität:**
  Die Kundendaten sollten so erfasst werden, dass sie für einen längeren Zeitraum Gültigkeit haben. So sollte z. B. bei der Angabe des Berufs nicht nur „Auszubildender" erfasst werden, sondern auch die Ausbildungsdauer.

2.3 Die Daten von Bestandskunden pflegen

Datenbestände haben nur eine **kurze Lebensdauer**, da sich das Umfeld des Kunden ständig ändert:

- Umzug/Änderung der Adressen
- Änderung von Interessen
- Änderungen im Berufsleben (z. B. Wechsel des Arbeitgebers, Berufswechsel)
- Änderungen in der Bonität (z. B. Steigerung des Verdienstes, Insolvenz)

Falsch geschriebene, nicht mehr existierende oder nicht dublettenfreie Datenbestände sind für ein Unternehmen wertlos. Die **Datenpflege**, also die regelmäßig Aktualisierung der Datenbank, genießt somit höchste Priorität. Unternehmen versuchen daher, durch verschiedene regelmäßige Aktionen, die Datenbestände auf dem neuesten Stand zu halten:

- **Bereinigung von Kundendaten:**
  Kunden, mit denen schon lange kein Kontakt besteht (z. B. eine Bestellung vor 5 Jahren, dann keine Reaktion mehr auf Mailingaktionen, kein direkter Kontakt möglich) werden aus der Datenbank gelöscht.
- **Externer Abgleich:**
  Die Daten werden an ein anderes Unternehmen gegeben, das diese auf Richtigkeit überprüft, indem es z. B. eigene Datenbestände damit vergleicht.
- **Interner Abgleich:**
  Jeder Kontakt mit dem Kunden (z. B. über die Servicehotline) wird genutzt, um die Richtigkeit der Daten zu überprüfen.
- **Abgleich per Outbound:**
  Die Kunden werden angerufen, um die Richtigkeit der Daten zu überprüfen.

Der **interne Abgleich** ist kostengünstig und effizient. Wenn der Kunde sich ohnehin meldet – also die Geschäftsbeziehung pflegt – sollte diese Gelegenheit genutzt werden, um den Datenbestand auf Richtigkeit zu überprüfen.

Viele Unternehmen, die telefonische Dienstleistungen anbieten, führen ohnehin einen **Sicherheitsabgleich** der Daten durch, um z. B. zu verhindern, dass unbefugte Dritte eine Bestellung für einen anderen Kunden vornehmen. Bei diesem Abgleich fällt es dann auch auf, wenn Daten nicht mehr richtig sind.

> **Beispiel**
> Ein Dialogfix-Mitarbeiter fragt den Kunden zum Sicherheitsabgleich der Daten nach Anschrift und Telefonnummer. Der Kunde nennt andere Daten als diejenigen, die in der Datenbank vorhanden sind. Auf Rückfrage erfährt der Mitarbeiter, dass der Kunde inzwischen umgezogen ist. Der Kunde kann die alte Adresse zum Abgleich noch nennen, und der Mitarbeiter trägt die neue Adresse ein.

Bei jedem Kundenkontakt eröffnet sich die Gelegenheit, **weitere Daten** als nur Adresse oder Telefonnummer in die Datenbank einzupflegen.

Jede Anfrage und jeder Anrufgrund wird so dokumentiert. Auch wenn es nicht zu einer direkten Bestellung kommt oder wenn es sich um eine Reklamation handelt, sind diese Daten wichtig. Es entsteht so im Laufe der Zeit eine **Kundenhistorie**, auf die das Unternehmen bei Bedarf zurückgreifen kann. Das Unternehmen lernt den Kunden somit immer besser kennen.

> **Praxistipp**
> Nutzen Sie jeden telefonischen Kontakt zum Ausbau und zur Pflege der Kundendaten.

2.4 Multitasking

Mitarbeiter im Dialogmarketing müssen meistens neben dem Gespräch mit dem Kunden nicht nur ein Computerprogramm zur Aufnahme der notwendigen Kundendaten bedienen, sondern situationsabhängig auch auf weitere Programme zurückgreifen:
- **Kundendatenbank:** Zur Pflege der relevanten Daten und der Kundenhistorie
- **Bestellmaske:** Zur Aufnahme der Bestellung
- **Lösungsdatenbank:** Um fachbezogenes Wissen oder Lösungen nachzuschlagen
- Weitere, unternehmensabhängige Systeme

Die gleichzeitige Ausführung von mehreren Tätigkeiten wird im Dialogmarketing auch als **Multitaskingfähigkeit** bezeichnet. Der Begriff stammt eigentlich aus der EDV und beschreibt die Fähigkeit von Computersystemen, verschiedene Anwendungen gleichzeitig ablaufen zu lassen. Beim Menschen beschreibt der Begriff die Fähigkeit, sich auf mehrere Tätigkeiten zur selben Zeit zu konzentrieren und diese korrekt auszuüben.

Multitasking erfordert vom Mitarbeiter ein Höchstmaß an Auffassungsgabe, Konzentration und geistiger Flexibilität. Natürlich gibt es für die Multitaskingfähigkeit auch Grenzen. Je komplexer eine Tätigkeit ist, desto weniger wird es gelingen, gleichzeitig mehrere andere Aufgaben auszuüben.

> *Praxistipp*
> Der Kunde sieht nicht, was Sie tun! Sollte z. B. die Bedienung eines Programms während des Telefonats Ihre volle Aufmerksamkeit benötigen, weisen Sie den Kunden darauf hin, was Sie gerade machen oder wiederholen Sie bei der Eingabe laut, welche Daten Sie gerade aufnehmen. Er wird Verständnis dafür haben, dass zu diesem Zeitpunkt nur ein eingeschränkter Dialog mit Ihnen möglich ist.

> *Zusammenfassung*
> - Der Aufbau einer stabilen und umfassenden **Kundendatenbank** hat für ein Unternehmen im Dialogmarketing erhebliche strategische Bedeutung.
> - Die Speicherung und Verwendung von personenbezogenen Daten unterliegt immer den **datenschutzrechtlichen Bestimmungen**.
> - Während des gesamten Geschäftsverhältnisses mit einem Kunden werden verschiedenste Daten aus den Kategorien **Grund-, Aktions- und Reaktionsdaten** gesammelt.
> - Viele Unternehmen nutzen Daten von externen **Adress-Dienstleistern**, um den eigenen Datenbestand zu erweitern oder ein neues Geschäft aufzubauen.
> - Bei der Datenerfassung müssen die Grundsätze **Richtigkeit, Vollständigkeit, Redundanzvermeidung** und **Zeitstabiliät** beachtet werden.
> - Da Kundendaten sich regelmäßig ändern, muss ein Unternehmen sicherstellen, dass die Datenbestände regelmäßig **gepflegt** und **aktualisiert** werden.

- Datenbestände können durch **Datenbereinigung**, **externen** und **internen Abgleich** sowie durch **Outbound-Aktionen** aktualisiert werden.
- Die Fähigkeit eines Mitarbeiters, mehrere Tätigkeiten zur gleichen Zeit durchzuführen, bezeichnet man als **Multitasking**.

Aufgaben

1. Bewerten Sie die folgende Aussage: „Die Anzahl der Kundendaten spielt für ein Unternehmen eine untergeordnete Rolle, wichtiger ist die Qualität der Kundendaten."
2. Ordnen Sie nachfolgende Daten in die Kategorien einer Kundendatenbank ein:
   - Mahnung verschickt am 23.06.
   - Schreinermeister
   - Bestellung am 15.05. per Hotline
   - Preisanfrage Drucker am 12.05.
   - Gutschrift Mahngebühr am 25.05.
   - Hardwareinteressent
3. Warum ist es wichtig, Kundendaten regelmäßig zu aktualisieren?
4. Welche Grundsätze sollten bei der Erfassung von Kundendaten beachtet werden?
5. Welche Probleme verursachen Dubletten in der Datenbank für ein Unternehmen? Beschreiben Sie Maßnahmen, dieses Problem zu beseitigen.
6. Was versteht man unter der „Kundenhistorie"?
7. Erläutern Sie den Begriff Multitasking. Wie können Mitarbeiter im Dialogmarketing diese Fähigkeit trainieren?
8. Recherchieren Sie im Internet, welche verschiedenen Arten von Daten Adressbroker anbieten.

3 Instrumente der Kundenbindung

■ *Einstiegssituation*

Daniel führt gerade ein Servicegespräch mit dem Kunden Herbert Maus. Er gibt die relevanten Informationen und das Ergebnis des Gesprächs in die Maske seiner Kundendatenbank ein.

Nachdem er die Eingabe abgeschlossen und gespeichert hat, öffnet sich auf dem Bildschirm ein Dialogfeld:
„Biete dem Kunden die neue Finanzfix-Software Version 3.0 an!"

Daniel sieht kurz auf den Bildschirm und wendet sich mit dem Angebot an Herrn Maus. Nach einigen kurzen Rückfragen stimmt Herr Maus dem Angebot zu. Nachdem Daniel das Telefonat beendet hat, wendet er sich an seinen Kollegen Frank: „Ich finde es immer wieder erstaunlich, dass diese Software so oft die passenden Angebote für die verschiedenen Kunden findet."

Frank: „Ja, ich auch. Da steckt aber auch eine Menge Arbeit dahinter. Ich glaube, dass da alles ausgewertet wird, was wir über die Jahre hinweg zu unseren Kunden erfahren haben oder was die gekauft haben, und dementsprechend bekommen wir dann hier angezeigt, was wir anbieten können."

Arbeitsaufträge

1. Finden Sie eine Erklärung für die Angebotserstellung.
2. Welche Daten sind notwendig, um einem Kunden ein maßgeschneidertes Angebot zu unterbreiten? Welche Vorteile bieten solche Angebote dem Kunden, welche dem Unternehmen?
3. Sammeln Sie Möglichkeiten, die Ihr Ausbildungsbetrieb nutzt, um Kunden dauerhaft zu binden.

Für Unternehmen ist es wichtig, eine große Anzahl an Kunden zu gewinnen. Dennoch sollten nicht einfach alle Kräfte auf die **Neukundenakquise** gerichtet werden. Mindestens genau so wichtig ist es, bestehende Kunden zufriedenzustellen und dauerhaft an das Unternehmen zu binden.

Bd. 2 | 8

Kundenloyalität: Wie sie sich rechnet und warum sie sich lohnt

Loyalität ist, wie wir inzwischen wissen, die schärfste Waffe des Verbrauchers. Der Anteil an profitablen, loyalen und illoyalen Kunden sowie Fluktuationsraten und Abwanderungsgründe sollten demnach systematisch erfasst und miteinander verknüpft werden.

Wo die Unzufriedenen und Enttäuschten, die Negativ-Empfehler und Image-Zerstörer die Meinungsführung übernehmen, ist das Ende nicht mehr weit. Kundenloyalität steigert die Wertschöpfung, denn loyale Kunden kaufen öfter, sie kaufen mehr, sie sind (meist) weniger preissensibel. Und sie helfen, Werbekosten zu sparen. Aber das ist noch nicht alles. Ein durch und durch loyaler Kunde kommt ja nicht nur immer wieder, er

generiert auch Mund-zu-Mund-Geschäft. Nicht als Stammkunde, sondern als aktiver Empfehler ist der Konsument am profitabelsten, so wird das meiste Geld verdient.

Wer die Loyalität seiner Käufer gewinnt und dauerhaft bewahren kann, sichert sich mehr Umsatz und reduziert gleichzeitig seine Kosten. Das Ersparte kann wiederum loyalitätsfördernd investiert werden: in umsatzträchtige Innovationen, in kundenfokussierte Mitarbeiter, in guten Service und in loyalitätsorientiertes Marketing. So erzeugen Sie eine Loyalitätsspirale, die sich immer weiter nach oben dreht.

Quelle: www.marketing-boerse.de, 15. 12. 2006

Den Unternehmen im Dialogmarketing stehen viele Aktivitäten zur Verfügung, um die Zufriedenheit der Kunden mit dem Unternehmen zu messen und zu verbessern.

3.1   Customer Relationship Management (CRM)

Definition

Unter **CRM** (Customer Relationship Management, Kundenbeziehungsmanagement) versteht man die Verwaltung von Kundendaten, um alle Unternehmensaktivitäten auf langfristige Kundenbeziehungen auszurichten und dadurch den Erfolg eines Unternehmens zu steigern und die Zufriedenheit des Kunden zu erhöhen.

CRM ist dabei mehr als eine reine Datenbankfunktion oder eine wirtschaftliche Methode. CRM beschreibt die **Geschäftsphilosophie**, das gesamte Handeln eines Unternehmens auf den Kunden und eine gute Beziehung zu diesem auszurichten.
Dafür werden sämtliche Daten von Kunden und alle Beziehungen mit diesen Kunden in Datenbanken gespeichert. Diese Daten werden analysiert und aufbereitet, sodass sie im Unternehmen an jeder Stelle im Kundendialog in der richtigen Situation zur Verfügung stehen.

Beispiel

Wichtige Daten zu Herrn Maus, z. B. Adresse, Kaufgewohnheiten, Alter, Interessen, Reaktion auf Mailingaktionen etc. werden ständig aktualisiert und gespeichert. In einer Datenbank im Hintergrund werden diese Daten von Beginn der Kundenbeziehung an ausgewertet. In diesem Beispiel hatte das System erkannt, das Herr Maus regelmäßig die aktuelle „Finanzfix-Software" genutzt hat und dass es sich lohnt, beim nächsten Kundenkontakt ein aktuelles Angebot zu unterbreiten. Eine Software hat dann beim nächsten Aufruf der Kundendatei aktiv auf diese Aktion hingewiesen.

Die Suche nach den Wünschen der Kunden

Eine optimale Nutzung von CRM wird in der Praxis durch die Einbindung in das IT-System bzw. die Software des Unternehmens erreicht. Ein entsprechendes System unterstützt diese Vorgänge dabei über die gesamte Dauer der Kundenbeziehung.

Für Lagerbestände, Mitarbeiterverwaltung und Steuerberechnung gibt es in Unternehmen spezielle Programme. Doch wie lassen sich die Wünsche der Kunden möglichst übersichtlich erfassen, verarbeiten und ausweiten? Hier setzt das Customer Relationship Management an.

Customer Relationship Management (CRM) ist mehr als eine maßgeschneiderte Software, vielmehr ist es eine Methode zur dauerhaften und umfassenden Pflege der Kundenbeziehungen. Vor allem bei mittelständischen Unternehmen sind Marketing, Produktentwicklung und Kundenmanagement voneinander getrennt und bestenfalls leidlich aufeinander abgestimmt. Eine übergreifende Strategie fehlt.

„In vielen deutschen Unternehmen haben die Mitarbeiter leider noch immer keinen Rundumblick darauf, wer ihre Kunden sind und wie deren Wünsche aussehen", sagt Peter Winkelmann, Professor für Marketing und Vertrieb an der Fachhochschule Landshut. Laut einer Studie der Beratungsgesellschaft Capgemini haben zumindest die Konzerne in Deutschland das erkannt.

Sie haben ihre Investitionen in CRM in den vergangenen Monaten deutlich ausgeweitet. Dahinter steckt nicht nur der Wunsch nach besseren Kundenbeziehungen: „Kundenmanagement droht derzeit zur Effizienzmaschine für Unternehmen zu werden, die Kundenorientierung steht nicht mehr im Mittelpunkt", sagt Winkelmann.

Durch CRM-Strategien lassen sich die internen Abläufe in Unternehmen neu strukturieren. Traditionell gewachsene Abteilungs- und Befugnisgrenzen können so überwunden werden. Zudem werden viele Prozesse transparenter gemacht.

Quelle: Financial Times Deutschland, 14. 10. 2006

3.1.1 Aufgaben des CRM

Im Dialogmarketing hat CRM insbesondere folgende Aufgaben:
- **Bestandskundenpflege:**
  Die Beziehung zu Bestandskunden soll durch CRM verbessert werden. Dies geschieht dadurch, dass man das Handeln des Unternehmens auf den Kunden ausrichtet. Bestehenden Kunden werden **maßgeschneiderte Angebote** unterbreitet. Außerdem bietet man den Kunden einen umfassenden **Service** an. Beschwerden von Bestandskunden werden ebenso ernst genommen und berücksichtigt wie Anfragen zu neuen Produkten.
- **Neukundengewinnung:**
  Interessentenanfragen werden dokumentiert und gespeichert, nach Auswertung der Daten können den Interessenten gezielt Angebote unterbreitet werden.
- **Kundenrückgewinnung:**
  Ehemalige Kunden werden erneut angesprochen. Mit maßgeschneiderten Angeboten kann man diese eventuell davon überzeugen, die Geschäftsbeziehung erneut einzugehen.

3.1.2 Einsatz und Integration von CRM im Unternehmen

Datensammlung und Auswertung

Ab dem ersten Kundenkontakt werden die relevanten Daten gesammelt. Diese Daten werden anschließend ausgewertet und ggf. in bereits bestehende Daten integriert. Häufig geschieht dieser Prozess des **Data-Minings** (Datenschürfung) mit mathematisch-statistischen Methoden, um typische Muster im Datensatz zu erkennen. Die Auswertung erfolgt in einem so genannten **Data-Warehouse** (Datenwarenhaus).

Ein **Data-Warehouse** ist eine zentrale Datensammlung (meist eine Datenbank), deren Inhalt sich aus verschiedenen Datenquellen im Unternehmen zusammensetzt. Alle Kundendaten, die das Unternehmen an verschiedenen Stellen sammelt, werden in das Data-Warehouse geladen und dort vor allem für die Datenanalyse und zur betriebswirtschaftlichen Entscheidungshilfe in Unternehmen langfristig gespeichert.

Als Ergebnis liefert diese Auswertung z. B. eine Aussage über den **Kundenwert** oder über bisherige Interessen des Kunden.

Der Kundenwert

Nicht jeder Kunde hat den gleichen finanziellen Wert für ein Unternehmen. Im CRM wird versucht, einen genauen Kundenwert für jeden einzelnen Kunden zu ermitteln. Dafür werden Daten betrachtet wie:

- Dauer der Geschäftsbeziehung
- Bisheriger Gewinn, der mit diesem Kunden erzielt wurde
- Aufwand durch Serviceleistungen für den Kunden

Es gibt durchaus Kunden, die ein Unternehmen durch überzogene Forderungen und ständige Beschwerden mehr Geld kosten, als sie – auch langfristig betrachtet – einbringen. Anderseits gibt es Kunden, die über lange Jahre eine gute Partnerschaft zu einem Unternehmen pflegen, die für beide Seiten einen Nutzen bringt.

Durch die Auswertung im CRM kann ein Unternehmen einem langjährigen und profitablen Kunden auch entsprechend gute Angebote unterbreiten.

Ziel ist es nicht, Kunden, die erst kurz in einer Geschäftsbeziehung stehen oder nur selten etwas kaufen, grundsätzlich schlechter zu behandeln. Diese Kundengruppe soll natürlich nicht verärgert werden. Ziel ist es vielmehr, besonders gute und treue Kunden entsprechend zu behandeln. So können z. B. einer Gruppe von loyalen Kunden besondere Rabatte oder Zugeständnisse auf Basis des Kundenwertes unterbreitet werden.

Operative Nutzung von CRM

Nachdem die Daten ausgewertet sind, werden sie im Unternehmen einer Verwendung zugeführt. Dies kann z. B. durch die Ansprache von Kunden während eines Inbound-Gesprächs oder durch genau abgestimmte Marketingaktionen erfolgen.

Im direkten Gespräch mit dem Kunden bzw. durch die Reaktion der Kunden auf Marketingaktionen werden wiederum Daten gesammelt und zur Analyse genutzt.

Um das **Beziehungsmanagement** im Unternehmen zu optimieren, ist sicherzustellen, dass es genügend Kontaktmöglichkeiten zwischen Kunde und Unternehmen gibt. Ein Unternehmen, das CRM erfolgreich einsetzen möchte, muss also genügend Kommunikationswege eröffnen, wie z. B. Hotline, E-Mail oder die Website.

Einbindung in das gesamte Unternehmen

Damit CRM erfolgreich genutzt werden kann, reicht es nicht aus, dass nur ein oder zwei Unternehmensbereiche dieses Prinzip verfolgen. Nur wenn alle organisatorischen Einheiten, Prozesse, Technik und Mitarbeiter optimal aufeinander abgestimmt sind, wird CRM für Unternehmen und Kunde ein Gewinn sein.

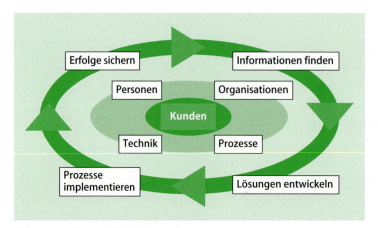

Abb.: Integration von CRM im Unternehmen

Konkret bedeutet dies z. B., dass es nicht passieren darf, dass ein Kunde von einem Hotline-Mitarbeiter ein sehr gutes Angebot bekommt, da dieser durch eine CRM-Software über den Kundenwert informiert ist, aber ein Außendienstmitarbeiter dem gleichen Kunden ein viel teureres Angebot unterbreitet, da er keinen Zugriff auf diese Software hat.

Jede Unternehmenseinheit, die im Kontakt mit dem Kunden steht, muss also zum einen Daten zur Analyse erfassen, zum anderen aber auch das Ergebnis dieser Analyse konsequent einsetzen.

3.1.3 CRM-Datenbanken und Software

CRM-Lösungen bestehen aus einer **Datenbank**, die im Hintergrund läuft und eingehende Daten analysiert und einer **Software**, die Mitarbeitern das Ergebnis (also z. B. den Kundenwert oder mögliche Angebote) anzeigt und über die die Mitarbeiter wiederum Daten zur Auswertung eingeben können.

Diese Software ist entweder Bestandteil der Kundendatenbank oder mit dieser verknüpft. Die Software und Datenbanklösungen werden in Unternehmen an allen **Schnittstellen** zwischen Kunde und Mitarbeiter eingesetzt. Außerdem werden alle Unternehmensprozesse auf die Anwendung solcher Systeme zugeschnitten.

> **Beispiel**
> Mitarbeiter von Dialogfix tragen nicht nur relevante Adressdaten und die Lösung des Kundenanliegens in ihre Kundendatenbank ein, sondern auch eventuelle Anfragen des Kunden zu neuen Produkten oder Reaktionen des Kunden zu Marketingaktionen. Die Kundendatenbank ist mit einer CRM-Datenbank verknüpft, die diese Daten auswertet.

CRM-Lösungen sorgen auch dafür, dass relevante Kundeninformationen an allen wichtigen Stellen im Unternehmen vorliegen. Dies kann also neben den Mitarbeitern im Callcenter auch Mitarbeiter im Bereich Marketing oder Einkauf betreffen.

Bei Bedarf können dann mögliche Aktionen für diesen Kunden jedem Mitarbeiter angezeigt werden.

> **Beispiel**
> Ein Mitarbeiter von Dialogfix bekommt am Ende eines Gesprächs eine Einblendung auf den Bildschirm mit dem Hinweis, dem Kunden ein gewisses Produkt oder eine bestimmte Dienstleistung anzubieten. Die entsprechende Auswahl des Produkts ist Ergebnis der vom Kunden gesammelten Daten.

3.2 Zufriedenheitsbefragungen

Ein wichtiger Faktor für den Erfolg von Unternehmen ist die **Zufriedenheit** der Kunden mit Produkten, Dienstleistungen, Service, CRM-Aktionen etc.

Der Kunde ist dann mit einem Produkt oder einer Dienstleistung zufrieden, wenn die Erwartungen, die er daran stellt, erfüllt werden. Gelingt es dem Unternehmen sogar, die Erwartungen zu übertreffen, wird der Kunde begeistert sein.

Wenn die Erwartungen dagegen nicht erfüllt werden, also die Ist-Leistung unter der Soll-Leistung liegt, wird der Kunde enttäuscht sein, somit nicht mit Leistung und/oder Produkt zufrieden sein.

Um den Service und die Produktgestaltung an den Wünschen der Kunden auszurichten, ist es für Unternehmen wichtig, regelmäßig zu prüfen, wie zufrieden die Kunden mit dem Unternehmen sind oder wie gut einzelne Produkte von den Kunden angenommen werden. Zu diesem Zweck führen Unternehmen **Zufriedenheitsbefragungen** durch. Bei diesen Befragungen kann die **allgemeine Zufriedenheit** des Kunden mit einem Produkt oder der Firma und die **spezielle Zufriedenheit** des Kunden mit einzelnen Aktionen Inhalt sein.

Für Zufriedenheitsbefragungen bieten sich z. B. folgende Aktionen an:
- Outbound-Aktion für einen bestimmten Kundenkreis
- Automatisch verschickte E-Mail an einen Kunden, zu dem gerade ein Kontakt bestanden hat (z. B. nach dem Gespräch mit der Hotline)
- Versand eines Fragebogens per Post
- Online-Befragung über spezielle Links
- Direktbefragung nach einem telefonischen Kontakt.

> **Beispiel**
> Nach einem Gespräch mit der Dialogfix Hotline geht eine automatische Zufriedenheitsbefragung per E-Mail an den Kunden. Dort wird er gefragt, wie zufrieden er mit
> - dem Unternehmen Dialogfix
> - den Produkten, die er nutzt
> - der Hotline im Allgemeinen
> - dem Hotline-Mitarbeiter
> ist.

Die Ergebnisse solcher Umfragen fließen dann entweder in die Gestaltung neuer Produkte, die Umgestaltung bestehender Produkte oder bei Rückmeldungen zu CRM-Aktionen direkt in die Analyse der CRM ein. Damit ist sichergestellt, dass keine Maßnahmen getroffen oder beibehalten werden, die nicht das Interesse des Kunden treffen und dass die Produktgestaltung die Wünsche der Kunden beachtet.

Ergebnisse aus diesen Umfragen können auch Maßnahmen sein, die die Mitarbeiter oder die technische Ausstattung des Unternehmens betreffen.

3.3 Weitere Instrumente der Kundenbindung

Darüber hinaus stehen Unternehmen im Dialogmarketing weitere Instrumente der Kundenbindung zur Verfügung:

Kundenclubs und Kundenkarten

Der Kunde tritt einem **Kundenclub** bei und erhält eine spezielle **Kundenkarte**, meistens ist diese aus Plastik und ähnelt einer Kreditkarte. Auf dieser Karte sind dann Kundennummer und eine spezielle Kartennummer eingetragen. Als Besitzer dieser Karte bzw. Mitglied des Kundenclubs profitiert der Kunde von verschiedenen Vorteilen im Kontakt mit dem ausstellenden Unternehmen.

Vorteile einer Clubmitgliedschaft können sein:
- Rabatte beim Einkauf
- Schnellerer Zugang zu neuen Produkten (Besitzer der Kundenkarte erhalten zuerst Informationen zu neuen Produkten und/oder werden bei der Bestellung bevorzugt)
- Sammlung von Bonuspunkten bei jedem Einkauf. Diese Punkte können später dann wieder beim Einkauf eingelöst werden, oder man kann sich je nach Punktanzahl ein Werbegeschenk aussuchen.
- Der Kunde erhält ein Clubmagazin, über das ihm z. B. besondere Angebote unterbreitet werden, die Nicht-Mitgliedern nicht zur Verfügung stehen.

Unternehmen stellen Kundenkarten aus, um Kunden fester an das Unternehmen zu binden und die **Loyalität** des Kunden zu erhöhen. Durch die Mitgliedschaft in einem Kundenclub und die damit verbundenen Vorteile ist der Kunde eher bereit, noch einmal bei dem Unternehmen einzukaufen bzw. Dienstleistungen in Anspruch zu nehmen. Darüber hinaus stellt der Kundenclub eine hervorragende Möglichkeit dar, weitere Informationen über den Kunden zu bekommen.

Je nach Leistungen und gewährten Rabatten ist die Mitgliedschaft in einem Kundenclub kostenlos oder kostenpflichtig.

Beispiel

Jeder Kunde von Dialogfix kann Mitglied in einem Kundenclub werden. Dafür zahlt er im Jahr eine Gebühr von 19,90 EUR. Er erhält dann auf jeden Einkauf 5 % Rabatt und sammelt Bonuspunkte, die am Ende des Jahres in ein Geschenk (z. B. Software, Tasche mit Firmenlogo etc.) eingetauscht werden können.

Gutscheine

Gegen direkte Bezahlung haben Kunden die Möglichkeit, einen **Gutschein** bei einem Unternehmen zu erwerben. Der Gutschein kann dann zu einem späteren Zeitpunkt eingelöst werden. Gutscheine bieten Unternehmen die Möglichkeit, den Kundenstamm zu erweitern. Die geschieht dadurch, dass Bestandskunden, die mit den Leistungen zufrieden sind, Gutscheine an Dritte, also potenzielle Neukunden, verschenken.

Gutscheine können darüber hinaus von den Unternehmen an Bestandskunden verschenkt werden, z. B. im Rahmen einer besonderen Marketingaktion, als Belohnung für die Teilnahme an einer Zufriedenheitsbefragung oder als Entschädigung für entstandene Unannehmlichkeiten (lange Lieferfrist, Beschwerden etc.).

Kundenmagazine

Viele Unternehmen nutzen die Adressen ihrer Bestandskunden nicht nur für den Versand von Werbung, sondern bringen in regelmäßigen Zeitabständen (monatlich, vierteljährlich etc.) ein **Kundenmagazin** heraus. Dort finden Kunden neben interessanten Artikeln, Informationen, Rätseln etc. natürlich auch Informationen über das Unternehmen und neue Produkte. Selbst wenn das Magazin komplett auf Informationen zum Unternehmen verzichtet, wird der Kunde durch Erhalt dieses Magazins an das Unternehmen positiv erinnert.

Coupon- und Rabattaktionen

Oft führen Unternehmen **Coupon-Aktionen** durch. Dabei sammelt der Kunde bei jedem Einkauf Coupons oder Punkte (in einem Sammelheft oder elektronisch auf einer Karte (siehe Kundenkarte). Wenn er eine gewisse Anzahl gesammelt hat, erhält er ein bestimmtes Produkt oder einen Preisnachlass.

Solche Aktionen sind oft deswegen erfolgreich, weil vielen Kunden dabei zum einen die Tätigkeit – also das Sammeln – Spaß macht und zum anderen der Ehrgeiz groß ist, am Ende die Belohnung für den Einsatz zu erhalten.

Zusammenfassung

- CRM bedeutet **Customer Relationship Management** und beschreibt die Auswertung und Integration von Kundendaten mit dem Ziel, Kunden durch maßgeschneiderte Aktionen an das Unternehmen zu binden.
- Der Vorgang der **Datenpflege, Auswertung** und **Angebotsgestaltung** wird durch entsprechende IT- und Softwaresysteme unterstützt.
- Die Haupteinsatzgebiete von CRM sind **Kundenbindung, Neukundengewinnung** und die **Rückgewinnung** ehemaliger Kunden.
- Durch Datensammlung und Auswertung kann der individuelle **Kundenwert** für ein Unternehmen ermittelt werden.
- Eine Software zeigt das Ergebnis der Datenauswertung dem Mitarbeiter im Callcenter an, zum Beispiel in Form eines konkreten Angebots oder einer Kennzahl zum Kundenwert.

- Die **Zufriedenheit** der Kunden ist ein wichtiger Faktor für den Erfolg des Unternehmens. Deswegen werden regelmäßig Umfragen durchgeführt, um die Zufriedenheit zu messen. Die Ergebnisse dieser Umfragen fließen in die Gestaltung von Produkten und Dienstleistungen ein.
- Weitere Möglichkeiten, Kunden an ein Unternehmen zu binden sind:
  - Kundenclubs und Kundenkarten
  - Gutscheine
  - Kundenmagazine
  - Coupon- und Rabattaktionen

Aufgaben

1. Welche Bedeutung hat die Kundenloyalität für ein Unternehmen?
2. Welche konkreten Einsatzmöglichkeiten für CRM gibt es in Ihrem Ausbildungsbetrieb?
3. Nach welchen Kriterien kann der individuelle Kundenwert ermittelt werden?
4. Welche Daten werden in einem Data-Warehouse zusammengefasst? Welche konkreten Daten könnten dabei in Ihrem Ausbildungsbetrieb anfallen? Was versteht man in diesem Zusammenhang unter Data-Mining?
5. Welche Maßnahmen sind notwendig, um CRM im gesamten Unternehmen zu integrieren?
6. Stellen Sie verschiedene Möglichkeiten der Zufriedenheitsbefragung gegenüber und diskutieren Sie, welche Auswirkungen die Ergebnisse der Befragungen nach sich ziehen können.
7. Nach Beendigung der Rückrufaktion für den Drucker „Printfix 100" möchte die Dialog GmbH die Zufriedenheit der betroffenen Kunden mit dieser Aktion erfahren. Entwerfen Sie dazu einen Fragenkatalog, der den Kunden per E-Mail zugeschickt werden soll. 2 | 2.2.1
8. Welche Vorteile ergeben sich für Kunden, wenn sie Mitglied in einem Kundenclub sind, welche Vorteile ergeben sich für das Unternehmen?
9. Dialogfix möchte eine Coupon-Aktion starten. Das Unternehmen wird von den Kunden hauptsächlich online und per Telefon kontaktiert. Entwerfen Sie Möglichkeiten für Dialogfix, eine solche Aktion durchzuführen.

4 Besondere Gesprächssituationen bearbeiten

Einstiegssituation

Julia holt Ausdrucke aus dem Nebenraum und hört, wie sich zwei Kollegen unterhalten: „Zum Glück hat sich Herr Ralus beschwert, stell dir mal vor, er hätte seine ganze Software umstellen müssen." Verwundert fragt Julia nach: „Wieso freust du dich denn, wenn sich jemand beschwert? Wäre es nicht besser, wenn sich niemand beschweren würde?"

„Nicht unbedingt. Herr Ralus hat sich bei uns beschwert, weil er die Stammdaten seiner Kunden in unserer Finanzfix-Software nicht ändern konnte. Herr Ralus war daher sehr verärgert. Ich habe dann mit ihm gemeinsam die Einstellungen überprüft, und wir haben festgestellt, dass er nicht als Administrator angemeldet war. Er hatte sich schon überlegt, eine andere Software zu kaufen, weil ihm unsere defekt vorkam. Jetzt ist er wieder zufrieden. Nun stell dir mal vor, er hätte sich nicht beschwert ..."

Arbeitsaufträge

1. *Sammeln Sie Situationen, in denen Ihr Ausbildungsbetrieb mit Beschwerden konfrontiert wird.*
2. *Wie kann ein Unternehmen von Beschwerden profitieren?*
3. *Diskutieren Sie in der Klasse, wie sich ein Mitarbeiter bei einem Beschwerdeanruf verhalten sollte.*

4.1 Beschwerden

Auf den ersten Blick scheint eine **Beschwerde** oder eine **Reklamation** eine unangenehme und lästige Angelegenheit zu sein. Wie aber die Einstiegssituation zeigt, verbergen sich hier häufig **Chancen** für das Unternehmen, wenn angemessen reagiert wird.

In der Vergangenheit hatten viele Firmen nur im Blick, die Anzahl der eingehenden Beschwerden zu verringern, aus dem Inhalt der Beschwerde oder Reklamation hat man keinen Nutzen gezogen. Diese Strategie ist überholt. Ziel ist es heute vielmehr, dafür zu sorgen, dass unzufriedene Kunden sich melden und den Grund für ihren Unmut oder ihre Reklamation vortragen. So kann das Unternehmen einen Nutzen aus jeder Beschwerde zu ziehen.

Praxistipp
Sehen Sie Beschwerden nicht als Angriff auf Ihre Person oder Ihr Unternehmen. Auch wenn der Kunde aufgebracht ist, nutzen Sie jede Beschwerde als Möglichkeit, die Beziehung zwischen dem Kunden und dem Unternehmen zu verbessern.

Kunden, die sich beschweren, geben dem Unternehmen in vielerlei Hinsicht die Möglichkeit zu handeln. In erster Linie hat man die Chance, den reklamierenden Kunden zu halten und die Geschäftsbeziehung zu stärken. Kunden, denen man nach einer Beschwerde professionell geholfen hat, sind oft zufriedener als vor der Situation, die zur Beschwerde geführt hat. Dagegen sind Kunden, die sich trotz Unzufriedenheit nicht melden, oft für immer verloren und berichten in ihrem Umfeld über die negative Erfahrung mit dem Unternehmen.

Kunden zu binden ist aber nur einer der Gründe, warum Beschwerden nutzbar gemacht werden sollten. Ein weiterer Grund ist, dass das Unternehmen aus den Beschwerden konkretes **Verbesserungspotenzial** ableiten kann. Kunden, die Grund für eine Beschwerde oder Reklamation haben, decken damit oft Schwächen in den Produktionsabläufen oder Prozessen des Unternehmens auf. Ein möglicher Nutzen kann also die Verbesserung der Unternehmensabläufe sein, oft werden aus Beschwerden auch neue Ideen geboren.

---

dialogfix GmbH

Auszug aus dem Mitarbeiterhandbuch der Dialogfix GmbH

Warum wir von Beschwerden profitieren

Wir freuen uns über jeden Kunden, der uns hilft, besser zu werden.
Wir erkennen eigene Fehler und können sie zukünftig beheben.
Wir können unsere Arbeitsprozesse optimieren.
Wir intensivieren die Kommunikation mit unseren Kunden.
Wir zeigen unseren Kunden, dass wir sie ernst nehmen.
Wir können einen zufriedenen Kunden gewinnen.
Wir nutzen Beschwerden, um die Geschäfte mit dem Kunden auszubauen.

4.1.1 Professionelles Beschwerdemanagement

Kunden können Beschwerden

- persönlich,
- schriftlich (Brief, Fax, E-Mail) oder
- telefonisch

äußern.

Mitarbeiter im Dialogmarketing sind vorrangig mit **telefonischen Beschwerden** konfrontiert. Zunehmende Bedeutung als Beschwerdekanal gewinnen dabei eigens eingerichtete Beschwerde-Hotlines, bei denen der Kunde direkt die Beschwerde vortragen kann und eine Lösung für sein Anliegen erhält.

Für ein Unternehmen ist es langfristig problematisch, wenn sich unzufriedene Kunden **nicht** beschweren. Dafür kommen viele Gründe infrage:
- Der Kunde scheut einen befürchteten Konflikt.
- Ansprechpartner bzw. Kontaktdaten für eine Beschwerde sind schwer zu ermitteln.
- Das Unternehmen baut Hürden auf, z. B. eine kostenintensive Telefonnummer oder lange Wartezeiten in der Hotline.
- Der Kunde hat in der Vergangenheit schlechte Erfahrungen gemacht.
- Der Kunde befürchtet einen hohen Zeitaufwand.
- Es fehlt das Vertrauen in ein funktionierendes Beschwerdemanagement.

Serviceorientierte Unternehmen stellen den Kunden daher verschiedene Kanäle zur Verfügung, um die Beschwerde zu äußern.

Beispiel

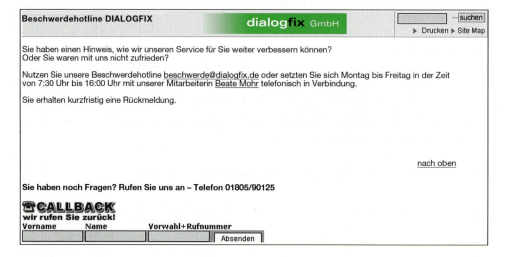

Hier fällt es dem Kunden leicht, eine Beschwerde loszuwerden. Es sind verschiedene **Kontaktmöglichkeiten** angegeben, ein persönlicher **Ansprechpartner** wird genannt und durch den **kostenlosen Rückrufservice** entstehen dem Kunden auf Wunsch keine Kosten.

Die Notwendigkeit eines professionellen Beschwerdemanagements wird durch eine Vielzahl von Untersuchungen bestätigt:
- Bis zu 90 % aller Beschwerden werden nicht geäußert. Der Kunde zieht einfach die Konsequenz und meidet das Unternehmen zukünftig.
- Beschwerdeanlässe sind ein beliebtes Gesprächsthema und werden bis zu 15 Personen weitererzählt.
- Nach einer zufrieden stellend bearbeiteten Beschwerde steigt die Loyalität zum Unternehmen deutlich an. Bis zu 70 % der Kunden werden danach Stammkunden.
- Einen neuen Kunden zu gewinnen kostet bis zu zehnmal mehr, als einen bestehenden zu halten.

Wenn von einer **Beschwerde** gesprochen wird, ist damit die ausgedrückte Unzufriedenheit eines Kunden oder Interessenten gemeint. Eine **Reklamation** hat darüber hinaus noch einen juristischen Hintergrund, bei der ein bestimmter Rechtsanspruch im Rahmen des Kaufvertrags geltend gemacht wird. Oftmals gehen beide Aspekte ineinander über. Meist spielt auch die emotionale Ebene in einer solchen Situation eine wichtige Rolle.

Bd. 2 | 8

> Beispiel
>
> Ein Kunde beschwert sich bei der Servicehotline von Dialogfix, dass der gelieferte Scanner eine fehlerhafte Farberkennung hat. Gleichzeitig macht er eine Reklamation geltend, da dieser Defekt innerhalb der Garantiefrist aufgetreten ist.

> *Praxistipp*
> Für die Durchführung des Servicegesprächs ist es zunächst unerheblich, ob es sich um eine Beschwerde oder Reklamation handelt.

Die Ursachen für Beschwerden lassen sich in der Regel einem der nachfolgenden drei Bereiche zuordnen:
- Die Probleme treten im Zusammenhang mit dem Produkt oder der Dienstleistung auf, die Grundlage der Geschäftsbeziehung ist.
- Die Interaktion zwischen Mitarbeiter und Kunde steht im Mittelpunkt der Beschwerde.
- Einzelne Aspekte des Abwicklungsprozesses der Geschäftsbeziehung zwischen Unternehmen und Kunde stehen im Vordergrund.

Häufig kommen bei einer Beschwerde mehrere Gründe zusammen.

Beispiele für Beschwerdeursachen		
Produkt- bzw. Dienstleistungsbezogen	**Mitarbeiterbezogen**	**Abwicklungsbezogen**
• Sachmangel • Preis-Leistungsverhältnis • Einsetzbarkeit • Bedienungsfreundlichkeit • Enttäuschte Erwartungshaltung • Funktionalität	• Unfreundlichkeit • Mangelnde Fachkompetenz • Fehlendes Engagement • Unzureichendes Interesse • schlechte Verständlichkeit	• Lieferzeiten • Vorgangsabwicklung • Einhaltung von Zusagen • Bearbeitungszeiten • Mangelnde Transparenz • Unklare Zuständigkeiten

4.1.2 Schritte des Beschwerdemanagements

Um ein optimales **Beschwerdemanagement** durchzuführen, ist es wichtig, strukturiert und professionell vorzugehen. Achten Sie stets darauf, die Führung im Gespräch nicht aus der Hand zu geben. Aufbauend auf den Phasen des Beratungsgesprächs sollten folgende **fünf Handlungsschritte** stets beachtet werden:

1. **In das Gespräch einsteigen:** Steigen Sie positiv in das Gespräch ein. Ihre Meldeformel sollte stets freundlich und professionell vorgetragen werden.

2. **Den Grund für die Beschwerde ermitteln:** Die Bedarfsermittlung ist bei einer Beschwerde sehr wichtig. Stellen Sie viele Fragen, zu Beginn des Gesprächs vor allem **offene Fragen**. Der Kunde kann so erzählen, was ihn stört, worüber er verärgert ist. So wird sein Ärger abgebaut und er fühlt sich wertgeschätzt. Sie finden außerdem heraus, was genau passiert ist. Hier ist Sorgfalt angebracht: Der Grund für die Beschwerde muss genau erfragt werden, damit dem Kunden geholfen werden kann. Nutzen Sie bei den Ausführungen des Kunden die Technik des **aktiven Zuhörens**.

3. **Die emotionale Ebene klären:** Nachdem Sie wissen, worüber der Kunde sich beschwert, ist es wichtig, erst auf der emotionalen Ebene Klarheit zu schaffen. Kunden, die sich beschweren, sind oft wütend oder verunsichert. Entschuldigen Sie sich für die entstandenen Unannehmlichkeiten, drücken Sie Ihr **Verständnis** aus. Der Kunde wird erst eine Lösung akzeptieren, wenn er sich verstanden fühlt und er neue Sympathie und Vertrauen zu Ihnen und Ihrem Unternehmen entwickelt hat. Bleiben Sie während des gesamten Gesprächs ruhig und sachlich.

4. **Für das Anliegen eine Lösung finden:** Bevor Sie in die Lösungsphase einsteigen, fassen Sie das Anliegen des Kunden zusammen. Auch in der Lösungsphase ist **Diplomatie** angebracht, seien Sie vorsichtig in Ihrer Wortwahl, formulieren Sie positiv. Entwickeln Sie zusammen mit dem Kunden eine Lösung für sein Anliegen. Es ist stets darauf zu achten, dass der Kunde mit der Lösung einverstanden ist. Seien Sie absolut verbindlich in Ihrer Ausdrucksweise. Die Lösung, die Sie entwickelt haben, muss realisierbar und realistisch sein. Sollte jetzt noch etwas schief gehen, verliert der Kunde jedes Vertrauen. Achten Sie während Ihrer Ausführungen auf Ihre Wortwahl, spielen Sie das Geschehen in keinem Fall herunter. Lockere Sprüche wie „Na, ob sich da der Fehlerteufel eingeschlichen hat?" gehören nicht in ein Beschwerdegespräch. Vermeiden Sie hier unbedingt die **Gesprächsstörer** und versuchen Sie, **Gesprächsförderer** einzusetzen.

5. **Das Gespräch abschließen:** Fassen Sie zum Ende des Gesprächs noch mal alles Wichtige zusammen und legen Sie die **nächsten Schritte** fest. Der Kunde muss wissen, was nun aus seinem Anliegen wird. Soweit als möglich vereinbaren Sie einen festen Zeitrahmen. Am Ende des Gesprächs entschuldigen Sie sich dann ein weiteres Mal für die entstandenen Unannehmlichkeiten und danken dem Kunden für seine Beschwerde. Achten Sie auf eine freundliche Verabschiedung.

Das Beschwerdegespräch aus der Einstiegssituation könnte demnach wie folgt verlaufen sein:

	Gesprächsverlauf	Handlungsschritte
Thomas Müller:	„Herzlich willkommen bei der Kundenbetreuung von Dialogfix, mein Name ist Thomas Müller. Was kann ich für Sie tun?"	**In das Gespräch einsteigen.**
Herr Ralus:	„Ralus, Tag, ich weiß nicht, ob Sie noch was für mich tun können. Ich bin ehrlich gesagt ziemlich sauer."	
Thomas Müller:	„Das tut mir sehr leid, Herr Ralus. Was ist denn genau passiert?"	**Den Grund für die Beschwerde ermitteln.**
Herr Ralus:	„Ich habe mehr als 80 EUR für diese tolle Software ausgegeben und nichts geht."	
Thomas Müller:	„Da kann ich Ihren Ärger verstehen, Herr Ralus. Welche Software haben Sie gekauft?"	
Herr Ralus:	„Die Finanzfix-Software"	
Thomas Müller:	„Welchen Fehler weist die Software genau auf?"	
Herr Ralus:	„Ich kann meine Stammdaten nicht ändern, da kommt immer die Fehlermeldung ‚Keine Autorisation'. Ehrlich gesagt habe ich nicht wenig Lust, eine andere Software zu kaufen und Ihnen diese hier zurückzuschicken."	
Thomas Müller:	„Herr Ralus, bitte entschuldigen Sie die Unannehmlichkeiten. Ich kann absolut verstehen, dass Sie verärgert sind."	**Die emotionale Ebene klären.**
Herr Ralus (etwas ruhiger):	„Sie persönlich können ja nichts dafür."	
Thomas Müller:	„Wir möchten Sie ungern als Kunden verlieren, Herr Ralus. Darf ich zusammen mit Ihnen versuchen, den Fehler zu beheben?"	
Herr Ralus:	„Na gut … aber denken Sie daran, telefonieren ist teuer. Und ich hatte bereits genügend Schwierigkeiten."	

4   Besondere Gesprächssituationen bearbeiten

Thomas Müller:	*„Sie haben die Finanzfix-Software installiert und nun lassen sich die Stammdaten nicht ändern. Die Fehlermeldung lautet ‚Keine Autorisation'. Habe ich das so richtig wiedergegeben?"*	**Für das Anliegen eine Lösung finden.**
Herr Ralus:	*„Ja."*	
Thomas Müller:	*„Sitzen Sie im Moment vor dem entsprechenden PC?"*	
Herr Ralus:	*„Ja, die Software sehe ich auch."*	
Thomas Müller:	*„Herr Ralus, gehen Sie bitte in der oberen Menüleiste auf ‚Benutzer'. Dort klicken Sie bitte auf ‚Administrator anmelden' und geben im nächsten Fenster Ihr Passwort ein."*	
Herr Ralus:	*„Ja, habe ich gemacht. Und jetzt?"*	
Thomas Müller:	*„Bitte testen Sie, ob sich die Stammdaten jetzt ändern lassen."*	
Herr Ralus:	*„Ja, tatsächlich, hat funktioniert … ist aber ärgerlich, dass das so nicht in der Anleitung steht."*	
Thomas Müller:	*„Da haben Sie recht, Herr Ralus, dieser Teil der Anleitung ist wohl etwas unklar formuliert. Ist es für Sie in Ordnung, wenn ich Ihnen wegen der entstandenen Unannehmlichkeiten für den nächsten Kauf bei uns 10 EUR Rabatt auf Ihr Kundenkonto einrichte?"*	
Herr Ralus:	*„Ja, damit bin ich einverstanden."*	
Thomas Müller:	*„Herr Ralus, damit haben wir beide die Software richtig eingestellt, die Gutschrift auf Ihr Kundenkonto habe ich ebenfalls eingetragen. Kann ich sonst noch etwas für Sie tun?"*	**Das Gespräch abschließen.**
Herr Ralus:	*„Nein danke, jetzt bin ich erst mal zufrieden."*	
Thomas Müller:	*„Es tut mir leid, dass Sie solche Schwierigkeiten mit der Software hatten. Danke, dass Sie uns umgehend informiert haben."*	
Herr Ralus:	*„Nichts für ungut, jetzt geht ja alles wieder."*	
Thomas Müller:	*„Ich wünsche Ihnen einen angenehmen Tag."*	
Herr Ralus:	*„Danke, ebenso. Auf Wiederhören."*	
Thomas Müller:	*„Auf Wiederhören."*	

4.1.3 Positives Formulieren

Die Herausforderung in der Beschwerdebehandlung besteht oft darin, Sache und Person voneinander zu trennen. Wie sich bereits beim Beratungsgespräch gezeigt hat, können **5 | 1.1.3** durch die Technik des **positiven Formulierens** ungünstig klingende Aussagen in einer neutralen Form zum Ausdruck gebracht werden.

Negativaussagen lauten z. B.:
- „Das machen wir grundsätzlich nicht."
- „Da kann ich Ihnen leider nicht weiterhelfen."
- „Dafür bin ich nicht zuständig."

Hierzu gehören generell alle Aussagen, die Negativwörter wie „kein" und „nicht" enthalten.

Das Gehirn setzt verbal empfangene Informationen direkt in Bilder um. Deshalb fehlt dem Mensch die Fähigkeit, eine Negativaussage direkt nachzuvollziehen, das Gehirn kann zu einer Verneinung kein Bild liefern.

Beispiel
Denken Sie jetzt **nicht** an einen roten Luftballon.
Was passiert, wenn Sie diesen Satz lesen? Es ist nicht möglich, sich **keinen** roten Luftballon vorzustellen.

Durch **positives Formulieren** nehmen Sie hingegen aktiv Einfluss auf ein angenehmes und zielführendes Gesprächsklima.

Negative Formulierung	Positive Formulierung
„Dafür bin ich nicht der richtige Ansprechpartner."	„Herr YX ist ein kompetenter Ansprechpartner, ich verbinde Sie gerne."
„Da lässt sich leider nichts machen."	„Wir werden sehen, was sich da machen lässt."
„Verstehen Sie mich da nicht falsch."	„Da habe ich mich wohl missverständlich ausgedrückt."
„Da müssen Sie zwei Tage warten."	„Binnen der nächsten 48 Stunden erhalten Sie eine Lösung."
„Das kann ja gar nicht sein."	„Das ist neu für mich."
„Sie haben bestimmt etwas falsch eingestellt."	„Welche Einstellungen haben Sie denn vorgenommen?"
„Um diese Uhrzeit ist keiner mehr da."	„Sie können uns täglich von 09:00 bis 17:00 Uhr erreichen."
„Dafür kann ich nichts."	„Lassen Sie uns gemeinsam eine Lösung finden."
„Sie hätten eben das Handbuch genauer lesen müssen."	„Welcher Teil war Ihnen denn unklar?"
„Herr Meyer ist nicht zu erreichen."	„Herr Meyer ist um 13:00 Uhr wieder im Haus."

4.1.4 Unfaire Gesprächsmethoden

Beschwerden von Kunden sind nicht immer gerechtfertigt. Im erfolgreichen Beschwerdemanagement ist es wichtig, auf **unangemessene Forderungen** von Kunden ebenso professionell zu reagieren wie auf unfaire Gesprächsmethoden.

Behandeln Sie dennoch nicht jeden Kunden wie einen Schwerverbrecher. Gehen Sie im Grundsatz davon aus, dass der Kunde ein berechtigtes Anliegen hat. Halten Sie mithilfe von **positiven Formulierungen** das Gesprächsklima auf der sachlichen Ebene.

Die Bemühungen, ein Beschwerdegespräch neutral zu halten, verhalten sich entgegengesetzt zu den Bemühungen eines Beschwerdeführers, der eine unangemessene Reklamation durchzusetzen versucht. Eine solche Person wird immer bemüht sein, Sie persönlich anzugehen und Sie zu verunsichern. Häufig werden dabei auch **manipulative Elemente** eingesetzt. Dabei gilt es, die unterschiedlichen Strategien zu erkennen und darauf zu reagieren:

Drohen

„Wenn Sie das jetzt nicht zu meiner Zufriedenheit lösen, werde ich auf weitere Bestellungen verzichten."

Unternehmerisches Ziel ist es natürlich, den Kunden zu halten, jedoch nicht um jeden Preis. Durch das Eingehen auf Drohungen fühlt sich der Kunde ermuntert, auch bei künftigen Beschwerden zu drohen, da er hiermit bereits Erfolg hatte.

Äußern Sie Verständnis für die Situation des Kunden und zeigen Sie Ihre Kooperationsbereitschaft. Gehen Sie dennoch nicht auf überzogene Forderungen des Kunden ein.

Übertreiben

„Durch Ihren Fehler entstehen mir extreme Folgekosten."

Der Kunde versucht, Sie mit der Schilderung eines überzogenen Szenarios einzuschüchtern.

Hier gilt im Prinzip die gleiche Vorgehensweise wie beim Drohen. Spielen Sie jedoch nicht das Anliegen des Kunden herunter, sondern geben Sie dem Kunden das Gefühl, ernst genommen zu werden und die Möglichkeit, sein Gesicht zu wahren.

Verallgemeinern

„Es ist absolut branchenüblich, dass Sie in einem solchen Fall für Ersatz sorgen."

Mithilfe von angeblich allgemein gültigen Regeln versucht der Kunde, Sie in eine schwächere Position zu bringen. Der Kunde gibt vor, einen Wissensvorsprung zu haben.

Veranschaulichen Sie dem Kunden, dass es Ihnen nicht um einen allgemeinen Fall geht, sondern um das konkrete Anliegen des Kunden. Lassen Sie den Kunden spüren, dass Ihnen der einzelne Fall wichtig ist.

Schmeicheln

„Ach, Herr Müller, gut, dass ich Sie dran habe. Sie konnten mir bisher immer am besten helfen."

Der Kunde versucht, Sie mit übertriebener Höflichkeit in eine wohlgesonnene Stimmung zu bringen, um Ihr Entgegenkommen zu fördern.

Bedanken Sie sich kurz für das Kompliment und äußern Sie Ihre Bereitschaft, eine Lösung zu finden. Gehen Sie im weiteren Gesprächsverlauf aber nicht weiter auf die Schmeichelei vom Anfang ein.

Anteilnahme erwecken

„Sie denken bestimmt, dass ich zu schusselig bin, um die Software richtig zu installieren."

Mit einer solchen Aussage möchte der Kunde sich selbst in eine schwächere Position bringen, um bei Ihnen Mitleid zu erzeugen und Verständnis für seine Situation zu erwecken.

Versuchen Sie, Sache und Person voneinander zu trennen. Formulieren Sie z. B. „Die Software kann über die Optionen richtig reingestellt werden" und nicht: „**Sie** können die Software …" So erhält das Gespräch die Neutralität zurück, die der Kunde eingangs mittels seiner eigenen Person in den Hintergrund gestellt hat.

Aggressiv werden

„Sie sind wirklich der unfähigste Mitarbeiter, mit dem ich jemals zu tun hatte."

Auch hierbei versucht der Kunde, auf die emotionale Ebene zu wechseln und vom eigentlichen Sachverhalt abzulenken. Lassen Sie sich davon nicht provozieren. Versuchen Sie, durch ruhige und zweckdienliche Antworten wieder auf die Sachebene zurückzukehren. Gelingt dies dauerhaft nicht, kann es im Zweifelsfall notwendig sein, das Gespräch zu beenden bzw. den Kunden weiterzuverbinden.

> **Praxistipp**
> Durch aktives Zuhören können Sie rasch erkennen, wenn der Kunde versucht, eine unfaire Gesprächsmethode anzuwenden.

4.1.5   Die zehn Fehler im Beschwerdegespräch

Viele Verhaltensweisen und Formulierungen sind geeignet, das Beschwerdegespräch bereits von Anfang an stocken zu lassen bzw. zu einem nicht optimalen Ergebnis zu bringen. Vermeiden Sie daher:

1. **Routine:** Wenn Sie zu standardisiert vorgehen, kommt sich der Anrufer leicht vor wie ein Fall von vielen. Es ist wichtig, individuell auf den Kunden einzugehen.

2. **Innere Ablehnung:** Kunden hören sich im Moment der Beschwerde oft sehr unsympathisch an, da dies meist eine sehr emotionale Situation ist. Wenn Sie den Kunden aufgrund seiner Emotionalität ablehnen, entgleitet das Gespräch.

3. **Keine Zuständigkeit:** Wenn Sie einem Kunden, der sich beschwert, direkt mitteilen, dass Sie für seinen Fall nicht die richtige Ansprechperson sind, so fühlt sich dieser alleine gelassen. Der Kunde kann die inneren Strukturen Ihres Unternehmens nicht kennen. Hier gilt: Zuerst Grund der Beschwerde erfragen, dann entschuldigen und die Bitte, sich an Ansprechpartner XY zu wenden, in die Lösungsphase einbauen.

4. **Den Kunden erziehen:** Oft kommen Beschwerden vor, wenn der Kunde sich nicht an die unternehmensübliche Vorgehensweise gehalten hat. In solchen Momenten ist der Mitarbeiter oft versucht, dem Kunden lange zu erklären, wie er hätte vorgehen müssen, um den Fehler zu vermeiden. Das interessiert den Kunden in dem Moment allerdings nicht. Er möchte eine Lösung für sein jetziges Problem. Sie sollten sich allerdings die Frage stellen, ob der Kunde wirklich „schuld" ist oder ob der Prozessablauf des Unternehmens nicht kundenorientiert genug ist.

5. **Lösung zu schnell anbieten:** Auch wenn Sie direkt wissen, wie dem Kunden zu helfen ist, lassen Sie ihn ausreden und führen Sie ein komplettes Beschwerdemanagement durch. Wenn Sie dem Kunden keinen Raum für seinen Ärger lassen, wird er keine Ihrer Lösungen akzeptieren.

6. **Schuld zuschieben:** Oft haben Ihr Unternehmen oder Sie objektiv alles richtig gemacht und trotzdem beschwert sich der Kunde. Manchmal auch über eine Situation, für die der Kunde tatsächlich selbst verantwortlich ist. Versuchen Sie in solchen Fällen nicht, den Kunden von seiner Schuld zu überzeugen. Um sein Gesicht zu wahren, wird er alles daran setzen, um zu beweisen, dass der Fehler doch bei Ihnen liegt.

7. **Reklamation anzweifeln:** Auch wenn der Grund für eine Reklamation oder Beschwerde sich sehr seltsam anhört, zweifeln Sie gegenüber dem Kunden den Grund nicht an.

8. **Beschwerdegrund herunterspielen:** Nehmen Sie den Anrufer ernst, auch wenn Sie den Fall des Kunden schon hundertmal erlebt haben. Wenn Sie dem Kunden erzählen, dass er mit diesem Fehler nicht alleine ist, hilft ihm das nicht weiter.

9. **Fehler erklären:** Verschwenden Sie keine Zeit damit, dem Kunden zu erklären, wie der Fehler entstanden ist. Erklären Sie ihm lieber, wie der Fehler behoben wird.

10. **Rechtfertigung:** Sicherlich kommen Sie oft in Versuchung, dem Kunden zu erklären, dass Sie und Ihr Unternehmen nicht schuld sind, sondern äußere Umstände. Der Kunde ist jedoch vorrangig an einer Lösung seines Problems interessiert. Ihn interessiert nicht, wer aus Ihrer Sicht Schuld hat oder welche Umstände zu dem Fehler geführt haben.

Praxistipp
Nicht jedes Gespräch verläuft optimal. Nehmen Sie sich nach einem unglücklich beendeten Beschwerdeanruf kurz Zeit, Ihr eigenes Verhalten zu analysieren. Überprüfen Sie, ob Sie alle Schritte und Regeln des Beschwerdemanagements eingehalten haben. Überlegen Sie sich Strategien für zukünftige Anrufe.

4.2 Haltegespräche

Wenn Beschwerden aus der Sicht des Kunden zu sehr großem Unmut geführt haben, melden sich Kunden nicht mehr mit der Absicht, durch eine Beschwerde eine Lösung herbeizuführen, sondern möchten vom Geschäft zurücktreten bzw. das Geschäftsverhältnis ganz beenden. Somit gilt grundsätzlich, dass jeder Beschwerdegrund zu einem **Kündigungsgrund** werden kann.

Auch in solchen Gesprächen leistet ein konsequentes **Beschwerdemanagement** wertvolle Dienste. Wenn es gelingt, den Grund herauszufinden, warum ein Kunde das Unternehmen verlassen will, so kann man oft dafür sorgen, dass ein Kunde seine Entscheidung überdenkt. So wird aus einem Kündigungsgespräch ein **Haltegespräch**.

Beispiel
Ein Kunde ruft bei Dialogfix an und möchte den Wartungsvertrag für seine Hardware kündigen. Der Kunde gibt ein Konkurrenzangebot als Grund für seine Kündigung an. Der Mitarbeiter möchte den Kunden nun davon überzeugen, den Wartungsvertrag nicht zu kündigen.

Ein Kunde, der die Entscheidung getroffen hat, die Geschäftsbeziehung zu Ihrem Unternehmen zu lösen, wird nicht unbedingt von sich aus erklären, warum er so entschieden hat. Ihr Ziel ist es aber trotzdem, nicht jede Kündigung oder Auftragsstornierung hinzunehmen. Finden Sie heraus, warum der Kunde geht und bringen Sie ihn dazu, seine Entscheidung zu revidieren. Prinzipiell wird in Haltegesprächen dem Kunden das Produkt neu verkauft, allerdings unter erschwerten Bedingungen.

Neue Kunden zu gewinnen ist für jedes Unternehmen sehr teuer. Daher ist es sinnvoll, in solchen Haltegesprächen kulant mit dem Kunden umzugehen. In Haltegesprächen werden dem Kunden daher oft sehr lukrative **Vergünstigungen** (z. B. Preisnachlässe, Zugaben etc.) angeboten.

4.2.1 Schritte im Haltegespräch

In Haltegesprächen gelten grundsätzlich die beschriebenen Regeln und die Struktur des Beschwerdemanagements. Beachten Sie darüber hinaus folgende Besonderheiten im Ablauf:

Besonderheiten im Haltegespräch	Handlungsschritt
Steigen Sie positiv in das Gespräch ein. Nachdem der Kunde seinen Kündigungswunsch geäußert hat, drücken Sie Ihr Bedauern aus. Der Kunde soll wissen, dass Ihr Unternehmen sehr unglücklich über eine Beendigung der Geschäftsbeziehung wäre.	In das Gespräch einsteigen.
Fragen Sie nach, was der Grund für diese Entscheidung ist. Hören Sie aktiv zu und stellen Sie offene Fragen. Ermitteln Sie genau, warum der Kunde das Unternehmen verlassen möchte.	Den Grund für die Kündigung ermitteln.
Zeigen Sie Verständnis für die Entscheidung des Kunden. Sollte Ihr Unternehmen Fehler begangen haben, entschuldigen Sie sich. Betonen Sie an dieser Stelle, dass eine Beendigung des Geschäftsverhältnisses aus Ihrer Sicht sehr bedauerlich wäre.	Die emotionale Ebene klären.
In der Lösungsphase des Haltegesprächs bieten Sie dem Kunden Alternativen zur Kündigung an. Zeigen Sie hier genau den Nutzen auf, den eine weitere Geschäftsbeziehung zu Ihrem Unternehmen mit sich bringt. Unterbreiten Sie dem Kunden im Rahmen Ihrer Möglichkeiten ein kulantes Angebot, legen Sie sich dabei auf **eine** Lösung fest. Machen Sie dem Kunden den Vorteil dieser Lösung transparent.	Eine Lösung anbieten.
Stimmt der Kunde Ihrem Angebot zu, danken Sie ihm für seine Entscheidung. Drücken Sie Ihre Freude darüber aus, dass Sie nun weiter in einer Geschäftsbeziehung stehen. Sollte der Kunde Ihr Angebot ablehnen, verabschieden Sie sich dennoch freundlich und empfehlen Sie sich für zukünftige Geschäfte.	Das Gespräch abschließen.

4.2.2 Widrigkeiten im Haltegespräch

Haltegespräche gehören zu den anspruchsvollsten Dialogprozessen. Sie werden auf verschiedene Schwierigkeiten stoßen, auf die es zu reagieren gilt:

- **Versteckte Gründe für die Kündigung:**
  Die Bedarfsanalyse in Haltegesprächen stellt sich oft schwieriger dar als in sonstigen Beschwerdegesprächen. Kunden, die sich entschieden haben zu kündigen, sind nicht immer bereit, dies mit Ihnen zu diskutieren. Viele Kunden wissen auch, dass Sie versuchen werden, diese Entscheidung zu ändern. Klären Sie deshalb genau, ob außer den Informationen, die der Kunde bereitwillig gibt, noch weitere versteckte Gründe zur Unzufriedenheit vorhanden sind.

- **Der Kunde hat Einwände gegen die angebotene Lösung:**
Einwände bedeuten, dass der Kunde eventuell noch Fragen hat oder noch nicht hundertprozentig überzeugt ist. Lassen Sie nicht locker, wenden Sie eine professionelle Strategie zur **Einwandbehandlung** an. Bleibt ein Kunde allerdings bei seinem Nein, lassen Sie ihn ziehen. Sie können nicht jeden Kunden halten. **5 | 1.1.3**

- **Der Kunde stellt unangemessene Forderungen:**
Ab einem bestimmten Punkt lohnt es sich für das Unternehmen nicht mehr, den Kunden zu halten. Manche Kunden verknüpfen die Bereitschaft, weiterhin dem Unternehmen als Kunde erhalten zu bleiben, mit zu hohen Forderungen. Ist die Kulanz im Rahmen des wirtschaftlichen Prinzips ausgereizt, lassen Sie den Kunden ziehen.

4.2.3 Kulanz und wirtschaftliches Prinzip

> **Definition**
> Unter **Kulanz** versteht man ein großzügiges Entgegenkommen zwischen Vertragspartnern bei oder nach einem Vertragsabschluss. Im Allgemeinen bezeichnet sie Service- oder Reparaturleistungen bei allen Arten von Dienstleistungen oder Gütern auf freiwilliger Basis bzw. nach Ablauf der gesetzlichen Gewährleistungspflicht.

Kulanz ist eine Maßnahme zur Kundenbindung. Auch ohne eine Verpflichtung kann es für ein Unternehmen sinnvoll sein, den Kunden bei einer Beschwerde oder einer Kündigung zufriedenzustellen, um ihn zu halten und auch künftig weitere Geschäfte mit ihm tätigen zu können. Ein kulantes Verhalten weckt häufig ein Sicherheits- und Vertrauensgefühl beim Kunden.

Jedes Unternehmen stellt eigene Regelungen auf, wie kulant man in einzelnen Situationen reagiert. Es gilt der Grundsatz, dass es sinnvoller ist, dem Kunden entgegenzukommen, als den Kunden zu verlieren. Eine weitere Rolle spielt natürlich auch Dauer und Ausprägung des Geschäftsverhältnisses zum Kunden. Bei einem Kunden, mit dem man seit mehreren Jahren lukrative Geschäfte macht, ist es auch möglich, bei einer Beschwerde so kulant zu reagieren, dass man beim aktuellen Geschäft keinen Gewinn erzielt, wenn man dadurch erreicht, dass dieser Kunde das Geschäftsverhältnis nicht beendet. Grundsätzlich sollte die Kulanz jedoch spätestens dann enden, wenn dadurch die Geschäftsbeziehung zum Kunden dauerhaft ein Verlustbringer wird.

4.3 Kundenrückgewinnung

Bei der **Kundenrückgewinnung** („Winback") gelten im Prinzip die gleichen Regeln wie bei Haltegesprächen. Die Einstiegssituation für eine Kundenrückgewinnung kann dabei variieren. Grundsätzlich ist zu unterscheiden, ob der Kunde von sich aus aktiv die Geschäftsbeziehung beendet hat oder ob die Kundenbeziehung einfach im Laufe der Zeit „eingeschlafen" ist und nun reaktiviert werden soll.

Weckruf für Altkunden

Auf die Frage, ab wann ein Besteller ein Altkunde wird, ab wann ein Versandhaus versuchen sollte, ihn zu reaktivieren, gibt es keine pauschale Antwort. Die Unternehmen legen hier unterschiedliche Kriterien an. Wichtig sei aber, einen inaktiven Kunden nicht zu lange zu ignorieren, erklärt Torsten Klein, Vertriebsleiter beim Hamburger Callcenter-Dienstleister Getaline, der für mehrere Versandhäuser arbeitet. Reaktivierungsmaßnahmen dürfen Unternehmen aber nicht im luftleeren Raum vornehmen. Sie sollten immer anlassbezogen stattfinden, ein einfacher Anruf mit der Frage, ob der Kunde nicht einmal wieder etwas bestellen wolle, sei entweder nutzlos oder gar schädlich. Klein zum Beispiel schlägt vor, Veränderungen im Sortiment zum Anlass für die Kontaktaufnahme zu nehmen. Denkbar sei es auch, Veränderungen bei den Kundendaten zu nutzen, wenn das Unternehmen solche Daten von außerhalb, etwa von Adresshändlern, erhält.

Der beste Weg, mit den inaktiven Kunden ins Gespräch zu kommen, ist in den Augen der Experten ein Mix von Kommunikationsinstrumenten. In der Regel versende das Unternehmen einen personalisierten Teilkatalog und weise im Anschluss telefonisch auf die Aussendung hin. In diesem Moment können die Agents dann das konkrete Bestellinteresse des jeweiligen Kunden erfragen. Auch Klein sieht in diesem kombinierten Vorgehen große Vorteile, vor allem, weil das Telefon besondere Chancen biete: „Hier kommt es zu einem echten Dialog. Und Agents können nicht nur Bestellungen aufnehmen, sondern auch die Kundendaten aktualisieren."

Mit dem richtigen Kanal-Mix für die Ansprache, den passenden Produkten und einer kundenorientierten telefonischen Kontaktaufnahme sei es möglich, einen gewissen Prozentsatz der Altkunden wieder für das Unternehmen zu gewinnen. Darin sind sich die Experten einig. Die Erfolgsquote hänge von vielen Faktoren ab und liege zwischen drei und 15 %.

Quelle: www.teletalk.de, 22. 09. 2006

4.3.1 Anlässe zur Kundenrückgewinnung

Um ehemalige Kunden zurückzugewinnen, bedarf es eines **Gesprächanlasses**. Unter Berücksichtigung der **rechtlichen Rahmenbedingungen** braucht das Unternehmen einen konkreten Aufhänger, um in ein Rückgewinnungsgespräch einsteigen zu können. Mögliche Anlässe sind:

Bd. 2 | 8

- **Allgemeine Outbound-Aktion**
  Gegenstand einer Outbound-Aktion können z. B. alle Kunden sein, die im letzten Jahr die Geschäftsbeziehung beendet haben. Eine solche Aktion bietet sich an, um einen

erneuten Kontakt zum Kunden herzustellen. Allein der Umstand, dass ein Unternehmen sich auf diese Art und Weise um einen Kunden bemüht, stimmt viele Menschen schon positiv.

- **Bedarfsanalyse**
  Mittels einer individuellen Analyse der vorliegenden Kundendaten wird versucht herauszufinden, warum der einzelne Kunde überhaupt die Geschäftsbeziehung beendet hat. Durch Anpassen der Angebotsstruktur kann so ein ehemaliger Kunde reaktiviert werden.

- **Mailing**
  Bei einem Mailing werden ehemalige Kunden zunächst angeschrieben. Über den Schriftweg werden spezielle Angebote unterbreitet. Dies kann per Brief, E-Mail oder Fax geschehen. Häufig folgt mit einigem zeitlichen Abstand eine telefonische Nachfassaktion.

- **Sonderangebote**
  Durch spezielle Angebote kann ehemaligen Kunden das Zurückkehren besonders schmackhaft gemacht werden, sei es durch Nachlässe, Spezialkonditionen oder sogar Geschenke.

  > **Beispiel**
  > Die KommunikativAktiv KG erhält vom Zeitschriftenverlag Mittelmann den Auftrag, ehemalige Abonnenten anzurufen, um diese als Kunden zurückzugewinnen. Diesen ehemaligen Kunden ist zuvor ein Schreiben zugegangen, das über ein aktuelles Angebot des Verlags informiert. Bei Abschluss eines neuen Vertrags wird den Kunden ein Rabatt von 10 % und die Ersparnis der Versandkosten angeboten.

4.3.2 Schritte der Kundenrückgewinnung

In Gesprächen zur **Kundenrückgewinnung** gelten ähnliche Regeln und Strukturen wie bei Beschwerdemanagement und Haltegesprächen:

Besonderheiten im Gespräch zur Kundenrückgewinnung	Handlungsschritt
Erklären Sie dem Kunden den Grund für die Kontaktaufnahme, achten Sie auf eine positive Beziehungsebene.	In das Gespräch einsteigen.
Fragen Sie nach, was der Grund für die Kündigung war. Ermitteln Sie genau, warum der Kunde das Unternehmen verlassen hat. Setzen Sie vor allem offene Fragen ein.	Den Grund für die Kündigung ermitteln.
Zeigen Sie Verständnis für die Entscheidung des Kunden. Sollte Ihr Unternehmen Fehler begangen haben, entschuldigen Sie sich. Drücken Sie an dieser Stelle Ihr Bedauern über das beendete Geschäftsverhältnis aus.	Die emotionale Ebene klären.

In der Lösungsphase des Rückgewinnungsgesprächs unterbreiten Sie dem Kunden ein kulantes Angebot. Zeigen Sie hierbei genau den Nutzen auf, den eine erneute Geschäftsbeziehung zu Ihrem Unternehmen mit sich bringt. Klären Sie auch, wie eine erneue Unzufriedenheit (die der Grund für die frühere Kündigung war) vermieden werden kann.	Eine verkaufs-orientierte Lösung finden.
Stimmt der Kunde Ihrem Angebot zu, danken Sie ihm für seine Entscheidung und sein erneutes Vertrauen. Drücken Sie Ihre Freude darüber aus, dass Sie nun wieder in einer Geschäftsbeziehung stehen. Sollte der Kunde Ihr Angebot ablehnen, verabschieden Sie sich dennoch freundlich und empfehlen Sie sich für zukünftige Geschäfte.	Das Gespräch abschließen.

Ein typisches Telefonat der KommunikativAktiv KG könnte folgendermaßen verlaufen:

	Gesprächsverlauf	Handlungsschritte
Herr Bauer:	*„Bauer."*	**In das Gespräch einsteigen.**
Harald Matheis:	*„Guten Tag, Herr Bauer, mein Name ist Harald Matheis. Ich rufe im Auftrag des Mittelmann Verlags an."*	
Herr Bauer:	*„Ach ja, da hatte ich den Stern und den Spiegel abonniert."*	
Harald Matheis:	*„Richtig, Herr Bauer. Hatten Sie schon Gelegenheit, sich unser aktuelles Angebot anzuschauen?"*	
Herr Bauer:	*„Nein, bis dato nicht, ich bin ja auch seit einem Jahr kein Kunde mehr."*	
Harald Matheis:	*„Das bedauern wir sehr, Herr Bauer. Was war denn Grund für Ihre Kündigung?"*	**Den Grund für die Kündigung ermitteln.**
Herr Bauer:	*„Die Versandkosten für die Magazine waren mir zu hoch, da gehe ich dann lieber zum Kiosk, das wurde mir auf Dauer einfach zu teuer."*	
Harald Matheis:	*„Das kann ich gut verstehen, Herr Bauer, das ist auch genau der Grund meines Anrufs."*	**Die emotionale Ebene klären.**
Herr Bauer:	*„Aha, worum geht es denn?"*	

Harald Matheis:	*„Wir möchten Sie gerne als Kunden zurückgewinnen. Unser aktuelles Angebot umfasst einen Rabatt von 10 % für jedes Abonnement und der Versand der Magazine ist für Sie kostenfrei. Sie können also doppelt sparen."*	Eine verkaufsorientierte Lösung finden.
Herr Bauer:	*„Ja, das klingt natürlich verlockend …"*	
Harald Matheis:	*„Herr Bauer, ich reaktiviere dann die beiden Abonnements für Sie. Haben Sie Interesse an weiteren Zeitschriften zu diesen Konditionen?"*	
Herr Bauer:	*„Nein danke. Viel mehr Zeit zum Lesen habe ich leider nicht."*	
Harald Matheis:	*„Ich sende Ihnen dann eine Bestätigung mit allen relevanten Daten zu. Ich bedanke mich für das nette Gespräch, Herr Bauer, und bin froh, dass Sie wieder zu unseren Kunden gehören. Ich wünsche Ihnen noch einen schönen Tag."*	Das Gespräch abschließen.
Herr Bauer:	*„Danke für Ihren Anruf, auf Wiederhören."*	

Zusammenfassung

- **Beschwerden** eröffnen für ein Unternehmen vielfältige Chancen zur Optimierung der Kundenbeziehung.
- Ein professionelles **Beschwerdemanagement** ermuntert den Kunden, seine Beschwerde dem Unternehmen mitzuteilen.
- Typische Beschwerdeursachen können **produkt-** bzw. **dienstleistungsbezogen**, **abwicklungsbezogen** oder **mitarbeiterbezogen** sein.
- Als Beschwerde bezeichnet man jede Form der geäußerten Unzufriedenheit des Kunden, bei einer **Reklamation** knüpfen sich daran noch juristische Konsequenzen.
- Ein Beschwerdegespräch beinhaltet folgende **Handlungsschritte**:
  1. In das Gespräch einsteigen
  2. Den Grund für die Beschwerde ermitteln
  3. Die emotionale Ebene klären
  4. Für das Anliegen eine Lösung finden
  5. Das Gespräch abschließen
- **Positives Formulieren** wandelt negativ klingende Aussagen positiv um.
- Beschwerden sind nicht immer berechtigt. Es gilt, **unfaire Gesprächsmethoden** zu entlarven.
- **Haltegespräche** und **Kundenrückgewinnungsgespräche** sind anspruchsvolle Variationen von Beschwerdegesprächen.

- Um bei einem abwanderungswilligen Kunden ein erfolgreiches Haltegespräch zu führen, muss das Produkt bzw. die Dienstleistung unter erschwerten Bedingungen neu verkauft werden.

- Die gebotene **Kulanz** in Beschwerde-, Halte- und Kundenrückgewinnungsgesprächen wird durch das **wirtschaftliche Prinzip** begrenzt.

- Anlässe für Kundenrückgewinnungsgespräche sind allgemeine **Outbound-Aktionen, konkrete Bedarfsanalysen, Mailings** oder **Sonderangebote**.

■ *Aufgaben*

1. *Welche Vorteile bringt es für ein Unternehmen, wenn ein Kunde sich beschwert?*

2. *Wie können Unternehmen die Beschwerdebereitschaft der Kunden fördern?*

3. *Betrachten Sie nachfolgenden Ausschnitt einer Unternehmenshomepage. Wie beurteilen Sie die Bereitschaft eines Kunden, sich beim Unternehmen zu beschweren? Erarbeiten Sie in Kleingruppenarbeit mögliche Verbesserungsvorschläge und präsentieren Sie Ihre Ergebnisse auf einem Plakat.*

Internet-Support

Deutschland 0900 111 0000 € 1.86 per minute
Mon–Fre 08.00–19.00 **Sam** 10.00–14.00 **Son** 10.00–14.00

---

4. *Welche drei Beschwerdeursachen lassen sich grundsätzlich unterscheiden? Entwerfen Sie zu jeder Beschwerdeursache eine typische Beschwerdesituation.*

1 | 5.5
5. *Stellen Sie die fünf Handlungsschritte und die damit verbundenen Verhaltensweisen, die bei einem professionellen Beschwerdemanagement zu beachten sind, mit einer Mind-Map dar.*

6. *Skizzieren Sie einen Gesprächsverlauf für folgenden Beschwerdeanruf:*
Kunde: „Ich warte seit drei Wochen auf die Lieferung.“

7. *Finden Sie für folgende Aussagen eine positive Formulierung:*
   - *„Da hätten Sie früher anrufen müssen.“*
   - *„Sie können nur innerhalb von 14 Tage widersprechen.“*
   - *„Aber das habe ich Ihnen doch schon eben erklärt.“*
   - *„Sie haben eine falsche Einstellung gewählt.“*
   - *„Wenn Sie uns das richtige Formular geschickt hätten, wäre alles kein Problem.“*
   - *„Das kommt bei uns laufend vor.“*
   - *„In Ihrer Haut möchte ich jetzt nicht stecken.“*

8. *Ein Kunde ruft bei Dialogfix an und möchte das Abonnement für seine Antivirensoftware kündigen. Der Kunde hat eine günstigere Software von einem Konkurrenten gefunden und gibt dies als Grund für seine Kündigung an. Sie als Mitarbeiter wissen jedoch, dass die Software zwar günstiger ist, jedoch auch schlechter in der Virenerkennung und der Systemstabilität.*
   a) *Entwickeln Sie die Handlungsschritte für diese Haltegesprächssituation.*
   b) *Überlegen Sie, welche Hürden im Gesprächsverlauf auf Sie zukommen könnten und entwerfen Sie mögliche Reaktionen.*

1 | 5.6
   c) *Simulieren Sie die Gesprächssituation mit einem Rollenspiel in der Klasse.*

9. *Welche Bedeutung kommt der Kulanz im Beschwerdemanagement zu? Welche Grenzen sollten beachtet werden?*

10. *Finden Sie konkrete Anlässe aus Ihrem Ausbildungsbetrieb, um eine Kundenrückgewinnungsaktion zu starten.*

5 Erfolgsmessung im Dialogmarketing

- *Einstiegssituation*

Daniel nimmt gerade an einem Teammeeting teil. Seine Teamleiterin Ulrike stellt die aktuellen Erfolgskennzahlen an einem Flipchart vor.

Ulrike: „Gut waren wir im letzten Monat mit unserer Gesprächszeit, und unser Ziel, die Erfolgsquote im Verkauf auf 3,5 % zu steigern, haben wir auch er-reicht. Bei der Nachbearbeitungszeit sind wir allerdings meilenweit vom Ziel entfernt. Was mir auch Sorgen macht, ist die First Call Resolution, da gibt es einen deutlichen Abfall im Vergleich zum Vormonat. Viele Kunden müssen uns also mehr als einmal anrufen, um ihr Anliegen zu klären. Da müssen wir im nächsten Monat besser werden …"

Daniel: „Ulrike, ich kann ehrlich gesagt nicht ganz nachvollziehen, dass wir da immer in jedem Bereich die Zielwerte erreichen müssen. Ist es nicht egal, wie oft jemand hier anruft? Spielt es wirklich eine Rolle, wenn der Kunde erst beim dritten Mal eine Hilfe bekommt, wichtig ist doch nur, dass ihm geholfen wird, oder?"

Ulrike: „Nicht ganz, Daniel, erstens ist ein Kunde, der beim ersten Mal eine Hilfe erhält, zufriedener als wenn er dafür drei- oder viermal anrufen muss, zweitens kostet es das Unternehmen deutlich weniger Geld. Die Zielwerte sind uns deshalb vorgegeben, um in einem vernünftigen finanziellen Rahmen unseren Service zu liefern."

- *Arbeitsaufträge*

1. *Welche Erfolgskennzahlen werden in Ihrem Ausbildungsbetrieb gemessen? Wie werden diese Werte überprüft?*
2. *Wie wirken sich die Erfolgskennzahlen auf Ihre tägliche Arbeit aus?*
3. *Beurteilen Sie die wirtschaftliche Notwendigkeit von Erfolgskennzahlen.*

Kundenbetreuung ist im Dialogmarketing sehr wichtig und trägt ganz erheblich zur **Kundenbindung** bei. Trotzdem muss dieser Bereich wie jeder andere Bereich unter betriebswirtschaftlichen Gesichtspunkten geleitet werden. Daher werden verschiedene **Erfolgskennzahlen** als Vorgabe zugrunde gelegt, an denen sich der Callcenterbereich oder der Outsourcingpartner eines Unternehmens messen lassen muss.

Folgende Fragen können z. B. Basis für die Ermittlung von Erfolgskennzahlen sein:

- Wie lange wartet ein Kunde in einer Warteschleife, bevor er auflegt?
- Wie lange darf ein Gespräch dauern, bis der Kunde eine Lösung hat?
- Wie oft darf es vorkommen, dass ein Kunde mehr als einmal anruft, bevor seine Anfrage gelöst ist?
- Wie viele Produkte oder Dienstleistungen müssen verkauft werden, um profitabel zu arbeiten?

Meist werden diese **Erfolgskennzahlen** zunächst in ihrer Gesamtheit für das ganze Unternehmen oder einen Outsourcingpartner ermittelt. Dann können sie als Vorgaben auf einzelne Abteilungen, Teams oder sogar jeden einzelnen Mitarbeiter übertragen werden.

Die Teams oder der einzelne Mitarbeiter erhalten dadurch ein Bündel an **Zielen**, die zu erfüllen sind. Der jeweilige Grad der Zielerreichung ist dabei oftmals Basis für eine **erfolgsabhängige Vergütung**.

5.1 Erfolgskennzahlen im Inbound

5.1.1 Average Handle Time (AHT)

> **Definition**
> Die AHT bezeichnet die gesamte Zeitdauer, die ein Kundengespräch verursacht.

Die AHT setzt sich aus zwei Komponenten zusammen:

1. **Gesprächszeit (Handle Time, Talking Time):** Die Zeit, in der der Mitarbeiter mit dem Kunden spricht, um eine Lösung zu erarbeiten oder einen bestimmten Vorgang abzuschließen.
2. **Nachbearbeitungsszeit (Wrap Up Time):** Die Zeit, die der Mitarbeiter nach dem Telefonat benötigt, um alle notwendigen Schritte einzuleiten oder Datenbankeinträge vorzunehmen. Allgemein die benötigte Zeit, bevor der Mitarbeiter das nächste Gespräch annehmen kann.

> **Beispiel**
> In der Bestellhotline von Dialogfix wird mit einer durchschnittlichen AHT von 190 Sekunden als Zielwert gerechnet (Gesprächszeit von 160 Sekunden plus 30 Sekunden Nachbearbeitungszeit).

5.1.2 Servicelevel

> **Definition**
> Der **Servicelevel** ist die Größe zur Messung der Erreichbarkeit eines Callcenters.

Durch den Servicelevel wird ausgedrückt, wie viel Prozent der Anrufe innerhalb einer bestimmten Zeit von einem Mitarbeiter entgegengenommen werden. So bedeutet z. B. ein Servicelevel von 90/10, dass durchschnittlich 90 % aller Anrufer weniger als 10 Sekunden warten müssen, bis sie einen Agenten erreichen. Ein hoher Servicelevel steigert tendenziell die Zufriedenheit der Anrufer, verursacht aber für das Unternehmen höhere Kosten, da mehr Mitarbeiter vorgehalten werden müssen.

In vielen Callcentern wird ein Standard-Servicelevel von 80/20 genutzt, bei dem zu wirtschaftlich vertretbaren Bedingungen der Großteil aller Kunden zufrieden gestellt wird. Dieser Standard-Servicelevel ist aber nur ein Richtwert – je nach Aufgabenschwerpunkten des Callcenters und der Art der Dienstleistung kann der Servicelevel variieren.

Steht die AHT und die Anzahl der zu erwartenden Anrufe durch **Forecasting** (Vorhersagen durch Erfahrungs- und Schätzwerte) fest, kann die **Personaleinsatzplanung** bestimmen, wie viele Mitarbeiter benötigt werden, um den angestrebten Servicelevel zu erreichen.

> **Beispiel**
> In der Bestellhotline von Dialogfix wird mit einer durchschnittlichen AHT von 190 Sekunden (Gesprächszeit von 180 Sekunden plus 10 Sekunden Nachbearbeitungszeit) und einem gesamten Anrufvolumen von 300 Anrufen in der Stunde gerechnet. Dabei ist es das Ziel, einen Servicelevel von 80/20 sicherzustellen.
>
> Aus diesen Werten kann in der Personaleinsatzplanung festgelegt werden, wie viele Mitarbeiter pro Schicht eingeplant werden müssen.

> *Praxistipp*
> Beginnen Sie die Pflege der Datenbank oder der schriftlichen Dokumentation bereits während des Gesprächs, um die Nachbearbeitungszeit zu verkürzen. Achten Sie dabei darauf, dass Sie dem Kunden trotzdem die volle Aufmerksamkeit schenken oder weisen Sie den Kunden darauf hin, dass Sie einen notwendigen Eintrag vornehmen, damit er weiß, womit Sie beschäftigt sind.

5.1.3 Lost Calls

Eng mit dem Servicelevel ist die Zahl der Lost Calls verknüpft.

> **Definition**
> Als **Lost Calls** (auch: Abandoned Calls) bezeichnet man Anrufe, die vom Anrufer beendet wurden, bevor ein Mitarbeiter den Anruf angenommen hat.

Anrufer legen meist auf, wenn ihnen die Zeit in der Warteschleife zu lang erscheint oder die Warteschleife unattraktiv gestaltet ist (z. B. nervende Hintergrundmusik). Ein niedriger

Servicelevel begünstigt somit die Zahl der Lost Calls. Die Lost-Call-Quote zeigt an, wie viel Prozent der Anrufer aufgelegt haben, bevor sie mit einem Mitarbeiter verbunden wurden.

Beispiel

In der Technischen Hotline von Dialogfix gehen in einer Stunde 300 Anrufe ein. Allerdings werden von den Mitarbeitern nur 280 Anrufe angenommen, 20 Anrufer haben bereits vorher aufgelegt.

Die Lost-Call-Quote liegt somit bei 6,7 %.

*Berechnung: 100/300 * 20 = 6,7 %*

Jeder verpasste Anruf ist für das Unternehmen eine verpasste Gelegenheit. Daher wird meist eine Lost-Call-Quote angestrebt, die nahe 0 liegt. Dies kann z. B. durch eine optimierte Personaleinsatzplanung oder durch die Einschaltung eines **Überlauf-Callcenters** geschehen.

5.1.4 First Call Resolution (FCR)

> ### Definition
> Die FCR-Rate zeigt an, in wie viel Prozent aller Fälle die Anfrage eines Kunden beim ersten Anruf gelöst werden konnte.

Ruft ein Kunde in einem Callcenter an, so besteht in der Regel die Erwartungshaltung, dass nur ein Anruf genügt, um die Anfrage abschließend zu klären. Auch aus Unternehmenssicht ist es vorteilhaft, wenn die Anfrage im ersten Kontakt gelöst werden kann. So wird einerseits eine höhere **Kundenzufriedenheit** erzeugt und andererseits werden unnötige Gesprächszeiten, in denen der Kunde z. B. mehrfach sein Anliegen vortragen muss, beseitigt und damit Kosten eingespart.

Beispiel

In der Technischen Hotline von Dialogfix werden in einer Stunde 280 Kundenanrufe bearbeitet. 224 dieser Kunden erhalten eine direkte Lösung für ihre Anfrage, 56 müssen erneut anrufen, damit eine Lösung gefunden werden kann.

In diesem Fall beträgt die FCR-Rate 80 %.

*Berechnung: 100/280 * 224 = 80 %*

5.1.5 Verkaufsquote

Der **Verkauf von Produkten** ist im Inbound entweder aus der grundsätzlichen Aufgabenstellung (z. B. Bestellhotline) oder als Zusatzleistung (Verkauf von Produkten in einer Servicehotline) denkbar. Die Verkaufsquote misst dabei den Erfolg, den der Mitarbeiter im aktiven Verkauf hat, der also über eine passive Bestellannahme hinausgeht.

Die **Verkaufsquote** ermittelt sich aus der Anzahl der eingegangenen Anrufe und der Menge der verkauften Produkte.

Beispiel

Ein Mitarbeiter in der kaufmännischen Beratung von Dialogfix bietet zusätzlich zur Kundenanfrage aktiv eine neue Finanzsoftware an.

In einer Schicht hat der Mitarbeiter 120 Anrufe. Bei 18 dieser Anrufe kann er zusätzlich zur normalen Beratungsleistung dem Kunden eine Software verkaufen.

Dies ergibt eine Verkaufsquote von 15 %.

Berechnung: 100/120 * 18 = 15 %

5.2 Erfolgskennzahlen im Outbound

Um neue Kunden zu gewinnen oder bestehende Kunden für ein neues Produkt zu begeistern, werden häufig Outbound-Aktionen eingesetzt.

Typische Outbound-Aktionen sind:
- Aktive telefonische Neukundengewinnung
- Ansprache von Bestandskunden, um neue Produkte zu verkaufen
- Ansprache von ehemaligen Kunden, um diese als Kunden zurückzugewinnen

Um diese Aktionen wirtschaftlich durchzuführen, ist es unerlässlich, den Erfolg und den Ertrag dieser Aktionen zu messen und mit den Kosten zu vergleichen.

5.2.1 Ausschöpfungsquote

> *Definition*
> Die **Ausschöpfungsquote** beschreibt die Anzahl der Personen, die durch die Aktion erreicht wurden im Verhältnis zur Anzahl der zur Verfügung stehenden Adressen bzw. Telefonnummern.

Eine niedrige Ausschöpfungsquote bedeutet nichts anderes, als dass eine Vielzahl von „guten" Daten nicht verwertet werden konnte und somit ungenutzt bleibt. Die Gesamtzahl der angewählten Rufnummern der Aktion wird dabei als Bruttokontakte, die tatsächlich erreichten Personen als Nettokontakte bezeichnet.

Beispiel

Dialogfix stellt KommunikativAktiv 12.000 Adressen von inaktiven Altkunden zur Verfügung, um eine neue Software zu verkaufen. Die Dauer der Outbound-Aktion ist auf 2 Wochen festgelegt. In dieser Zeit werden 9.000 Personen erreicht.

Die Ausschöpfungsquote beträgt 75 %.

Berechnung: 100/12.000 * 9.000 = 75 %

5.2.2 Erfolgsquote

> **Definition**
> Die **Erfolgsquote** ist die Anzahl der gewonnenen Kunden aufgrund der Aktion.

Die Erfolgsquote ermittelt sich aus der Anzahl der angesprochenen Personen und der Anzahl der abgeschlossenen Verträge. Bei einer Rückgewinnungsaktion spricht man analog zur Erfolgsquote auch von der **Rückgewinnungsquote**.

Beispiel

KommunikativAktiv verkauft bei den 9.000 erreichten Kunden 1.300 Einheiten der Software.

Die Erfolgsquote beträgt 14,4 %.

Berechnung: 100/9.000 * 1.300 = 14,4 %

5.2.3 Stornoquote

Bd. 2 | 8 Nicht jeder Auftrag darf als Erfolg verbucht werden. Innerhalb der gesetzlichen Fristen haben die Kunden im Nachhinein die Möglichkeit, vom Kauf eines Produkts zurückzutreten. In diesem Fall spricht man von einem **Storno**.

> **Definition**
> Die **Stornoquote** misst das Verhältnis von stornierten Aufträgen zu den Gesamtaufträgen.

Eine hohe Stornoquote führt zu erheblichen Mehrkosten und damit möglicherweise zu einer Unwirtschaftlichkeit der gesamten Aktion. Eine fortgesetzt hohe Stornoquote kann auch zu einem langfristigen Imageverlust des Unternehmens führen.

Beispiel

Aus der Outbound-Aktion gehen 1.300 Bestellungen hervor. Im Nachhinein werden aber 260 Bestellungen storniert.

Das entspricht einer Stornoquote von 20 %.

*Berechnung: 100/1.300 * 260 = 20 %*

5.2.4 Festbestellquote

Dieser Wert errechnet sich aus der Anzahl der tatsächlichen Bestellungen – also der Bestellungen abzüglich Stornos – in Relation zu den angesprochenen Kunden.

Beispiel

In einer Marketingaktion werden durch Outboundcalls 12.000 Kunden angesprochen. Davon bestellen 2.600 Kunden. Im Nachgang werden aber 250 Bestellungen storniert.

Die tatsächliche Anzahl der Bestellungen liegt damit bei 2.350.

Die Festbestellquote liegt bei 19,6 %.

*Berechnung: 100/12000 * 2350 = 19,6 %*

5.2.5 Break-Even-Point (BEP)

Der **Break-Even-Point** (BEP) stellt den Punkt dar, ab dem eine Aktion gewinnbringend verläuft. Man berechnet also zum Beispiel, wie viele Kunden bei einer Outbound-Aktion tatsächlich bestellen müssen, damit die Kosten der Aktion gedeckt sind und ein Gewinn für das Unternehmen anfällt. **Bd. 2 | 7**

Um den Break-Even-Point zu berechnen, benötigt man folgende Größen:
1. **Aktionskosten pro Stück:** Die Kosten, die eine Ansprache eines Kunden mit der jeweiligen Aktion verursacht. Zum Beispiel sind dies die Kosten für einen Outboundanruf.
2. **Deckungsbeitrag pro Bestellung:** Der Bruttogewinn der Bestellung, also die Erlöse abzüglich aller damit verbundenen Kosten. Wenn die Software z. B. 50 EUR kostet und die anteiligen Vertriebs- und Entwicklungskosten mit 30 EUR zu Buche schlagen, dann liegt der Deckungsbeitrag bei 20 EUR.

Die Formel zur Berechnung des BEP:

$$\text{BEP in \%} = \frac{\text{Aktionskosten pro Stück}}{\text{Deckungsbetrag pro Bestellung}} * 100$$

Beispiel

Dialogfix zahlt pro durchgeführtem Anruf an KommunikativAktiv 1,50 EUR. Das verkaufte Produkt hat einen Deckungsbeitrag von 20 EUR.

Daraus ergibt sich, dass 7,5 % der angerufenen Kunden eine Bestellung abgeben müssen, um die Gewinnschwelle zu erreichen.

*Berechnung: 1,50/20 * 100 = 7,5 %*

Zusammenfassendes Beispiel zur Erfolgskontrolle einer Outbound-Aktion

Anhand des folgenden Beispiels soll die Erfolgsmessung einer Outbound-Aktion demonstriert werden:

dialogfix GmbH

Die Firma Dialogfix erteilt einen Auftrag an KommunikativAktiv mit dem Ziel, den Kundenbestand von Dialogfix zu erweitern und das Produkt „Finanzfix" zu verkaufen. Für die Aktion stellt Dialogfix 17.000 Adressen zur Verfügung.

Die Kosten pro Anruf betragen 1,50 EUR.

Der Deckungsbeitrag der Software beträgt 20 EUR.

1. Der **Break-Even-Point** liegt bei 7,5 %. (1,50 / 20 * 100)

2. Im Lauf der Aktion erreicht KommunikativAktiv genau 14.500 Kunden. Die **Ausschöpfungsquote** liegt also bei 85,3 %. (100 / 17.000 * 14.500)

3. Aus den 17.000 Adressen gehen im ersten Schritt 2.200 Bestellungen hervor. Die **Erfolgsquote** liegt also bei 12,9 %. (100 / 17.000 * 2.200)

4. Im Nachhinein werden von diesen Bestellungen aber 230 storniert. Die **Stornoquote** liegt also bei 10,5 %. (100 / 2.200 * 230)

5. Die Anzahl der Festbestellungen liegt also bei 1.970 (2.200 – 230). Die **Festbestellquote** beträgt damit 11,6 %. (100 / 17.000 * 1.970)

Damit ist die Aktion ein voller wirtschaftlicher Erfolg, der BEP lag bei 7,5 % und wurde mit der Festbestellquote von 11,6 % überschritten.

Zusammenfassung

Um kundenorientiert und zugleich rentabel zu arbeiten, bedienen sich Auftraggeber für Inhouse- oder Outsourcing-Callcenter verschiedener **Erfolgskennzahlen:**

- Die **AHT** ist die Gesamtgesprächszeit inklusive Nachbearbeitungszeit.

- Der **Servicelevel** ist die Größe zur Messung der Erreichbarkeit eines Callcenters und drückt aus, wie viel Prozent der Anrufe innerhalb einer bestimmten Zeit von einem Mitarbeiter entgegengenommen werden.
- Die **Lost-Call-Quote** misst, wie viele Anrufer aufgelegt haben, bevor sie mit einem Mitarbeiter verbunden wurden.
- Die **FCR-Rate** zeigt an, in wie viel Prozent aller Fälle die Anfrage eines Kunden beim ersten Anruf abschließend gelöst werden konnte.
- Die **Ausschöpfungsquote** beschreibt die Anzahl der Personen, die durch eine Outbound-Aktion erreicht werden im Verhältnis zur Anzahl der Adressen bzw. Telefonnummern.
- Die **Erfolgsquote** ist die Anzahl der aufgrund einer Aktion gewonnenen Kunden. Sie wird ermittelt aus der Anzahl der angesprochenen Personen und der Anzahl der abgeschlossenen Verträge.
- Die **Stornoquote** ist der prozentuale Anteil der Bestellungen, die im Nachhinein storniert werden.
- Die **Festbestellquote** errechnet sich aus der Anzahl der tatsächlichen Bestellungen, also der Bestellungen abzüglich Stornos, in Relation zu den angesprochenen Kunden.
- Der **Break-Even-Point** stellt den Punkt dar, ab dem eine Aktion gewinnbringend verläuft.

■ *Aufgaben*

1. *Aus welchen Komponenten wird die AHT gebildet? Welche Auswirkungen hat die AHT auf Mitarbeiter und Unternehmen?*

2. *Definieren Sie den Begriff Servicelevel. Welche Probleme ergeben sich für ein Unternehmen*
   a) *bei einem sehr hohen Servicelevel*
   b) *bei einem niedrigen Servicelevel?*

3. *Welche Ursachen können zu einem Absinken des Servicelevels führen?*

4. *In der technischen Hotline von Dialogfix gehen in einer Stunde 500 Calls ein, leider beenden 36 Kunden das Gespräch, bevor ein Mitarbeiter abhebt. Ermitteln Sie die Lost-Call-Quote.*

5. *Bei Dialogfix rufen in einer Stunde 280 Kunden an, 25 von diesen Kunden müssen erneut anrufen, um eine endgültige Lösung zu erhalten. Berechnen Sie die FCR-Rate.*

6. *Dialogfix setzt eine Verkaufsquote von 5,4 % fest, in einer Schicht erhält ein Agent 120 Anrufe. In wie vielen Fällen muss er einen Verkauf erreichen, um sein Ziel zu erreichen?*

7. *Dialogfix erteilt einen neuen Auftrag an KommunikativAktiv. Es stehen insgesamt 18.500 Adressen zur Verfügung, davon werden 8.500 Kunden erreicht. Wie hoch ist die Ausschöpfungsquote?*

8. *Für eine Outbound-Aktion stellt Dialogfix folgende Werte fest: Die Kosten pro Anruf betragen 1,50 EUR, der Deckungsbetrag pro Bestellung liegt bei 10 EUR. Das Callcenter erhält 12.000 Adressen. Man geht dort davon aus, dass man es schaffen wird, 900 Festbestellungen zu erreichen. Ein höherer Wert kann wahrscheinlich nicht erreicht werden, da das angebotene Produkt nicht für die breite Masse interessant ist.*
   a) *Errechnen Sie den Break-Even-Point.*
   b) *Geben Sie eine Empfehlung an Dialogfix ab, ob diese Aktion sinnvoll ist. Begründen Sie Ihre Entscheidung.*

6 Zahlungsverkehr im Dialogmarketing

- *Einstiegssituation*

Julia hat gerade ein sehr langes Verkaufsgespräch mit Herrn Müller geführt und ist jetzt bei der Klärung der Zahlungsbedingungen angelangt. Herr Müller hat für seine Familie zwei hochwertige PC-Systeme mit Laserdrucker, Scanner und Flachbildschirm erworben. Da er demnächst seine Steuererklärung abgeben muss, hat er außerdem noch die neue Finanzfix-Software bestellt. Für die Hardware ist eine Lieferzeit von vier Wochen vereinbart worden. Für den Gesamtpreis von 3.998 EUR hat Julia mit Herrn Müller eine Finanzierung über 12 Monate vereinbart, die über die Hausbank von Dialogfix abgewickelt wird. Die Software ist sofort lieferbar und soll direkt bei Lieferung an der Haustür bezahlt werden.

Julia: „Herr Müller, vielen Dank für Ihre Bestellung. Die Software wird direkt verschickt, Sie zahlen diese wie gewünscht per Nachnahme an der Haustür. Wegen der Ratenzahlung der anderen Bestellung habe ich die notwendigen Daten aufgenommen, es erfolgt jetzt noch eine Bonitätsprüfung bei unserer Hausbank. Dazu sende ich Ihnen vorab die Schufaklausel zu, die Sie bitte unterschrieben an uns zurücksenden. Das ist bei Finanzierungen so üblich. Sobald diese erfolgreich abgeschlossen ist, werden Sie informiert und die Ware wird Ihnen dann zum vereinbarten Liefertermin zugestellt. Die Rate zahlen Sie dann monatlich per Bankeinzug. Haben Sie dazu noch eine Frage, Herr Müller?"

Herr Müller: „Bonität? Schufa? Ich verstehe nur Bahnhof. Das müssen Sie mir noch genauer erklären!"

- *Arbeitsaufträge*

1. Erläutern Sie dem Kunden, was man unter einer Bonitätsprüfung versteht und welche rechtlichen Grundlagen dabei zu beachten sind.
2. Welche Zahlungsmöglichkeiten kennen Sie aus Ihrem Ausbildungsbetrieb?
3. Stellen Sie in der Klasse verschiedene Zahlungsmöglichkeiten für Kunden gegenüber und vergleichen Sie Vor- und Nachteile.

6.1 Bonitätsprüfung und Wirtschaftsauskünfte

Soll – wie in der Einstiegssituation – einem Kunden ein **Kredit** gewährt werden oder gilt es, einen Vertrag abzuschließen, der eine gewisse Zahlungsfähigkeit des Kunden voraussetzt (z. B. ein Laufzeitvertrag bei einem Mobilfunkanbieter) ist es üblich, dass Unternehmen zunächst die **Kreditwürdigkeit** und das **Zahlungsverhalten** des Kunden überprüfen. Außerdem werden andere wichtige Daten überprüft, wie zum Beispiel, ob der Kunde bei der Bestellung die korrekte Adresse angegeben hat. Die Gesamtheit dieser Informationen wird auch als **Bonität** bezeichnet. Der Grad der Bonität beeinflusst ganz entscheidend, wie sich die gesamte Geschäftsbeziehung mit dem Kunden darstellt und wie der Zahlungsverkehr abgewickelt wird.

6.1.1 Bonitätsrelevante Daten

Bei der Prüfung wird zwischen **Privatpersonen** und **juristischen Personen** unterschieden.

Folgende Daten können bei **Privatpersonen** Gegenstand einer Bonitätsprüfung sein:
1. Kommunikationsinformationen: Name, Anschrift, weitere Wohnsitze, Geburtsdatum, Telefonnummern, E-Mail-Adresse, ggf. Homepage
2. Tätigkeit bzw. Beruf
3. Familienstand
4. Finanzlage, bisherige Kredite, Schufa-Einträge
5. Erfahrungen mit dem Zahlungsverhalten, Beurteilung von bisherigen Geschäften
6. Bewertung der finanziellen Lage durch Einordnung in Rankings (Wohnort, z. B. gute oder schlechte Wohngegend)
7. Besitz von Immobilien
8. Informationen über bestehende oder aufgelöste Bankverbindungen

Bei **juristischen Personen** können folgende Daten von Interesse sein:
1. Kommunikationsdaten: Firma, Anschrift, Postfach, Rufnummern, E-Mail-Adresse und Homepage
2. Rechtsform
3. Einträge im Handelsregister, Anteilseigner und haftende Personen
4. Tätigkeitsbereich des Unternehmens
5. Niederlassungen
6. Zahlungsfähigkeit und Zahlungserfahrungen mit diesem Unternehmen
7. Beurteilung der Zahlungsfähigkeit nach Angaben über Kredite, Negativeinträge, Inkasso-Verfahren

Bei der Bonitätsprüfung kommen zunächst die im Unternehmen selbst vorhandenen **Daten** zum Zuge. Darüber hinaus bedient man sich **Wirtschaftsauskunfteien**. Bei der **5 | 2** Nachforschung nutzen die Auskunfteien neben der Befragung von amtlichen Stellen auch allgemein zugänglichen Publikationen, z. B. über Insolvenzverfahren. Außerdem besteht eine enge Zusammenarbeit mit Inkassobüros.

Die Bündelung der bei der Bonitätsprüfung gesammelten Daten zu einem einzigen Wert wird auch als **Scoring-Verfahren** bezeichnet. Für einzelne festgelegte Merkmale (s. o.) gibt es Punkte, die in der Summe schließlich einen **Gesamtscore** ergeben. Dieser Gesamtscore ist dann Grundlage für weitere Entscheidungen in der Geschäftsbeziehung, z. B. darüber, ob eine Finanzierung gewährt wird. Ermittlung und Auswertung des Scores sind meist unternehmensspezifisch gestaltet.

> **Beispiel**
>
> Herr Müller hat bei der Bonitätsprüfung von Dialogfix aufgrund seiner Daten einen Gesamtscore von 138 erzielt. Damit liegt er deutlich über dem für Finanzierungen notwendigen Score von 80.

6.1.2 Wirtschaftsauskunfteien

Die bekannteste und auch am meisten genutzte Auskunftei ist die **Schufa** (Schutzgemeinschaft für allgemeine Kreditsicherung) Holding AG. Die Schufa ist eine privatwirtschaftliche Auskunftei, die von den kreditgebenden Unternehmen getragen wird. Die Schufa dient vor allem dem Schutz der Vertragspartner vor Zahlungsausfällen.

Die Schufa ermittelt hierbei nicht selbst Daten, sondern die Vertragspartner (Banken, Kreditinstitute, Einzelhändler, Inkassounternehmen etc.) übermitteln die notwendigen Informationen an die Schufa. Teilweise erhält die Schufa dabei auch Informationen von öffentlichen Institutionen (z. B. Amtsgerichte).

Im Falle der Einwilligung des Kunden speichert die Schufa den Namen, das Geburtsdatum, gegenwärtige und ehemalige Anschriften, Daten über Aufnahme und Abwicklung von Geschäften sowie die Nichterfüllung von Geschäften. Ohne Einwilligung können Daten aus öffentlichen Quellen verwendet werden. Zusätzlich wird auf einen Datenbestand zurückgegriffen, in dem die bisherigen Kredite und Zahlungen des Schuldners genau hinterlegt sind.

Bei allen Daten wird zwischen **Positivmerkmalen** und **Negativmerkmalen** („Negative Schufa") unterschieden. Ein regelmäßig gezahlter und abgeleisteter Kredit schlägt z. B. positiv zu Buche, während eine nicht vertragsgemäß geleistete Zahlung eine negative Rückmeldung erzeugt.

Positivmerkmale	Negativmerkmale
Informationen über Girokonten und Kontoanträge	Nicht geleistete Zahlungen
Kreditkarten	Mahnbescheide
Daten über Kredite	Abgabe einer Eidesstattlichen Versicherung
Bürgschaften	Scheckmissbrauch/Nicht gedeckte Schecks
Zurückgezahlte Kredite	Nicht zurückgezahlte Kredite

Die Schufa erhält keine Information über die Höhe des Einkommens.

Neben der Schufa gibt es eine Vielzahl weitere Auskunfteien, z. B:
- arvato infoscore
- Bürgel
- Deltavista
- SAF/Solventec (Tochtergesellschaft der Deutschen Telekom AG)
- Creditreform
- Schober

6.1.3 Datenschutz

Bei einer solchen umfangreichen Sammlung sensibler Daten sind selbstverständlich die strengen rechtlichen **Vorgaben des Datenschutzgesetzes** zu beachten, um den Missbrauch der Daten zu verhindern. Eine Wirtschaftsauskunftei wie die Schufa steht einem Unternehmen nur im Falle einer berechtigen Bonitätsprüfung zur Seite. Wenn eine Person geprüft werden soll, dann kann dies nur geschehen, wenn eine direkte Geschäftsbeziehung zu dieser Person besteht.

Gründe, die zur **Auskunftseinholung** berechtigen, sind unter anderem:
- Anbahnung von Geschäftsbeziehungen
- Einzug von Forderungen
- Abschluss von Kauf- oder Mietverträgen

Bevor das Unternehmen Daten an die Schufa übermittelt oder von dort abfragt, muss der Kunde sein ausdrückliches Einverständnis erklären. In der Praxis erfolgt dies durch die Unterzeichnung der sog. **Schufaklausel**. Verweigert der Kunde dies, können in der Regel keine Finanzierungsleistungen angeboten werden. Die Schufa ist verpflichtet, die Daten nach einer bestimmten Frist – im Allgemeinen nach drei Jahren – wieder zu löschen.

Schufaklausel:

Ich/Wir willige(n) ein, dass der Kreditgeber, der für meinen/unseren Wohnsitz zuständigen SCHUFA Gesellschaft (Schutzgemeinschaft für allgemeine Kreditsicherung) Daten über die Aufnahme (Kreditnehmer, Mitschuldner, Kreditbetrag, Laufzeit, Ratenbeginn) und vereinbarungsgemäße Abwicklung (z. B. vorzeitige Rückzahlung, Laufzeitverlängerung) dieses Kredites übermittelt. Unabhängig davon werden die Fir-

men der SCHUFA auch Daten aufgrund nichtvertragsgemäßer Abwicklung (z. B. Kündigung des Kredites, Inanspruchnahme einer vertraglich vereinbarten Lohnabtretung, beantragter Mahnbescheid bei unbestrittener Forderung sowie Zwangsvollstreckungsmaßnahmen) melden.
Diese Meldungen dürfen nach dem Bundesdatenschutzgesetz nur erfolgen, soweit dies zur Wahrung berechtigter Interessen der Firmen eines Vertragspartners der SCHUFA oder der Allgemeinheit erforderlich ist und dadurch meine/unsere schutzwürdigen Belange nicht beeinträchtigt werden. Die SCHUFA speichert die Daten, um den ihr angeschlossenen Kreditinstituten, Kreditkartenunternehmen, Leasinggesellschaften, Einzelhandelsunternehmen einschließlich des Versandhandels und sonstigen Unternehmen, die gewerbsmäßig Geld- oder Warenkredite an Konsumenten geben, Informationen zur Beurteilung der Kreditwürdigkeit von Kunden geben zu können. An Unternehmen, die gewerbsmäßig Forderungen einziehen und der SCHUFA vertraglich angeschlossen sind, können zum Zwecke der Schuldnerermittlung Adressdaten übermittelt werden. Die SCHUFA stellt die Daten ihren Vertragspartnern nur zur Verfügung, wenn diese ein berechtigtes Interesse an der Datenübermittlung glaubhaft darlegen. Die SCHUFA übermittelt nur objektive Daten ohne Angabe des Kreditgebers; subjektive Werturteile, persönliche Einkommens- und Vermögensverhältnisse sind in SCHUFA-Auskünften nicht enthalten.

Quelle: Schufa Holding AG

6.2 Zahlungsmöglichkeiten für Kunden

Im Dialogmarketing steht dem Kunden eine Vielzahl von Zahlungsmöglichkeiten zur Verfügung. Dabei lassen sich grundsätzlich verschiedene Zahlungsmodalitäten unterscheiden.

Abb.: Zahlungsmodalitäten

Mitarbeiter im Dialogmarketing müssen über die Vor- und Nachteile der einzelnen Zahlungsmodalitäten Bescheid wissen, um für den Kunden und das Unternehmen eine bedarfsgerechte Zahlungsabwicklung zu finden.

6.2.1 Barzahlung

Bei der Barzahlung erhält der **Gläubiger** (Unternehmen) vom **Schuldner** (Kunde) den offen stehenden Betrag in Form von Banknoten und Münzen. Diese Zahlungsart ist z. B. im Einzelhandel bei Zahlungen des täglichen Bedarfs gebräuchlich. Auch heutzutage ist diese Zahlform insbesondere bei kleineren Beträgen noch sehr geläufig.

Die Barzahlung findet im Dialogmarketing jedoch faktisch keinen Einsatz, da alle Transaktionen per Telefon abgewickelt werden und der notwendige persönliche Kontakt zwischen Unternehmen und Kunden zur Übergabe der Zahlung nicht zustande kommt.

6.2.2 Halbbare Zahlung

Voraussetzung für halbbare Zahlungen ist, dass entweder Schuldner oder Gläubiger ein **Girokonto** bei einem **Kreditinstitut** (Bank, Postbank, Sparkasse) besitzen. Die Kreditinstitute wickeln dabei den Zahlungsverkehr ab.

Die Kreditinstitute haben sich in Deutschland zu **fünf Gironetzen** zusammengeschlossen. Die verschiedenen Banken oder Geldinstitute unterhalten ihrerseits Konten bei den **Landeszentralbanken**. Für die Gläubiger und Schuldner spielt es keine Rolle, bei welchem Kreditinstitut sich die jeweiligen Konten befinden. Die Zahlung wird zwischen den Kreditinstituten intern verrechnet. Dieses **Verrechnungsverfahren** erfolgt zwischen den Banken per Datenfernübertragung.

Sowohl im halbbaren als auch im bargeldlosen Zahlungsverkehr spielt das Girokonto eine wichtige Rolle. Guthaben (und ggf. ein eingeräumter Kredit) auf dem Girokonto können jederzeit verfügt werden. Wer ein Konto eröffnen möchte, muss voll geschäftsfähig und mindestens 18 Jahre alt sein. Antragsformulare für die Eröffnung eines Kontos erhält man bei allen Kreditinstituten. Jeder Kontoinhaber erhält von seiner Bank regelmäßig **Kontoauszüge**, über diese wird er über den gesamten Zahlungsverkehr auf seinem Konto unterrichtet. Die Kontoauszüge erhält man entweder über Auszugsdrucker in den Bankfilialen oder gegen eine Gebühr per Post.

Immer mehr in den Vordergrund rückt allerdings die elektronische Kontoführung per **Onlinebanking**. Der Kunde kann alle Zahlungsinformationen über die Website seiner Bank einsehen und verschiedene Zahlungsmöglichkeiten nutzen.

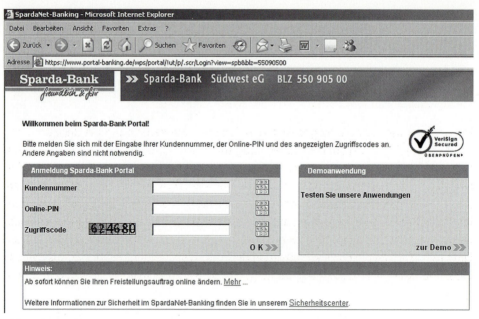

Abb.: Onlinebanking

Ohne Girokonto ist es für ein Unternehmen praktisch unmöglich, am Geschäftsverkehr teilzunehmen. Viele Unternehmen unterhalten sogar mehrere Girokonten bei verschiedenen Banken. **Kontonummer** und **Bankleitzahl** werden oft auf der Geschäftskorrespondenz abgedruckt. Für Privatpersonen ist ein Girokonto nützlich, um an wesentlichen Bereichen des wirtschaftlichen Verkehrs teilnehmen zu können. Allerdings knüpfen viele Banken bestimmte Bonitätsanforderungen an die Einrichtung eines Girokontos. Daher gibt es eine nicht unbeträchtliche Zahl an Personen ohne Girokonto. Für diese Kunden sollte das Unternehmen daher alternative Zahlungsmöglichkeiten anbieten:

Zahlschein

Hat der Schuldner kein Konto oder möchte er die Zahlung nicht über sein Konto abwickeln, kann er den fälligen Betrag per **Zahlschein** begleichen. Dabei zahlt der Schuldner den Betrag bar bei einem Kreditinstitut ein und entrichtet eine entsprechende Bearbeitungsgebühr. Der offene Betrag wird dann direkt dem Konto des Schuldners gutgeschrieben. Mit dieser Art der Zahlung kann jeder beliebige Geldbetrag bezahlt werden, die Kosten sind dabei immer vom Schuldner zu tragen.

Der Zahlschein wird von einem Unternehmen oft als Vordruck an den Schuldner versand, dieser kann damit dann direkt zur Bank gehen. Ein Zahlschein besteht immer aus der **Zahlschein-Gutschrift** (Beleg für das Kreditinstitut) und der **Zahlschein-Quittung** (Kopie des Belegs für den Einzahler).

Beispiel

Ein Kunde der Firma Dialogfix hat einen offenen Rechnungsbetrag, er erhält einen Zahlschein und erledigt die Zahlung direkt bar bei einem Kreditinstitut.

Nachnahme

Ein Unternehmen hat die Möglichkeit, den Zahlschein in Verbindung mit der Zustellung der Ware durch die Post oder ein anderes Logistikunternehmen zu überbringen. In diesem Fall erhält der Kunde die Ware erst gegen Zahlung des fälligen Betrags an der Haustür. Der Betrag wird dann umgehend dem Konto des jeweiligen Unternehmens gutgeschrieben. Für das Unternehmen entsteht somit kein Zahlungsrisiko. Daher bietet sich diese Zahlungsart insbesondere bei Kunden mit einer schwachen Bonität an. Die Zahlung per Nachnahme bietet für den Empfänger den Vorteil, dass er erst mit der Übergabe des Pakets zahlen muss. Allerdings ist diese Versandart in der Regel teurer als andere Zahlungsformen, da nicht unerhebliche Nachnahmegebühren anfallen, die in der Regel der Empfänger zu tragen hat.

Scheck

Ein Scheck ist eine schriftliche Anweisung an ein Kreditinstitut, gegen Vorlage einen bestimmten Geldbetrag auszuzahlen. Das Konto des Scheckausstellers wird anschließend mit dem entsprechenden Betrag belastet.

Schecks sind rechtlich gesehen kein Zahlungsmittel und müssen daher nicht von einem Gläubiger akzeptiert werden. Der Gläubiger hat somit immer das Recht, eine andere Form der Zahlung (z. B. Bargeld) zu fordern.

Damit ein Scheck Gültigkeit besitzt, also von Geldinstituten akzeptiert wird, müssen einige **formale Vorschriften** beachtet werden. Wenn nur eines dieser Bestandteile fehlt, besitzt der Scheck keine Gültigkeit.

Die **formalen Bestandteile** eines Schecks sind:

1. Das Wort „Scheck" muss im Text des Dokuments vorhanden sein
2. Name des zahlenden Kreditinstituts
3. Der Zahlungsort
4. Die Anweisung, eine bestimmte Geldsumme zu zahlen
5. Tag und Ort der Ausstellung
6. Die Unterschrift des Scheckausstellers

Musterbank GmbH   D E

Zahlen Sie gegen diesen Scheck

E U R

Betrag: Euro, Cent

Betrag in Buchstaben

noch Betrag in Buchstaben

an .... oder Überbringer

Ausstellungsort, Datum   Unterschrift des Ausstellers

Der vorgedruckte Schecktext darf nicht geändert oder gestrichen werden. Die Angabe einer Zahlungsfrist auf dem Scheck gilt als nicht geschrieben.

| Scheck-Nr. | X | Konto-Nr. | X | Betrag | X | Bankleitzahl | X | Text |

01┐

Bitte dieses Feld nicht beschriften und nicht bestempeln

Abb.: Barscheck

Als **Barscheck** wird ein Scheck bezeichnet, bei dem der Geldbetrag bar an den Empfänger ausgezahlt wird. Diese Schecks werden in der Regel nur bei der im Scheck genannten Bank ausgezahlt. Bei einem **Verrechnungsscheck** wird der Geldbetrag nicht bar ausgezahlt, sondern kann nur dem Konto des Überbringers gutgeschrieben werden. Gemeinsam ist diesen Scheckarten, dass sie keine Einlösungsgarantie geben. Weist das Konto des Ausstellers keine ausreichende Deckung auf, ist das Kreditinstitut nicht zur Einlösung verpflichtet. Das mit einer begrenzten Zahlungsgarantie versehene **Eurocheque-System** ist Ende 2001 eingestellt worden.

Das Einlösungsrisiko und die vergleichsweise umständliche Handhabung machen den Scheck zu einem unattraktiven Zahlungsmittel im Dialogmarketing. Der Scheck kommt daher in der Praxis kaum zum Einsatz, allenfalls eine Verwendung als Mittel der Vorauszahlung ist realistisch.

6.2.3   Bargeldlose Zahlung

Bei der bargeldlosen Zahlung benötigen sowohl Schuldner als auch Gläubiger ein **Konto** bei einem Kreditinstitut. Der Schuldner kann sein Konto auf verschiedenen Wegen um den zu zahlenden Betrag belasten. Der fällige Betrag wird dann dem Konto des Gläubigers gutgeschrieben.

Überweisung

Ein Schuldner hat die Möglichkeit, den zu zahlenden Betrag von seinem Konto auf ein beliebiges Konto der Bank des Gläubigers zu überweisen. Dieser Auftrag wird entweder in Papierform auf einem **Überweisungsträger** oder per **Onlinebanking** an das eigene Kreditinstitut aufgegeben.

Um eine reibungslose Transaktion zu gewährleisten, muss ein Überweisungsträger bzw. ein Onlineformular immer folgende Angaben enthalten:
1. Kontonummer und Name des Empfängers
2. Den zu überweisenden Betrag
3. Bankleitzahl und Name des empfangenden Geldinstituts
4. Den eigenen Namen und Kontoinformation
5. Die Unterschrift (Im Onlinebanking wird die Bestätigung per Eingabe einer sog. TAN-Nummer bestätigt)
6. Das Datum der Überweisung
7. Den Verwendungszweck (z. B. Rechnungsnummer)

> **Beispiel**
>
> Ein Kunde der Firma Dialogfix hat 30 EUR zu zahlen. Er stellt einen Überweisungsauftrag aus. Seine Bank überweist den offenen Betrag an die Bank von Dialogfix.

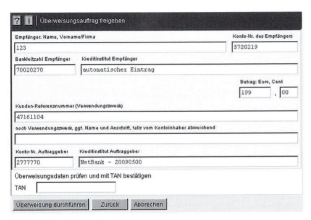

Abb.: Onlineüberweisung

Die einfache und vergleichsweise kostengünstige Handhabung macht die Überweisung zu einem bevorzugten Zahlungsmittel. Um das Zahlungsrisiko zu minimieren, wird bei Neukunden meist eine vorherige Bonitätsprüfung durchgeführt.

Lastschriftverfahren

Bei dieser Art der Zahlung ermächtigt der Gläubiger den Schuldner, den zu zahlenden Betrag von seinem Konto einzuziehen. Dafür stellt der Gläubiger eine **Einzugsermächtigung** aus, die in der Regel schriftlich erteilt wird. Auch eine online ausgestellte Einzugsermächtigung ist mittlerweile gebräuchlich. Die Bank des Gläubigers belastet dann das Konto des Schuldners und schreibt dem Gläubiger den entsprechenden Betrag gut.

Für den Kunden stellt das Lastschriftverfahren eine einfache und sichere Zahlungsart dar. Sollte eine Kontobelastung ungerechtfertig erfolgt sein, kann der Kontoinhaber innerhalb von 6 Wochen den Einzug ohne Angabe von Gründen widerrufen, der Betrag wird dann dem Konto des Kontoinhabers wieder gutgeschrieben und dem Empfängerkonto belastet. Für das Unternehmen verbleibt somit ein gewisses Zahlungsrisiko, bis die Gutschrift endgültig erfolgt ist.

Beispiel

Ein Kunde von Dialogfix hat eine Antiviren-Software abonniert. Immer wenn eine neue Version oder ein Update auf den Markt kommt, erhält er dies. Für die Zahlung hat er Dialogfix eine Einzugsermächtigung erteilt, Dialogfix kann also ohne weitere Rücksprache die anfallenden Beträge per Lastschrift einziehen.

Abbuchungsauftrag

Bei diesem Verfahren beauftragt der Schuldner **seine Bank**, anfallende Beträge eines bestimmten Gläubigers ohne weitere Genehmigung abbuchen zu lassen. Dieser Auftrag gilt so lange, bis der Kontoinhaber diesen widerruft. Eine Abbuchung, die mit dieser Genehmigung vorgenommen wurde, kann nicht mehr vom Kontoinhaber rückgängig gemacht werden. Die anderen Zahlungsrisiken für das Unternehmen bleiben jedoch gleich.

Die anfallenden Bankgebühren für den Schuldner und das recht umständliche Verfahren haben dazu geführt, dass dem Abbuchungsauftrag im Vergleich zur Einzugsermächtigung nur eine unbedeutende Rolle zukommt.

Vorauskasse

Bei der Vorauskasse wird dem Gläubiger der zu zahlende Betrag vorab überwiesen, nach Eingang der Zahlung wird dann die Ware versandt. Die Vorteile liegen bei dieser Art der Zahlung bei dem Verkäufer, der sichergehen kann, dass der Käufer zahlt und erst dann die Ware versandt/übergeben wird. Zum Einsatz kommt diese Zahlungsart daher insbesondere bei einer unklaren oder schlechten Bonität des Kunden.

Für den Käufer hat die Zahlungsart den entscheidenden Nachteil, dass die Ware erst nach Eingang des Kaufpreises versandt wird und so längere Wartezeiten bis zum Erhalt der Ware zu erwarten sind als bei anderen Zahlungsarten. Im Vergleich zu vorauskasseähnlichen Zahlungsarten wie Nachnahme oder Zahlschein fällt für den Käufer allerdings nur eine geringe Gebührenbelastung (Überweisungsgebühr) an.

6.2.4   Kartenzahlung

Heutzutage kann man fast überall mit einer **Kreditkarte** oder **EC-Karte** zahlen („Plastikgeld"). Dabei wird der gesamte Zahlungsverkehr elektronisch abgewickelt. Über Informationen, die auf der Karte mit Chip oder Magnetstreifen vermerkt sind, kann der Gläubiger das Konto des Schuldners belasten.

Kreditkarte

Diese Karten werden von Kreditkartengesellschaften an Personen mit einem bestimmten Einkommen bzw. einer nachgewiesenen Bonität ausgegeben. Mit der **Kreditkarte** kann der Inhaber in jedem Vertragsunternehmen der Kreditkartengesellschaft bargeldlos nach Vorlage der Karte zahlen, die Zahlung wird dabei garantiert. Die Autorisierung der Zahlung erfolgt online bzw. nach Rücksprache mit dem Callcenter der Kreditkartengesellschaft durch Angabe der Kreditkarteninformation (Kartennummer, Gültigkeitsdatum, Inhaber). Für diese Leistungen zahlt der Inhaber der Kreditkarte einen Jahresbeitrag. Die gängigsten Kreditkarten in Deutschland sind **Visa, Mastercard, American Express** und **Diners Club**.

Die Zahlung wird üblicherweise wie folgt abgewickelt:

1. Der Inhaber legt entweder die Karte vor (Hotel, Tankstelle, Einzelhandel etc.) oder gibt die notwendigen Informationen an (Onlineeinkauf, Kauf über ein Callcenter). Im Direkteinsatz unterschreibt der Kunde einen Beleg.
2. Das akzeptierende Unternehmen sendet die Forderung an die Kreditkartengesellschaft.
3. Die Kreditkartengesellschaft überweist zeitverzögert den offenen Betrag, dieser wird um eine Gebühr für die Gesellschaft verringert (üblicherweise ca. 3–5 % der Kaufsumme sowie eine feste Transaktionsgebühr).
4. Der Schuldner erhält vom Kreditkartenunternehmen eine meist monatliche Aufstellung, welche Zahlungen mit der Karte geleistet wurden. Über einen Lastschrifteinzug oder eine Zahlungsaufforderung erhält die Kreditkartengesellschaft den offenen Betrag vom Inhaber der Karte.
5. Je nach Kartenart erhält das Kreditkartenunternehmen diesen Betrag sofort oder mit nur wenigen Tagen Verzögerung in voller Höhe (**Debit Card**), monatlich in voller Höhe (**Charge Card**) oder der Inhaber hat die Möglichkeit, den Betrag in Raten zu zahlen („echte" **Credit Card**).

Für das Unternehmen bietet die Kreditkarte den großen Vorteil der Zahlungsgarantie. Die Sicherheit wird allerdings mit vergleichsweise hohen Transaktionskosten bezahlt. Daher ist die Zahlung per Kreditkarte häufig an einen bestimmten **Mindestbetrag** gebunden.

Abb.: Kreditkarte (VISA)

Electronic cash

Beim **electronic cash (EC)** handelt es sich um eine Form der elektronischen Zahlung, ähnlich der Debit-Card-Variante der Kreditkarte.

Karten mit der EC-Funktion und dem entsprechenden Logo werden nur von deutschen Kreditinstituten ausgegeben, in der Regel passiert das in Verbindung mit der Einrichtung eines **Girokontos**. Beim electronic cash erfolgt die Zahlung durch Eingabe einer **PIN** (Persönliche Identifikationsnummer) durch den Karteninhaber an einem entsprechenden **Kartenterminal** (POS-Terminal, Point-of-Sale-Terminal).

International gebräuchliche elektronische Zahlungssysteme sind z. B. **Maestro** und **Visa Electron**.

Bei der Zahlung mit electronic cash wird nach Eingabe der Karte in das Terminal sowie Eingabe der PIN eine Onlineüberprüfung vollzogen. Dabei wird einerseits geprüft, ob die eingegebene PIN zu Konto und Kartennummer passt, andererseits aber auch, ob das Konto über eine ausreichende Deckung verfügt. Sollte eines der Prüfkriterien negativ ausfallen, wird die Zahlung abgelehnt. Somit ist eine umfassende Zahlungsgarantie gegeben.

Ein weiteres Zahlungsverfahren mit der EC-Karte ist die **elektronische Lastschrift** (ELV). Dabei werden lediglich die Kontodaten von der Karte ausgelesen und der Kunde erteilt mit seiner Unterschrift eine Einzugsermächtigung. Mit diesem Verfahren ist keine Zahlungsgarantie verbunden, dafür entstehen im Vergleich zur EC-Zahlung geringere Kosten.

Schließlich kann die EC-Karte auch als **Geldkarte** genutzt werden. Auf vielen EC-Karten befindet sich ein **Chip**, der vom Kontoinhaber mit einem bestimmten Geldbetrag aufladen werden kann. Bei der Zahlung mit dieser Chipkarte kann dann maximal der auf dem Chip aufgeladene Betrag abgebucht werden. Bei der Aufladung wird das Girokonto des Karteninhabers direkt mit dem Betrag belastet.

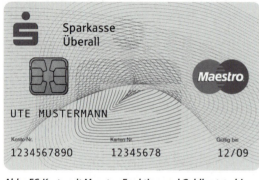

Abb.: EC-Karte mit Maestro-Funktion und Geldkartenchip

Während die Zahlung per **Kreditkarte** bei Transaktionen über ein Callcenter durchaus üblich ist, findet die **EC-Karte** keine praktische Verwendung. Bei einer Zahlung per Kreditkarte können telefonisch die Daten der Karte (Nummer, Ausstellungsdatum etc.) erfasst und verarbeitet werden. Die Zahlung per EC-Karte ist wegen der notwendigen Eingabe der PIN nicht möglich, ein Kunde kann am Telefon nicht seine PIN-Nummer herausgeben. Alternativ wird der Kunde hier seine Bankdaten angeben und eine Einzugsermächtigung erteilen.

Praxistipp
Die verschiedenen Zahlungsmöglichkeiten sind für viele Kunden schwer zu durchschauen. Achten Sie daher bei der Beratung auf eindeutige und transparente Zahlungsbedingungen. Dies ist ein wichtiger Beitrag zur Kundenzufriedenheit.

6.2.5 Finanzierung

Definition
Werden zwischen Kunde und Unternehmen besondere Zahlungsbedingungen vereinbart, die vorsehen, dass erst zu einem späteren Zeitpunkt oder in monatlichen Raten zu zahlen ist, spricht man von einer **Finanzierung**.

Für das Unternehmen stellt die Finanzierung eine besondere Möglichkeit dar, dem Kunden die Kaufentscheidung zu erleichtern und somit den Absatz der Produkte zu fördern.

Zahlung mit festem Zahlungsziel

Bei dieser Variante räumt der Verkäufer dem Käufer ein, dass der Rechnungsbetrag erst zu einem späteren Zeitpunkt in einer Summe zu zahlen ist. Zahlungsziele von 7 bis 30 Tagen sind dabei für den Kunden üblicherweise nicht mit Zusatzkosten verbunden und werden vom Kunden auch meist nicht als Finanzierung wahrgenommen. Längere Zahlungsziele (meist bis max. 12 Monate) sind in der Regel mit **Zusatzkosten** (Zinsen und Bearbeitungsgebühren) verbunden. Als Marketinginstrument finden sich auch Angebote ohne Zusatzkosten. Diese Form der Finanzierung wird auch als **Zielkauf** bezeichnet.

Abb.: Werbung für Zielkauf

Ratenzahlung

Bei der Ratenzahlung vereinbaren Verkäufer und Käufer, dass der fällige Betrag in mehreren gleich bleibenden **Raten** zurückgezahlt wird. Üblich sind dabei Laufzeiten zwischen 6 und 72 Monaten. Dieses Verfahren wird auch als **Finanzkauf** bezeichnet. Auch hier fallen in der Regel **Zusatzkosten** (Zinsen und Bearbeitungsgebühren) an, ebenso sind aber auch für den Kunden kostenfreie Finanzkaufangebote zu finden.

Gemeinsam ist den Finanzierungsvarianten, dass sie eine ausreichende **Bonität** des Kunden voraussetzen, um ein späteres Ausfallrisiko zu minimieren.

Zusammenfassung

- Um sich bei Vertragsabschluss oder einer Kreditvergabe zu schützen, kann ein Unternehmen im Vorfeld eine **Wirtschaftsauskunftei** beauftragen, diese liefert Informationen über die Bonität des Kunden. Die bekannteste Auskunftei ist die **Schufa**.

- Eine Bonitätsprüfung erfolgt immer unter Einhaltung der **Datenschutzbestimmungen**.

- Bei Schufaeinträgen wird zwischen **Negativeinträgen** und **Positiveinträgen** unterschieden.

- Dem Kunden stehen verschiedene Möglichkeiten der Zahlung zur Verfügung, die sich in **Barzahlung, halbbare Zahlung, bargeldlose Zahlung** und **Kartenzahlung** unterscheiden lassen. Mitarbeiter im Dialogmarketing müssen über die Möglichkeiten sowie die Vor- und Nachteile der einzelnen Zahlungsmodalitäten Bescheid wissen, um für den Kunden und das Unternehmen eine bedarfsgerechte Zahlungsabwicklung zu finden

- Um dem Kunden die Kaufentscheidung zu erleichtern, werden **Finanzierungen** angeboten. Dabei werden zwischen Unternehmen und Kunden besondere Zahlungsbedingungen vereinbart, die vorsehen, dass der Kunde zu einem späteren Zeitpunkt oder in monatlichen Raten zahlt.

■ *Aufgaben*

1. *Unterscheiden Sie bonitätsrelevante Daten von juristischen Personen und Privatpersonen*

2. *Nennen Sie jeweils drei Beispiele für positive und negative Einträge bei der Schufa.*

3. *Was versteht man unter der Schufaklausel? Welcher Zusammenhang besteht zwischen der Schufaklausel und dem Bundesdatenschutzgesetz?*

4. *Welche verschiedenen Möglichkeiten der halbbaren Zahlung gibt es?*

5. *Erläutern Sie Vor- und Nachteile der Zahlung per Nachnahme für den Kunden und für das Unternehmen.*

6. *Welche Informationen enthält ein vollständiger Überweisungsträger?*

7. *Unter welchen Bedingungen sollte ein Unternehmen die Zahlung per Vorauskasse wählen?*

8. *Stellen Sie den typischen Ablauf einer Kreditkartenzahlung dar.*

9. *Welche Vorteile ergeben sich für ein Unternehmen durch das Angebot, den Warenkauf zu finanzieren?*

10. *Unterscheiden Sie die Finanzierungsvarianten Zahlung mit festem Zahlungsziel und Ratenzahlung.*

7 Warenlieferungen disponieren

- **Einstiegssituation**

    Julia und Daniel unterhalten sich auf dem Pausenhof der Berufsschule. Thomas hat sich eine neue Grafikkarte für seinen PC bestellt und wartet bereits ungeduldig auf die Lieferung.

    Daniel: „Die wird über DHL verschickt und sollte gestern rausgehen. Blöd nur, dass ich nicht weiß, wann genau das Paket ankommt. Vielleicht wurde es ja noch gar nicht abgeschickt. Ich habe nur so 'ne E-Mail von dem Unternehmen bekommen, mit einer Paketnummer oder wie das noch mal hieß …"

    Julia: „Dann kannst du doch ganz genau herausfinden, ob dein Paket schon abgeschickt wurde oder ob schon jemand versucht hat, es zuzustellen."

    Daniel: „Ach ja …?

    Julia: „Ja, ich habe doch letztens in einem Projekt für ein großes Versandhaus gearbeitet, die verschicken auch über DHL. Und dort, wie bei vielen anderen Paketdiensten auch, kann man mit der Paketnummer online herausfinden, wie der aktuelle Status des Pakets ist."

    Daniel: „Hmm … Gut, dass du das sagst, das schaue ich mir mal an."

- **Arbeitsaufträge**

    1. Welche Bedeutung hat eine zuverlässige Lieferung für den Kunden?
    2. Sammeln Sie verschiedene Möglichkeiten der Warenzustellung.
    3. Diskutieren Sie in der Klasse die Vor- und Nachteile unterschiedlicher Zustellarten.

Über ein Callcenter kann nahezu jeder Einkauf getätigt werden. Da anders als im Einzelhandel kein direkter Kontakt zwischen Verkäufer und Käufer besteht, gilt ein besonders Augenmerk in der Kundenbeziehung der Auswahl einer zuverlässigen und kostengünstigen **Versandart**. Kommt es hingegen zu langen Lieferzeiten, Falschlieferungen oder Beschädigungen bei der Lieferung, führt dies meist zu einer massiven Störung der Kundenbeziehung.

7.1 Unternehmenseigene Zustellung

Große Kauf- und Versandhäuser haben oft einen eigenen Fuhrpark und leisten die gesamte **Auslieferung** der Ware selbst. Dazu wird für die Fahrzeuge ein Fahrplan oder eine Tour festgelegt, die dann vom Fahrer genau befolgt wird. Die Termine sind in der Regel im Vorfeld mit dem Kunden abgesprochen, sodass dieser bei der Lieferung zu Hause auch anzutreffen ist. Der Fahrer lässt sich bei der Zustellung einen **Lieferschein** unterschreiben. Es besteht auch die Möglichkeit, dass der Kunde die Ware direkt bei Auslieferung bezahlt.

Bei dieser Art der Zustellung kann es sein, dass bei der Lieferung noch eine weitere **Dienstleistung** erbracht wird, wie zum Beispiel der fachgerechten Aufbau (z. B. Möbel) oder die technische Installation (z. B. Elektroartikel) der Ware.

Das Unternehmen haftet bei dieser Art der Zustellung bei Verlust oder Beschädigung der Ware bis zum Zeitpunkt der Übergabe.

7.2 Zustellung durch die Deutsche Post AG

Die Deutsche Post AG und ihr Tochterunternehmen DHL realisieren verschiedene Arten der Post- oder Paketzustellung.

Abb.: Unternehmensbereiche Deutsche Post World Net

Sendungsarten

Allgemeine Sendungen

- **Warensendung** mit DP Brief
    - Briefumschlag
    - Kann für Proben, Muster und kleine Gegenstände verwendet werden
    - Maximalgewicht 500 Gramm
    - Die Post übernimmt keinerlei Haftung

- **Büchersendung** mit DP Brief
  - Briefumschlag
  - Wird verwendet für Bücher oder sonstige Druckerzeugnisse
  - Darf keine persönlichen Informationen für den Kunden enthalten
  - Maximalgewicht 1 kg
  - Ermäßigter Versandpreis
  - Die Post übernimmt keinerlei Haftung
- **Päckchen** mit DHL
  - Verschlossene/feste Umhüllung
  - Wird verwendet für verschiedene Güter
  - Persönliche Informationen für den Kunden möglich
  - Maximalgewicht 2 kg
  - Die Post übernimmt keinerlei Haftung

- **Paket** mit DHL
  - Verschlossene/feste Umhüllung
  - Wird verwendet für verschiedene Güter
  - Persönliche Informationen für den Kunden möglich
  - Maximalgewicht 20 kg
  - Die Post haftet bis zu einem Betrag von 500 EUR
- **ePaket** mit DHL
  - Es gelten dieselben Vorraussetzungen wie beim Paket
  - Wird als günstigere Alternative zum Paket für Firmen und Privatpersonen angeboten, die ihre Sendungen über das Internet vorbereiten
  - Abholservice

Beschleunigte Zustellung (gegen Entgelt)

- **Express-Sendungen** mit DHL (**ExpressPaket**)
  - Pakete sind am nächsten Werktag beim Empfänger
  - Wird genutzt für Pakete bis 31,5 kg
  - Der Transport ist bis 2.500 EUR versichert
- **OfficePack** mit DHL
  - Wichtige Dokumente oder Unterlagen können am nächsten Werktag beim Empfänger sein
  - Gegen zusätzliches Entgelt ist dies auch an Sonn- und Feiertagen möglich
  - Versichert bis 2.500 EUR

Sendungen mit zusätzlicher Sicherheitsleistung (gegen Entgelt)

- **Einschreiben**
  - Möglich für Warensendungen, Briefe und Postkarten
  - Der Empfänger erhält die Sendung nur gegen eine Empfangsbestätigung
  - Die Post haftet bis zu einem Betrag von 25 EUR

- **Nachnahme**
  - Der Empfänger erhält die Sendung nur gegen Zahlung des entsprechenden Nachnahmebetrags
  - Höchstbetrag bei Paketen 3.500 EUR, bei Express Paketen 5.000 EUR
  - Die Haftung für den Inhalt ist abhängig von der Sendungsart (Paket bzw. Express Paket, bei Päckchen ist keine Nachnahme möglich)
- **Wertangabe**
  - Der Empfänger erhält die Sendung nur gegen eine Empfangsbestätigung
  - Die Deutsche Post garantiert eine sehr hohe Sicherheit des Versands bis zum Empfänger
  - Möglich bis zu einem Betrag von 25.000 EUR
  - Die Post haftet bis zu einem Maximalbetrag von 25.000 EUR

Sendungsnachverfolgung

Für den Versand von Paketen bietet die Deutsche Post AG die Möglichkeit, die Sendung des Pakets online nachzuverfolgen. Diese Möglichkeit wird zum einen den Privatkunden angeboten, zum anderen aber auch den Unternehmen, die DHL als Frachtführer einsetzen. So kann ein Mitarbeiter einer Bestellhotline dem Kunden auch jederzeit eine Rückmeldung zum Status des Versands geben.

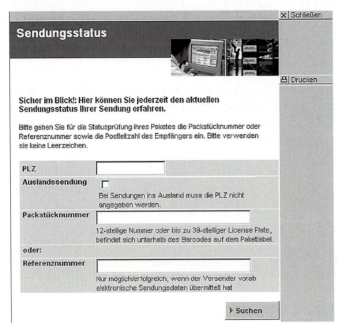

Beispiel

Ein Kunde meldet sich bei Dialogfix und möchte wissen, wo seine Bestellung bleibt. Der Mitarbeiter ruft den Status bei DHL auf und kann eine genaue Rückmeldung geben.

Abb.: Sendungsstatus

Haftung

Die Deutsche Post haftet
- bei Verlust oder Beschädigung eines Pakets bis zu einem Betrag von 500 EUR pro Paket.
- bei Verlust von Einschreiben bis maximal 25 EUR.
- bei Verlust von Nachnahmesendungen je nach gewählter Sendungsart.
- bei Verlust von Wertangaben je nach angegebenem Wert, maximal jedoch bis 25.000 EUR.

Die Deutsche Post übernimmt keine Haftung,
- wenn der Schaden durch den Versender hervorgerufen wurde.
- wenn nicht unmittelbar nach der Entdeckung des Schadens informiert wurde.
- wenn der Schaden nicht nachgewiesen werden kann.
- beim Verlust oder bei Beschädigung von Warensendungen, Büchersendungen oder Päckchen.

> **Praxistipp**
> Aktuelle Preis- und Produktinformationen unter www.deutschepost.de bzw. www.dhl.de

7.3 Zustellung durch private Dienstleister

Spediteure und Distributoren

Unternehmen haben auch die Möglichkeit, einen **Spediteur** für die Zustellung der Waren zu beauftragen. Ein Spediteur arbeitet dabei auf Rechnung des Versenders, beauftragt aber in seinem eigenen Namen einen Frachtführer.

> **Definition**
> Ein **Frachtführer** ist eine Person oder ein Unternehmen, das den Transport eines Frachtguts oder einer Ladung tatsächlich ausführt. Dieses gilt für alle Verkehrsmittel (LKW, Flugzeug, Bahn etc.) Durch einen Frachtvertrag wird der Frachtführer verpflichtet, das Gut zum Bestimmungsort zu befördern und dort an den Empfänger abzuliefern (§ 407 HGB).

In diesem Zusammenhang fällt auch oft die Bezeichnung Distributor. Ein **Distributor** ist allgemein ein Verteiler oder ein Großhändler. Die **Distribution** (Verteilung) beschreibt den Weg der Güter von der Produktionsstätte bis zum Konsumenten.

Während der Spediteur die Waren direkt vom Auftraggeber erhält, um diese entweder selbst auszuliefern oder einen Frachtführer zu beauftragen, hat der Distributor die Ware oft selbst auf Lager, sodass das verkaufende Unternehmen nur die Bestellungen an den Distributor weitergibt und dieser dann den Versand aus eigenen Beständen, aber auf Rechnung des Auftraggebers, leistet.

Paketdienste

Neben der Deutschen Post AG gibt es eine ganze Reihe von **privaten Paketdiensten**, die mit ähnlichen Angeboten für die Zustellung der Waren genutzt werden können. Bekannte Anbieter sind z. B. ups, Hermes, dpd, FedEx und GO.

Oft bieten diese Dienste ein breites Spektrum an **Zusatzleistungen** an und werben damit, dass sie schneller und zuverlässiger sind als die Deutsche Post.

Die wichtigsten Vorteile sind:
- Je nach Versandart günstiger als die Deutsche Post
- Viele Anbieter haben eine höhere Haftung als die Deutsche Post
- Oft bessere Möglichkeiten, einen Lieferstatus zu erfragen (z. B. Hotlines)

Hier gilt es, die einzelnen Leistungen genau miteinander zu vergleichen, um so für das Unternehmen eine optimale Wahl zu treffen.

DAS MONOPOL IST GEBROCHEN – Wo die Kunden am besten bedient werden

Die gute alte Post. Wer zu Weihnachten ein Paket verschicken will, denkt häufig zuerst an den ehemaligen Monopolisten. Der Bekanntheitsgrad des Traditionsunternehmens ist unverändert hoch: Bei keinem der Konkurrenten stehen mehr Menschen in der Warteschlange als bei der Post. Dabei ist der Marktführer weder der schnellste noch der günstigste Lieferservice, wenn es um Pakete geht. Der Tagesspiegel und „kep aktuell", Fachmagazin für Kurier- und Paketdienste, haben gemeinsam sechs Paketdienste unter die Lupe genommen.

Bei jedem Anbieter wurden zeitnah die gleichen Pakete aufgegeben, um Preise und Schnelligkeit zu vergleichen. Die Test-Pakete gingen an Privathaushalte, die Adressaten arbeiteten tagsüber und waren deshalb meist nicht anzutreffen. Die Ankunft der Pakete konnte durch die hinterlassenen Benachrichtigungskärtchen der Boten jedoch gut dokumentiert werden. Alle 30 Sendungen kamen sauber und unbeschädigt an. In allen getesteten Filialen war das Personal freundlich und kompetent, die Kollegen von der Post waren sogar beim Falten der Pakete behilflich.

Liebhabern der Post sei aber mitgeteilt, dass das Unternehmen beim Zwei-Kilo-Paket nur deshalb relativ günstig ist, weil die Sendung als Päckchen angenommen wird. Päckchen sind jedoch nicht automatisch versichert. Erst Pakete mit mehr als zwei Kilo genießen auch bei der Post unaufgefordert Versicherungsschutz bis zu 500 EUR. Auch eine Sendungsverfolgung ist bei der Post erst ab Paketgröße selbstverständlich. Die Konkurrenten hingegen verfolgen auch kleinere Päckchen während des Transports. „Ich gehe trotzdem zur Post", sagt Ursula Rebe. Die Rentnerin verschickt schon im November erste Weihnachtspakete. „Die kamen bisher immer an."

Quelle: Der Tagesspiegel, 24. 11. 2006

Zusammenfassung

- **Unternehmenseigene Zustellung** bedeutet, dass ein Unternehmen über einen eigenen Fuhrpark die gekauften Waren an den Kunden ausliefert.

- Die Deutsche Post AG bietet verschiedene **Zustellarten** an.
  Allgemeine Sendungen:
    - Warensendung
    - Päckchen
    - Paket
    - Büchersendung
  Beschleunigte Sendungen:
    - ExpressPaket
    - OfficePack
  Sichere Sendungen:
    - Einschreiben
    - Wertangabe
    - Nachnahme

- Beim Versand von Paketen besteht die Möglichkeit, den **Paketstatus** online zu verfolgen.

- Die Deutsche Post haftet bei **Verlust** oder **Beschädigung** eines Pakets bis zu einem Betrag von 500 EUR, Verlust von Einschreiben bis 25 EUR, Verlust von Nachnahmesendungen je nach Sendungsart. Bei Verlust von Wertangaben bis maximal 25.000 EUR. Die Post haftet nicht bei Verlust oder Beschädigung von Päckchen, Waren- oder Büchersendungen.

- Ein Unternehmen hat die Möglichkeit, einen **Spediteur** für den Warenversand zu beauftragen, dieser wickelt dann den Versand über einen **Frachtführer** ab.

- Ein **Distributor** hat die auszuliefernde Ware bereits auf Lager und beauftragt einen Frachtführer mit dem Versand.

- In Konkurrenz zur Deutschen Post stehen viele **private Paketdienste**, die ihre Leistungen oft schneller und günstiger anbieten.

■ *Aufgaben*

1. *Unterscheiden Sie den Paketversand vom Päckchenversand. Wann ergeben sich welche Vorteile?*

2. *Welche Zusatzleistungen kann ein Unternehmen mit einem eigenen Fuhrpark anbieten?*

3. *Welche Sendungsart empfehlen Sie, wenn Dialogfix wichtige Dokumente bis zum nächsten Werktag an die Firma KommunikativAktiv übermitteln möchte? Begründen Sie Ihre Empfehlung.*

4. *Welche Haftung liegt einem Versand per Nachnahme durch die Deutsche Post zugrunde?*

5. *Was sind die wesentlichen Unterschiede zwischen einem Distributor und einem Spediteur?*

8 Produkt- und Dienstleistungskenntnisse

▪ Einstiegssituation

Daniel trifft sich mit einigen Mitschülern in der Mittagspause. Dabei erzählt ihm Jana, angehende Kauffrau für Bürokommunikation, von ihrem jüngsten Erlebnis mit einem Callcenter.

Jana: „Ich weiß ja, dass ihr im Dialogmarketing gut ausgebildet werdet, aber letzte Woche hatte ich ein Gespräch mit der Hotline meines DVD-Players. Bei diesem Anruf habe ich mich gefragt, was die Leute dort überhaupt machen … Da wollte ich nachfragen, wie ich den DVD-Player an meine 5.1 Anlage anschließen kann, und der Typ hatte keine Ahnung, wovon ich da spreche. Nun ja, freundlich war der ja, aber Kompetenz … Fehlanzeige!"

▪ Arbeitsaufträge

1. Diskutieren Sie in der Klasse, welche Bedeutung Produktkenntnisse in den Berufen im Dialogmarketing haben.
2. Stellen Sie verschiedene Möglichkeiten gegenüber, sich Produktkenntnisse anzueignen.

Neben einer hohen **Methodenkompetenz** im Bereich Kommunikation benötigt ein Mitarbeiter im Dialogmarketing ein breites **Fachwissen** über Produkte, Dienstleistungen und Abläufe seines Unternehmens. Um eine kundenorientierte Beratung durchführen zu können, sind diese Kenntnisse unabdingbar.

Da die Aufgabengebiete von Call- und Servicecentern sehr unterschiedlich sind, können Inhalt, Tiefe und Ausrichtung je nach Unternehmen variieren.

Typische Produktkenntnisse sind z. B.:
- Kenntnisse über Tarife, Abrechnungsmodalitäten, Vertragsarten (Kaufmännische Kundenberatung, z. B. Mobilfunkprovider)
- Kenntnisse über Bestellabläufe, Lieferfristen, Kosten (Bestellhotline, z. B. Versandhaus)
- Allgemeine und herstellerspezifische Kenntnisse über Hard- und Software (Technischer Support, z. B. Technik-Hotline eines Softwarehauses)
- Kenntnisse über Produktnutzen für den Kunden (Verkaufshotline, z. B. Outbound-Verkaufshotline eines Verlags)

8.1   Wissensbereiche

Produkt- und Dienstleistungsvielfalt

Ein Mitarbeiter im Dialogmarketing muss sich in der gesamten **Produktpalette** auskennen, zu der er eine Beratung anbietet bzw. die er dem Kunden direkt anbietet. Hier ist es wichtig, die verschiedenen Vor- und Nachteile der einzelnen Produkte zu kennen und sie voneinander abgrenzen zu können.

> **Beispiel**
>
> Ein Mitarbeiter von Dialogfix kennt jede Soft- und Hardware, die das Unternehmen anbietet, deren jeweiligen Vorteile, die Preise und die Systemvoraussetzungen.

Wenn die Anzahl der von einem Unternehmen angebotenen Produkte, Dienstleistungen oder Tarife so groß ist, dass sie in der Tiefe nicht mehr von einem Mitarbeiter überschaut werden kann, werden den Mitarbeitern verschiedene Beratungsbereiche zugeordnet. Auch eine Einbeziehung des **Second Level** bei einzelnen Anfragen ist hier eine Lösung. Der Mitarbeiter ist dann in Beratung oder Verkauf nur für einen Teil der Produkte zuständig, diese muss er genau kennen. **2 | 2.1.3**

> **Beispiel**
>
> Dialogfix hat eine Abteilung Technische Beratung. Dort kennt sich jeder Mitarbeiter mit jedem Softwareprodukt aus. Die kaufmännische Beratung ist für den Bereich Abrechnung und Lieferung zuständig, in dieser Abteilung kennt jeder Mitarbeiter die Preise, Tarife und Versandbestimmungen.

Branchenübergreifendes Produkt- und Dienstleistungswissen

Die Aufgaben im Dialogmarketing – insbesondere wenn das Unternehmen als Outsourcer häufig externe Aufträge annimmt – können sich für jeden Mitarbeiter sehr schnell ändern. Auch durch einen Arbeitgeber- oder Abteilungswechsel ist es möglich, dass Mitarbeiter im Dialogmarketing mit der Beratung oder dem Verkauf von verschiedensten oder für sie neuen Produkten konfrontiert werden. Daher ist es wichtig, allgemeine Merkmale zu kennen, die nahezu jedem Produkt oder jeder Dienstleistung zugeordnet werden können. Daraus ergeben sich meist auch ähnlich lautende Fragen des Kunden. Typische Wissensbereiche sind:

Wissensbereich	Was fragt der Kunde?
Einmalige oder laufende Kosten	Was muss ich zahlen?
Hinweise zu Aufbau, Wartung oder Umgang	Wie funktioniert das? Wie kann ich das anschließen? Wie funktioniert die Handhabung?

Informationen zum Versand	Wann ist die Ware bei mir? Was muss ich zahlen?
Vertragskonditionen	Wie lange bin ich gebunden? Wann kann ich den Vertrag kündigen?
Qualitätsmerkmale (z. B. DIN-Norm, Testberichte)	Wie gut ist der Artikel? Warum kostet der Artikel so viel?
Nutzen	Was kann ich damit alles machen? Wieso sollte ich das kaufen? Was habe ich davon?

Branchenbezogenes Produkt- oder Dienstleistungswissen

Um im Dialogmarketing als Verkäufer oder in der Kundenberatung erfolgreich zu sein, benötigt man ein tiefgehendes **Wissen**, abhängig vom jeweiligen Aufgabengebiet. Dieses Fachwissen wird in der Regel vom eigenen Unternehmen oder dem jeweiligen Auftraggeber bereitgestellt oder sogar vermittelt. Dabei werden oft Grundkenntnisse vorausgesetzt, damit der Mitarbeiter durch betriebsinterne Maßnahmen schnell auf dem notwendigen Kenntnisstand ist.

Beispiel

In der Hotline eines Textilversandhauses arbeiten nur Mitarbeiter, die in einem Einstellungstest Grundkenntnisse von Stoffen und Modemarken bewiesen haben. Diese Mitarbeiter werden dann noch auf die speziellen, häufig wechselnden Produkte des Unternehmens geschult.

Kenntnisse über Mitbewerber

Um eine Kundenabwanderung zur Konkurrenz zu vermeiden oder um das eigene Produkt in einem Verkaufsgespräch klar von den Mitbewerbern abgrenzen zu können, sollte der Mitarbeiter stets gut über die Produkte von Mitbewerbern informiert sein. Meistens stellen Unternehmen einen solchen Vergleich für ihre Mitarbeiter zur Verfügung, z. B. in Form eines Konditionen- oder Tarifvergleichs. Diese Vergleiche werden dann häufig noch mit Argumentationshilfen für das Beratungsgespräch versehen.

8.2   Informationsquellen

Trainings und Schulungen im Betrieb

In vielen Unternehmen werden die wichtigsten Kenntnisse über Produkte, Abläufe und Dienstleitungen über **interne Trainings** und **Schulungen** vermittelt. Dazu werden entweder eigene Trainer eingesetzt oder von externen Unternehmen Trainer herangezogen. Im Anschluss an diese Trainings kann das Unternehmen **Lernerfolgskontrollen** durchführen, um sicherzustellen, dass die Mitarbeiter über die notwendigen Kenntnisse verfügen.

Da diese Maßnahmen sehr teuer sind, wird allerdings nicht für jedes Produkt oder jede kleine Neuerung eine Schulung angeboten. Eine kostengünstige Alternative liegt z. B. in kurzen Schulungseinheiten innerhalb eines Teammeetings.

> **Beispiel**
> Die Mitarbeiter von Dialogfix erhalten ein Training über eine neue Software, die ab sofort vom Unternehmen angeboten wird. In der Schulung werden Funktionsumfang, Systemvoraussetzung, Kosten, Lieferung und Bedienung gezeigt. Die Mitarbeiter erhalten in der Schulung auch die Möglichkeit, das Produkt selbst zu testen.

Das Produkt oder die Dienstleistung als Informationsquelle

Die beste Möglichkeit, ein Produkt gut kennenzulernen und entsprechend überzeugend und glaubwürdig zu beraten, ist es, das Produkt auch selbst als Kunde zu nutzen oder zu testen.

> **Beispiel**
> Daniel hat selbst einen der Drucker aus dem Sortiment von Dialogfix zu Hause, außerdem benutzt er hauptsächlich die Software, die das Unternehmen vertreibt. Das Unternehmen bietet seinen Mitarbeitern alle Produkte zu einem stark vergünstigten Preis, um solche Tätigkeiten zu fördern.

> *Praxistipp*
> Nutzen Sie wenn möglich die Produkte Ihres Unternehmens, fragen Sie in Ihrem Betrieb nach, welche Vergünstigungen es für Mitarbeiter gibt oder ob es möglich ist, an Produkttests teilzunehmen.

Herstellerinformationen

Wenn Sie das Produkt oder die Dienstleistung einer anderen Firma vertreiben oder dazu eine Beratung durchführen, empfiehlt es sich, genau die Informationen des Herstellers zu studieren. Durch Außendienstmitarbeiter, Prospekte, externe Schulungen etc. können Sie Ihre Produktkenntnisse aufbessern.

Intranet

Viele Firmen verfügen über ein firmeneigenes **Informationsnetzwerk** über das sie – auch standortübergreifend – Informationen vermitteln können. Das Intranet wird in vielen Betrieben eingesetzt, um Mitarbeiter über neue Produkte, Meldungen, Regelungen und Arbeitsanweisungen zu informieren.

1 | 3.5

Beispiel
Dialogfix bietet ein Update für die Finanzfix-Software an. Diese Information sowie der Link, über den der Download zu erreichen ist, wird den Mitarbeitern im Intranet zur Verfügung gestellt. Außerdem kann man dort die Bedienungsanleitung der Software downloaden.

E-Learning

Definition
E-Learning bezeichnet ein Lernverfahren, mit dem es möglich ist, betriebsinterne Schulungen und Lehrgänge elektronisch – also über den Computer – abzuwickeln.

Diese Schulungen laufen dabei meist **interaktiv** ab. Der Mitarbeiter meldet sich in einem entsprechenden System an und erhält ein Training auf dem Bildschirm. Häufig werden dabei nicht nur reine Informationen dargestellt, sondern auch Animationen, Filme oder Sprachausgabe eingesetzt. Am Ende eines Lernmoduls kann dann ebenfalls eine **Lernerfolgskontrolle** stattfinden.

Informationsquellen außerhalb des Unternehmens

- **Seminare und Schulungen**
  Viele Bildungsträger bieten eigens für Berufstätige branchenübergreifende Seminare und Schulungen an. Dort können neben der Arbeitszeit verschiedene Kenntnisse aufgefrischt oder neu erworben werden, z. B. in Fremdsprachen.

- **Fachliteratur**
  Fast für jeden Dienstleistungsbereich oder jeden Produktbereich gibt es einschlägige Fachliteratur oder Magazine. In vielen Branchen ist eine sehr schnelle Entwicklung zu verzeichnen, daher empfiehlt es sich, mit der entsprechenden Fachliteratur immer auf dem neuesten Stand zu bleiben.

- **Ausstellungen und Messen**
  Dort finden sich Hersteller, die für die neuesten Produkte werben und natürlich informieren. Besonders reizvoll ist, dass man auf Messen die Produkte meist auch selbst testen kann.

- **Internet**
  Im Internet findet sich nahezu zu jedem Produkt oder jeder Dienstleistung eine unerschöpfliche Fülle an Informationen. Die meisten Hersteller haben eigene Internetseiten, auf denen die Produkte genauestens beschrieben sind.

Zusammenfassung

- Neben einer hohen **Methodenkompetenz** benötigt ein Mitarbeiter im Dialogmarketing ein breites **Fachwissen** im Produkt- oder Dienstleistungsbereich.
- Die einzelnen **Wissensbereiche** lauten:
  - Produkt- und Dienstleistungsvielfalt
  - branchenübergreifendes Produkt- und Dienstleistungswissen
  - branchenbezogenes Produkt- und Dienstleistungswissen
  - Kenntnisse über Mitbewerber
- Im Betrieb gibt es verschiedene **Informationsquellen:**
  - Interne Trainings und Schulungen
  - Nutzung des eigenen Produkts
  - Herstellerinformationen
  - Intranet
  - E-Learning
- **Betriebsübergreifende Informationsquellen** sind:
  - Schulungen und Seminare
  - Fachliteratur
  - Ausstellungen und Messen
  - Internet

■ *Aufgaben*

1. *Stellen Sie in der Klasse die notwendigen Produkt- und Dienstleistungskenntnisse der einzelnen Ausbildungsbetriebe gegenüber. In welchen Betrieben kann die gesamte Palette von einer Mitarbeitergruppe betreut werden, in welchen Betrieben ist es notwendig, verschiedene Beratungsbereiche zu bilden oder einen Second Level anzubieten?*

2. *Ordnen Sie folgende Kundenanfragen verschiedenen branchenübergreifenden Wissensbereichen zu:*
   - *Wie hoch sind die Kosten?*
   - *Welche Versandmöglichkeiten gibt es?*
   - *Wie schneidet das Produkt in Vergleichstests ab?*

3. *Wählen Sie ein Produkt bzw. eine Dienstleistung aus dem Angebot Ihres Ausbildungsbetriebs und grenzen Sie dieses anhand von verschiedenen Eigenschaften von einem ähnlichen Produkt/Dienstleistung eines Mitbewerbers ab.*

4. *Unterscheiden Sie die Informationsquellen Intranet und E-Learning. Welche Gemeinsamkeiten und Unterschiede gibt es?*

5. *Diskutieren Sie in der Klasse Vor- und Nachteile der Nutzung des Produkts als Informationsquelle.*

Glossar

ACD
Abkürzung für Automatic Call Distribution, Kernstück moderner TK-Anlagen zur Verteilung der eingehenden Anrufe.

Adware
Werbesoftware, die sich bei Programmen aus dem Internet mitinstalliert.

AHT
Abkürzung für Average Handling Time. Durchschnittliche Gesprächszeit inklusive Nachbearbeitungszeit. Setzt sich aus Handle Time und Wrap Up Time zusammen.

Backoffice
„Weiterbearbeitung der Daten und Informationen, die im Frontoffice gewonnen wurden; Unternehmensprozesse ohne direkten Kundenkontakt."

Blacklist
Liste mit unerwünschten E-Mail-Adressen, die bockiert werden.

Call
Branchenübliche Bezeichnung für Anruf.

Call-Me-Button
Angebot eines Rückrufservices auf einer Internetseite.

Communication-Center
Neben Telefonaten werden auch Briefe, Faxe, E-Mails, Chat und weitere moderne Kommunikationsmittel bearbeitet.

CTI
Abkürzung für Computer Telephony Intergration, Verschmelzung mehrer Medien am Arbeitsplatz.

CRM
Abkürzung für Customer Relationship Management. Beschreibt die Auswertung und Integration von Kundendaten mit dem Ziel, Kunden durch maßgeschneiderte Maßnahmen an das Unternehmen zu binden.

Data Mining
Mathematisch-statistische Methoden, um typische Muster in einem Datensatz zu erkennen.

Data Warehouse
Auswertungsort der gesamten Datenquellen eines Unternehmens.

Dial-In-Konferenz
Anrufer wählen sich auf einer Konferenzplattform ein.

Dial-Out-Konferenz
Teilnehmer werden angerufen und zusammengeschaltet.

Direct Response
TV- oder Radiowerbespot, in dem auffordernd die Servicerufnummer des Unternehmens angegeben wird.

E-Learning
Bezeichnet ein Verfahren, bei dem Mitarbeiter via PC an einer Schulung teilnehmen.

First-Call-Resolution
Abschließende Bearbeitung des Kundenanliegens ohne Einschaltung weiterer Mitarbeiter.

Forecasting
Vorhersage des zu erwartenden Anrufvolumens.

Freecall
Hotlineanrufe, die für den Nutzer kostenlos sind.

Frontoffice
Hier werden alle Tätigkeiten geleistet, die in direktem Kundenkontakt stehen.

Handle Time
Die Zeit, in der der Mitarbeiter mit dem Kunden spricht, um eine Lösung zu erarbeiten oder einen bestimmten Vorgang abzuschließen.

Help Desk
Unterstützungseinheit vorrangig für technischen Support, auch unternehmensintern.

Inbound
Eingehende Anrufe

IVR
Abkürzung für Interactive Voice Response, ein Sprachcomputer innerhalb von TK-Anlagen.

Junk Call
Spaßanruf

Knowledge Base
Lösungsdatenbank

Longest idle
Mitarbeiter, der am längsten kein Gespräch mehr geführt hat.

Longest waiting
Anrufer, der am längsten in der Warteschlange wartet.

Lost Calls
Anrufe, die vom Anrufer beendet wurden, bevor ein Mitarbeiter den Anruf angenommen hat.

Malware
Schadenverursachende Software

Monitoring
Qualitätssichernde Beobachtung oder Überwachung von Prozessen, im Dialogmarketing meist das Mitschneiden oder Mithören von Gesprächen.

Optical Character Recognition
Bezeichnung für Texterkennungssoftware

Outbound
Ausgehende Anrufe

Outbound Dialer
Wählroboter, der automatisch Telefonnummern wählt und die Kontakte an die Agents verteilt.

Outsourcingpartner
Externer Dienstleister, der einzelne Serviceaufgaben übernimmt.

Overflow
Überlaufende Anrufe, die nicht bearbeitet werden können und daher weitergeleitet werden.

Phishingmail
Versuch, mittels einer gefälschten Mail Passwörter auszuspähen.

Postpaid
Nachträgliche Zahlung

Prepaid
Zahlung im Voraus

Preselection
Feste vertragliche Bindung an einen Telefonanbieter.

Screen Pop-up
Automatische Anzeige von Kundendaten oder Angeboten auf dem Bildschirm, Funktionsmerkmal von CTI- oder CRM-Systemen.

Seats
Physisch vorhandene Arbeitsplätze

Servicelevel
Parameter für die Erreichbarkeit des Callcenters.

Shared Browsing
Auch als Co-Browsing bezeichnet. Der Kunde surft gemeinsam mit dem Agent im Internet. Beide können zeitgleich die gleichen Seiten betrachten.

Glossar | 431

Shared Cost Rufnummern
Bezeichnung für 0180-Nummern, da der Kunde an den Hotlinegebühren beteiligt wird.

Skill Based Routing
Verteilen von Anrufen durch die ACD nach Fähigkeiten (Skills) der Mitarbeiter.

Spyware
Spionagesoftware, die meist das Nutzerverhalten aufzeichnet.

Thank-You-Call
Dankanruf für einen erteilten Auftrag

Top Level Domain
Gibt an, aus welchen Land eine Webseite kommt bzw. welchen Inhalt die Webseite hat.

Value Added Services
Mehrwertdienste

Vanity-Rufnummer
Wortwahl-Rufnummer

Voicemail
Digitale Sprachnachricht

Welcome-Call
Willkommensanruf für einen neuen Kunden

Whitelist
Liste mit erwünschten E-Mail-Adressen, die nicht blockiert werden.

Whitemail
Branchenübliche Bezeichnung für Briefe

Wrap Up Time
Nachbearbeitungszeit nach einem Anruf

Bildquellenverzeichnis

Avaya GmbH & Co. KG, Frankfurt a. M, Seite 266

Avira GmbH, Tettnang, Seite 321

Behrla/Nöhrbaß GbR; Foto Stephan, Köln/Bildungsverlag EINS GmbH, Troisdorf, Seite 12, 101, 106, 133, 142, 156, 167, 169, 172, 185, 187, 189, 193, 204, 219, 249, 256, 261, 265, 283, 303, 313, 337, 356, 373, 393, 417

Bundesverband deutscher Banken e.V., Berlin, Seite 410

Clarity AG, Bad Homburg, Seite 279

Dell GmbH, Frankfurt a. M., Seite 99

Deutsche Post AG, Bonn, Seite 418-420

KG EOS Holding GmbH & Co, Hamburg, Seite 411

Erich Schmidt Verlag GmbH & Co., Berlin, Seite 58

Fast Internet Factory e. K., Greiz, Seite 359

Freenet AG, Büdelsdorf, Seite 324

Globus Infografik GmbH, Hamburg, Seite 48, 61, 64, 125

Google Inc., Mountain View (USA), Seite 304–306

Hewlett-Packard GmbH, Böblingen, Seite 141, 308

Indigo Networks GmbH, Düsseldorf, Seite 267

Jörg Mair, München, Seite 257

Lycos Europe GmbH, Gütersloh, Seite 302

MEV Verlag GmbH, Augsburg, Seite 11, 16, 20, 52, 53, 67, 70, 71, 81, 87, 88, 91, 93, 116, 128, 130, 148, 197, 202, 242, 246, 251, 258, 262, 270, 272, 292, 295, 298, 327, 344, 363, 371, 374, 378, 382, 383, 402, 407, 415, 424

Microsoft Deutschland GmbH, Unterschleißheim, Seite 284

OBS GmbH, Aachen, Seite 290

Openoffice.org, Seite 286, 287, 288

Pixelio Media GmbH, München, Seite 372

Project Photos GmbH & Co. KG, Augsburg, Seite 13, 149, 154, 158, 191, 340, 427, 428

Relate GmbH, Starnberg, Seite 358

Siemens AG, München, Seite 270

Simyo GmbH, Düsseldorf, Seite 300

Sparda Bank Südwest eG, Mainz, Seite 408

T-Mobile GmbH Deutschland, Bonn, Seite 301

Unifiedmailbox.com, Seite 277

United Parcel Service Deutschland Inc. & Co. OHG, Neuss, Seite 422

Volkskundliche Kommission für Westfalen – Landschaftsverband Westfalen-Lippe, Münster, Seite 118

Sachwortverzeichnis

A

Abbuchungsauftrag / 412
ABC-Analyse / 103
Abfallentsorgung / 99
Ablagestandorte / 80
Ablagesysteme / 77
Ablauforganisation / 38
Abschlussprüfung / 51
ACD (Automatic Call Distribution) / 119, 278
Adressbroker / 359
Adressqualifizierung / 142
Adware / 314
After-sales-Service / 144
Agent / 148
Agents / 153
Aktionsdaten / 358
Analog / 266
Anforderungsprofil / 151
Anrufbeantworter / 270
Antivirenprogramm / 320
Appell / 196, 199, 201
Arbeitgeber / 59
Arbeitsauftrag / 75
Arbeitslosenversicherung / 63
Arbeitsplatzgestaltung / 68
Arbeitsprozesse / 38
Arbeitsschutz / 52, 91
Arbeitsschutzgesetz / 55, 92
Arbeitsstättenverordnung / 55, 72
Arbeitstechniken / 101
Arbeitszeit / 52
Arbeitszeitgesetz / 53
Argument / 223
Argumentation / 222
Aristoteles / 221
Artikulation / 245
Assessment Center / 150
Aufbauorganisation / 33
Ausbildender / 50
Ausbilder / 50
Ausbildungsberufe / 151
Ausbildungsberufsbild / 48
Ausbildungsbetrieb / 48
Ausbildungsordnung / 48
Ausbildungsrahmenplan / 49
Ausbildungsvertrag / 50
Ausschöpfungsquote / 397
Aussprache / 245
Auszubildende / 50
Average Handle Time (AHT) / 147, 394

B

Backup / 326
Bargeldlose Zahlung / 410
Barzahlung / 407
Beamer / 168
Bedarfsermittlung / 341, 352
Bedürfnispyramide / 215
Bedürfnisse / 215
Beitragsbemessungsgrenze / 61
Benchmark / 147
Beratung / 343
Beratungsgespräch / 338
Beratungsrechte / 58
Berne / 201
Berufsbildungsgesetz / 48, 50
Berufsgenossenschaften / 43, 63, 92
Berufsschule / 48, 53
Berufsvertretungen / 44
Beschleunigte Zustellung / 419
Beschwerde / 374, 377
Beschwerdegespräch – Fehler / 384
Beschwerdemanagement / 375, 377
Bestandskundenpflege / 366
Bestätigen des Kunden / 346
Bestellannahme / 140
Betonung / 244
Betriebsrat / 56
Betriebssystem / 283
Betriebsvereinbarung / 58
Betriebsverfassungsgesetz / 56
Beziehung / 196, 199 f.
Bilder / 161
Bildschirmarbeitsplatz / 70
Bildschirmarbeitsverordnung / 55, 70
Blacklist / 324
Bonität / 403, 416
Brainstorming / 109
Brainwriting / 109
Branchen / 124
Brandschutz / 94
Break-Even-Point (BEP) / 399
Bruttokontakte / 397
Büchersendung / 419
Buchstabiertafel / 254
Bundesbeauftragter für den Datenschutz / 331
Bundesdatenschutzgesetz / 329
Bundesinstitut für Berufsbildung / 49
Bundesnetzagentur / 297
Büroarbeitsplatz / 69
Bürolandschaft / 72

CAF (Consider all Facts) / 18
Call by Call / 294
Callcenter / 119 f., 137
    – Extern / 136
    – Inhouse / 136
Call-Me-Button / 138
Chat / 137
Client-Server-Prinzip / 273
Communication-Center / 137, 144
Computersicherheit / 313
Computervirus / 320
Contact-Center / 137
Corporate
    – Behavior / 30
    – Communication / 30
    – Design / 30
    – Identity / 29, 130
    – Image / 30
Coupon-Aktionen / 372
CRM (Customer Relationship Management, Kundenbeziehungsmanagement) / 365
CRM / 139
Cross-Selling / 140
CTI (Computer Telephony Integration) / 280
Customer-Relationship-Management-Systeme / 139

Data-Minings / 367
Data-Warehouse / 367
Datenbank / 288, 357
Datenbankprogramme / 288
Datenerfassung / 360
Datengeheimnis / 331
Datenpflege / 360
Datenschutz / 328, 341
Datenschutzbeauftragter / 332
Datenschutzerklärung / 334
Datensicherung / 326
Deutsche Post AG / 418
DHL / 418
Diagramme / 161
Dialekte / 253
Dialer / 281, 315
Dialogmarketing / 117, 130
    – Kaufleute für / 151, 153
    – Servicefachkraft für / 151 f.
Dialogmarketingbranche / 127, 134, 147
Die vier Seiten einer Nachricht / 195
Dienstleistungen / 126 f.
Dienstleistungsgesellschaft / 125

Dienstleistungskenntnisse / 424
DIN 5008 / 173
Direct Response / 141
Direktmarketing / 117
Disstress / 261
Distributor / 421
DSL / 276
Duales Ausbildungssystem / 48
Dubletten / 360

EC-Karte / 414
Egogramm / 210
Einigungsstelle / 57
Einlinienorganisation / 34
Einschreiben / 419
Einwandbehandlung / 347
Einzugsermächtigung / 411
Eisenhower-Prinzip / 104
E-Learning / 428
Electronic cash / 414
Elektronische Lastschrift (ELV) / 414
Eltern-Ich / 202
E-Mail / 137, 181
Emotionale Bedürfnisse / 211
Empfänger / 188
Englische Standardsätze / 255
Entscheidungen
    – Operative / 17
    – Strategische / 17
Entscheidungsarten / 16
Entscheidungsfindung / 17
    – Intuitive / 23
Entscheidungsmatrix, bewertete / 22
Entscheidungsmatrix / 21
ePaket / 419
Erfolgskennzahlen / 393
Erfolgsquote / 398
Ergebnisdaten / 358
Ergebnisprotokoll / 88
Ergonomie / 69
Erste Hilfe / 93
Ersthelfer / 93
Erstuntersuchung / 53
Erwachsenen-Ich / 203
Eustress / 261

Farbgestaltung / 74
Faxabruf / 271, 295

Fax-Polling / 295
Feedback / 169
Festbestellquote / 399
Finanzierung / 415
Finanzkauf / 416
Firewall / 322
First Call Resolution (FCR) / 139, 396
First Call Resolution Rate / 147
First Level / 139
Flipchart / 166
Flussdiagramm / 39
Forecasting / 395
Formulare / 82
Frachtführer / 421
Fragen
– Alternativ- / 234
– Entscheidungs- / 233
– Gegen- / 235
– Geschlossene / 233
– Intonations- / 235
– Ja/Nein- / 233
– Offene / 232
– Rhetorische / 236
– Suggestiv- / 236
Fragetechnik / 231, 342
Freecall / 296
Freie Grafiken / 161
Fremdsprachige Kunden / 253
Frontoffice / 139, 148
Führung
– Autoritäre / 24
– Kooperative / 25
– Laisser-faire- / 25
– Situative / 25
Führungsprinzipien / 26
Führungsstil / 23
Führungstechniken / 26
Fünfsatz-Technik / 226

GAN (Global Area Network) / 272
Geldkarte / 414
Generationenvertrag / 64
Gesellschaft mit beschränkter Haftung (GmbH) / 41 f.
Gesellschaftlicher Strukturwandel / 126
Gespräch / 394
Gesprächsabschluss / 349
Gesprächsförderer / 242
Gesprächsleitfäden / 135, 352
Gesprächsstörer / 240
Gestik / 245
Gewerbeaufsichtsämter / 43

Gewerkschaften / 44, 59
Gewichtetes PMI / 20
Girokonto / 407
Gliederung der Rede / 221
Großraumbüro / 72
Grunddaten / 358
Gruppenarbeit / 105
GUI (Graphical User Interface) / 283
Gutschein / 371

Halbbare Zahlung / 407
Haltegespräche / 385
Handelsregister / 41
Handle Time / 394
Handy / 298
Hard Skills / 150
Headset / 71
Help Desk / 121, 141
Herstellerinformationen / 427
Hierarchie / 33, 154
Historische Entwicklung / 118
Hoax / 314

Ich-Zustände / 202
Inbound / 135, 140
Industrie- und Handelskammern / 43, 48
Informationsarten / 84
Informationskanäle / 86
Informationsmanagement / 83
Informationsquellen / 426
Informationssektor / 126
Instant-Messaging / 137
Integrierte Kommunikation / 144
Integriertes Dialogmarketing / 130
Interactive Voice Response / 144
Interaktion
– Komplementäre / 194
– Symmetrische / 194
Internet Service Provider (ISP) / 276
Internet / 272, 301
Internetprotokolle / 273
Intranet / 86, 276, 427
Inverssuche / 293
ISDN / 266, 275
IT-Richtlinien / 324
IVR (Interactive Voice Response) / 144, 279

Johari-Fenster / 213
Jugend- und Auszubildendenvertretung / 58
Jugendarbeitsschutzgesetz / 52

Kapitalgesellschaft / 41
Kartenabfrage / 109
Kartenzahlung / 412
Katalogisierte Suche / 303
Käufermarkt / 128, 131, 144
Kind-Ich / 203
Kombinierte Kommunikation / 138
Kommanditgesellschaft (KG) / 41
Kommanditisten / 41
Kommunikation
– Analoge / 193
– Axiome der / 190
– Digitale / 193
– Ein-Wege- / 188
– Meta- / 191, 198
– Nonverbale / 187
– Paraverbale / 187
– Pseudo- / 192
– Quadratische / 195
– Verbale / 186
– Zwei-Wege- / 188
Kommunikationsmittel / 186
Kommunikationspolitik (Promotion) / 129
Komplementäre / 41
Konferenz
– Dial-In- / 268
– Dial-Out- / 268
– Telefon- / 268
Kongruenz / 187
Konto / 410
Körperhaltung / 246
Körpersprache / 245
Krankenversicherung / 63
Kreditkarte / 413
Kreditwürdigkeit / 403
Kreisdiagramm / 162
Kulanz / 387
Kundenbindung / 143
Kundenclub / 371
Kundenhistorie / 361
Kundenkarte / 371
Kundenmagazine / 372
Kundenorientiert formulieren / 179
Kundenorientierung / 130, 144
Kundenrückgewinnung / 143, 366, 387

Kundenservice / 141
Kundentypen / 250
Kundenwert / 367
Kündigung / 51
Kurvendiagramm / 162

LAN (Local Area Network) / 272
Lärm / 73
Lastschriftverfahren / 411
Lautstärke / 244, 344
Lebensrettende Sofortmaßnahmen / 93
Lerngrundsätze / 113
Lerntechniken / 101
Lerntypen / 113
Lichtverhältnisse / 74
Lieferung / 417
longest idle / 278
longest waiting / 278
Lost Calls / 395
Lösungsdatenbank / 352
Loyalität / 371

Mahn- und Inkassowesen / 143
Mailingaktion / 143
Malware / 314
Management
– by delegation / 27
– by exception / 27
– by objectives / 26
– by results / 27
Management-by-Techniken / 26
Manager / 149
Manipulation / 222
Marketing / 128
Marketing-Mix / 128
Markt- und Meinungsforschung / 143
Maslow / 215
Meeting / 86
Mehrlinienorganisation / 37
Mehrwertdienste / 292
Meldeformel / 340
Menschliche Grundeinstellung / 212
Metasuche / 303
Methode – 635- / 110
Methode – ALPEN- / 105
Mimik / 245
Mind-Map / 110
Missverständnisse / 345

Sachwortverzeichnis | 437

Mitbestimmungsrechte / 57
Mitwirkungsrechte / 57
MMS / 301
Mobilfunk / 298
Moderation / 108
Moderationszyklus / 108
Motivation / 215
Multitasking / 362
Mutterschutzgesetz / 54

Nachbearbeitungszeit / 394
Nachfassaktionen / 143
Nachnahme / 409, 420
Nachricht / 188
Nacht- und Schichtarbeit / 54
Nachuntersuchung / 53
Name des Kunden / 340
Netiquette / 182
Nettokontakte / 397
Netzbetreiber / 298
Netzstandards / 300
Netzwerk / 271
Neukundenakquise / 364
Neukundengewinnung / 366
Nutzenargumentation / 347

OCR (Optical Character Recognition) / 289
Office-Pakete / 285
Offshoring / 122
One-to-One-Marketing / 131
Onlinebanking / 407
Operatoren / 303
Ordnungssysteme / 78
Organigramm / 33
Outbound / 135, 142
Outsourcing / 135
Overflow / 141
Overheadprojektor / 167

Päckchen / 419
Paket / 419
Paketdienste / 422
Paraphrasieren / 238

Passwortsicherheit / 318
Pausen / 245, 344
Pausenverwaltung / 290
Personaleinsatzplanung / 135, 290, 395
Personalpolitik (People) / 130
Personenbezogene Daten / 329
Personengesellschaft / 41
Pflegeversicherung / 63
Phishing / 316
Physikalischer Schutz / 326
Pinnwand / 165
PMI (Plus-Minus-Interesting) / 19
Positive Formulierungen / 346
Positives Formulieren / 381
Postpaid / 299
Präsentation / 157
Präsentations-Software / 168
Preispolitik (Price) / 129
Preissuchdienste / 306
Premium Rate Dienste / 297
Prepaid / 299
Pre-sales-Service / 144
Preselection / 294
Primärsektor / 124
Prinzipien der klassischen Rhetorik / 221
Priorität / 103
Private Vorsorge / 65
Probezeit / 51
Product / 128
Produktkenntnisse / 424
Produktpolitik / 128
Programmablaufplan (PAP) / 39
Projektleiter / 149
Projektmanagement / 149, 153
Protokolle / 87
Prozesspolitik (Processes) / 130
Prüfdaten / 341

Qualitätsmanagement / 149
Querschnittsbranche / 126

Rabattaktionen / 372
Rahmenlehrplan / 49
Raumklima / 73
Rechtsform / 40
Registratur / 78
Reizwörter / 346
Reklamation / 374, 377

Rentenversicherung / 62
R-Gespräch / 294
Rhetorik / 157, 220
Riester-Rente / 65
Rückläufer / 142
Rückrufservice / 138
Rückwärtssuche / 293
Rufnummerportierung / 299
Ruhezeiten / 52

Sachinhalt / 195, 199, 200
Sachleistungen / 127
Sachziele / 14
Sales-Service / 144
Säulendiagramm / 162
Schadenverursachende Software / 314
Scheck / 409
Schlüsselqualifikationen / 150
Schlussregel / 223
Schufa / 404
Schufaklausel / 405
Schulz von Thun / 195
Schwerbehindertenrecht / 55
Scoring-Verfahren / 403
Screen Pop-ups / 280
Second Level / 139, 425
Sektorenmodell / 124
Sekundärsektor / 125
Selbstmanagement / 102
Selbstoffenbarung / 196, 199, 200
Sender / 188
Sender-Empfänger-Modell / 188
Sendungsnachverfolgung / 420
Service / 144
Service-Center / 137
Servicelevel / 147, 395
Serviceorientierung / 135
Serviceprovider / 299
Servicerufnummern / 295
Shared Browsing / 138
Shared-Cost-Rufnummern / 296
Sichere Formulierungen / 345
Sie-Ansprache / 348
SIM-Karte / 300
Skill Based Routing / 281
Skills / 281
SMART / 26
SMS / 137, 301
Soft Skills / 150
Sonn- und Feiertagsarbeit / 54
Sozialversicherung / 61
Spam / 315
Spamfilter / 324

Spartenorganisation / 36
Spediteur / 421
Sprechausdruck / 243
Sprechtempo / 244
Sprechvorgang / 257
Sprechweise / 344
Spyware / 314
Stablinienorganisation / 35
Stabsstellen / 34 f.
Stammkapital / 42
Standardformulierungen / 180
Stellenanzeige / 151
Stellenausschreibung / 151
Stellenbeschreibung / 150
Stimmbeschwerden / 258
Stimme / 244, 257
Stimmhygiene / 260
Stornoquote / 398
Stress / 261
Stressbewältigungsstrategien / 263
Stressoren / 261
Streuverluste / 131
Strukturiertes Arbeiten / 76
Styleguide / 30
Suchmaschinen / 302
Supervisor / 149
Support / 141
Symbole / 161
System
 – Alphabetisches / 79
 – Alphanumerisches / 79
 – Chronologisches / 80
 – Farbliches / 80
 – Numerisches / 79

Tabellen / 162
Tabellenkalkulation / 286
Tarifautonomie / 59
Tarifvertrag / 59
Tarifvertragsparteien / 59
Teamarbeit / 105
Teamleiter / 148
Telefax / 270
Telefonauskunft / 293
Telefonie / 266
Telefonnetz / 266
Telefonverkauf / 142
Televoting / 298
Tertiärsektor / 125
Textbausteine / 180
Textelemente / 160
Texterkennung / 289
Textkommunikation / 137

Sachwortverzeichnis | 439

Textverarbeitung / 285
Thank-You-Call / 143
These / 223
TK-Anlage (Telekommunikationsanlage) / 278
To-do-Liste / 103
Tonlage / 244
Top Level Domains / 273
Trainers / 149
Transaktion / 203
Transaktionen
    – Gekreuzte / 208
    – Parallele / 206
    – Verdeckte / 209
Transaktionsanalyse / 202
Trojaner / 314

Überlauf-Callcenter / 141, 396
Überweisung / 410
Umlageverfahren / 64
Umweltbelastungen im Callcenter / 97
Umweltschutz / 96
Unfaire Gesprächsmethoden / 382
Unfallversicherung / 63
Unified Messaging / 277
Unternehmenseigene Zustellung / 418
Unternehmensidentität / 29
Unternehmenskultur / 28, 146
Unternehmensleitbild / 31
Unternehmensziele / 14, 28
Up-Selling / 140
URL (Uniform Resource Locator) / 274
Urlaub / 53

Vanity-Rufnummer / 297
VAS (Value Added Services) / 292
Verbraucherzentralen / 44
Verkäufermarkt / 128
Verkaufsquote / 397
Verlaufsprotokoll / 88
Verpflichtungserklärung / 332
Versicherungspflichtgrenze / 63
Verständlichmacher / 160, 199
Vertrauensgüter / 127, 130
Vertriebspolitik (Place) / 129

Vier-Ohren-Modell / 195
Visualisierung / 159
Voice over IP / 267
Voicemail / 270
Volltextsuche / 303
Vorauskasse / 412
Vordrucke / 82

WAN (Wide Area Network) / 272
Warensendung / 418
Watzlawick / 190
Weiterbildung / 149, 154
Welcome-Call / 143
Wertangabe / 420
Whiteboard / 165
Whitelist / 324
Whitemail / 265
Wirtschaftliche Ziele / 14
Wirtschaftliches Prinzip / 387
Wirtschaftsauskunfteien / 403
Wissenssektor / 126
WLAN / 272
Workforce-Management / 290
Wortwahl-Rufnummer / 297
Wrap Up Time / 394
Wurm / 314

Zahlschein / 408
Zahlungsverhalten / 403
Zeiterfassung / 289
Zeitmanagement / 102
Zeugnis / 52
Zielformulierung / 102
Zielharmonie / 16
Zielkauf / 415
Zielkonflikt / 16
Zielsystem / 16
Zufriedenheitsbefragungen / 370
Zuhören / 237
    – Aktives / 238
    – Aufnehmendes / 238
    – Pseudo- / 237
    – Umschreibendes / 238